한국목간학회총서 34

木簡과 文字 연구

34

| 한국목간학회 엮음 |

주류성출판사

<table>
<tr><td>남원 척문리산성 1호</td><td>남원 척문리산성 2호</td><td>남원 척문리산성 3호</td></tr>
</table>

남원 척문리산성 4호

남원 척문리산성 5호

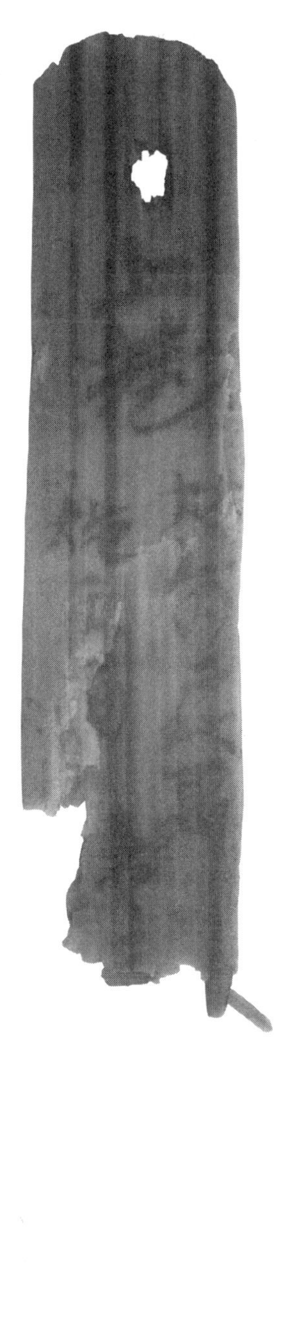

남원 척문리산성 6호

木簡과 文字

第35號

| 차 례 |

논문

대가야 왕궁지 출토 토기 명문 '大王'의 의미와 출현 배경 | 백승옥 |　11

南原 尺門里山城 集水施設 出土 木簡 | 李炳鎬·田尙學 |　37

「買新羅物解」의 복원과 기초적 검토 | 이보라 |　61

고대 한국 관련 敦煌文書(Pelliot tibétain 1283) 역주 | 권순홍 |　103

태봉국의 이두를 찾아서 | 權仁瀚 |　141
　– 양주 대모산성 목간1을 중심으로 –

『고려대장경』 목판인명의 특이례와 그 시사점 | 신현규 |　171

수은 강항의 서예 연구 | 정현숙 |　191

秦 帝國 시기 강제 이주 처벌의 층위와 그 성격 | 이주현 |　213
　– 秦 律令의 '輸', '處', '徙'를 중심으로 –

휘보

학술대회, '진한간독(秦漢簡牘)을 알면 한국 고대가 보인다', 자료교환 | 243

부록

학회 회칙, 간행예규, 연구윤리규정 | 249

논 문

대가야 왕궁지 출토 토기 명문 '大王'의 의미와 출현 배경

南原 尺門里山城 集水施設 出土 木簡

「買新羅物解」의 복원과 기초적 검토

고대 한국 관련 敦煌文書(Pelliot tibétain 1283) 역주

태봉국의 이두를 찾아서

『고려대장경』 목판인명의 특이례와 그 시사점

수은 강항의 서예 연구

秦 帝國 시기 강제 이주 처벌의 층위와 그 성격

대가야 왕궁지 출토 토기 명문 '大王'의 의미와 출현 배경

백승옥*

Ⅰ. 머리말
Ⅱ. 釋文과 토기의 제작 연대
Ⅲ. 대가야의 '大王'
Ⅳ. 맺음말

〈국문초록〉

2024년 7월, 경상북도 고령군 대가야읍의 추정 대가야 왕궁지에서 문자가 찍혀진 토기 편이 발견되었다. 명문의 내용은 일부 아랫부분이 결실되긴 했으나 '大王'으로 읽어진다. 글자가 새겨진 형태가 좌서(左書)여서 토기는 의례용으로 사용되었던 것으로 보인다. 대가야 양식 토기에 大王이 새겨진 예는 하나 더 있다. 국립충남대학교 박물관 소장 토기이다. 이로 보면 대가야에서는 대왕 칭호를 사용했던 것은 분명하다. 토기가 만들어진 시기는 6세기 전반으로 보인다. 대가야의 전성기인 6세기 전반에 만들어져, 왕이 거처하던 왕궁지에서 '大王'과 관련된 의례 용기로 사용되다가 폐기된 토기 편이 출토된 것이다.

4~8세기 대 동북아시아 여러 나라들에서 사용한 王과 大王 관련 사용례를 검토해 보았다. 그 결과 대가야에서 대왕의 등장은 두 가지 배경 속에서 탄생한 것으로 보았다. 첫째는 주변으로의 영역 확장, 제도의 정비, 남제(南齊) 견사와 책봉을 통한 외교적 성공과 왕권의 안정을 확립한 군주가 등장했음을 보여주는 것이다. 둘째는 불교를 통한 통치 이념의 강화와 확립을 꾀하는 군주의 등장이라는 배경이다. 특히 대왕이란 용어 자체는 불교와 관련하여 탄생되었을 가능성이 높은 것으로 보았다.

'大王' 칭호는 4~6세기 대 일본열도를 포함한 동북아시아에서는 폭넓게 사용되었다. 대가야에서의 '大王' 등장도 이러한 시대적 흐름과 무관하지 않았다. 6세기 전반 대, 대가야에서는 정치적 권력의 확대와 종교적 권위를 높여 초월적 위상을 확립하고자 하는 대왕이 탄생한 것이다.

▶ 핵심어: 대가야(大加耶), 왕(王), 대왕(大王), 왕궁지(王宮址), 불교(佛敎)

---

* (재)부경역사연구소 소장

I. 머리말

2024년 경북 고령군 대가야읍 연조리 555-1번지 일원에서 문자가 찍혀진 토기 한 점이 발견되었다.[1] 대동문화재연구원(대구광역시 달서구 두류공원로 260 소재)이 고령군의 의뢰를 받아 이해 3월~6월 사이 발굴 조사한 성과였다.[2] 이곳은 이전부터 대가야 궁성지로 추정되던 곳이었다. 토기 편이 발견된 지점은 주산의 남쪽 사면에서 내려오는 능선이 고령읍 시가지 중간에까지 길게 돌출한 곳의 북쪽 경사지이다. I-1 지점으로 명명된 경사지 해자 내부 바닥 가장 아래층 퇴적토 속에 섞여 있었다. 명문 토기편은 수거한 유물을 세척하는 과정에서 확인되었다. 연구원 측은 곧바로 유물을 공개하고, 9월에는 명문 해석을 위한 학술토론회도 개최하였다.[3] 이 글은 이때 발표한 내용을 수정하고 보충한 것이다.

명문의 내용은 일부 아랫부분이 결실되긴 했으나 '大王'으로 읽어진다. 대가야 양식 토기에 大王이 새겨진 예는 국립충남대학교 박물관 소장 토기가 있다. 이로 보면 대가야에서는 대왕 칭호를 사용했던 것으로 보인다. 이 글에서는 이러한 대가야의 대왕이 의미하는 바는 무엇이며, 어떠한 배경에서 출현하게 되었는가에 대해 초점을 맞추어 살펴 보고자 한다. 연구 방법은 이 시기 가야 주변 여러 나라에서 사용한 용례를 바탕으로 내용을 유추하는 방식을 취할 것이다.

大王은 큰 왕, 위대한 왕을 의미한다. 王字는 斧鉞의 형태에서 비롯되었다고 한다(〈참고도판 1〉 참조). 부월은 참형을 주도하는 것이므로 권력의 소유를 상징하는 것이다. 즉, 왕은 권력자를 말하는 것이다. 그런데 어느 정도의 권력을 가져야만 왕, 또는 대왕이라 할 수 있을까? 체계적으로 제도화된 직위로서의 왕과 대왕이라면 그 정도를 추정해 볼 수 있을 것이다. 그러나 그렇지 않다면 (대)왕의 권력은 시·공간적 차이와 주관적 차이에 따라 다를 수밖에 없다.

(대)왕 문제를 다룸에 또 하나 주의해야 할 점은 동일 시기, 동일 집단의 우두머리에 대한 표기일지라도 史書에 따라 달리 나타날 수 있다는 점이다. 예를 들면 陳壽(233~297년)가 편찬한 『삼국지』에는 삼한 제국의 우두머리 중 대국의 우두머리(거수)는 臣智라 하고 그보다 규모가 작은 국의 우두머리는 邑借라 한다고 기록하고 있다.[4] 그러나 『삼국사기』에서는 신지나 읍차란 표현이 보이지 않는다. 『日本書紀』 흠명기에서는 거의 동일한 시기 동일국의 우두머리에 대해 때로는 旱岐로 때로는 王으로 부르는 예도 있다.

王이란 한자 문화 전래 이후의 표현이다. 강력한 집권사회가 존재하고 있다고 해도 한자 문화를 수용하지 않았거나 부분적으로 수용할 경우 우두머리의 호칭을 달리 표현 할 수도 있는 것이다. 몽골 징기스칸은 (대)왕이나 황제라는 명칭을 사용하지 않고 고유 수장 명칭인 '干', 또는 '大干'을 사용했다. 중국 역사에서 秦

---

1) 「한국일보」, 2024, 7월 10일자 등.

2) 김경수, 2024, 「대가야궁성지 발굴조사 성과」, 『대가야궁성지 출토 명문토기 해석을 위한 학술토론회』, 발표자료집, 고령군(주최), (재)대동문화유산연구원(주관), pp.6-14.

3) 백승옥, 2024, 「대가야 궁성지 출토 토기 명문 「大王」에 대한 시론적 검토」, 『대가야 궁성지 출토 명문토기 해석을 위한 학술토론회』, 발표자료집, 고령군(주최), (재)대동문화유산연구원(주관).

4) 『三國志』 卷30, 魏書30, 烏丸鮮卑東夷 第30 韓傳.

始皇 이후 皇帝 칭호가 淸代까지 사용되었지만, 5호16국시대 胡族 출신의 여러 군주들은 황제가 아닌 ‘天王’을 칭하기도 하였다. 前秦의 苻堅(338~394년)은 사실상 황제와 마찬가지의 권력을 누리면서도 재위 기간 내내 황제 칭호에 연연하지 않고 끝까지 천왕을 고집했다.[5]

『史記』를 검색해 보면 이미 기원전 237년에 대왕이라 칭하는 예가 확인된다.[6] 우리 역사에서 ‘大王’은 고구려에서 먼저 보인다. 고구려는 4세기 대에 大王의 칭호를 사용했다. 광개토태왕은 생전에 永樂太王이라 칭했으며, 모두루묘지의 내용을 보면 고국원왕을 ‘國岡上聖太王’이라 칭하고 있다.[7] 신라는 천전리서석에 보이듯 법흥왕을 ‘聖法興大王’이라 칭하고 있다.

금관가야의 경우, 『삼국유사』「가락국기」에 이른바 구지가를 부르면서 大王을 맞이하는 내용을 기술하면서 ‘是迎大王’이란 표현을 쓰고 있다. 干들이 모여 수로왕을 칭송하는 것을 후대의 史家가 대왕으로 기술한 것이다. 따라서 이 사료만으로 수로왕 대에 ‘大王’호를 사용했다고 보기는 어렵다. 연구에 앞서 개개 자료의 성격을 충분히 헤아려 보아야 할 필요가 있다.

‘大王’이란 글씨가 뚜껑과 항아리의 몸통 부분에 새겨져 있는 대가야 토기가 있다. 비록 대가야 지역과는 거리가 먼 대전 소재의 충남대 박물관에 소장되어 있지만 토기의 형식으로 보아 6세기 중엽 무렵 만들어진 대가야 토기가 분명하다. 충남대 박물관이 1976년 대구에서 구입한 것이라 한다.[8] 고령 또는 그 주변 지역에서 도굴된 것일 것이다. 대가야에서는 6세기 중엽 무렵에 ‘大王’이란 칭호를 사용했던 것으로 보인다.

대가야 궁성지에서 발견된 대왕명 토기편은 대가야에서 대왕호를 사용했다는 것을 한번 더 확인해 주는 것이다. 보다 의미있는 점은 기존 대왕명 토기와는 달리 대가야 궁성지(왕궁지)로 추정되는 곳에서 발굴을 통해 확인되었다는 것이다.

II. 釋文과 토기의 제작 연대

토기의 명문을 ‘大王’으로 읽을 수 있는가에 대해 검토해 보고자 한다. 글자는 새겨진 것이 아니라 印章과 같은 것에 의해 눌러 찍혀진 것이다(〈그림 1-①〉 참조). 大자는 분명하지만 아래 글자는 결실로 인해 명확하지 않다. 불명의 글자는 가로획이 두 개이고 그 사이로 세로획이 있다. 잔존획이 있는 글자 외, 그 아래 부분에도 글자가 있을 가능성을 배제할 수는 없다. 하지만 새김글이 아니라 인장에 의한 찍힘글이란 점이나 토기 동체부에 많은 글자를 새기거나 찍은 예가 흔치 않다는 점에서 그 가능성은 낮다. 두 글자만 존재하는

5) 강종훈, 2025, 「중국사에서의 ‘大王’, ‘天王’, ‘天皇’ 칭호의 사용과 그 배경」, 『嶺南學』 제94호, 경북대학교 영남문화연구원, pp.363-374.
6) 『史記』 권6, 秦始皇本紀 10년, “齊人茅焦說秦王曰 秦方以天下爲事 而大王有遷母太后之名 恐諸侯聞之 由此倍秦也 秦王乃迎太后於雍而入咸陽 復居甘泉宮.”
7) 이준성, 2020, 「「牟頭婁 墓誌」의 판독과 역주 재검토」, 『목간과 문자』 25, p.336 참조.
8) 이동주, 2020, 「대가야 ‘대왕’명 유개장경호의 문자 새로 보기」, 『문자로 본 가야』, ㈜사회평론 아카데미, pp.116-117.

것으로 이해하고자 한다.

아래 글자는 가로획이 두 개 보이고 그 사이로 세로획이 보인다. 위의 '大'과 결합될 만한 글자로는 '王', '于', '于', '丢' 등이 있을 수 있으나, '于(우 ; 어조사, 가다)', '丢(주 : 가다, 잃다. 던져버리다)'는 어조사나 동사로서 그 아래에 더 많은 글자를 동반해야 문장이 성립하기 때문에 가능성이 낮다.

대왕인지 대간인지에 대해서는 기왕의 토기 명문이 있어 비교해 볼 수 있지만 확정하기는 쉽지 않다. 다만 충남대 소장 대왕명 토기 동체부의 대왕과 비교해 보면 궁성지 출토 명문이 대왕일 가능성이 높다. 궁성지 출토 大字는 오른쪽과 왼쪽이 바뀌어 찍혀진 左書이다. 찍힌 모습이 좌서이기 때문에 인장은 우서로 새겨진 것이다. 궁성지 출토의 대자를 좌우로 대칭시켜 보면(〈그림 1-②〉 참조) 충남대 소장 토기의 동체부에 새겨진 大王의 大자와 그 필획이 아주 닮았다(〈그림 1-④〉 참조). 충남대 토기의 뚜껑에 새긴 大王은 左書로, 동체부에는 右書로 쓰여졌다.[9] 주목되는 점은 동체부 대자의 가로획과 왕자의 첫 가로획이 평행을 이루는데 궁성지 출토 명문도 대자의 가로획과 불명자의 첫 가로획이 평행을 이루고 있다(〈그림 1-④〉 참조). 뿐만 아니라 획순이나 書寫의 진행 방향도 유사하다. 이용현의 관찰에 의하면, 충남대 토기 뚜껑의 경우 大자는 'ノ+\+―'의 순이고, 동체부는 '―+ノ+\'의 순이라 한다.[10] 궁성지 출토 대자는 陰刻한 것이기 때문에 필순을 파악하기가 쉽지는 않다. 그러나 정밀히 관찰해 보면 충남대 토기의 동체부와 같은 '―+ノ+\'의 순으로 보인다. 이러한 점으로 보아 궁성지 출토 명문의 아래 글자는 王字일 가능성이 높다. 본 발표에서는 궁성지 토기편에 찍혀진 글자를 '大王'으로 읽고 논의를 진행하고자 한다.

또한 이 글자가 좌서로 찍혀 있다는 점은 대왕명 토기의 용도가 제사 등의 의례용이었을 가능성이 높다. 경주 서봉총 출토의 은합, 계림로 14호분 출토의 청동합 등이 그러한 예를 보여 준다.[11]

한편, 창녕 계성고분군 출토 토기의 '大干'과 비교해 보면, 궁성지 출토 토기의 아래 글자가 '干'일 가능성도 있다. 그렇다면 이는 또 다른 논의가 필요하다. 창녕 계성고분군 출토 토기에 보이는 大干의 경우, 비화가야(=비사벌)의 계층구조를 추론하는데 단서가 된다. 〈그림 2〉에서 보듯 이 명문은 두 글자가 합해진 글자[合字]로 보이기도 한다. 이에 '辛'자로 읽은 견해도 있다. 대간이 새겨진 토기는 계성고분군 A지구 6호분 석곽의 동북쪽 귀퉁이에서 동쪽으로 약 1m 정도 떨어진 곳에서 출토된 합구식 옹관, B지구 10호분에서 출토된 유개고배의 배(杯), C지구 3호분에서 출토된 소형의 병이다. 이 토기가 출토된 곳은 합구식 옹관이거나 비교적 규모가 작은 고분이다. 따라서 이 대간은 이 소형 고분에 묻힌 피장자를 가리키는 칭호로 보기는 어렵다. 아마도 이 지역의 유력 수장을 가리키는 칭호일 가능성이 높다.

이 토기의 제작 연대는 6세기 중반 경 또는 6세기 말에서 7세기 초로 보는 것이 일반적이다. 이 시기 비화가야는 신라에 의해 이미 멸망하여 신라의 영역이 되었다. 561년에 세워진 〈창녕비〉에 의하면 신라에 편입된 이후 비화가야의 유력세력은 중앙으로부터 '述干'이란 고위의 외위를 받은 지방 세력으로 편제되어 있

---

9) 이동주, 2020, 위의 글, pp.121-127.

10) 이용현, 2015, 『고령 지산동 대가야고분군』, 2015년 국립대구박물관특별전 전시도록, p.24.

11) 이용현, 위와 같음.

①대가야 궁성지 출토 토기
②궁성지 출토 토기(대칭)
③충남대 소장 토기 뚜껑
④충남대 소장 토기 동체부
광개토태왕릉비 (太;혜정본)
무령왕릉 묘지
창녕 계성리 대간명 토기
백제 대통사지 출토 암키와 조각
사키다마고분군 이나리야마 고분 출토 대도명문
江田 船山古墳 출토 대도명문
法隆寺 金堂 藥師像 光背記
東大寺 大佛殿 燈臺銘
永川 菁堤碑 (丙辰年)
山上碑
隅田八幡人物畵像鏡銘
南北朝 魏碑
晉 王羲之(樂毅論)
南北朝 崔敬邕 墓志
南北朝 司馬悅 墓志
南北朝 鄭文公碑

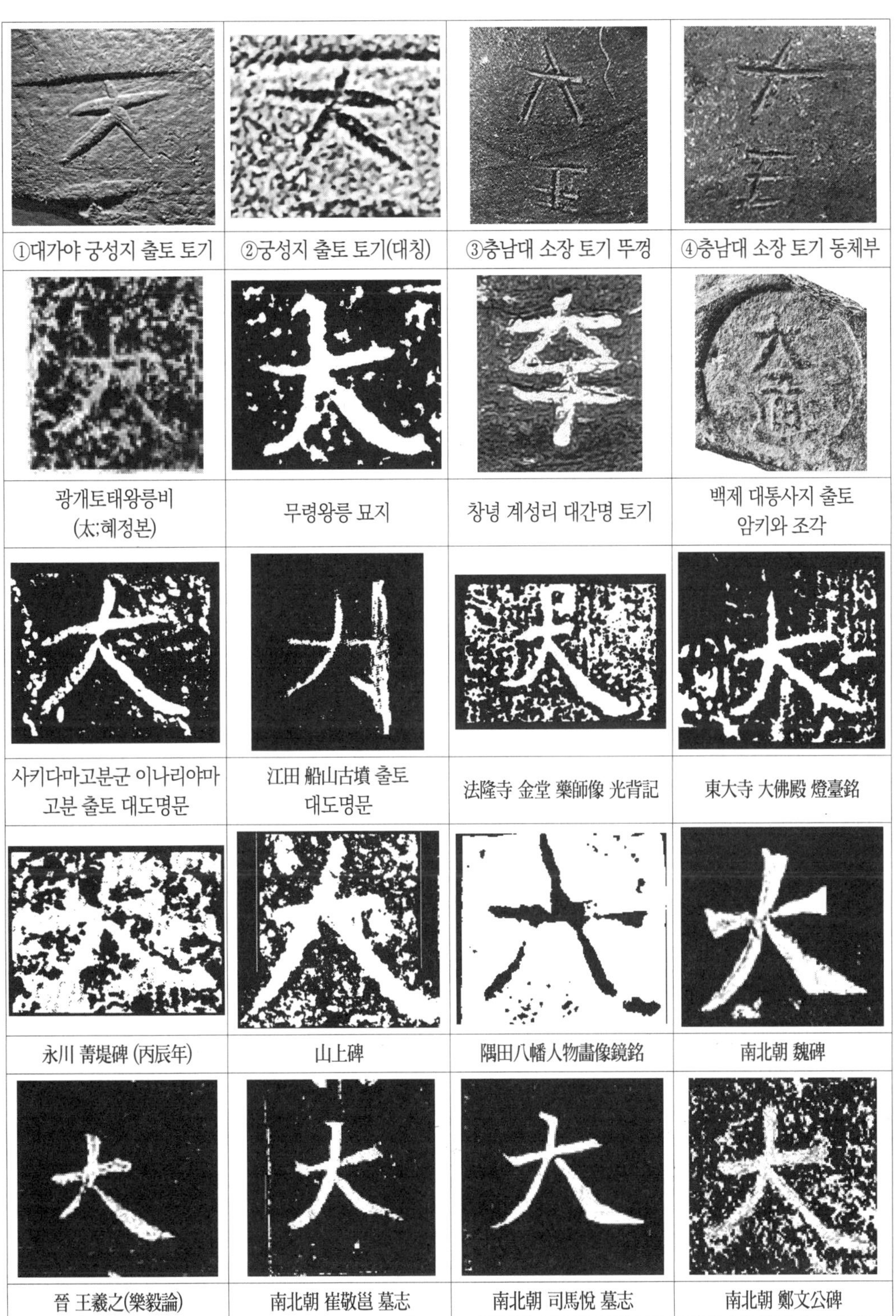

그림 1. '大(太)'字 비교

었다. 그런데 이 시기 신라에서 대간이란 칭호를 사용한 증거는 중앙이나 지방 어디에서도 아직 확인되지 않았다. 대간은 신라에서 사용한 칭호가 아닐 가능성이 높다. 대간은 비화가야가 존속하고 있었을 당시의 칭호였고, 비화가야 멸망 이후에도 이 칭호가 창녕 지역에서 이어져 온 것으로 보는 것이 타당할 것이다.

'大王'를 새긴 인장의 모양에도 주목해 보아야 한다. 결실로 인해 인장 외곽의 전체 모습을 정확히 판단할 수는 없다. 타원형으로 보이기도 하지만, 좌우와 아랫 부분은 명확하지 않다. 大字의 위가 직선인 점은 분명하다. 추측이지만 '冂' 모양일 가능성도 있다. 그렇다면 冂안에 상하로 大王이 담겨져 있는 모양이 된다. 冂안에 새겨진 내용문을 장엄하게 하려는 의도라면, 장엄 장식기호(문자) 안에 '大王'을 새겨 넣은 것이 된다. 이를 토기에 찍음으로서 바라는 바의 목적(위엄을 더욱 높이고자 하는)을 이루고자 했을 것이다.

토기가 만들어진 시기에 대해서는 약간의 견해차는 있으나 6세기 전반(초)에 만들어진 것으로 보아 좋을 것이다[김세기(500년 이전;499), 조사단(6세기 전반), 이주헌(6세기 1/4~2/4), 박천수(6세기 2/4 초), 조영현(6세기 2/4 후반). 대가야의 전성기인 6세기 전반에 만들어져, 왕이 거쳐하던 궁성지(왕궁지)에서 '大王'과 관련된 의례용기로 사용되다가 폐기된 토기편이 출토된 것이다.

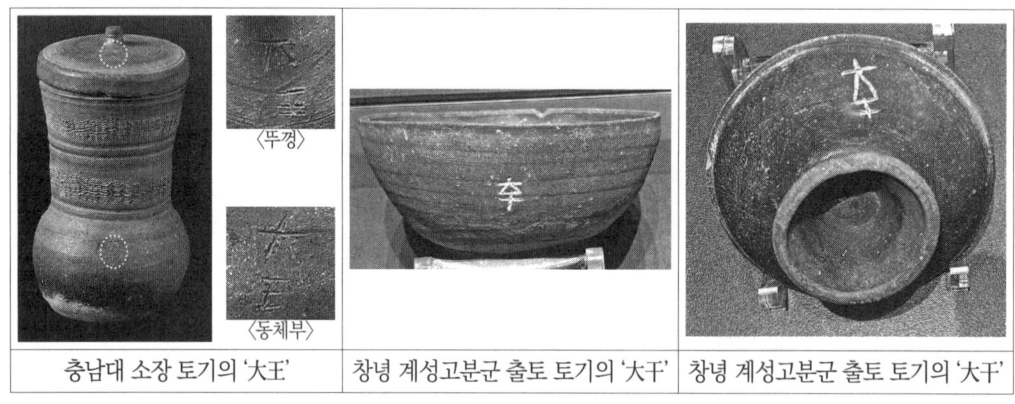

| 충남대 소장 토기의 '大王' | 창녕 계성고분군 출토 토기의 '大干' | 창녕 계성고분군 출토 토기의 '大干' |

그림 2. 大王, 大干銘 토기의 비교

III. 대가야의 '大王'

1. 관련 用例와 그 의미

6세기 전반 대에 만들어진 대가야의 토기에 보이는 '大王'이 의미하는 바는 무엇일까? 대가야 주변에서 보이는 관련 용례 속에서 찾아 보고자 한다. 〈표 1〉은 대가야 대왕의 의미를 찾아 보기 위해, 4~8세기 대 동북아시아에서 사용된 王 및 大王 관련 用例를 찾아 정리한 것이다.

연번	연도	내용	출처	비고
1	391	辛卯年好大王巫(教)造鈴九十六	태왕릉 출토 청동방울	고국양왕릉
2	391	願太王陵安如山固如岳	太王陵 출토 塼	
3	397, 407	國岡上太王	集安 高句麗碑	
4	397?	五月中高麗太王祖王令□新羅寐錦	중원 고구려비	
5	414	國岡上廣開土境平安好太王, 永樂太王	광개토태왕릉비	
6	415	乙卯年國岡上廣開土地好太王壺杅十	壺杅塚 출토 호우	
7	413~491	國岡上聖太王, 國岡上廣開土地好太聖王	牟頭婁墓誌	
8	451	延壽元年太歲在卯三月中 太王教造合杅用三斤六兩	瑞鳳塚 출토 銀盒	
9	525	寧東大將軍百濟斯麻王	武寧王誌石	
10	525	百濟國王大妃	武寧王妃誌石	
11	639	仰資大王陛下 年壽與山岳齊固 寶曆共天地同久	彌勒寺址 西塔 출토 金製 舍利奉安記	
12	503	斯羅喙斯夫智王乃智王此二王教用	浦項 冷水里 新羅碑	
13	524	喙部牟即智寐錦王沙喙部徙夫智葛文王	蔚珍 鳳坪里 新羅碑	
14	535	聖法興大王節	蔚州 川前里書石 乙卯銘	
15	539	徙夫知葛文王 ~ 另即知太王妃	〃, 己未銘(追銘)	
16	545	王教事大衆等	丹陽 赤城碑	
17	568	眞興太王	黃草嶺 新羅眞興王巡狩碑	
18	568	□□□興太王巡狩	磨雲嶺碑	太昌 元年
19	568?	眞興太王及衆臣等巡狩~	北漢山碑	
20	661~681	太宗武烈大王之碑	新羅 武烈王陵碑(螭首)	
21	7c 후반	大王	경주 四天王寺碑片	
22	673	共國王大臣及七世父母含靈發願敬造寺	癸酉銘全氏阿彌陀佛碑像 (국립청주박물관 소장)	
23	673	爲國王大臣及七世父母法界衆生故敬造之	癸酉銘三尊千佛碑像(국 립공주박물관 소장)	
24	686	國主大王	淸州 雲泉洞事蹟碑	
25	719	國主大王 ~ 愷元伊湌公	甘山寺石造彌勒菩薩立像 造像記(국립중앙박물관 소장)	
26	720	奉爲國主大王伊湌愷元公亡考~	甘山寺石造阿彌陀佛立像 造像記(국립중앙박물관 소장)	
27	765~779	國主天雲大王上大等□	泗川 船津里 新羅 香徒碑	혜공왕대
28	780	大興寶曆孝感金輪聖法大王	발해 정혜공주묘비	
29	792	大興寶曆孝感聖法大王	발해 정효공주묘비	

연번	연도	내용	출처	비고
30	6c	大王	충남대 소장 토기	
31	6c 후반	大干	창녕 계성고분군 출토 토기	
32	5c	王賜□□敬□	千葉 稲荷台1号墳 출토 鐵劍	
33	5c 후반	獲加多支鹵大王	熊本 江田船山古墳 출토 鐵刀銘	倭王 武
34	471	辛亥年七月中 ~ 獲加多支鹵大王	埼玉 稲荷山古墳 출토 鐵劍	
35	503	癸未年八月 日十大王年 孚弟王~	和歌山 隅田八幡神社 소장 人物畫像鏡	
36	307	鮮卑大單于	慕容廆	
37	691	遷葬於大可汗陵	慕容智 墓誌	慕容廆의 庶兄 慕容吐谷渾의 후손
38		大葉護, 大可汗	『新唐書』卷215, 突厥傳	
39	後漢	王	民豊縣 尼雅遺跡의 95MN1호묘-8호 출토 토기	西域 精絶國 王(子), "五星出東方利中國"
40	後漢~晋	于闐大王	西域 于闐國 安的尔古城 출토 214호 목간	카로슈티어 문서(Kharosthi inscription, 佉卢文簡牘)
41	〃	玆于于闐王 王中之王---	〃 661호 목간	〃
42	北朝時期	大王出由	纹锦枕套	由=遊
43	靳準 (318년 즉위)	準自號大將軍 漢大王 置百官 遺使稱藩于晉	『晉書』102, 劉聰載記	『晉書』88, 王延傳, "天王"[12]
44	石勒(330)	趙天王		皇帝로 다시 칭호 변경함.
45	石虎(334) (337)	居攝趙天王		
		大趙天王		天王, 皇帝
46	符堅(357)	大秦天王		
47	慕容盛(400)	燕天王		
48	高雲(407)	天王		

---

12) 중국의 오호십육국 시대 '天王'에 대해서는 강종훈, 2025, 앞의 논문, pp.363-374. 內田昌功, 2008, 「東晉十六国における皇帝と天王」, 『史朋』41号, pp.2-5 참조.

연번	연도	내용	출처	비고
49	4~6세기	天王	三角緣·天王·日月·獸文帶四神(佛)四獸鏡(大阪歷史博物館 所藏)	
50	4~6세기	天王	三角緣佛獸鏡(奈良縣塩田北山東古墳 출토)	

〈표 1〉에서의 연번 1~8은 고구려 자료들이다. 연번 7(모두루묘지명)은 장수왕대 만들어진 것이지만 그 내용 속에서의 國岡上聖太王은 고국원왕으로 본다. 연번 1과 2에서의 태왕은 고국양왕, 또는 광개토태왕으로 보는 견해가 있지만 필자는 고국양왕으로 본다. 연번 3에서 7에 보이는 태왕 또는 태성왕은 광개토태왕이다. 연번 4는 논란이 있을 수 있지만 최근 題額의 내용을 '永樂七年歲在丁酉'로 새롭게 읽은 고광의의 견해를 따랐다.[13] 연번 8의 태왕은 장수왕으로 본다. 이로 보면 고구려는 331년 즉위한 고국원왕대부터 491년까지 재위한 장수왕대까지 태(대)왕호를 사용하였음이 확인된다. 그 의미는 광개토태왕의 예가 말하듯, 영토를 크게 개척하고, 나라를 평안하게 하였으며, 아주 훌륭하고 위대한 왕이란 뜻이다. 고구려는 4~5세기 대 이러한 의미의 태왕호를 사용한 것이다.

백제의 경우 무령왕 묘지(연번 9)에는 왕으로 확인되지만, 익산 미륵사지 서탑 출토 금제사리봉안기(연번 11)에 '大王'이 보인다. 가로 15.3㎝, 세로 10.3㎝, 두께 0.13㎝의 금제사리봉안기에는 639년(무왕 40)에 이 탑을 만들면서, 大王의 장수와 그 치세의 융성 및 불법의 흥기를 기원하는 내용을 담고 있다. 무왕은 彌勒三尊 및 知命法師와 깊은 인연이 있으며, 미륵사를 창건한 불교 신봉의 왕이었다.[14] 백제에서 대왕이 자료상 보이는 것이 무왕대라고 해서 이때부터 대왕명을 사용했다고 보기보다는 더 소급해 볼 수 있다. 蓋鹵王의 신하인 餘紀와 餘昆이 右賢王과 左賢王으로 보이며, 『南齊書』에는 東城王의 신하로 面中王 등 여러 왕들이 보인다. 개로왕과 동성왕은 이들보다 상위의 왕으로 왕중 왕의 의미인 大王으로 불려졌을 가능성이 높다. 백제의 경우 개로왕(재위: 455~474년) 시기부터는 대왕명을 사용한 것으로 볼 수 있다.

신라에서 '大王'이 처음 보이는 곳은 울주 천전리 서석 乙卯(535년)銘에서의 '聖法興大王節'이다. 이로 보아 불교 공인 이후에 '佛法을 일으킨 위대한 왕'이란 뜻을 지닌 법흥대왕이라는 왕명은 법흥왕(재위: 514~540년)의 재위 기간 동안에 사용했음을 알 수 있다. 법흥왕은 신라를 중앙집권적 고대국가 체제로 완성시킨 왕이다. 왕권강화를 위해 상대등과 병부를 설치하였고, 520년 율령을 반포하였다. 처음으로 建元이라는 독자적인 연호를 사용하였으며, 521년에는 중국 梁나라에 사신을 파견하였다.[15] 527년 이차돈이 순교하면

---

13) 고광의, 2020, 「충주 고구려비의 판독문 재검토 -題額과 干支를 중심으로- 」, 『한국고대사연구』 98, p.71.

14) 『三國遺事』 卷2, 紀異2, 武王條.

15) 『양직공도』에 양 무제 普通 2년(521)에 신라 왕 募秦이 처음으로 백제 사신편에 붙어 사신을 보내 표(表)를 올리고 방물(方物)을 바쳤음이 기록됨.

서 불교를 국가종교로 수용하고 이를 국가 통치의 기본 이념으로 하였다. 532년에는 금관가야를 합병하여 낙동강유역으로 진출하여 영토를 확장하였다.

그런데 法興王(『삼국사기』)은 천전리 서석 을묘명(535년)에는 '聖法興大王'으로, 같은 곳 기미명(539년)에는 '另卽知太王'으로, 울진 봉평리 신라비(524년)에서는 '牟卽智 寐錦王'으로, 중국 梁에서는 募秦으로 부르고 있다.[16] 매금은 마립간, 이사금 등과 같이 신라 고유어 계통의 칭호이다. 지증왕대에 중국식 명칭인 왕으로 이미 통일했음에도 불구하고 법흥왕 대까지 여전히 옛 명칭을 아울러 사용하고 있다. 寐錦王 - 王 - 大王으로의 변화가 법흥왕대에 한꺼번에 이루어졌다고 보기보다는 일정 시기(6세기대일까?) 동안은 병용했을 가능성이 높다.

병용했다면 상황에 맞는 명칭을 사용했을 것이다. '聖法興大王'의 경우 서석곡에 동행한 인물들이 도인, 비구승, 사미승 등 불교에 몸담고 있는 인물들이다. 반면 모즉지 매금왕의 경우는 정치적 행위와 관련이 있다. 진흥왕의 경우 그의 순수비들(연번 17, 18, 19)에서 모두 태왕을 칭하고 있다. 영토 확장에 위대한 공을 세운 왕이란 의미를 담고 있을 것이다. 그런데 진흥왕 또한 왕명 자체가 불교를 진흥시킨다는 의미이다. 그리고 그는 기미년 서석곡의 행차에 另卽知太王妃와 같이 동행하고 있다.[17] 어릴적부터 불교가 몸에 배인 왕이었다. 즉위 후 5년에는 흥륜사를 준공하였으며, 國人들이 出家하여 부처를 섬기는 것을 허락할 정도로 불교 옹호의 왕이었다.[18]

대왕의 칭호가 불교와 관련되어 칭해졌음은 발해 정혜공주묘비에서도 확인된다(〈표 1〉의 연번 28 참조). 정혜공주는 발해의 제3대 문왕의 차녀이다. 묘비명에 따르면 "大興寶曆孝感金輪聖法大王의 둘째 딸로서, 무산의 영기를 이어받고, 낙수에서 신선에 감응을 받은 인물로서 어릴 때부터 유순하고 용모는 뛰어나서 옥과 같은 나무에 핀 꽃들처럼 아름다웠다"고 한다. 문왕의 4녀인 정효공주묘비에서도, 정효공주는 "大興寶曆孝感聖法大王의 제4녀이다." 라는 내용이 있다(〈표 1〉의 연번 29 참조). 정혜공주묘비의 "대흥보력효감금륜성법대왕"이나 정효공주묘비의 "대흥보력효감성법대왕"은 모두 아버지 문왕을 지칭한다. 金輪聖法大王에서 보는 바와 같이 문왕은 불교식 명칭으로 칭해지고 있다.

신라 태종무열왕의 비액에도(〈표 1〉의 연번 20) 대왕이 보인다. 영토 확장과 삼국통일의 기틀을 닦은 위대한 왕이란 의미를 담고 있을 것이다. 7~8세기 대의 자료들에서 대왕이 칭해진 경우가 많이 보이는데 대부분 불교 관련 자료들에서 보이고 있다(〈표 1〉의 연번 21~26 참조).

대가야와 인접한 백제와 신라의 경우 대왕호가 불교와 밀접히 관련된 자료들에서 보이고 있는 점은 주목된다. 이는 궁성지 출토 대왕명 토기편의 주변에 불교와 관련된 연화문 와당이 많이 출토된 점에서도 시사하는 바가 있다.

倭의 경우 5세기 초에 만들어진 것으로 추정하는 千葉 稻荷台1号墳 출토 鐵劍에 王이 보인다(〈표 1〉의

---

16) 위와 같음.

17) 울주 천전리 서석(추명: 539년), "見來谷此時共王來 另卽知太王妃夫乞? 夫 支妃徙夫知王子郞深□夫知共來"

18) 『삼국사기』 권4, 신라본기4, 진흥왕 5년조.

연번 32 참조). '大王'명이 보이는 것은 1873년(明治 6) 발굴한 熊本 江田船山古墳에서 출토된 鐵刀에서 이다
(〈표 1〉의 연번 33 참조). 江田船山古墳은 熊本県 玉名郡 和水町 江田에 소재한 전체 길이 약 62m의 前方後
円墳으로 5세기 후반에 축조된 것이다. 출토된 鉄刀에 銀象嵌된 75자가 刀의 등줄기 끝부분에서 손잡이 쪽
으로 새겨져 있었다. 문장은 "治天下獲□□□鹵大王世~~(천하를 다스리는 □□대왕 시대에~~)"로 시작하
여 누가, 언제, 어떻게 칼을 만들었는지에 대해서 새기고 있다. 그 가운데 '獲□□□鹵大王'이 누구인지에 대
한 논란이 있었으나, 埼玉県 行田市 埼玉古墳群의 稲荷山古墳에서 출토된 辛亥年銘 鐵劍에 '獲加多支鹵大王'
이란 동일 인물 이름이 나와 정리되었다(〈표 1〉의 연번 34 참조).[19] '獲加多支鹵大王'는 '와카다케루 다이오
우(わかたける だいおう)'라고 읽는데, 이는 『日本書紀』상의 雄略天皇이며, 『宋書』에 보이는 倭王 '武'이
다. 辛亥年은 471년이나 531년일 수 있지만, 응략의 재위기는 456년에서 479년이며, 그의 倭風 이름이 大
泊瀨幼武(おおはつせわかたける)이다. 이 가운데 幼武를 '와카다케(わかたけ)'로 읽는데, 이는 철도와 철
검에 보이는 '獲加多支鹵(와카다케루; わかたける)'와 동일인인 것이다. 중국에는 「武」로 알려진 雄略은 대
립하던 皇位 계승 후보를 일소하고 즉위하였으며, 영토확장과 더불어 治天下 이념의 小中華 의식을 확립하
였다.[20] 稲荷山古墳 철검 명문의 大王은 治天下와 관련된 영토확장과 정치적 의도의 성격이 강한 것으로 볼
수 있을 것이다. 그런데 이 칼의 명문 속에 '寺'자가 보여, 이도 불교와 관련된 점이 있어 보인다. 이는 다음
장에서 상세히 논한다.

한편, 503년에 만들어진 것으로 보이는 銅鏡에서도 大王이 보이고 있다(〈표 1〉의 연번 35 참조). 和歌山
隅田八幡神社 소장 人物畫像鏡이다. '癸未年八月 日十大王年 孚弟王~'의 내용에서 '日十大王'이 보인다. 讀法
에서부터, 이가 누구인가에 대한 논란이 있다. 이번 논의에서는 할애한다.

고대 西域의 제국들에서도 대왕 및 그와 격을 같이 하는 수장의 칭호를 사용하고 있다. 선비족 慕容部의
수장 慕容廆는 307년부터 鮮卑大單于를 자칭하고(〈표 1〉의 연번 36 참조) 서진의 수도를 공격해 사마예의
모친과 부인들을 사로잡고 서진의 수도를 유린하였다.

모용외의 庶兄 慕容吐谷渾이 건국한 나라를 河南國이라 하였는데, 그의 손자 葉延이 329년에 조부의 이
름을 따서 토욕혼으로 국명을 삼았다.[21] 그 우두머리를 '可汗'이라 하였다. 토욕혼의 마지막 可汗 慕容諾曷
鉢(19대 拔勤豆 可汗; 636~688 재위) 일족의 묘지명이 17개 발견되었다. 그 가운데 2019년 중국 간쑤성 톈
주 티베트족 자치현 소재 武威(당시 涼州)에서 낙갈발의 3子 慕容智의 묘가 발굴되었다. 691년 각석된 그의

---

19) 埼玉古墳群의 稲荷山古墳은 전체길이 120m의 전방후원분이다. 전방부는 많이 소실된 상태였다. 이 고분은 1968년 후원부의
매장시설 2기를 발굴하였는데, 분구 정상부 서쪽에 위치한 礫槨에서 다수의 부장품과 철검이 출토되었다. 당시에는 철검에
명문이 새겨져 있는 것을 몰랐다가 1978년 부장품에 대한 보존처리 작업 중 이 철검에 115자의 금상감 명문이 있는 것을 발
견하였다. 명문 철검은 전체 길이가 73. 5㎝, 劍身 부분은 약 60㎝ 정도이다. 大阪府立近つ飛鳥博物館, 2011, 『倭人と文字の出
會い』, 平成23年度春季特別展 圖錄, p.54.
20) 仁藤敦史, 2024, 『古代王權と東アジア世界』, 吉川弘文館, p.112.
21) 토욕혼의 역사에 대해서는 이진선, 2025, 「唐代 吐谷渾의 境內 移住와 管理方式」, 동국대학교 대학원 박사학위논문이 참고된
다.

묘지명 내용 가운데 "遷葬于大可汗陵"이 보인다(《표 1》의 연번 37 및 참고 도판 5 참조). 여기서 대가한은 모용낙갈발을 지칭한다. 낙갈발은 망국의 가한이었으나 대가한으로 지칭되었다. 父祖에 대한 존칭의 예로 파악된다. 돌궐에서도 可汗과 大可汗의 모습이 보이고, 위대한 수장이라는 의미의 大葉護라는 칭호도 사용하였다(《표 1》의 연번 38 참조).[22]

西域의 小國 精絶國의 중심지 유적인 尼雅遺跡에서 '王'字(또는 '王子')가 묵서로 쓰여진 토기가 발굴되었다(《표 1》의 연번 39 및 참고 도판 2, 3, 4 참조). 니아 유적은 타림 분지 남변을 흐르는 니아강을 따라 펼쳐진 오아시스에 산재한 聚落 유적(기원전 1세기~기원후 4세기)이다. 현 신장위구르자치구 민펑(民豊, Niya Bazar) 북방 약 120㎞ 지점에 위치하며, 그 넓이는 200여 ㎢에 달한다.

'王'자가 묵서되어 있는 토기(높이 32.4㎝, 최대경 26.2㎝, 토기 내부에 식물의 마른 부폐물 유존)는 尼雅遺跡의 95MN1호묘-M8호에서 출토되었다.[23] 이 토기의 손잡이 부분에는 'ㅭ' 모양이 음각되어 있다. 이를 부호로 볼 수도 있겠지만 문자로 볼 여지도 있다. 왕자 묵서는 손잡이 맞은 편에 있어 'ㅭ'와 '王'을 묶어서 읽을 수도 있다. 그렇다면 '王ㅭ' 또는 'ㅭ王'이 된다. 'ㅭ'는 古篆書體의 '子'와 닮아 있다.

이 유구는 후한 중기에 축조된 것으로 설명하고 있다. 이 유구의 주인공은 漢 왕조와 긴밀한 유대관계를 가진 것으로 보이는데 동일 유구에서 출토된 직물에 "五星出東方利中國"이라는 길상 문구가 있다(참고 도판 2 참조).

前漢代 정절국의 도읍은 精絶城이고, 장안에서 8,820리 떨어져 있었다. 호수는 480, 인구는 3,360, 병사는 500명이었다.[24] 家의 戶數로만 보면 弁辰韓 小國(대국 4~5천가, 소국 6~7백가)의 반 정도이다. 그러나 정절국은 전한대의 상황이고 변진한은 3세기 중·후엽 무렵의 상황임을 고려해 보면 정절국과 변진한 소국의 가호수 규모는 비슷했을 것으로 추정된다.

後漢 초에 이르러 타림 분지 전체가 莎車國의 지배하에 들어가자 정절국도 그 속국이 되었다가, 후에는 장기간 동쪽 鄯善國의 지배를 받았다. 서역 제국 가운데 소국을 속국으로 거느린 대국은 선선국과 于闐國, 沙車國 등이 있었다.

이 가운데 실크로드의 거점지역 于闐國(지금의 호탄; 和田)의 安的尔古城에서 '大王'이 적힌 목간이 출토되었다. 카로슈티어 문서(Kharosthi inscription, 佉卢文簡牘)로 쓰여진 관리번호 214호 목간에서는 "于闐大王"이 보이고, 661호 목간에서는 "玆于于闐王 王中之王---"이 보인다. 이들 목간은 모두 4세기 초에 만들어진 것으로 보고 있다.[25] 특히 낙타의 매매 계약문서의 내용을 담고 있는 661호 목간은 선선국의 馬希利王 17년이라는 기년이 새겨져 있어 308년의 절대 연대를 알 수 있다. 이 당시 우전국왕은 그 산하에 戎盧國, 扜彌國, 渠勒國, 皮山國 등 4개국 정도를 속국으로 두고 있었다. 목간의 내용대로 王中의 王이었다.

---

22) 『新唐書』卷215, 突厥傳.

23) 中日共同尼雅遺跡學術考察隊, 1999, 『中日共同尼雅遺跡學術調査報告書』제2권, 도판편, 도판 28, 28-9, 85-1.

24) 『漢書』, 西域傳, "精絶國都城是精絶城 距離長安八千八百二十里 四百八十戶 人口三千三百六十 軍隊五百人"

25) 孟凡人, 2017, 『尼雅遺址与于闐史硏究』, 商務印書館(北京), p.349.

이상 大王(일부 王 포함)에 대한 다양한 용례를 살펴보았다. 영토를 확장하고, 정치적으로 위대한 왕, 왕중 왕이라는 용례도 있지만, 불교와 관련하여 사용한 용례가 많음을 알 수 있었다.

2. '大王'의 출현 배경

고대 국가에서 위대한 왕, 왕중의 왕의 경우 대부분 하늘의 자손이라는 天孫意識이 있었다. 고구려 광개토태왕릉 비에서 시조 추모왕을 '天帝之子'라 하고 왕이 그의 후손임을 밝힌 점이 대표적 예이다. 대가야도 그들의 시조를 하늘의 자손임을 말하고 있다. 대가야의 시조를 伊珍阿豉王이라 하고, 최치원의 釋利貞傳을 인용하면서, "가야산신 正見母主가 곧 天神인 夷毗訶之와 감응하여 大伽倻王 惱窒朱日과 金官國王 惱窒靑裔 두 사람을 낳았는데, 뇌질주일은 이진아시왕의 별칭이고, 靑裔는 수로왕의 별칭이다."라고 하고 있다.[26]

천손의식은 5~6세기 대 대가야의 획기적 성장과 발전 속에서 생성되었을 것이다. 그 위상을 보여 주는 대표적 모습이 지산동 44, 45호분의 축조이다. 또한 이 시기에 대가야는 현 서부 경남 및 호남 동부지역으로 진출하여 그 정치적 영향권을 넓혔다. 『일본서기』 흠명기 5년(544) 11월조에서 보듯 대가야는 가야 제국들 가운데 아라가야(=안라국)와 더불어 우위에 있는 나라였다. 또한 주변 가야 소국들에 대한 복속 문제를 두고 백제와 경쟁하는 나라였다. 대가야왕 하지는 479년 중국 南齊에 견사하여 보국장군본국왕을 제수 받기도 하였다.[27] 모두 대가야의 획기적 성장과 발전을 보여 주는 내용들이다.

우륵 12곡에서 보듯 가야 제국들을 통합하려는 의지도 강했다. 이에는 가야를 하나로 묶어 보려는 의지와 그 중심에 대가야가 있다는 나름의 천하관을 보여주는 것이다. 이러한 것들은 대가야의 정치적 伸張을 말하며, 대가야 왕은 위대한 왕으로서 대왕 의식을 가지기에 충분했다. 대가야 大王號 출현 배경의 한 부분이다.

이 외에 주목하고 싶은 것은 불교와 관련한 대왕호의 등장이다. 앞에서 살펴본 대가야 주변국들의 대왕호 사용도 불교 수용과 그 궤를 같이하고 있다. 보다 중요한 점은 대왕호 명문 토기가 출토된 지점과 그 주변에서 연화문 기와 자료가 다수 보인다는 점이다. 비록 토기 편이 溝 하부에 쓸려 들어간 것이긴 해도 비슷한 시기, 비슷한 지점의 유물들일 가능성이 높다. 명문 토기 편의 용도와 사용처를 생각할 때 유의해야 할 점이다.

한반도에 불교가 전래된 시기는 4세기 말 5세기 초로 볼 수 있다. 고구려의 경우, 소수림왕 2년인 372년에 前秦王 符堅이 사신과 함께 僧 順道를 보냈다. 이때 불상과 불경을 가지고 왔다. 백제는 침류왕 원년인 384년에 胡僧 마라난타가 東晉에서 왔다. 왕은 그를 궁전에 모시고 예의를 갖추어 경배하였다. 신라의 경우는 공식적인 기록은 없지만, 눌지왕(417~458) 때 고구려로부터 沙門 墨胡子가 지금의 경상북도 선산지역에 들어와 전해 준 것으로 알려져 있다. 이로 보면 한반도의 불교 전래 시기는 4세기 말 5세기 초로 볼 수

---

26) 『新增東國輿地勝覽』 권29, 고령현 건치연혁조.

27) 『南齊書』 卷58, 列傳39, 東南夷傳 "加羅國 三韓種也 建元元年 國王荷知使來獻 詔曰 量廣始登 遠夷洽化 加羅王荷知 款關海外 奉贄東遐 可授輔國將軍本國王"

있을 것이다.

삼국과 더불어 한반도 남쪽에 존재했던 가야의 경우, 『삼국유사』의 「駕洛國記」를 비롯한 「金官城 婆娑石塔」 등의 내용에 불교 전래의 모습이 있다. 기록을 그대로 신빙한다면 기원후 48년에 金官伽耶(=駕洛國=南加羅)에 불교가 전래된 것이 된다. 그러나 「駕洛國記」의 관련 기사를 검토해 보면 설화적 요소가 복잡하게 섞여 있어서 그대로 믿기에는 어려운 점이 있다. 또한 금관가야가 멸망하는 6세기 전반까지 김해지역에는 그 시기에 만들어졌거나 축조된 것으로 보이는 불상과 탑, 寺址 등 불교관련 유물과 유적도 확인되지 않고 있다.

대가야의 경우, 당시 만들어진 것으로 보이는 벽화고분과 기와에 연화문이 그려져 있는 것이 확인되었다.[28] 연화문이 불교와 관련된 것으로 보는 것은 일반적인 견해이다. 고아동벽화고분의 경우 석실과 연도 천정 개석에 연화문이 10여 개 그려져 있다(참고 도판 8 참조).[29] 이 고분은 백제식 석실분의 영향을 받아 축조된 것으로 보고 있어, 연화문도 백제의 영향을 받아 그려진 것으로 볼 수 있을 것이다. 고분의 축조 연대는 6세기 중엽으로 보고 있다.

2014년, 고령 송림리 가마터 2호 가마의 시굴 조사를 통해 연화문이 시문되어 있는 전돌이 출토되었다(참고 도판 9 참조).[30] 그 외에도 고령 대가야궁성지(참고 도판 10 참조),[31] 지산리 2-4,[32] 지산리 44-1,[33] 고아리 158-2번지[34]에서 연화문 수막새가 다수 발견되었다. 이러한 자료들로 보아 대가야에 불교가 이미 전래되었음은 확실해 보인다.

대가야에 불교가 전래되었음은 대가야의 성문 이름이 旃檀梁이란 점에서도 알 수 있다.[35] 『삼국사기』 찬자는 이 전단량에 대해서 성문의 이름이라하고, 가라어로 門을 梁이라 했다는 주석을 하고 있다(旃檀梁城門名 加羅語謂門爲梁云). 旃檀梁에서의 梁은 그 훈이 '돌', '도리', '드리'로서, 納入 또는 入門 즉 '목'의 뜻이라고 풀이한 견해가 있다.[36] 이는 성문을 말한다. 따라서 전단량이란 전단으로 만든 성문을 말하는데, 주목할 바는 旃檀이다. 전단은 향기가 나는 나무이다. 잎과 뿌리 열매는 약용으로도 쓰이고 목재는 불상 등을 조각하는 재료로 쓰인다. 인도, 월남 등 열대지방에서 많이 자라며 키는 보통 6~9미터 정도라고 한다. 旃檀은 산

---

28) 이하 대가야 불교 자료와 관련해서는, 백승옥, 2018, 「加耶 各國의 불교 관련자료 검토」, 『동아시아불교문화』 33, 동아시아불교문화학회, pp.44-48 참조.

29) 김원룡, 1964, 「高靈 古衙洞 壁畵古墳 略報」, 『고고미술』 5, pp.499-501.

30) 영남문화재연구원, 2014, 『고령 송림리 대가야 토기 가마 시굴조사 보고서』, 영남문화재연구원.

31) 경북대학교박물관, 2006, 『전 대가야궁성지』, 경북대학교박물관, pp.27-119.

32) 대동문화재연구원, 2015, 『고령 지산리 2-4번지 건물신축부지내 유적 정밀발굴조사 약보고서』, 대동문화재연구원, pp.1-20.

33) 영남문화재연구원, 2009, 『고령 지산리 44-1번지 생활유적』 : 조재현, 2017, 「대가야읍내 취락과 대가야궁성」, 『고령의 기와』, 대가야박물관, pp.132-133.

34) 대동문화재연구원, 2010, 『고령 고아리 158-2유적』, 대동문화재연구원, pp.4-56.

35) 『삼국사기』 권44, 열전4 斯多含傳, "眞興王命伊飡異斯夫襲加羅(一作加耶)國 時斯多含年十五六 請從軍 -(중략)- 及抵其國界 請於元帥 領麾下兵 先入旃檀梁(旃檀梁城門名 加羅語謂門爲梁云)." 같은 책, 권4, 신라본기4 진흥왕 23년 9월조(562), "九月 加耶叛 王命異斯夫討之 斯多含副之 斯多含領五千騎 先馳入栴檀門 立白旗 城中恐懼 不知所爲 異斯夫引兵臨之 一時盡降"

36) 李丙燾, 1987(6판), 『國譯 三國史記』, 을유문화사, p.656.

스크리트어 찬다나(Candana)을 음역한 것이다. 대가야에서 전단목으로 성문을 만들었다는 것은 대가야에서 불교가 매우 성행했음을 말해 준다.

우륵이 작곡한 가야금곡 12곡 중에서 중국 南朝에서 전래된 것으로 보이는 師子伎와 寶伎라는 伎樂이 있다. 보기는 金色의 공을 가지고 노는 일종의 曲藝에 쓰인 음악으로서, 가야의 보기는 백제의 '弄珠之戲' 및 신라의 '金丸'과도 동일한 놀이로서, 서역으로부터 중국 南齊를 거쳐 가야에 전수된 것으로 보고 있다.[37]

사자기는 사자 비슷한 가면을 쓰고 연주하는 사자무에 쓰인 음악이다. 이도 중국 남조의 伎樂이 가야에 들어와 정착한 것으로 보인다. 사자기가 불교와 관련 있음은 신라 말 최치원의 鄕樂 雜詠 5首 가운데 산예가 바로 사자무라는 것이다. 즉 신라에는 우수한 사자 조각품이 많이 전하고 있음을 볼 수 있는데, 이것이 불교와 관련이 있다고 본 것이다. 그리고 사자기가 불교와 관련 있는 춤이라면 보기 역시 금환에 비정되는 서역풍의 춤으로 볼 수 있을 것이다. 이들로 보면 대가야에서는 불교의 영향을 받은 노래와 춤, 가야고가 합쳐진 종합적인 음악이 있었다고 볼 수 있다. 대가야인들은 불교를 그들의 음악에 반영할 정도로 이미 불교를 생활화하고 있었다고 보아야 할 것이다.[38]

고아동벽화고분과 고령에서 출토된 연화문이 새겨진 와당, 문헌 사료 등으로 보아 5~6세기 대 대가야에는 불교가 매우 성행했음을 알 수 있다. 이러한 불교의 전래와 성행은 국가적 차원의 실천 의지 없이는 어렵다. 왕은 불교를 통하여 전제적 집권국가를 꿈꾸었을 것이다. 고대 국가 진입 직전의 왕들은 대부분 불교를 통해 권력의 집권화를 이루려 했다. 스스로를 전륜성왕(또는 대왕)를 자처했다. 잘 알려진 바와 같이 중국 남북조 시기 황제들은 대부분 불교의 극신봉자들이었다. 남조 梁의 무제는 그 대표적인 인물이다. 4~6세기 대 동아시아는 불교적 세계관이 국가 통치 이념으로 작용하는 시기였다. 신라와 백제도 예외는 아니었으며 대가야 또한 마찬가지였을 것이다. 이러한 배경 속에서 그 중심에 있는 통치자는 '大王'으로 불리게 되었을 것이다.

대왕호의 등장이 불교와 밀접한 관련이 있음은 앞의 용례 가운데 신라와 발해의 경우를 통해서 알 수 있었다. '聖法興大王'의 경우 서석곡에 동행한 인물 모두가 불교에 몸담고 있는 인물들이다. 왕명 자체가 불교를 진흥시킨다는 의미인 진흥왕의 경우, 그의 순수비들에는 모두 태(대)왕을 칭하고 있다. 발해 정혜공주 묘비명에 따르면 아버지 문왕을 '大興寶曆孝感金輪聖法大王'이라 칭하고 있다. 金輪聖法大王은 불교식 명칭이다.

이에 더해 주목되는 것이 있다. 일본 埼玉縣 埼玉古墳群 稻荷山古墳에서 출토된 철검의 115자 명문 가운데 보이는 '寺'字이다. 그동안 이에 대한 해독은 매우 난해했다. 글자는 '寺'가 분명하다. 그런데 일본에 불교가 전래된 시기는 6세기 중엽 이후여서 471년에 만들어진 칼에 새겨진 '寺'의 의미를 쉽게 이해할 수 없던 것이다. 명문의 내용은 아래와 같다.

---

37) 李杜鉉, 1979, 『韓國演劇史』, 普成文化社, p.45.
38) 김복순, 2002, 「大伽倻의 佛敎」, 『한국 고대불교사 연구』, 民族社, pp.105-106.

(앞면) 辛亥年七月中記. 乎獲居臣, 上祖名意富比垝, 其児多[名]加利足尼, 其児名互已加利獲居,

　　　 其児名多加披次獲居, 其児名多沙鬼獲居, 其児名半互比,

(뒷면) 其児名加差披余, 其児名乎獲居臣, 世々為杖刀人首, 奉事来至今。<u>獲加多支鹵大王寺在斯</u>

　　　 <u>鬼宮時, 吾左治天下, 令作此百練利刀, 記吾奉事根原也</u>

해석문 : 신해년(471) 7월에 기록한다. 오와케노 오미(乎獲居臣)의 윗 조상 이름은 오호 히코(意富比垝)이며, 그 아들은 타카리노 스쿠네(多加利足尼)이고, 그 아들은 ~(생략)~ 그 아들 오와케노 오미가 대대로 장도인(杖刀人)의 수장이 되어 지금까지 봉사해 왔다. 와카다케루 대왕께서 시키궁(斯鬼宮; 奈良縣 磯城郡 소재) 내의 절(寺)에 계실 때, 천하를 통치하는 것을 내가 옆에서 도왔다. 이런 연유로 인해 백번을 단련시켜 이 칼을 만들어, 내가 봉사한 근원을 기록하는 것이다.

그동안 위의 내용에서 밑줄 친 부분에 대한 해석이 명확하지 않았다. 때문에 '寺'자를 '侍'나 '時'로 보기도 하였다. 그러나 정밀 X-ray 촬영을 통하여 보아도 이 글자는 '寺'가 명확하다. 일본학계에서는 '와카다케루 대왕의 절, 시키의 궁에 있을 때'로 해석하는 것이 일반적이다.[39] 그러나 이 경우 대왕의 절과 시키궁이 동격이 되어 시키궁이 사찰이 된다. 시키궁은 나라 분지 동남쪽에 있었던 궁성이었다. 사찰 자체로 볼 수는 없다. 이는 당시 시키궁 경내에 있었던 사찰로 보아야 할 것이다. 왕이 불교를 신봉할 경우 궁내에 일정 규모의 사찰을 두었을 가능성을 생각해 볼 수 있다.

현 일본학계에서는 불교 초전과 관련해서 538년설과 552년설로 나누어져 있다. 고등학교 역사 교과서에서도 양설을 인정하고 있다. 『日本書紀』에는 552년 백제 聖明王이 倭王 欽明에게 사자를 보내 불상과 경전을 전해 주는 기록이 있다.[40] 『上宮聖德法王帝説』 및 『元興寺伽藍縁起幷流記資財帳』의 기록으로 보면 이보다 앞선 538년에 불교가 전래되었음을 알 수 있다. 588년에는 왜국 최초의 본격적 사원인 飛鳥寺가 건립되기 시작한다. 당시 최고 권력자인 蘇我馬子의 발원에 의해서이다. 그러나 이러한 자료들은 6세기 중·후엽 왜국에 불교가 처음 전래되었다는 것을 말하는 것은 아니다. 불교 초전의 상한 연대로 볼 수는 없으며 왜국에서 불교가 꽃피우기 시작했다는 증거일 뿐이다.

고고학적 자료를 통해 볼 때 왜국에 불교가 전래된 시기는 6세기보다 이른 시기로 볼 수 있다. 고분 출토의 銅鏡에 불상이 표현되어 있는데, 이른바 三角縁仏獣鏡이 일본 열도 곳곳에서 발견되고 있다. 삼각연불수경은 거울 뒷면의 가장자리에 삼각무늬가 돌려져 있고, 그 내부에 佛像과 神獣 문양이 함께 새겨진 청동거울이다. 일본 각지의 고분에서 출토되며, 그 형태와 문양의 조합으로 볼 때 단순한 장식품이 아니라 종교

---

39) 古市晃, 2019, 『国家形成期の王宮と地域社会——記紀·風土記の再解釈』, 塙書房; 2021, 『倭国 古代国家への道』, 講談社 現代新書; 2022, 「日本古代における伝承と史実の間——オケ·ヲケ伝承を手がかりに——」, 桜井市纒向学研究センター編, 『纒向学の最前線——桜井市纒向学研究センター設立 10 周年記念論文集——』.

40) 『日本書紀』 권19, 흠명천황 13년 10월조.

적·권위적 상징물로 제작된 것이다. 이는 매장된 주인공이 불교를 신봉했음을 말해 준다.

京都府 船井郡 園部町에 소재한 垣內古墳에서 三佛三獸鏡이 발굴을 통해서 출토되었다. 이 고분의 축조 시기는 고분시대 전기(3세기 중엽~4세기 말)에 해당한다. 이와 같은 디자인의 동경이 向日市 寺戸大塚古墳 (三角緣櫛歯文帯三仏三獸鏡 ; 〈참고 도판 11〉)과 京都市 百百池古墳에서도 출토되었다. 이러한 점은 일본 열도 불교 전래의 시기를 훨씬 상향해 볼 수 있는 근거 자료가 된다. 1885년 奈良縣 北葛城郡 広陵町의 新山 古墳에서 출토된 거울에서는 결가부좌를 하고, 양손을 앞으로 모아 합장한 듯하고, 머리에는 肉髻가 있으 며, 둥근 광배를 가진 三佛三獸鏡이 출토되었다(〈참고 도판 12〉). 新山古墳은 4세기 후반 한반도 및 중국과 의 깊은 관계 속에서 축조된 것으로 보이는 馬見古墳群에 속해 있다.[41] 이 외 岡山理科大学 考古学研究室 소 장의 一宮天神山1号墳 出土 三角緣獸文帯三仏三獸鏡에도 3좌의 불상이 보인다(〈참고 도판 13〉).

2006년, 奈良県의 塩田北山東古墳에서 출토된 삼각연불수경은(〈참고 도판 14〉) 四川이나 장강 중·하류 지역의 초기 불상에는 보이지 않는 형식으로, 중국 북부, 특히 魏 지역 불상 양식과 관련이 있다고 한다. 그 결과 이 삼각연불수경은 일본 내에서 단순히 제작된 것이 아니라, 중국 北魏 불교 조형 전통이 한반도(특히 백제)를 거쳐 일본으로 전해진 결과물로 보았다.[42]

이 삼각연불수경에서 주목되는 것은 '天王日月'이라는 명문이 함께 있다는 것이다. 이러한 명문은 大阪歷 史博物館所蔵 三角緣·天王·日月·獸文帯四神(佛)四獸鏡에도 동일하게 보인다(〈참고 도판 15〉). 앞의 용례에 서 본 바와 같이 천왕은 5호 16국 시기 중국 북방계통의 왕조에서 대왕의 의미와 같이 사용한 군왕호이다 (앞의 〈표 1〉의 연번 43~48 참조). 이러한 天王號가 불상이 새겨진 동경에 명문으로 보인다는 점은 천왕 또 는 대왕호가 불교와 밀접한 관련이 있음을 보여 준다.

이러한 거울이 일본 고분에서 출토된다는 사실은 공식적인 불교 전래(552년) 이전에 이미 불교적 이미 지와 신앙 개념이 일본 상류층 사회에 유입되었음을 시사한다. 즉, 삼각연불수경은 일본이 불교를 제도적 으로 수용하기 이전, 불교적 상징을 권위의 상징물로 받아들였던 증거라 할 수 있다. 거울은 당시 권력자의 지위를 상징하는 물건이었다. 그 표면에 불상을 새긴 것은 정치와 종교적 권위의 결합을 통하여 초월적 존 재를 추구하고자 하는 吉祥的 의미가 그 배경이었을 것이다.

埼玉古墳群 稲荷山古墳에서 출토된 철검 명문에 보이는 '寺'는 당시(471년) 왜의 궁중에 사찰의 존재를 보여 주는 것이다. 궁중 내 왕의 신앙생활을 위한 사원이었을 것이다. 이러한 '寺'와 '治天下'하는 '대왕'의 존 재가 동시에 보이는 자료가 稲荷山古墳에서 출토된 철검인 것이다.

---

41) 森浩一, 1994, 「考古學からみた佛教受容 - 佛獸鏡出土古墳と伽藍の造營 - 」, 『考古學と信仰』, 同志社大學 考古學 シリーズ Ⅵ, pp.8-9.

42) 雨宮健祥, 2023, 「新例が示す三角緣仏獸鏡の新たな意義」, 『東京大学考古学研究室研究紀要』 第36号, pp.88-91.

IV. 맺음말

이번에 출토된 대가야 궁성지 출토 토기의 명문은 大王 또는 大干으로 읽을 수 있을 것이나 大王으로 추정했다. 충남대 박물관 소장 토기 동체부의 명문 大王과 비교해 보았을 때 그 획순이나 필획 및 전체적 모습이 매우 닮아있기 때문이다. 또한 이 글자가 左書로 찍혀 있다는 점에서 대왕명 토기의 용도는 의례용이었을 가능성이 높다고 보았다.

대가야 주변 국가들에서 大王號 사용 예를 살펴보면, 고구려의 경우 4세기 대(고국원왕), 백제에서는 5세기 대(개로왕), 신라는 6세기 대(법흥왕)에 그 용례가 보인다. 왜의 경우는 辛亥年(471년)에 만들어진 이나리야마고분 출토 철검의 용례로 보아 5세기 대 사용한 예가 확인된다. 주변 국가들의 사용례와 더불어, 궁성지 출토 대왕명 토기의 제작 시기가 6세기 전반 대라는 점에서 대가야에서 대왕호의 사용은 6세기 전반 이전으로 볼 수 있다.

대왕은 다양한 모습을 보이며 사용되었다. 대왕은 위대한 왕, 왕중의 왕이란 의미이다. 대왕은 그러한 모습이 보이는 왕들에게 사용되어 졌으며, 父祖王들에게도 존칭되었다. 대화 속에서 경칭어로서도 사용되어 졌다. 그런데 주목되는 것은 불교와 밀접한 관련이 있거나, 신봉한 왕들이 대왕호를 사용한 용례가 많이 보인다는 점이다.

'大王'號는 4~6세기 대 일본 열도를 포함한 동북아시아에서는 폭넓게 사용되었다. 대가야에서 '大王'號의 등장도 이러한 시대적 흐름과 무관하지 않은 것으로 보인다. 그러나 그러한 흐름도 정치적으로 위대한 왕의 등장과 불교를 통치 이념으로 집권화를 이루고자 하는 왕의 등장이 없었다면 사용할 수 없었을 것이다.

대가야에서 대왕호의 등장은 두 가지 배경 속에서 탄생한 것으로 정리해 볼 수 있다. 첫째는 주변으로의 영역 확장, 제도의 정비, 남제 견사와 책봉을 통한 외교적 성공과 왕권의 안정을 확립한 군주의 등장이다. 둘째는 불교를 통한 통치 이념의 강화와 확립을 꾀하는 군주의 등장이다. 특히 대왕이란 용어 자체는 불교와 관련하여 탄생되었을 가능성이 높은 것으로 보인다. 대가야의 대왕호는 정치적 권력의 확대와 종교적 권위를 높여 초월적 위상을 확립하고자 하는 시기에 탄생한 것이었다. 그때 만난 종교가 불교였다. 불교는 그러한 기대를 충족시켜 주는 종교였다.

대왕호가 불교와 관련하여 칭해진 것이라면 대가야 궁성지 내에 일정한 구역을 가진 寺刹이 존재했을 가능성이 있다. 백제에 불교가 처음 들어왔을 때, 침류왕은 晉에서 온 胡僧 摩羅難陀를 궁내에 정성을 다하여 모시고 禮敬하였다.[43] 정성을 다해 모시며 예경하는 방법의 기본은 무엇인가? 그가 자유로이 예불을 행할 수 있는 공간을 마련해 주는 것이었을 것이다. 이러한 공간이 궁성 내 왕을 위한 '寺' 공간으로 발전했을 것이다. 일본 埼玉古墳群 稻荷山古墳에서 출토된 철검 명문에 보이는 '寺'는 이러한 공간으로 추측한다. 국가적 차원에서 불교를 도입할 경우 대부분 궁성 내에 이러한 공간이 있었을 것이다. 대가야의 경우도 마찬가지였을 것이다.

---

43) 『三國史記』 권24, 백제본기 제2, 침류왕 원년(384)조, "胡僧 摩羅難陀 自晉至 王迎致宮內禮敬焉 佛法始於此"

　대왕명 토기는 의례용으로 사용된 토기로 보인다. 궁성 내 사찰에서 사용한 토기였을 것이다. 궁성지 내에서 출토된 연화문 와당(참고 도판 10 참조), 연화문이 새겨진 전돌이 송림리 요지(6세기 1/4 내지 2/4 시기에 조성, 참고 도판 9 참조)에서 출토된 점 등으로 미루어 보아 이러한 가능성은 높다.

투고일: 2025.10.28.　　　심사개시일: 2025.12.07.　　　심사완료일: 2025.12.25.

【참고 도판】

1. 王字의 생성 유래 	2. 新疆 維吾尔 民豊縣 尼雅遺跡 95MN1호묘-M8호묘 출토 직물과 토기(漢~晉代) 

3. 니아유적 출토 王字銘 토기(상세)	4. 왕자명 토기와 동일 유구 출토 토기

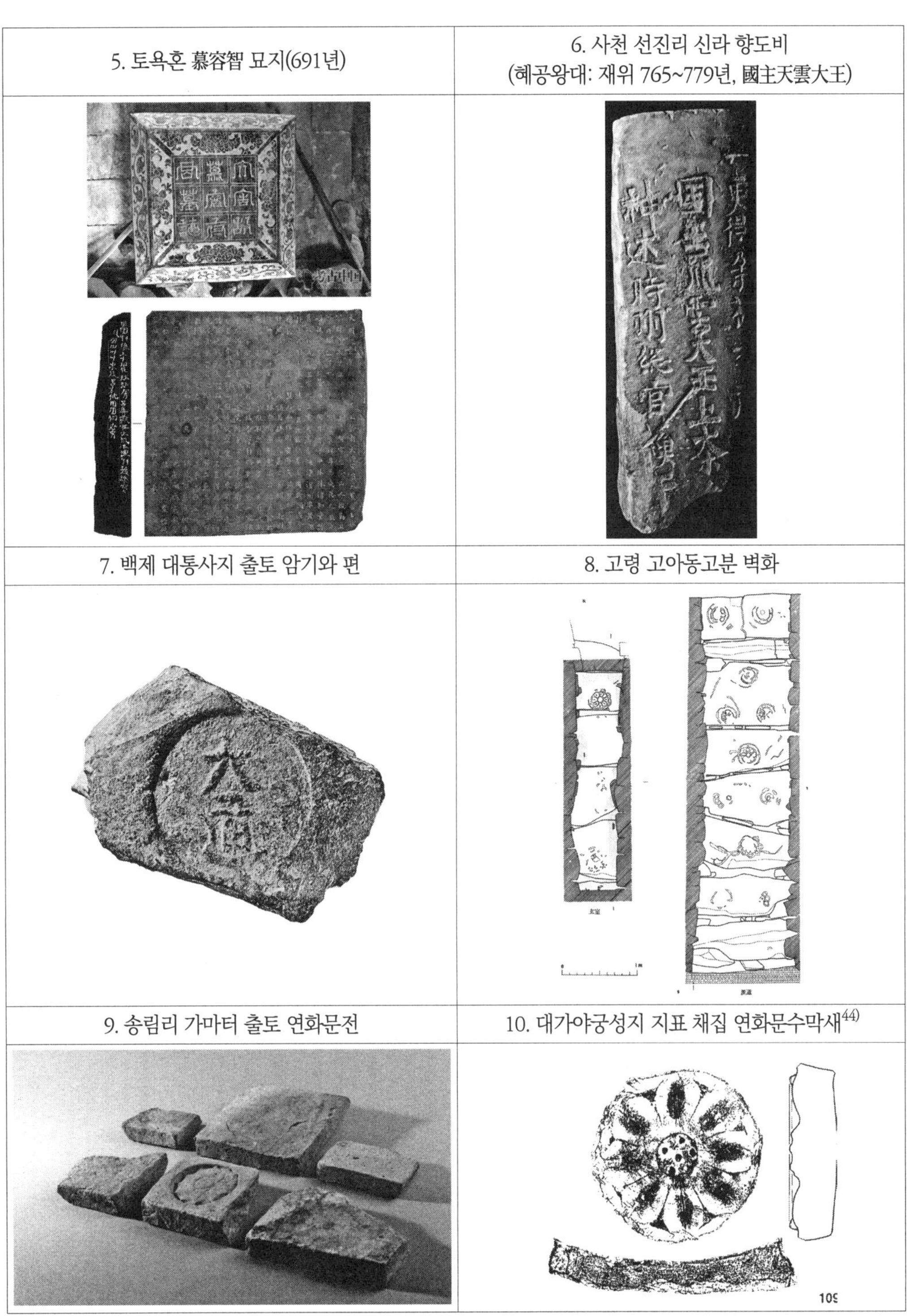

44) 양은경, 2017, 「가야 연화문과 가야 불교」, 『考古廣場』 21, 부산고고학연구회, p.60에서 옮겨 실음.

11. 寺戸大塚古墳出土 三角縁櫛歯文帯三仏三獣鏡
(雨宮健祥, 2023, p.70에서)

12. 新山古墳出土 三角縁獣文帯三仏三獣鏡
(雨宮健祥, 2023, p.68에서)

13. 一宮天神山1号墳 出土 三角縁獣文帯三仏三獣鏡
(雨宮健祥, 2023, pp.66-67에서)

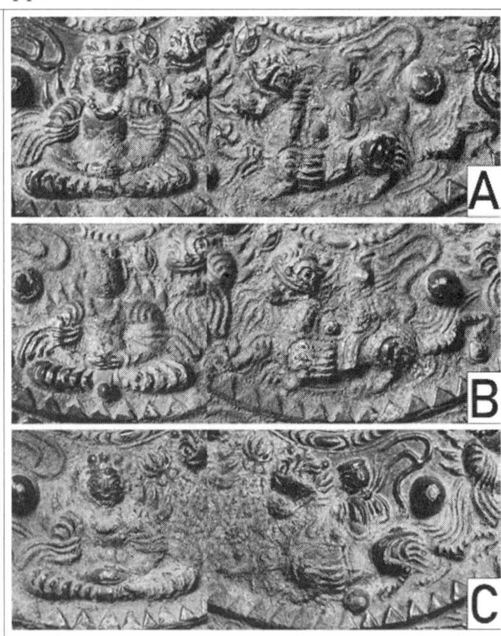

14. 塩田北山東古墳出土 三角縁·天王日月·獸文帶一仏三神四獸鏡
(雨宮健祥, 2023, p.80, p.89에서)

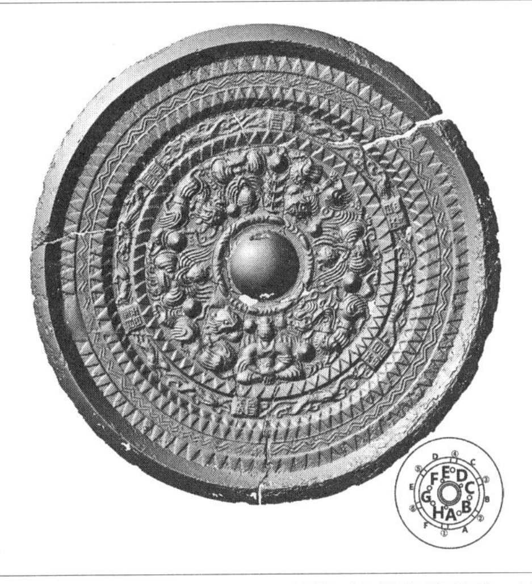

15. 大阪歷史博物館所蔵 三角縁·天王·日月·獸文帶四神四獸鏡
(雨宮健祥, 2023, pp.74-78에서)

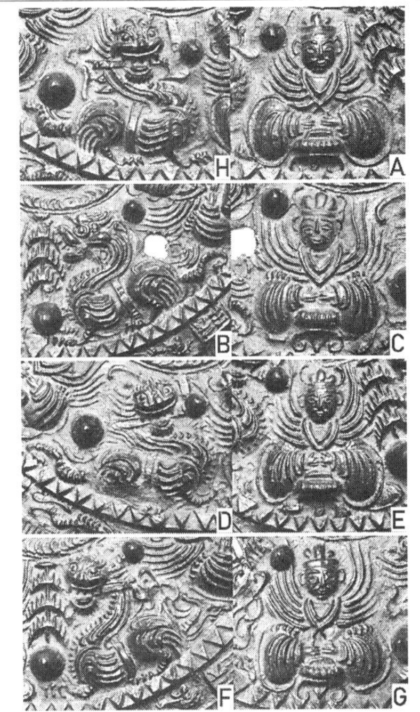

참고문헌

1. 보고서

경북대학교박물관, 2006, 『전 대가야궁성지』, 경북대학교박물관.

대동문화재연구원, 2010, 『고령 고아리 158-2유적』.

대동문화재연구원, 2015, 『고령 지산리 2-4번지 건물신축부지내 유적 정밀발굴조사 약보고서』.

영남문화재연구원, 2009, 『고령 지산리 44-1번지 생활유적』.

영남문화재연구원, 2014, 『고령 송림리 대가야 토기 가마 시굴조사 보고서』.

2. 논저

강종훈, 2025, 「중국사에서의 '大王', '天王', '天皇' 칭호의 사용과 그 배경」, 『嶺南學』 제94호, 경북대학교 영
    남문화연구원.

고광의, 2020, 「충주 고구려비의 판독문 재검토 -題額과 干支를 중심으로- 」, 『한국고대사연구』 98.

김복순, 2002, 「大伽倻의 佛教」, 『한국 고대불교사 연구』, 民族社.

김원룡, 1964, 「高靈 古衙洞 壁畫古墳 略報」, 『고고미술』 5.

백승옥, 2005, 「辛卯年銘 청동 방울'과 太王陵의 주인공」, 『역사와 경계』 56, 부산경남사학회.

백승옥, 2018, 「加耶 各國의 불교 관련자료 검토」, 『동아시아불교문화』 33, 동아시아불교문화학회.

양은경, 2017, 「가야 연화문과 가야 불교」, 『考古廣場』 21, 부산고고학연구회.

여호규, 2013, 「신발견 〈集安高句麗碑〉의 구성과 내용 고찰」, 『한국고대사연구』 70.

이두현, 1979, 『韓國演劇史』, 普成文化社.

이병도, 1987(6판), 『國譯 三國史記』, 을유문화사.

이문기, 1988, 「6세기 新羅 「大王」의 成立과 그 國際的 契機」, 『신라문화재학술발표논문집』 9.

이문기, 1992, 「川前里書石 乙卯銘」, 『역주 한국고대금석문Ⅱ- 신라·가야편』, 가락국사적개발연구원.

이준성, 2020, 「「牟頭婁 墓誌」의 판독과 역주 재검토」, 『목간과 문자』 25.

이진선, 2025, 「唐代 吐谷渾의 境內 移住와 管理方式」, 동국대학교 대학원 박사학위논문.

조재현, 2017, 「대가야읍내 취락과 대가야궁성」, 『고령의 기와』, 대가야박물관.

3. 외국논저

仁藤敦史, 2024, 『古代王權と東アジア世界』, 吉川弘文館.

森浩一, 1994, 「考古學からみた佛教受容 - 佛獸鏡出土古墳と伽藍の造營 - 」, 『考古學と信仰』, 同志社大學
    考古學 シリーズ Ⅵ.

雨宮健祥, 2023, 「新例が示す三角縁仏獣鏡の新たな意義」, 『東京大学考古学研究室研究紀要』 第36号.

坂元義種, 1978, 「古代東アジアの日本と朝鮮 -「大王」の成立をめぐって - 」, 『古代東アジアの日本と朝鮮』.

內田昌功, 2008, 「東晋十六国における皇帝と天王」, 『史朋』 41号.

大阪府立近つ飛鳥博物館, 2011, 『倭人と文字の出會い』, 平成23年度春季特別展 圖錄.

古市晃, 2019, 『国家形成期の王宮と地域社会――記紀・風土記の再解釈』, 塙書房.

古市晃, 2022, 「日本古代における伝承と史実の間――オケ・ヲケ伝承を手がかりに――」, 桜井市纒向学研究センター編, 『纒向学の最前線――桜井市纒向学研究センター設立 10 周年記念論文集――』.

孟凡人, 2017, 『尼雅遺址与于闐史研究』, 商務印書館(北京).

中日共同尼雅遺跡學術考察隊, 1999, 『中日共同尼雅遺跡學術調査報告書』 제2권.

〈Abstract〉

The Meaning and Emergence Background of the Inscription "大王 (Daewang, Great King)", Found on Pottery from the Daegaya(大加耶) Royal Palace Site

Beack, Seoung-Ok

In July 2024, a pottery fragment with inscribed characters was discovered at the presumed royal palace site of Daegaya in Daegaya-eup, Goryeong-gun, Gyeongsangbuk-do. Although part of the inscription on the lower section is missing, the remaining characters can be read as "大王 (Daewang, Great King)." Since the inscription is written in leftward script (左書), the pottery is presumed to have been used for ceremonial purposes. There is another known example of a Daegaya-style pottery vessel bearing the inscription "大王," currently housed in the Chungnam National University Museum. These findings clearly indicate that the title Daewang was used in Daegaya. The pottery is estimated to have been produced in the early 6th century. It was created during the heyday of Daegaya and used as a ritual vessel associated with the "Daewang" at the royal palace site where the king resided, before being discarded.

The study also examined examples of the use of the titles Wang (王, King) and Daewang (大王, Great King) across various countries in Northeast Asia from the 4th to the 8th centuries. The emergence of the title Daewang in Daegaya can be understood as a product of two main historical contexts.

First, it reflects the rise of a monarch who achieved political stability and diplomatic success—expanding territorial control, reorganizing administrative systems, and establishing legitimacy through diplomatic missions and investiture from the Southern Qi (南齊).

Second, it reflects the rise of a ruler who sought to strengthen and institutionalize his governing ideology through Buddhism. In particular, the term Daewang itself likely originated in association with Buddhist concepts.

The title Daewang (Great King) was widely used throughout Northeast Asia, including the Japanese Archipelago, during the 4th to 6th centuries. The appearance of the term in Daegaya was thus not independent of these broader regional trends. In the early 6th century, Daegaya witnessed the rise of a Daewang who sought to expand political power and elevate religious authority to establish a transcendent status.

▶ Key words: Daegaya (大加耶), Wang (王), Daewang (大王), Royal Palace Site (王宮址), Buddhism (佛敎)

南原 尺門里山城 集水施設 出土 木簡

李炳鎬[*]·田尙學[**]

Ⅰ. 머리말
Ⅱ. 조사 현황
Ⅲ. 집수시설 출토 목간과 문자기와
Ⅳ. 조사 성과와 의의

〈국문초록〉

이 글은 南原 尺門里山城의 集水施設에서 출토된 木簡과 문자기와를 소개하기 위해 작성되었다. 척문리산성은 삼국시대 백제에 의해 축조된 산성으로 성의 둘레는 약 567m에 달한다. 척문리산성은 일찍부터 백제의 五方城 가운데 南方 久知下城에 해당할 가능성이 제기되어 학계의 주목을 받아왔다.

전주문화유산연구원에서는 척문리산성 내부의 집수시설 2기에서 총 5점의 목간을 발굴하였다. 이 가운데 1호 목간에는 「□巷」, 3호 목간에는 「將德」, 5호 목간에는 「中巷」 및 「將德」, 6호 목간에는 「上巷」의 글자가 각각 기록되어 있었다. 이 중 「將德」은 백제 중앙 행정조직의 관등 체계인 16官等 가운데 제7품에 해당하는 관등명으로, 당시 중간층 관료를 지칭한다. 또한 「上巷」과 「中巷」은 백제 사비 도성의 행정구역을 구성하던 五部와 五巷 중, 上巷·前巷·中巷·下巷·後巷 가운데 일부를 나타내는 것으로 해석된다.

척문리산성 집수시설 출토 목간은 사비 도성의 상항 또는 중항에 근거를 둔 將德 관등의 관료들이 보리 (麥) 2석(石)과 같은 곡물을 운송하거나 납부하였음을 기록한 자료라 할 수 있다. 목간의 제작 및 사용 시기는 함께 출토된 토기류와 문자기와의 양식적 특징에 근거할 때, 6세기 후반에서 7세기 전반에 이르는 시기로 추정된다.

▶ 핵심어: 南原 尺門里山城, 木簡, 文字瓦, 將德, 五巷

* 동국대학교 문화유산학과 부교수
** 전주문화유산연구원 학예연구실장

I. 머리말

南原 尺門里山城은 삼국시대 백제가 축조한 산성으로 알려져 있다. 산성은 尺洞 마을 북쪽의 해발 170m 내외의 산 정상부와 곡간부를 포함하고 있으며, 산성이 위치한 지역은 동쪽에 蜜峰(해발 334.1m)에서 서쪽으로 뻗은 지류의 정상부에 해당한다. 산성의 동쪽으로는 골짜기를 사이에 두고 밀봉의 능선이 연결되어 있으며, 서쪽으로는 蓼川과 白巖川이 합류하는 지점이 위치하고 있다. 남쪽으로는 백암천이 흐르며, 草村里古墳群(전북특별자치도 기념물)이 자리한다. 북쪽으로는 요천이 동쪽에서 서쪽으로 흐른다. 산성의 둘레는 567m, 동서길이 182m, 남북은 120m 정도이다. 성벽을 따라 회랑도를 설치하고 안쪽에 土壘를 쌓은 것으로 알려져 있다. 門址는 북·서·남쪽의 3개소에서 확인되고 있다.

산성에 대한 조사는 2000년대를 전후로 단편적인 지표조사만이 이루어졌으며,[1] 2020년 산성에 대한 정밀 지표조사가 이루어져 산성의 규모와 성 내부시설 등을 일부나마 파악할 수 있었다.[2] 2021년에 처음으로 정식 발굴조사가 시작되어 현재까지 5차에 걸쳐 조사가 진행 중에 있다(표1 참조).

표 1. 남원 척문리산성 조사 현황

연번	년도	내 용	비 고
1	1981	전북유적조사보고	전영래, 지표
2	1981	전라북도기념물 지정	전라북도
3	1987	남원지방 문화재 지표조사	전북대학교 박물관, 지표
4	2003	전북 고대산성 조사	전영래, 지표
5	2020	현황조사	전주대학교박물관, 정밀지표·측량
6	2021	성벽, 건물지, 집수시설 확인	전주문화유산연구원, 시굴
7	2022	건물지, 도수시설, 집수시설	전주문화유산연구원, 발굴
8	2022	집수시설 2기, 추정 성벽	전주문화유산연구원, 시·발굴
9	2023	집수시설, 북문지	전주문화유산연구원, 시·발굴
10	2024	북문지, 동쪽 평탄대지	전주문화유산연구원, 시·발굴
11	2025	북문지	전주문화유산연구원, 발굴조사 중

---

1) 전영래, 1981, 「남원척문리산성」, 『전북유적조사보고』 12; 전북대학교박물관, 1987, 「남원지방 문화재 지표조사보고서」; 전라북도, 1990, 『문화재지』; 남원시, 1992, 『남원지』; 전영래, 2003, 『전북 고대산성 조사보고서』; 강원종, 2003, 「남원지역의 산성 소고」, 『연구논문집』 3, 호남문화재연구원; 전북대학교박물관, 2004, 「남원 문화유적 분포지도」.

2) 전주대학교박물관, 2020, 「남원 척문리산성 정밀지표측량조사 용역보고서」.

이 글에서는 남원 척문리산성에 대한 발굴조사 중 集水施設 내에서 출토된 木簡을 집중적으로 소개하고자 한다. 먼저 그간의 발굴조사 현황을 정리하고 집수시설에 대한 조사 내용을 살펴보고자 한다. 집수시설 내에서 출토된 목간은 유구에 대한 검토 이후에 층위와 출토 위치 등 고고학적인 맥락과 함께 목간의 현상을 상세하게 보고하고자 한다.

II. 조사 현황

남원 척문리산성(전북특별자치도 기념물)은 남원 시가지에서 북동쪽으로 4.5㎞ 지점인 蓼川江의 동안에 돌출한 이백면 척문리 척동마을 북쪽 해발 170m 내외의 산 정상부와 중복부에 위치한다. 이곳의 바로 남쪽에는 蟾津江의 支流인 白巖川을 사이에 두고 草村里古墳群이 자리한다. 女院峙로 가는 도로와 요천을 거슬러 長水 방면으로 가는 도로가 나누어지는 分岐點에 위치하는데, 요천 北岸은 全州에서 南原에 이르는 도로가 연결되는 지점으로 고대 교통의 要衝地라 할 수 있다. 또한 이곳은 阿幕城이 자리한 雲峯을 거쳐 咸陽을 공략하는데 전방 기지로서의 역할을 하였다.[3]

도 1. 남원 척문리산성 항공사진(1954년)

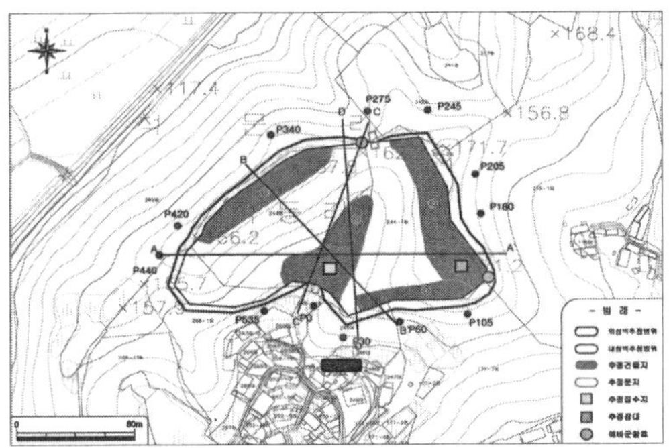

도 2. 남원 척문리산성 현황(전주대학교박물관 2020)

척문리 산성은 여원치의 남북으로 뻗은 산맥에서 서향하는 地脈의 말단 부분에 위치하며, 남서향의 水口를 가진 골짜기를 자연 능선에 따라 감은 包谷式 石城이다(도 1). 산성은 흙과 板狀割石을 이용하여 內托法으로 축조하였고, 수구면 좌우의 능선을 따라 土壇을 두르고 있으며, 바깥 면에는 石築을 하였다. 석축은 많이 붕괴되었으나 남은 부분은 그 자리에 퇴적되어 있다. 城內는 완만한 경사를 이루고 중앙의 저지대는 개

---

3) 아막성에 관한 최근의 발굴 성과는 다음을 참조. 군산대학교 가야문화연구소, 2023, 『아막성』; 군산대학교 가야문화연구소, 2025, 『아막성Ⅱ』.

간되었으며, 중앙에 우물지가 있다. 또한 성내에는 고려 때까지 사찰이 있었던 것으로 보인다.

산성의 둘레는 567m, 동서길이 182m, 남북은 120m 정도이다(도 2). 水口는 길이 21m, 높이 8m 정도의 土壇을 쌓고 石築을 하였다. 성벽을 따라 회랑도를 설치하고 안쪽에 토루를 쌓은 이중성이다. 門址는 북·서·남쪽의 3개소에서 확인되고 있다. 북변의 요천변을 면한 곳은 급경사를 이루며, 높이 9m에 이르는 성벽을 쌓았다. 요천 상류의 太坪里 山城과 동쪽 長橋里 山城과 연결되어 백제와 신라의 국경이 맞붙은 중요한 지역으로, 두 나라 간의 격전이 치열했던 산성으로 추정된다.

채집된 유물은 토기편과 기와편이 있다. 토기편은 세발토기·뚜껑접시·외반구호·아가리큰항아리 등이 있고, 문양은 대부분 두드림무늬 백제계 토기의 특징을 보여준다. 기와는 많은 출토량을 보이고 있으며, 삿무늬를 시문한 백제 기와편이 주류를 이룬다.

척문리산성에 대한 조사는 2021년 처음으로 시굴조사가 이루어져 推定 建物址, 竪穴, 集水施設, 推定 南門址, 城壁, 石列遺構 등이 확인되었다(도 3). 추정 건물지는 1·3Tr.에서 확인되었으며, 대부분 유실되어 적심 일부만이 남아있다. 다량의 기와편[문자기와 포함]과 회청색 경질토기편 등이 출토되었다. 수혈은 2Tr.에서 확인되었으며, 내부에서 파수편을 비롯한 적갈색 연질토기편이 출토되었다. 집수시설은 2Tr.에서 2기가 중복되어 확인되었으며, 평면 형태는 원형으로 추정된다. 다량의 기와편[문자기와 포함]과 회청색 경질토기편 등이 출토되었다. 확인된 성벽의 너비는 530㎝ 내외, 높이는 350㎝ 내외이다.

2022년도 1차 조사에서는 집수시설 2기, 도수시설, 건물지 관련 적심 등이 확인되었다. 집수시설은 2기가 확인되었으며, 평면 형태와 축조 석재 등이 차이를 보인다. 導水施設은 산성 내 남쪽 골짜기에서 확인되었으며, 경사면을 따라 굴광을 하고 주로 천석을 이용하여 축조하였다. 유물은 다량의 기와편과 삼국~통일신라시대 토기편 등이 출토되었다. 건물지와 관련된 적심 시설도 일부 확인되었다.

2022년도 2차 조사에서는 삼국시대 집수시설 2기가 조사되었다. 집수시설은 평면 형태가 말각장방형[1호]·장방형[2호]이며, 축조 재료와 축조 기법이 유사한 양상이다. 모두 후대에 축소 또는 개축한 양상이 확인된다. 출토유물은 삼족토기, 병, 개배, 대호 등의 토기류와 철도자, 갈고리, 철극, 철제가위 등의 금속류가 출토되었다. 또한 인장와와 명문와를 비롯한 다량의 기와편이 출토되었으며, 목간을 비롯한 목기, 두레박, 결합목재, 가공목 등이 다량 출토되었다. 이외에도 여러 가지 동물 뼈를 비롯한 식물유기체가 출토되었다.

2023년도 3차 조사에서는 추정 북문지, 집수시설, 성벽 등이 조사되었다(도 4~6). 집수시설은 평면형태가 말각장방형이며, 벽석과 바닥면에서 대형 결합목재가 확인되었다. 유물은 삼족토기, 개배, 대호 등의 토기류와 철겸, 철착, 철제가위 등의 금속류가 출토되었다. 또한 인장와와 명문와를 비롯한 다량의 기와편이 출토되었으며, 목간을 비롯한 목기, 두레박, 가공목 등이 다량 출토되었다. 이외에도 여러 가지 동물 뼈를 비롯한 식물유기체가 출토되었다. 추정 북문지는 어긋문의 구조로 추정되며, 성벽은 夾築式 石城으로 초축과 후대의 개축 양상 등을 파악할 수 있었다.

2024년도 4차 조사에서는 기존 발굴조사에서 확인된 北門址에 대한 전면적인 발굴조사를 실시하여 문지의 형태와 규모, 축조시기 등을 파악하였으며, 성 내 동쪽에 자리한 평탄대지에 대한 시굴조사에서 건물지와 수혈 등 성 내부시설을 확인하였다(도 4). 북문지는 어긋문 형식으로, 전북지역 산성 중 백제시대 석축

성에서 어긋문의 문지가 조사된 예는 순창 홀어머니산성 북문지, 정읍 고사부리성 북문지와 서문지 등이
있다.[4] 일반적으로 어긋문은 성문의 방향과 성벽 통과선이 평행을 이루는데 비해 척문리산성의 북문지는
수직의 형태를 이루는 독특한 어긋문 형태를 띠고 있다. 문지는 한 차례 개축의 흔적이 확인되며, 성벽의
축조법, 통로부의 바닥시설 등에서 차이를 보인다.

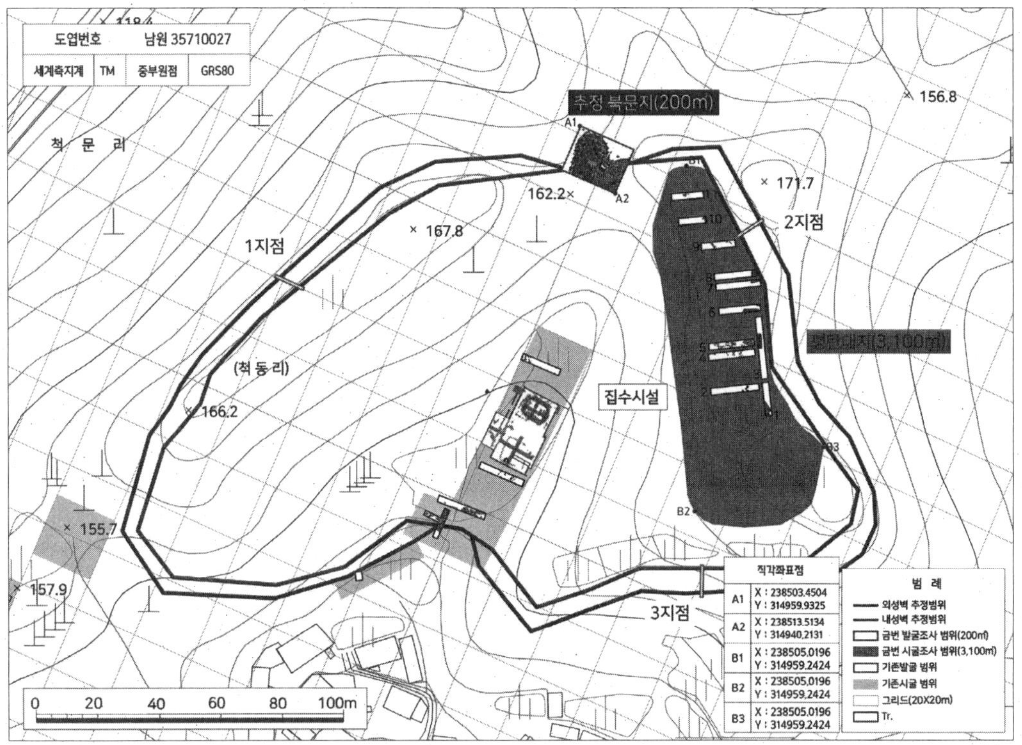

도 3. 남원 척문리산성 발굴조사 현황도

---

4) 전라문화유산연구원, 2021, 『순창 홀어머니산성』; 전북문화재연구원, 2012, 『정읍 고사부리성』.

도 4-1. 척문리산성 북문지

도 4-2. 척문리산성 남쪽 성벽

도 5. 1지점 성벽 전경(북→남) 및 내·외벽 근경

도 6. 2지점 성벽(서→동), 외벽(下左)과 내벽(下右)

III. 집수시설 출토 목간과 문자기와

척문리산성에 대한 조사 지역 내에는 삼국시대 집수시설, 통일신라 도수시설, 건물지 관련 시설 등이 층위를 달리하여 중첩된 양상이 확인되었다. 1차 조사에서는 중층 유구 중 통일신라 도수시설과 건물지 관련 적심을 조사하였으며, 2차 조사는 집수시설 2기를 대상으로 이루어졌고, 북쪽 상단부는 1호 집수시설로 남쪽 하단부는 2호 집수시설로 명명하였다(도 7).[5]

조사지역 내에서는 통일신라와 관련된 건물지와 도수시설이 상층에서 조사되었으며, 이에 대한 발굴조사가 이루어진 후 기록을 남기고 이를 제거하자 삼국시대 집수시설이 확인되었다(표 2 참조).

이 중 1호 집수시설은 길이 40~50㎝ 내외에 할석의 면을 맞추어 수직에 가깝게 쌓아[15~16단] 축조하였다(도 8). 바닥면은 암반을 다듬어 마련하였으며, 남

도 7. 집수시설 및 주변 조사현황

표 2. 집수시설 현황

	유구명	평면형태	규 모(m)			출토유물	비 고
			길이	너비	깊이		
1	1호 집수시설	말각장방형	6.83	5.75	4.0	삼족토기, 개배, 대호, 기와편, 목간, 두레박, 철극, 결합목재, 목기류	-
			5.55	3.86	0.74		
2	2호 집수시설	방형	8.0	7.8	2.0	삼족토기, 개배, 대호, 기와편, 목간, 목기류	중복
		타원형	5.9	6.3	1.4		
		원형	0.9		-		

---

5) 발굴조사를 진행하는 과정에 여러 차례의 학술회의를 통해 단계적이고 선별적인 발굴조사의 필요성이 제기되어 남원시와 협의하여 1호 집수시설에 대한 발굴조사가 3~4차 조사를 통해 이루어졌다.

도 8. 척문리산성 1호 집수시설

서쪽 하단부가 다소 깊게 마련되어 있다. 바닥과 벽면을 따라 1~4단의 단을 시설하였다. 내부는 크게 4개의 층위로 구분되며, Ⅰ~Ⅱ층은 주로 백제 토기·기와편이 Ⅳ층은 통일신라 관련 유물이 주로 출토되었다. 또한, 벽석과 바닥면에서 대형의 결합 목재가 확인되었다.

2호 집수시설은 축조재료와 축조기법이 1호 집수시설과 유사하며, 벽석은 장방형의 석재를 이용하여 쌓았으며, 회색 점토를 두텁게 뒷채움하였다. 유물은 뚜껑·삼족토기편을 비롯한 삼국시대 토기편과 다량의 기와편이 출토되었다. 이외에도 내부 뻘층에서 목간과 가공 목재 등이 출토되었다.

척문리산성에서 출토된 목간은 모두 5점으로 1호 집수시설에서 3점, 2호 집수시설에서 2점이 출토되었다(도 9).[6] 번호의 순서는 발굴 기관에서 목간이 출토된 순서에 따라 임의로 설정하여 명명하였으며, 다음에서는 기존 발표문의 연번을 준용하여 서술하고자 한다.[7]

먼저 척문리산성 1호 목간을 살펴보면, 2호 집수시설(1차)에서 발견된 목간이다. 상단과 하단이 부러진 채 발견되었으며 다수의 글자가 확인된 하단은 최대 크기 11.4㎝ 정도가 남아 있다. 적외 촬영 사진에서는 부러진 작은 파편을 목간의 상단에 결합된 것으로 추정했지만 발견 당시 촬영한 사진을 보면 오히려 아래쪽에 두고 촬영한 경우도 있어, 실제로는 2개의 파편일 가능성을 배제할 수 없다.[8] 묵서는 양면에서 모두 확인되지만 Ⅱ면에서는 묵흔만 확인될 뿐이며, 판독안은 다음과 같다.

척문리산성 1호(도 10)

Ⅰ면　　　×　　　　　　　弛□□ヒ□今□　　　　　×

□巷　弛四□□□ㄷㄱ

ㄷㄱ才□

Ⅱ면　　　×　　　묵흔 있음　　　　　　×

(16.5 [11.4] × 3.0 × 0.4)

Ⅰ면에는 중앙 상단 왼쪽에 약간의 묵흔이 확인되지만 자세히는 알 수 없다. 그 아래 약간 큰 글씨로 2글자가 쓰여 있는데 첫 번째 글자는 맨 아래 '一'획 정도만 확인된다. 그 아래 글자는 5호와 6호 목간의 '巷'자와 매우 유사하여 '巷'자일 가능성이 있지만 확정하기는 어렵다.[9] 그 아래쪽에는 3행으로 글자가 쓰여 있다.

---

6) 2025년 1월 9일 한국목간학회에서 개최한 제50회 정기발표회에서는 척문리산성에서 모두 6점의 목간이 발견된 것으로 소개하였다. 그러나 2호 목간에서는 묵서 흔적이 전혀 발견되지 않아 제외하였다. 다만 연번의 혼동을 피하기 위해 기존 발표문의 연번을 이 글에서도 준용하였다. 목간의 적외선 촬영은 국립전주박물관과 국립부여박물관의 협조를 얻어 2차례에 걸쳐 진행되었으며 박물관의 호의에 감사를 표한다.

7) 제50회 정기발표회 이후 묵흔이 없는 2·4호를 제외하고 척문리산성 1·3.5·6호와 같은 방식으로 서술할 것을 제안한 것이 참고된다. 오택현·이재환, 2025, 「목간의 정의와 고려·조선 목간의 집계」, 『목간과 문자』 34.

8) 1호 목간 상단의 왼쪽에 부분적인 묵흔이 관찰된다. 상단부 목재는 하단부보다 2배 정도 두꺼워 실제로는 별개였을 가능성을 있지만 혼동을 피하기 위해 1점으로 서술하였다.

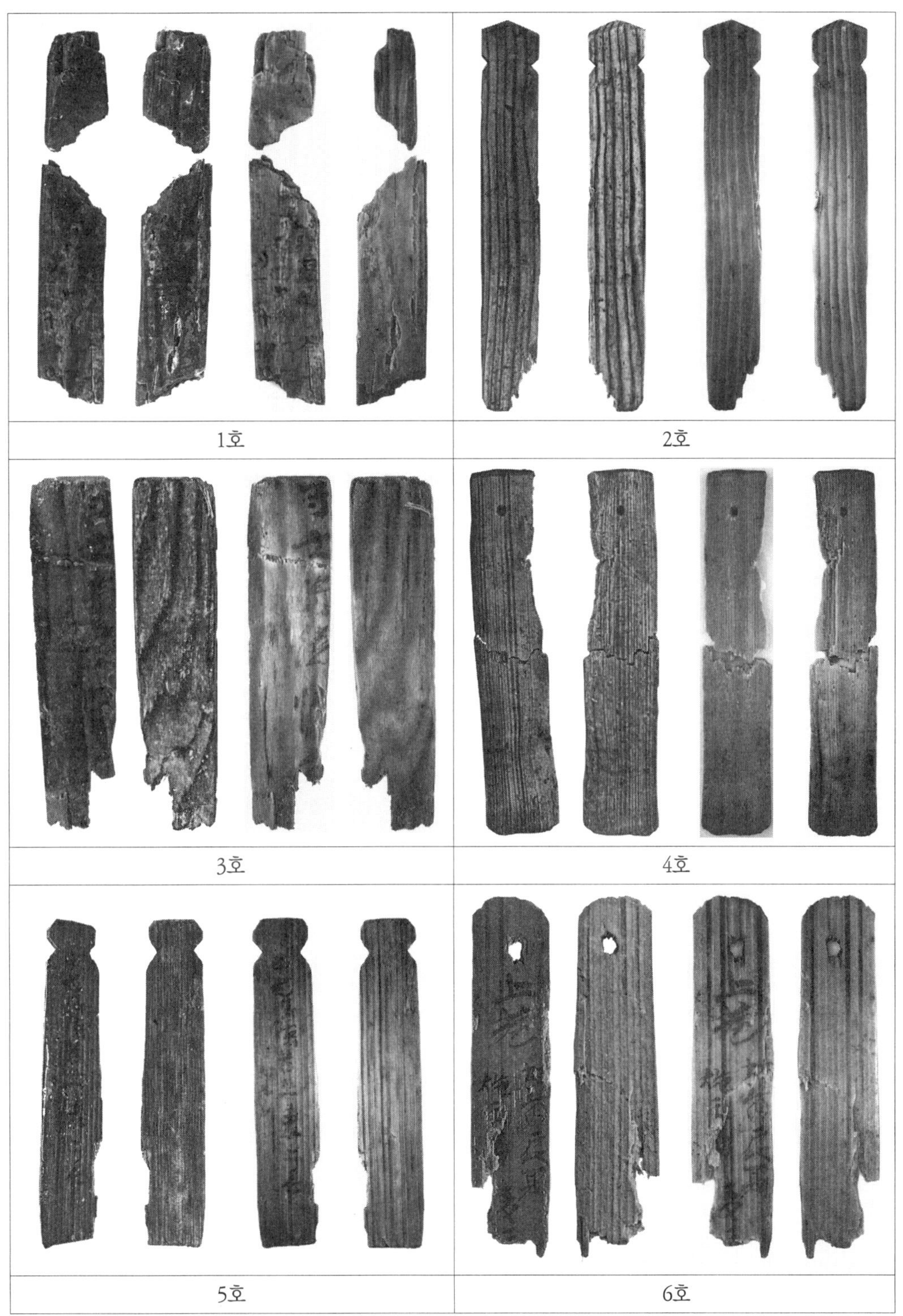

도 9. 집수시설 출토 목간 사진

1호 상단	좌상, 묵흔	중앙 □巷(?)		
1호 우, 弛	□	上(?)	今(?)	□
1호 중, 弛	四(?)	□	□	□
1호 좌, □	□	十(?)	□	

도 10. 척문리산성 1호 목간 세부 사진

오른쪽 첫 번째 글자는 '弛'로 판독되며 그 바로 옆 글자와 같다. 다만 이 두 글자는 왼쪽의 '弓'을 '方'으로 볼 수도 있어 '施'자일 가능성도 있어 함께 제시해 둔다. '上'자는 '十'으로 파악할 여지가 있으며 그 아래 한 글자가 더 있는지 알기 어렵다. '今'자도 확정할 수 없다. 가운데 첫 번째 글자는 '弛'로 판독되며 그 아래 '四'자가 있지만 확정할 수 없다. 그 이하의 글자는 확정하기 어렵다. 왼쪽의 경우 중간에 '十'으로 보이는 글자가 있지만 확정할 수 없다. 그 아래 'ㅓ' 부수는 확인되지만 글자를 확정하기는 어렵다. 1호 목간에서 확정할 수 있는 글자가 거의 없기 때문에 용도나 내용을 파악할 수 없다. 다만 '巷'이라는 글자를 인정한다면 후술하는

---

9) 2번째 글자를 '巷'으로 확정할 수 있다면 그 아래 글자의 마지막 가로획을 참고하면 '上巷'일 가능성도 완전 배제하기는 어렵다고 생각한다.

5호와 6호 목간처럼 某巷에서 물품을 보내면서 그 수량을 표기한 목간일 가능성이 있지만 추론의 영역을 벗어나기 어렵다.

2호 목간(도 9)은 1호 집수시설(2차)에서 발견되었고 길이 20.0㎝, 너비 3.0㎝, 두께 0.4㎝, 상단부에 홈이 파인 흔적이 확인되지만 앞뒷면에서 묵흔이 전혀 발견되지 않아 목간에서 제외하였다.

3호 목간은 2호 집수시설(2차)에서 출토되었다. 상부는 완형으로 보이며 하단부는 부러진 채 발견되었다. 글씨가 오른쪽으로 치우쳐 쓰여 있고, 뒷면에서 묵흔이 발견되지 않는다.

   척문리산성 3호(도 11)
     Ⅰ면 「 □士將德□□   ×
     Ⅱ면 「 묵흔 없음   ×

                                        (15.0×3.7×0.7)

Ⅰ면의 첫 번째 글자는 우측 하단 '寸' 부분만 확실하다. 절단되거나 파손되지 않은 목간으로 생각되어 이에 부합하는 글자는 '守'나 '寺' 정도를 추정할 수 있을 뿐이다. 두 번째 글자는 '十一'이나 '立'일 여지도 있지만 '士'로 확정해도 좋다고 생각한다. '將'자의 왼쪽 획들이 잘 보이지 않지만 확정해도 좋다고 생각한다. '德'도 확정할 수 있으며 이 글자의 경우 아래쪽 '心'의 획들이 이어져 쓰여 있다. 그 다음 글자는 왼쪽의 '忄' 부분이, 그 아래 글자는 윗부분의 '口' 부분만이 보일 뿐 더 이상의 파악이 어렵다. 장덕 위 두 글자 또는 그 아래 두 글자가 장덕이라는 관등을 가진 인명일 가능성을 추정할 수 있다. 또 5호 목간을 참고할 때 물품의 이동과 관련된 荷札이나 付札 목간이었을 가능성이 없지 않다.

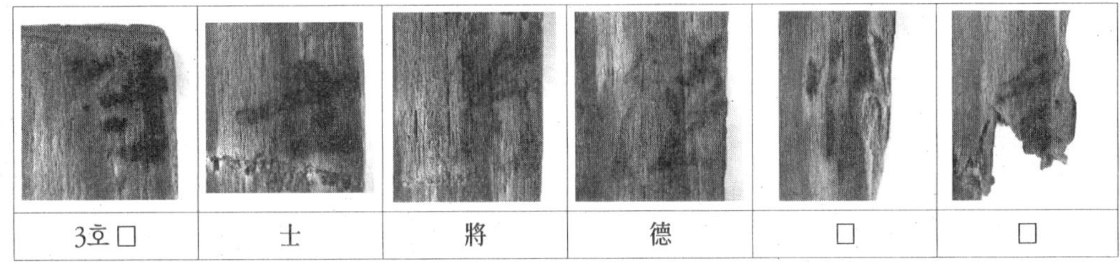

| 3호 □ | 士 | 將 | 德 | □ | □ |

도 11. 척문리산성 3호 목간 세부 사진

4호 목간은 1호 집수시설(2차)에서 가운데 부분이 부러진 채 발견되었다. Ⅰ면에 약간의 묵흔이 확인될 뿐 글자를 거의 판독하기 어렵다. 상단에 작은 구멍이 뚫려 있어 荷札이나 付札 목간이었을 것으로 추정된다.

척문리산성 4호(도 9)
　　Ⅰ면 「◎ ⊏ 묵흔 있음 ⊐　　　」
　　Ⅱ면 「◎　　묵흔 없음　　　」

(18.0×3.5×0.5)

　5호 목간은 1호 집수시설(3차)에서 발견되었다. 상하단 결실된 부분이 없는 완형으로, 윗부분 양쪽에 홈이 파여 있다. Ⅰ면에만 글씨가 확인되고 Ⅱ면에는 묵흔이 확인되지 않는다.

척문리산성 5호(도 12)
　　Ⅰ면 「∨中巷將德首□麦二石　　」
　　Ⅱ면 「∨ 묵흔 없음　　　　　」

(20.5×4.0×0.6)

　Ⅰ면 첫 번째 글자와 두 번째 글자는 '中巷'으로 확정할 수 있다. 그 아래 '將德'도 확정할 수 있다. 3호 목간에서 확인된 장덕과 筆劃이 약간 다르다. 그 아래 '首'도 확실하지만 그 아래 글자는 가장 마지막 가로획 '一'만 확인될 뿐이다. 맨 아래 '麦二石'도 확정할 수 있다. 다만 '麦'은 '麥'의 이체자를 썼고, '石'자의 경우도 첫 번째 가로획이 생략된 형태를 보인다. 이 목간은 "中巷에 거주하는 將德 벼슬의 首□가 보리 2石을 보낸다"는 것을 기록한 하찰 목간으로 생각된다. 다만 '首□' 두 글자가 인명일 수 있지만, 판독이 어려운 □ 글자가 올린다거나 보낸다는 것을 의미하는 동사일 가능성도 배제할 수 없다. '중항'은 후술하는 바와 같이 사비 도성의 5部 5巷 중 하나로, 척문리산성과 백제 중앙의 밀접한 관련성을 보여주고 있다.

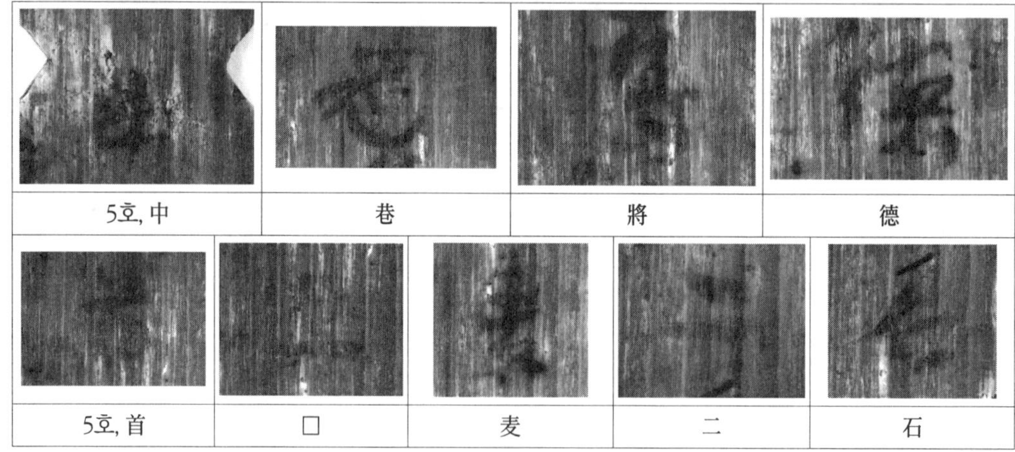

5호, 中	巷	將	德
5호, 首	□	麦	二	石

도 12. 척문리산성 5호 목간 세부 사진

6호 목간은 5호와 함께 1호 집수시설(3차)에서 발견되었다. 상단은 완형이지만 하단을 결실되어 있고, 윗부분에 작은 구멍이 뚫려 있다. I면에만 글씨가 확인되고 II면에는 묵흔이 확인되지 않는다. I면의 글씨는 상단에 비교적 크게 2자가 쓰여 있고 그 아래쪽에 약간 작은 글씨로 2열(왼쪽 4글자, 오른쪽 3글자)이 쓰여 있으며, 다시 그 아래 2자가 쓰여 있는데 하단은 결실되었다.

(15.0×3.0×0.4)

I면의 중앙 상단에 쓰여 있는 '上巷'은 확정할 수 있다. 그 아래 2열로 쓰여 있는 글자 중 오른쪽 첫 번째 글자는 '大'가 겹쳐져 있는 것처럼 보지만, 왼쪽 변에 쓰여 있는 '大'자가 바로 옆 '施'로 판독한 글자의 왼쪽

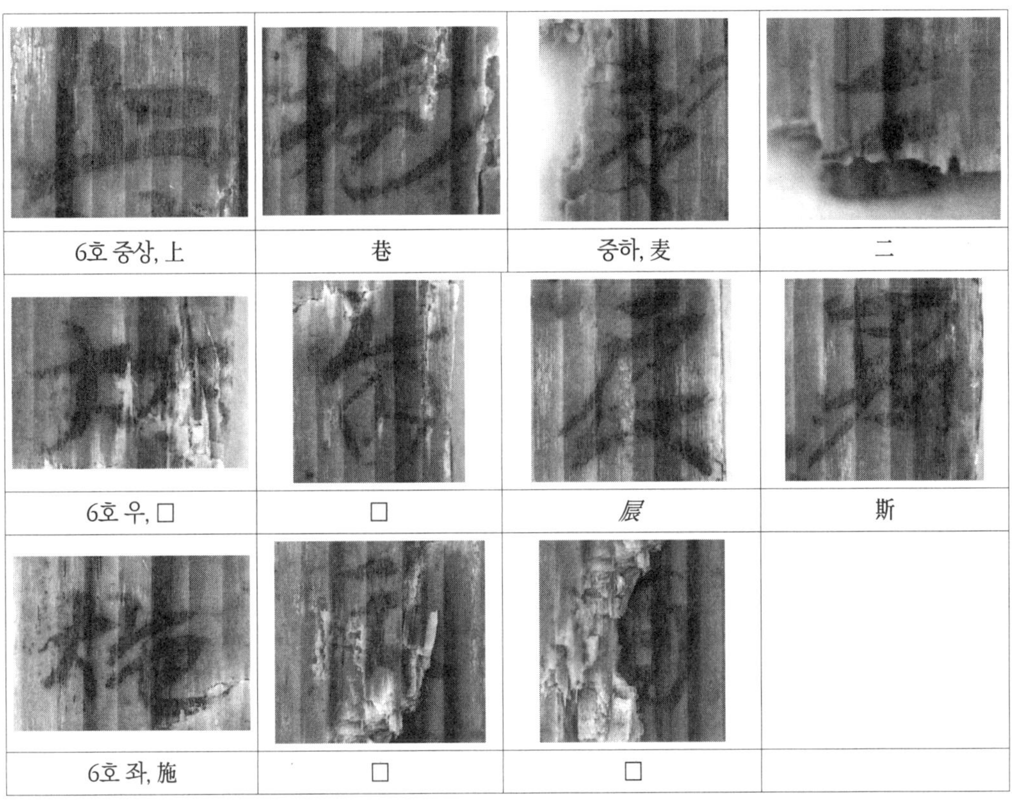

6호 중상, 上	巷	중하, 麦	二
6호 우, □	□	辰	斯
6호 좌, 施	□	□	

도 13. 척문리산성 6호 목간 세부 사진

글자와 유사해서 확정하기 어렵고 오히려 같은 '施'일 가능성도 고려할 필요가 있다. 오른쪽 두 번째 글자는 1자인지 2자인지 알 수 없다. 2글자라면 人과 内, 또는 人과 囚처럼 보이지만 이에 해당하는 글자가 없어 보류해 둔다. 그 아래 글자 역시 1자인지 2자인지 판단이 어렵다. 戸 아래 辰이나 又와 유사한 필획이 보여 '辰'를 제시했지만 윗부분이 尸가 아닌 戸가 분명해서 확정하기 어렵다. 마지막 글자는 '斯'로 확정할 수 있다. 가운데 왼쪽 글씨 중 첫 번째 글자는 '施'로 판독된다. 왼쪽이 '方'이 아닌 '大'로 보이지만 마지막 삐침이 확인되어 확정해도 좋다고 생각한다. 그 아래 글자는 '一' 가록획을 긋고 '内'자를 쓴 것처럼 보이지만 알 수 없다. 그 아래 글자는 미상이다. 2행의 글자 아래 중앙에 '麦二'가 쓰여 있다. 5호 목간처럼 '麥'이 아닌 '麦'자를 썼고 '二'자 아래는 결손되었다. 5호 목간의 麦二石과 동일한 수량을 기입하였을 가능성을 추정해 볼 수 있다. 6호 목간 역시 5호 목간처럼 사비 도성의 上巷에 거주하는 2명의 인물이 보리 2석을 보낸다는 것을 기록한 하찰 목간으로 생각된다.

한편 척문리산성 집수시설에서는 목간과 함께 다수의 문자기와가 발견되었다(도 14). 문자기와의 종류나 기재된 내용은 매우 다양하며 수키와·암키와만 발견되고 막새기와는 발견되지 않는다. 1자 또는 2자로 된 것이 많고 일부는 글자가 아닌 문양이나 부호처럼 보이는 것을 두드린 사례도 있다.[10] 그 내용을 보면 丙午(?), 丙申(?), 申, 閨(?), □水, 卄, 六, 大, 中, ⊕(2종), ⊠(2종) 등이 판독된다. 척문리산성에서 출토된 이러한 문자기와들은 전북 동부 지역의 성곽들, 예를 들어 임실 성미산성이나 진안 월계리산성, 장수 봉서리산성, 장수 합미산성, 남원 성시리산성 등지에서 발견된 문자기와들과 형태나 내용, 제작기법 등에서 상통하는 점이 많다.[11]

척문리산성 집수시설 출토 문자기와에서 가장 논란이 되는 것은 丙午(?)와 丙申(?)이라는 글자를 확정할 수 있는지에 관한 것이다. 만약 이 글자를 확정할 수 있다면 척문리산성의 운영 시기나 출토 목간의 연대를 어느 정도 유추할 수 있기 때문이다. 척문리산성에서 출토된 토기들의 연대를 보면 대략 6세기 후반에서 7세기 전반 사이에 해당한다. 이러한 점을 고려하면 丙午년 516년, 576년, 636년, 丙申년은 526년, 586년, 646년 중 어느 하나에 해당하는 것으로 볼 수 있게 된다. 5부 5항제는 사비 천도 이후에 실시된 것이기 때문에 웅진기에 해당하는 516년과 526년은 제외된다. 576년과 636년, 586년과 646년 중 어느 한쪽에 해당할 가능성이 높다고 생각되지만 출토된 토기의 상대편년만으로는 이를 확정할 수 없고, 특히 丙午와 丙申이 찍힌 기와의 명문을 확정적으로 말하기 어렵기 때문에 참고자료 정도로만 제시해 두고자 한다. 丙午의 '午'자나 丙申의 '申'자는 현재 남겨진 문자기와만으로 결코 확정하기 쉽지 않기 때문이다.

---

10) 전주문화유산연구원, 2024, 「남원 척문리산성 발굴조사 약식보고서」.

11) 군산대학교박물관, 2017, 『장수 합미·침령산성 I』; 군산대학교박물관, 2019, 『장수 봉서리 산성-시굴조사 보고서』; 군산대학교박물관, 2019, 『장수 장수 합미산성Ⅱ-합미산성 2~3차 발굴조사』; 군산대학교박물관, 2022, 『장수 합미산성Ⅲ』; 군산대학교박물관, 2023, 『임실 성미산성 추정동문지-시굴조사보고서』; 전라문화유산연구원, 2021, 『남원 성시리산성 I』; 전라문화유산연구원, 2021, 『장수 봉서리산성』; 전라문화유산연구원, 2022, 『진안 월계리산성』; 전북문화재연구원, 2009, 『임실 성미산성』.

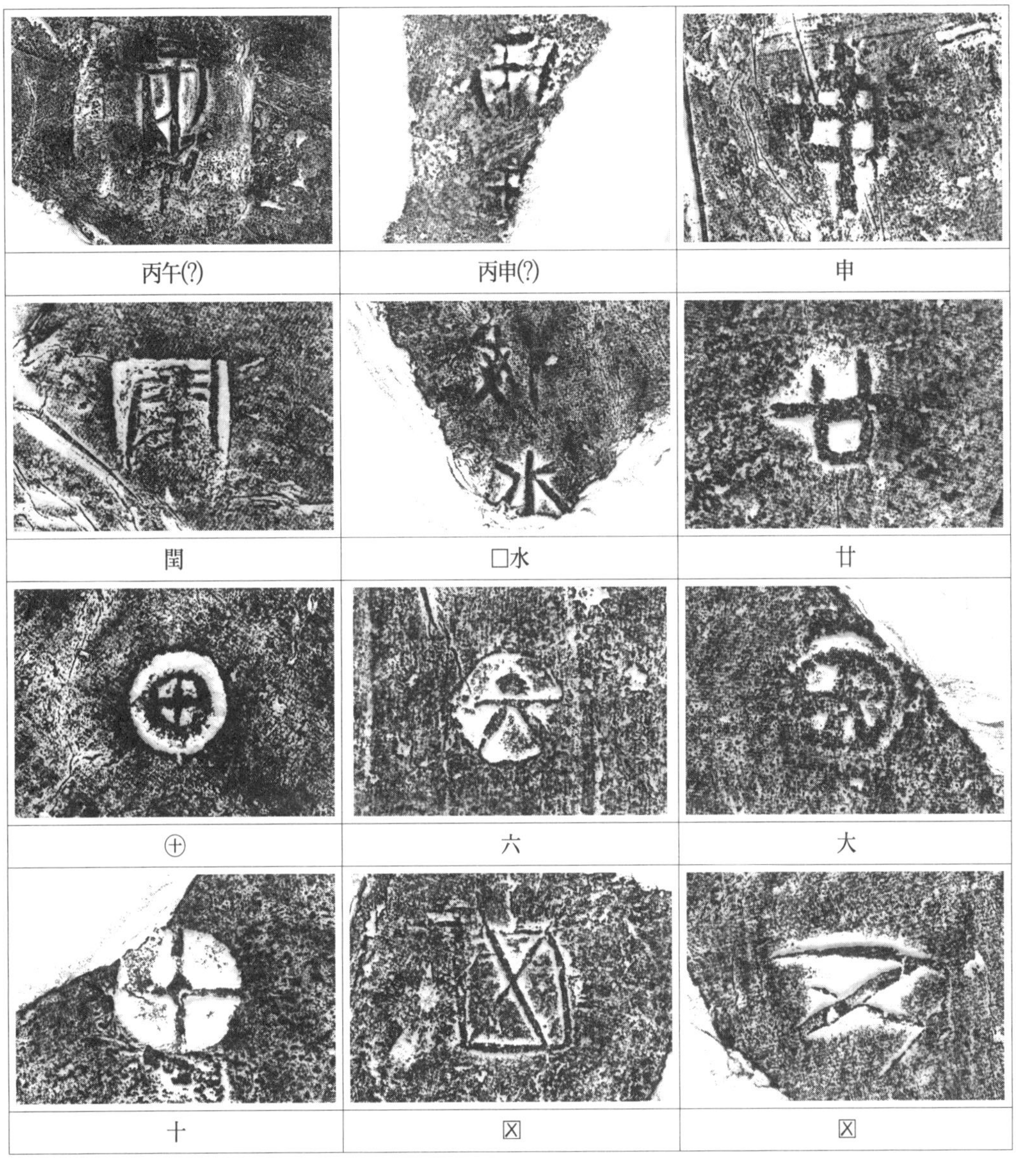

도 14. 척문리산성 집수시설 출토 문자기와

Ⅳ. 조사 성과와 의의

남원 척문리산성은 사비기 백제가 남쪽의 영산강 세력을 관리하고 동쪽으로 진출하는 요충지에 축성된
것으로 알려져 있다. 산성은 남원시에서 북동쪽으로 4.5㎞ 지점인 요천강의 동안에 돌출한 이백면 척문리

척동마을 북쪽 해발 170m 내외의 산 정상부와 중복부에 위치한다. 남쪽으로 초촌리고분군이 있고, 여원치로 가는 도로와 요천을 거슬러 장수 방면으로 가는 도로가 나눠지는 분기점에 위치한다. 요천 북안은 전주에서 남원에 이르는 도로가 연결되는 지점이어서 이곳은 고대 교통의 요충지라 할 수 있다.

남원 척문리산성은 일찍부터 백제 五方城 중 南方久知下城일 가능성이 제기되었다.[12] 섬진강 유역은 물질문화와 역사기록에서 볼 때 백제 영역화가 가장 늦게 이루어진 지역으로 추정되고 있는데, 섬진강 상류와 중류는 6세기 전후 백제에 편입되고, 중류는 백제의 전진기지로 이용되었을 것으로 추정된다.[13] 섬진강 유역에 백제가 조영한 최대 규모의 고분군인 남원 초촌리고분군과 척문리산성의 조영 시기는 백제의 영역화 과정과 연관성이 깊고,[14] 백제 남방성으로 비정될 정도로 사비기 백제 통치체제의 핵심적인 지역이었다.[15]

이러한 맥락에서 보면 척문리산성에서 출토된 목간은 매우 중요한 의미를 갖는다. 1호 목간의 경우 확정할 수 있는 글자가 많지 않지만 '□巷'으로 판독할 여지가 있고, 3호 목간에서는 백제 중앙행정 관료의 관등인 '將德'이 확인된다. 4호 목간은 묵서는 판독이 어렵지만 백제 하찰 목간에서 자주 확인되는 구멍이 뚫려있는 것이 확인된다. 5호 목간에서는 '中巷'과 '將德'이 모두 확인되며, 6호 목간에서는 '上巷'이라는 사비도성의 행정구역 명칭이 등장한다.

척문리산성 목간에서 두 차례 확인되는 '장덕'은 백제 중앙행정 관료들에게 주었던 16관등 중 하나로 제7품에 해당한다. 백제 관등제에서 제2등에서 제6등까지의 率系 관등, 제12등에서 16등까지의 하급 실무자 사이의 제7등에서 제11등까지를 소위 '德系' 관등이라고 부르는데 장덕은 덕계 관등 중 가장 상위에 해당한다. '덕계' 관등 소지자들은 緋服을 입고 자주빛 띠[紫帶]에서 누런 띠[黃帶]까지의 띠를 두르는 제2지배 신분층이 가지는 관등으로 생각되고 있다.[16] 백제 사비기에는 方領의 경우 솔계 관등 소지자 중에서 제2품인 達率이 임명되고, 郡에는 제4품인 德率이 임명되었다. 그러한 솔계 관등 바로 아래 중간층 관료 가운데 가장 상위에 장덕이 위치한다.

한편 『北史』 백제전 등에는 "도성에는 1萬戶가 거주하고 5部로 나뉘었는데, 上部·前部·中部·下部·後部가 있다. 部에는 5巷이 있어 士와 庶人이 거주한다. 部마다 병사 5백 명씩을 통솔한다."라는 기록이 남아 있다.[17] 사비 도성이 5부와 5항으로 편제된 것을 알려주며, 5부 아래의 5항 역시 上巷·前巷·中巷·下巷·後巷으로 구분되었음을 유추할 수 있다. 이러한 사실을 종합해 볼 때 척문리산성 집수시설에서 출토된 목간들

---

12) 전영래, 1985, 「百濟南方境域變遷의 硏究」, 『千寬宇回甲紀念論叢』; 전영래, 2003, 『전북 고대산성 조사보고서』.

13) 김승옥, 2019, 「호남지역 마한과 백제, 그리고 가야의 상호관계」, 『호남고고학보』 63.

14) 최완규, 2018, 「전북지역의 가야와 백제의 역동적 교류」, 『호남고고학보』 59.

15) 김영심, 1997, 「百濟 地方 統治體制 硏究」, 서울대 박사학위논문; 지원구, 2022, 「백제 오방성연구」, 고려대 박사학위논문. 다만 최근에는 남방성의 치소를 나주로 보는 연구자도 존재한다. 박현숙, 1998, 「백제 군사조직의 정비-사비시대를 중심으로」, 『사총』 47; 최미경, 2020, 「사비시기 백제의 영산강유역 지배와 南方城」, 『한국고대사탐구』 34.

16) 노중국, 1995 「중앙통치조직」, 『한국사6-삼국의 정치와 사회Ⅱ-백제』, pp.169-170.

17) 都下有 萬家, 分爲五部, 曰上部·前部·中部·下部·後部, 部有五巷, 士庶居焉, 部統兵五百人. 『北史』 百濟傳.

은 사비도성의 上巷이나 中巷에 기반을 두고 있는 將德 관등을 소지한 중간층 관료들이 보리[麥] 2石과 같은 곡물을 보냈다는 것을 확인시켜 주는 문자 자료라 할 수 있다. 척문리산성 집수시설의 북쪽 상부에서 기와를 비롯한 積心列 일부가 발견되어, 그러한 건물에서 물품의 수납이나 보관, 문서 행정 등이 이루어진 다음 폐기된 것이 2기의 집수시설에 남겨지게 되었을 것으로 추정된다.

부여 궁남리 1호 목간에서는 '西卩 後巷'이라는 문자가 확인된 바 있고,[18] 나주 복암리 목간 3호에서도 '前巷 奈率 烏胡留'이라는 글씨가 확인된 바 있다.[19] 또 中方城의 치소로 비정되는 고사부리성에서는 '上卩 上巷'이 찍힌 문자기와와 '上卩 上巷'이 刻書된 목제품이 출토된 바 있다.[20] 한편 금산 백령산성에서는 巷은 아니지만 '上卩'가 음각된 문자기와가 발견된 점도 참고된다.[21] 이러한 사례들은 사비 도성이 5부 5항으로 편제되어 있었음을 증명하며, 특히 고사부리성이나 백령산성의 경우 지방의 중요한 거점 성곽과 중앙의 행정구역이 매우 유기적인 연관성을 가지고 있음을 시사하고 있다. 고사부리성에서 출토된 '上卩 上巷'의 문자기와에 대해, 백제의 지방성 가운데 部制가 시행되었다거나 적어도 5방성 정도에는 部制가 실시된 증거로 볼 수 있다는 견해도 있지만, 수도인 사비 도성의 상부 상항에서 寄進 또는 寄贈한 것을 드러내기 위해 쓴 것이라는 견해가 가장 설득력이 있다고 생각한다.[22] 이러한 점을 참고하면 척문리산성의 목간들은 사비 도성의 상항이나 중항에 거주하는 중간층 관리자인 장덕 관등의 소지자들이 보리와 같은 물건들을 해당 지역으로 보내는 등 상호 밀접한 교류를 실시한 것을 구체적으로 보여주고 있다. 다만 이곳에서는 상항·중항보다 더 상위 개념인 部의 명칭이 확인되지 않아, 도성의 5부 가운데 특정 部에 속하는 상항·중항인지, 별개의 부에 속하는 상항·중항인지는 알 수 없다.

목간의 제작·사용 시기와 관련해서는 함께 출토된 토기류와 문자기와들이 주목된다. 집수시설 내부와 주변에서 발견된 토기류들은 6세기 중엽에서 7세기 전반에 속하는 전형적인 사비기 자료로 판단된다. 또 문자가 기재된 기와류의 경우 남원과 지역적으로 가까운 임실이나 장수, 진안 등지에서 출토된 문자기와와 상통하는 점이 많아 6세기 후반에서 7세기 전반에 속하는 자료로 볼 수 있다. 그중 발굴 기관에서 '丙午'나 '丙申'으로 추독한 문자기와의 명문이 확실하다면 576년과 586년 또는 636년과 646년의 어느 시점으로 생각할 수 있지만 '丙'자 아래 글자들은 판독이 어려워 일단 판단을 보류하고자 한다.

한편 척문리산성의 운영과 밀접한 관련을 가지고 있는 것이 산성 남쪽에 자리한 초촌리고분군의 존재이다(도 15). 초촌리고분군은 대부분 웅진·사비기에 속하는 횡혈식석실묘로 240여 기가 확인되었다.[23] 6세기 초에서 중반에 해당하는 터널식 유형의 횡혈식석실묘가 많고, 사비기에 등장하는 단면육각형 고임식 구조의 판석조 석실은 아직 확인되지 않았다.[24] 그 하한과 관련하여 초촌리고분군의 일부라 할 수 있는 척문

---

18) 국립부여문화재연구소, 1999, 『宮南池 I 』.

19) 국립나주문화재연구소, 2010, 『羅州 伏岩里遺蹟 I 』.

20) 전북문화재연구원, 2023, 『井邑 古阜舊邑城 I 』; 전라문화유산연구원, 2023, 『井邑 古沙夫里城(8~9차)』.

21) 이병호, 2013, 「금산 백령산성 출토 문자기와의 명문에 대하여」, 『백제문화』 49.

22) 이문형·이다운, 2019, 「정읍 고사부리성 출토 '상부상항'명 인각와에 대한 연구」, 『중앙고고연구』 28.

23) 전라문화유산연구원, 2012, 『남원시 초촌리 고분군 정밀지표조사 보고서』.

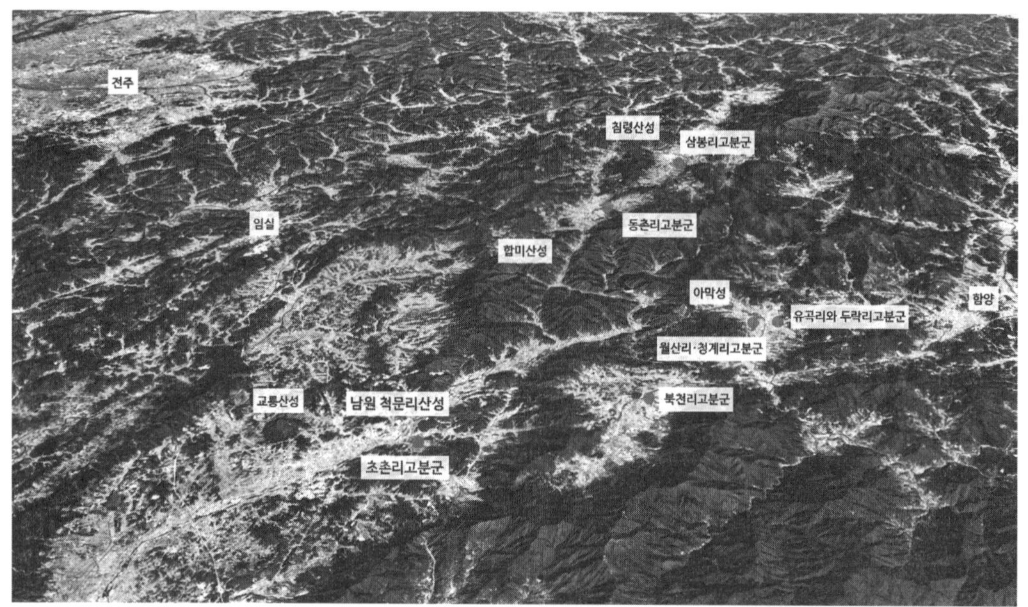

도 15. 남원 척문리산성 주변 고분과 산성

도 16. 남원 척문리 고분 수습유물(국립전주박물관 2000)

리고분에서 1963년 발견한 은화관식의 존재가 주목된다(도 16). 이와 유사한 은화관식이 논산 육곡리 고분과 익산 미륵사지, 남원 남치리유적과 척문리고분에서 은화관식이 출토된 점을 고려하면,[25] 적어도 7세기 초까지는 초촌리고분군의 조영 세력이 유지되었을 가능성이 높다. 어쨌든 척문리산성과 초촌리고분군의

---

24) 이문형, 2025, 「남원 초촌리 고분군의 축조 연대와 그 성격」, 『호남고고학보』 79.

25) 홍사준, 1968, 「남원 출토 백제 관식구」, 『고고미술』 9; 이한상, 2009, 『장신구 사여 체제로 본 백제의 지방지배』; 이한상, 2009, 「미륵사지 석탑 출토 은제관식에 대한 검토」, 『신라사학보』 16; 이영범·양은희·범대건, 2009, 「남원 척문리 출토 은화관식 보존처리와 외형적 특징 연구」, 『박물관 보존과학』 10; 하승철, 2017, 「남해 남치리 백제고분의 출현과 그 배경」, 『백제학보』 19.

관계는 중방성으로 비정되는 고사부리성과 은선리고분군의 관계와 매우 유사하여, 백제의 치소성과 고분의 분포 양상이라는 측면에서도 주목할 필요가 있다.

남원 척문리산성은 인접한 초촌리고분군과 함께 백제의 영역화와 섬진강유역 진출 등을 살펴볼 수 있는 관방유적으로서 역사적 가치가 매우 높다. 그동안의 발굴조사를 통해 문지, 성벽, 집수시설 등의 구조와 성격, 축조 시기 등을 일부나마 알 수 있는 자료가 수집되었으며, 특히 삼국시대 백제 사비기의 역사상과 생활상을 파악하는데 중요한 자료를 확보하는 성과를 얻었다. 이 글에서 소개한 집수시설 출토된 목간 등의 문자 자료가 향후 고고·역사 연구에 중요한 기초 자료가 되기를 바란다.

투고일: 2025.11.12.   심사개시일: 2025.12.07.   심사완료일: 2025.12.25.

강원종, 2003, 「남원지역의 산성 소고」, 『연구논문집』 3, 호남문화재연구원.

국립나주문화재연구소, 2010, 『羅州 伏岩里遺蹟Ⅰ』.

국립부여문화재연구소, 1999, 『宮南池Ⅰ』.

국립전주박물관, 2002, 『남원의 역사문물』.

군산대학교 가야문화연구소, 2023, 『아막성』, 남원시.

군산대학교 가야문화연구소, 2025, 『아막성Ⅱ』, 남원시.

군산대학교박물관, 2017, 『장수 합미·침령산성Ⅰ』, 장수군.

군산대학교박물관, 2019, 『장수 봉서리 산성-시굴조사 보고서』, 장수군.

군산대학교박물관, 2019, 『장수 장수 합미산성Ⅱ-합미산성 2~3차 발굴조사』, 장수군.

군산대학교박물관, 2022, 『장수 합미산성Ⅲ』, 장수군.

군산대학교박물관, 2023, 『임실 성미산성 추정동문지-시굴조사보고서』, 임실군.

김승옥, 2019, 「호남지역 마한과 백제, 그리고 가야의 상호관계」, 『호남고고학보』 63, 호남고고학회.

김영심, 1997, 「百濟 地方 統治體制 研究」, 서울대 박사학위논문.

남원시, 1992, 『남원지』.

노중국, 1995 「중앙통치조직」, 『한국사6-삼국의 정치와 사회Ⅱ-백제』, 국사편찬위원회.

박현숙, 1998, 「백제 군사조직의 정비-사비시대를 중심으로」, 『사총』 47, 고대사학회.

오택현·이재환, 2025, 「목간의 정의와 고려·조선 목간의 집계」, 『목간과 문자』 34.

이문형, 2025, 「남원 초촌리 고분군의 축조 연대와 그 성격」, 『호남고고학보』 79, 호남고고학회.

이문형·이다운, 2019, 「정읍 고사부리성 출토 '상부상항'명 인각와에 대한 연구」, 『중앙고고연구』 28, 중앙
　　문화재연구원.

이영범·양은희·범대건, 2009, 「남원 척문리 출토 은화관식 보존처리와 외형적 특징 연구」, 『박물관 보존과
　　학』 10, 국립중앙박물관.

이한상, 2009, 「미륵사지 석탑 출토 은제관식에 대한 검토」, 『신라사학보』 16, 신라사학회.

이한상, 2009, 『장신구 사여 체제로 본 백제의 지방지배』, 서경문화사.

전라문화유산연구원, 2012, 『남원시 초촌리 고분군 정밀지표조사 보고서』, 남원시.

전라문화유산연구원, 2021, 『남원 성시리산성Ⅰ』, 남원시.

전라문화유산연구원, 2021, 『순창 홀어머니산성』, 순창군.

전라문화유산연구원, 2021, 『장수 봉서리산성』, 장수군.

전라문화유산연구원, 2022, 『진안 월계리산성』, 진안군.

전라문화유산연구원, 2023, 『井邑 古沙夫里城(8~9차)』, 정읍시.

전라북도, 1990, 『문화재지』.

전북대학교박물관, 1987, 『남원지방 문화재 지표조사보고서』.

전북대학교박물관, 2004, 『남원 문화유적 분포지도』, 남원시.

전북문화재연구원, 2009, 『임실 성미산성』, 임실군.

전북문화재연구원, 2012, 『정읍 고사부리성』, 정읍시.

전북문화재연구원, 2023, 『井邑 古阜舊邑城Ⅰ』, 정읍시.

전영래, 1981, 「남원 척문리산성」, 『전북유적조사보고』 12.

전영래, 1985, 「百濟南方境域變遷의 硏究」, 『千寬宇回甲紀念論叢』.

전영래, 2003, 『전북 고대산성 조사보고서』, 전라북도·한서고대학연구소.

전영래, 2003, 『전북 고대산성 조사보고서』, 전라북도·한서고대학연구소.

전주대학교박물관, 2020, 『남원 척문리산성 정밀지표 측량조사 용역보고서』, 남원시.

전주문화유산연구원, 2024, 「남원 척문리산성 발굴조사 약식보고서」.

지원구, 2022, 「백제 오방성연구」, 고려대 박사학위논문.

최미경, 2020, 「사비시기 백제의 영산강유역 지배와 南方城」, 『한국고대사탐구』 34, 한국고대사탐구학회.

최완규, 2018, 「전북지역의 가야와 백제의 역동적 교류」, 『호남고고학보』 59, 호남고고학회.

하승철, 2017, 「남해 남치리 백제고분의 출현과 그 배경」, 『백제학보』 19, 백제학회

홍사준, 1968, 「남원 출토 백제 관식구」, 『고고미술』 9, 고고미술동인회.

〈Abstract〉

A Wooden Tablet Unearthed from the Water Collection Facility of Cheokmun-ri Mountain Fortress, Namwon

Lee, Byongho / Jeon, Sanghak

This study introduces the wooden tablets (mokkan) and inscribed roof tiles unearthed from the water storage facilities at the Cheokmun-ri Mountain Fortress (尺門里山城) in Namwon. Constructed by the Baekje Kingdom during the Three Kingdoms period, the fortress has a total circumference of approximately 567 meters. Scholars have long suggested that this site may correspond to Gujihaseong (久知下城), the southern fortress among Baekje's Five Directional Fortresses (五方城).

A total of five wooden tablets were recovered from two water storage facilities within the fortress. Among these, the inscriptions include 「□巷」 on tablet No. 1, 「將德」 on No. 3, 「中巷」 and 「將德」 on No. 5, and 「上巷」 on No. 6. The term 「將德」 corresponds to the seventh rank (Jangdeok) in Baekje's sixteen-tier official ranking system, referring to mid-level officials in the central administration. The terms 「上巷」 (Upper Alley) and 「中巷」 (Middle Alley) are interpreted as designations for administrative subdistricts within the five bu (divisions) and five hang (alleys) that composed the capital city of Sabi.

Accordingly, the wooden tablets from Cheokmun-ri Mountain Fortress likely record activities in which officials of the Jangdeok rank, based in the Sanghang or Jung-hang districts of Sabi, were involved in the transport or payment of grain, such as barley (maek, 麥) amounting to two seok (石). Based on typological analysis of the associated pottery and inscribed roof tiles, these artifacts are dated to the late 6th to early 7th century.

▶ Key words: Cheokmun-ri Mountain Fortress, Mokkan (Wooden Tablets), Inscribed Roof Tiles, Jangdeok Rank, Five Alleys (五巷)

「買新羅物解」의 복원과 기초적 검토[*]

이보라[**]

Ⅰ. 머리말
Ⅱ. 「買新羅物解」 문서의 현황
Ⅲ. 「買新羅物解」 서식과 구매과정의 복원
Ⅳ. 「買新羅物解」의 구매신청자와 물품
Ⅴ. 맺음말

〈국문초록〉

본 연구는 「買新羅物解」의 성격을 재검토하고 그에 대한 이해를 심화하는 데 목적이 있다. 「買新羅物解」는 752년 일본의 5위 이상 귀족이 신라 사신단의 물품을 구매하고자 작성한 문서로, 도노 하루유키(東野治之)에 의해 소개되었다. 하지만 「買新羅物解」의 문서 수·범위 등이 일관되게 정리되지 않아 연구자마다 다르게 파악하고 있다는 문제가 있었다. 따라서 여기에서는 『續修後集』 제43권, 『續續修』 제47帙 제4권, 『鳥毛立女屛風接扇其他殘片』 「屛風下貼紙片雜張」, 1985년 鳥毛立女屛風 수리 과정에서 확인된 문서, 『並川文書』 제1권 「千古遺響」에 대한 종합적인 검토를 토대로, 현존하는 「買新羅物解」가 총 34건임을 밝혔다.

이후 문서를 비교·분석하여, 「買新羅物解」에는 〈제목(구매신청자) - 구매 예정 물품의 합계 - 구매 예정 물품 - 대금 - 신청 문구 - 작성일자 - 대리자 - 허가일〉과 같은 일정한 서식이 존재했음을 확인하였다. 특히 작성일자 뒤에 기재된 人名은 실제 구매신청자가 아니라 귀족에게 소속된 家令 등 실무 담당자임을 규명함으로써, 문서 인명 해석의 명확한 기준을 제시하였다. 또한 일부 문서에서 보이는 追記와 향약류의 반복적 배열은 신라 사신단이 지참한 물품 목록이 존재했을 것으로 생각된다. 따라서 물품 목록을 바탕으로 일본 귀족들은 일본 조정의 통제 속에서 「買新羅物解」를 작성·수정하여 신라와 교역하였을 것이다.

아울러 구매신청자가 직접 명기된 문서뿐만 아니라 대리자의 관직·인명 등을 통해 구매신청자를 살펴

---

* 이 글은 한국목간학회 제53회 정기발표회에서 발표한 것을 수정·보완한 것이다.

* 동국대학교 사학과 박사수료

보았다. 이를 통해 황족·유력 가문·采女 등 다양한 5위 이상의 귀족뿐만 아니라 일부 官司도 신라 물품을 구매하기 위해 「買新羅物解」를 제출했음을 확인하였다. 마지막으로 문서에 나타나는 鋺, 거울, 口脂 등의 품목을 고찰하였다. 이를 통해 당시 신라 사신단은 신라 귀족들이 일상적으로 사용하던 물품을 중심으로, 다양한 재질과 형태의 공예품을 갖추어 일본과의 교역에 나섰던 것으로 파악하였다.

▶ 핵심어: 「買新羅物解」, 鳥毛立女屛風, 正倉院, 일본, 신라

I. 머리말

「買新羅物解」는 752년에 일본을 방문한 신라 사신단이 가져온 물품을 구매하기 위해, 일본의 5위 이상 귀족들이 품목과 가격을 기재하여 작성한 물품 구매신청서이다. 문서의 작성 시기는 天平勝寶 4년(752) 6월 15일부터 7월 8일까지로 확인되며, 이는 『續日本紀』에 전하는 신라 사신단의 일본 방문 기간과[1] 일치한다. 이후 문서의 효용이 끝나자 「買新羅物解」는 일본 正倉院에 소장된 '鳥毛立女屛風'의 배접지로 재활용되었다. 에도시대에 이 병풍이 수리되는 과정에서 배접지가 분리되어, 현재는 尊經閣文庫와 正倉院에 각각 보관되고 있다.

「買新羅物解」에 대해 처음 주목한 연구자는 도노 하루유키(東野治之)이다.[2] 그는 鳥毛立女屛風의 다섯 번째 폭에서 발견된 배접지와 유사한 특징을 가진 문서를 正倉院과 尊經閣文庫에서 확인하고, 이들이 본래 병풍의 배접지로 사용되었다고 보았다. 동시에 해당 문서들이 752년 신라 사신단이 가져온 물품을 구매하기 위해 작성된 「買新羅物解」임을 밝혔으며, 그 특징으로 다음의 세 가지를 제시하였다. ①작성일자가 신라 사신단의 방문 시기와 일치한다는 점, ②문서 제출자가 5위 이상의 귀족이었다는 점, ③물품 대금이 絁·絹·絲·綿 등으로 기록된다는 점이다. 더불어 「買新羅物解」에 보이는 다수의 異國産 물품을 근거로, 당시 신라가 唐이나 남아시아 지역에서 생산된 상품을 일본에 중개·전매하였다고 보았다.[3]

1985년 9월부터 1989년 3월까지 진행된 鳥毛立女屛風의 수리 과정에서 「買新羅物解」와 동일한 성격의 배접지가 추가로 발견되었다. 특히 「買新羅物解」가 병풍 本紙의 일부에도 사용되었음이 밝혀지면서, 병풍의 제작연대와 제작국을 규명할 수 있었다.[4] 또한 東京大史料編纂所가 소장한 『並川文書』 제1권 「千古遺響」의 影寫本을 통해서도 「買新羅物解」 네 건이 새롭게 확인되어, 신라 사신단이 奈良에 체류하는 동안 활발한 교역이 이루어졌음을 알 수 있었다.[5] 이러한 발견은 「買新羅物解」의 사례를 축적하였을 뿐만 아니라, 752

---

1) 『續日本紀』 卷18 孝謙天皇, 天平勝寶 4年 閏3月 己巳(22日) ~ 秋7月 戊辰(22日).
2) 이하 '도노'라고 표시하겠다. 이외 다른 일본 연구자의 이름도 처음 표시할 때는 '이름(한자)'로 쓰되, 이하로는 姓만 칭하도록 하겠다.
3) 東野治之, 1974, 「鳥毛立女屛風下貼文書の研究 - 買新羅物解の基礎的考察」, 『史林』 57(6), 史学研究会.
4) 杉本一樹, 1990, 「鳥毛立女屛風本紙裏面の調査」, 『正倉院年報』 12, 宮内庁正倉院事務所.

년 신라 사신단이 반입한 물품의 실상을 한층 구체화하는 계기가 되었다. 이를 토대로 「買新羅物解」를 통해 신라 사신단의 성격과 목적을 규명하거나,[6] 신라의 기술·학문적 수준[7] 및 광범위한 무역 활동을 조명하려는 연구들이[8] 다양하게 전개되었다.

그런데 이 연구들은 도노가 제시한 「買新羅物解」 자체에 대해 거의 의문을 가지지 않는다. 물론 도노가 「買新羅物解」의 특징을 잘 설명한 것은 분명하다. 하지만 관련 연구의 심화를 위해서는 가장 기초적인 문서의 현 상황을 보다 명확히 검토하는 작업이 반드시 필요하다고 판단된다. 그간 「買新羅物解」에 대해 일부가 의문을 제기한 경우는 있으나, 이를 해결하지 않고 보류한 뒤 당시 사신단의 성격·목적 등을 논의하는 오류를 범하였다. 다시 말해 그동안 「買新羅物解」를 토대로 논의를 확장하는 것에 주목한 나머지, 그 자체에 대한 현재 양상과 구성 등에는 의문을 품지 않았다는 것이다. 따라서 본 글에서는 해석의 전제로서가 아니라, 「買新羅物解」 그 자체를 분석의 대상으로 삼고자 한다. 이러한 기초적 작업은 단순히 문서를 정리하는 것을 넘어, 신라와 일본 간 교역의 의미와 물품의 유통 구조 등을 살필 수 있는 실마리가 될 것이다.

이에 II장에서는 먼저 「買新羅物解」 문서의 현황을 정리하고자 한다. 도노가 제시한 「買新羅物解」와 그 이후 발견된 것을 순차적으로 검토하면서, 연구자에 따라 제외되거나 상이하게 파악된 문서를 중점적으로 살펴보겠다. III장에서는 「買新羅物解」의 구체적 내용을 분석하여 일정한 서식과 형식을 갖추고 있었음을

5) 皆川完一, 1994, 「買新羅物解拾遺」, 『正倉院文書研究』 2, 吉川弘文館.

6) 石井正敏, 1987, 「八·九世紀の日羅關係」, 甲中健夫 編, 『日本前近代の國家と對外關係』, 吉川弘文館; 윤선태, 1997, 「752년 신라의 대일교역과 「바이시라기모쯔게(買新羅物解)」」, 『역사와 현실』 24, 한국역사연구회; 田村円澄, 1999, 『古代日本の國家と佛教』, 吉川弘文館; 李成市 저 / 이병호·김은진 역, 2022, 『고대 동아시아의 민족과 국가』, 삼인, pp.389-399; 池田溫, 2002, 「天宝後期の唐·羅·日関係をめぐって」, 『東アシアの文化交流史』, 吉川弘文館; 김창석, 2004, 「8세기 신라·일본간 외교관계의 추이 – 752년 교역의 성격 검토를 중심으로」, 『역사학보』 184, 역사학회; 이병로·김용일, 2006, 「752년 신라사 김태렴의 방일 목적에 관한 연구」, 『일본어문학』 34, 일본어문학회; 강은영, 2010, 「8세기 중후반 일본의 內政과 對新羅關係의 추이 – 752년 金泰廉使行團의 來日 성격 검토를 중심으로 -」, 『일본역사연구』 31, 일본사학회; 박남수, 2009, 「752년 金泰廉의 對日交易과 「買新羅物解」의 香藥」, 『한국고대사연구』 55, 한국고대사학회; 丸山裕美子, 2010, 『正倉院文書の世界』, 中央公論新社; 近藤浩一, 2012, 「景德王代·王子金泰廉の日本派遣と新羅国内政治 : 派遣事情を中心に」, 『京都産業大学論集 人文科學系列』 45, 京都産業大学; 서영교, 2012, 「新羅의 南海品 중개무역과 銅 – 「買新羅物解」 分析을 중심으로」, 『사회과학저널』 1(2), 중원대학교 인문사회과학연구소; 皆川雅樹, 2017, 「「買新羅物解」と天平勝宝四年来朝の新羅使についての再檢討」, 『專修史學』 63, 專修大学歷史学会; 신카이 사키코(新飼早樹子), 2020, 「8세기 신라의 대일 관계 동향과 「買新羅物解」」, 『한일관계연구』 57, 한일관계사학회.

7) 김지은, 2013, 「고대 香藥의 유통과 불교의례: 통일신라시대를 중심으로」, 『경주사학』 37, 경주사학회; 홍창화, 2015, 「日本 正倉院 所藏 統一新羅 金屬工藝品 硏究」, 동국대학교 석사학위논문; 신숙, 2016, 「통일신라 금속공예의 성취와 국제교류: 국보 제174호 〈금동 수정장식 촛대〉」, 『미술사학연구』 290·291, 미술사학연구; 양은경, 2019, 「고대 한일 해양 네트워크: 정창원 소장 신라 가위」, 『한국상고사학보』 106, 한국상고사학회; 옥나영, 2019, 「신라 시대 香과 그 문화 – 香의 용례 검토를 통하여」, 『숭실사학』 42, 숭실사학회; 신숙, 2021, 「8세기 「買新羅物解」와 韓日 보석장식 공예품 교류」, 『한국고대사탐구』 39, 한국고대사탐구학회; 오재근·신동원, 2023, 「통일 신라의 임상 의학은 어떻게 이뤄졌을까 – 의학 교육 기관 '의학(醫學)'의 설치와 그 영향」, 『의사학』 32(1), 대한의사학회.

8) 永正美嘉, 2005, 「新羅의 對日香藥貿易」, 『한국사론』 51, 서울대학교 국사학과; 윤재운, 2006, 『한국 고대무역사 연구』, 경인문화사; 선석열, 2016, 「한국 고대 동남해양사의 연구 동향과 그 과제」, 『석당논총』 66, 동아대학교 석당학술원; 강건우, 2022, 「고대 바닷길을 통해 한반도에 전래된 물질문화」, 『동아연구』 83, 서강대학교 동아연구소; 최광식, 2022, 「신라의 '船府'와 해상 실크로드」, 『한국사학보』 89, 고려사학회; 이승호·이완석·方國花, 2022, 『물품으로 본 고대 동유라시아 세계』, 경인문화사.

확인하고, 문서의 追記와 일본 정부의 교역 통제 정황을 함께 고려하여 당시 구매과정을 복원해보고자 한다. 마지막으로 Ⅳ장에서는 「買新羅物解」의 구매신청자에 대해 상세히 분석하고, 正倉院에 보관된 물품 중이 문서와 연결될 수 있는 사례를 검토함으로써 「買新羅物解」에 대한 이해를 심화시키고자 한다.

II. 「買新羅物解」 문서의 현황

「買新羅物解」 문서의 현황을 먼저 살펴보는 이유는 연구자에 따라 그 개수가 상이하게 언급되고 있기 때문이다. 이러한 차이는 단순한 수치의 문제가 아니라 어떤 자료를 포함하고 제외할 것인지에 대한 범위 설정과 판단 기준의 차이에서 비롯된 것으로, 곧 「買新羅物解」의 성격을 규명하는 데에도 적지 않은 영향을 미친다. 따라서 본 장에서는 지금까지 확인된 「買新羅物解」 문서 현황을 검토해 보고자 한다.

鳥毛立女屛風의 배접지, 곧 「買新羅物解」는 이미 에도시대의 병풍 수리 과정이나, 메이지 25년(1892)부터 37년(1904)에 걸쳐 진행된 해체 및 복원 작업을 통해 그 존재가 알려져 있었다.[9] 여러 차례의 수리를 거치는 동안 병풍 내부에 여전히 남아있는 배접지도 있으나, 일부는 분리되어 正倉院에 별도로 보관되거나 尊經閣文庫로 유입되었다. 그중 正倉院에 보관된 문서는 1956년에 『續修後集』 제43권으로 정리되었다.

도노는 正倉院의 『續修後集』 제43권에서 확인된 8건, 『續續修』 제47帙 제4권의 5건, 그리고 尊經閣文庫 소장의 7건을 모두 鳥毛立女屛風 배접지에서 확인된 문서(5건)와 동일한 성격의 자료로 보았다. 그는 이들 문서가 본래 병풍의 배접지였다고 추정하면서, 총 27건을 鳥毛立女屛風 배접지로 제시하였다.[10] 다만 이 중 2건은 「買新羅物解」와 성격이 다른 天平勝寶 원년(749)의 經疏 出納帳으로,[11] 이를 제외하면 「買新羅物解」로 분류되는 문서는 총 25건이라 할 수 있다.

하지만 『續續修』 제47질 제4권에서 확인한 5건은 일찍부터 「買新羅物解」로 볼 수 있는지에 대한 의문이 제기되어 왔다. 문서가 지나치게 영세하여 내용을 명확히 파악하기 어렵기 때문이다. 이로 인해 일부 선행 연구에서는 해당 문서들을 제외하기도 하였다.[12] 따라서 이들 문서를 어떻게 볼 것인지 고찰해보겠다. 다만 본 장에서 사용한 번호(①~⑭)는 설명을 위한 임의의 표기임을 밝혀두는 바이다.

『續續修』는 正倉院文書 가운데 기존의 정리 체계(正集·續修·續修後集·續修別集·塵芥文書)에 포함되지 않은 단간(單簡) 문서를 모은 것이다. 그중 제47질 제4권에는 ①~⑤가 포함되어 있는데, 이전 연구자들이 지적한 대로 문서의 크기가 작고 내용도 불분명하여 「買新羅物解」로 단정하기 어렵다. 또한 鳥毛立女屛風 배접지를 정리한 『續修後集』 제43권에 함께 정리되지 않았다는 점도 「買新羅物解」로 보기 어려운 근거로

---

9) 屋代弘賢, 『道の幸』; 関根真隆, 1969, 『奈良朝食生活の研究』, 吉川弘文館.

10) 東野治之, 1974, 앞의 논문.

11) 東野治之, 1974, 앞의 논문, p.11; 皆川完一, 1994, 앞의 논문, 각주 3번.

12) 池田溫, 2002, 앞의 논문; 김창석, 2004, 앞의 논문; 皆川雅樹, 2017, 앞의 논문.

작용한다.

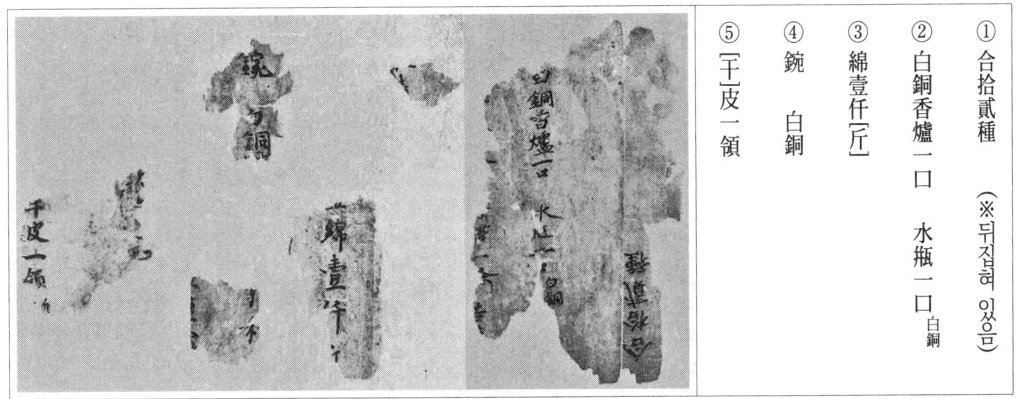

사진 1. 『續續修』 第47帙 第4卷의 「買新羅物解」
(正倉院 홈페이지)

『續續修』 第47帙 第4卷
「買新羅物解」의 판독문

하지만 그 내용을 살펴보면 「買新羅物解」와 유사하다. ①은 세부 내용이 불명확하지만, '合이 12종'임을 나타내고 있어 「買新羅物解」에서 구매 예정 물품의 총수를 기록한 양식과 일치한다. ②·④·⑤는 구매 예정 물품의 세부 내역으로, 특히 ②·④의 품목은 다른 「買新羅物解」에서도 확인된다. ⑤에 보이는 [干]皮는 구체적으로 알 수 없으나, 도노가 지적한 바와 같이 신라의 對唐 조공품에 海豹皮·緋纈皮가 포함되어 있었던 점을 고려하면 신라산 물품으로 추정할 수 있다.[13]

③은 구매 예정 물품의 代金과 관련된 표현으로 보인다. 綿 1000斤이라는 양은 다소 많게 느껴지지만, 다른 문서와 비교했을 때 충분히 가능한 범위이다. 예를 들어 [從]五位下池邊王解에서는 絁 20匹·絲 105斤·綿 620斤을, 從四位下小槻山君廣虫解에서는 絹絁 30匹·絲 100斤·綿 300斤을 대금으로 기록하고 있다. 8세기 중엽 일본에서 綿:絲:絁 교환가는 16斤:4斤:1疋이었다고 한다.[14] 이를 기준으로 환산하면 전자([從]五位下池邊王解)는 1360斤, 후자(從四位下小槻山君廣虫解)는 1180斤이다.[15] 하나의 품목에 綿 1000斤에 이르는 대금 사례는 확인되지 않지만, 전체 물품의 총액으로서는 「買新羅物解」에서 충분히 가능한 수치로 보인다. 따라서 ①~⑤는 내용상 「買新羅物解」의 일부로 보아도 무리가 없을 것이다.

그렇다면 『續續修』에 대한 추가적인 이해가 필요하다. 앞서 언급했듯 『續續修』는 正倉院文書 중 공문류를 정리한 正集·續修·續修後集·續修別集 이후에 남은 단간들을 모은 것이다. 이 단간들은 내용이나 양식에 따라 그룹화되었으며, 반복적인 검토와 정정을 거쳐 배열순서가 확정된 후 成卷되었다. 여러 장의 종이로

---

13) 東野治之, 1974, 앞의 논문, p.22.

14) 『續日本紀』 卷10 天平 元年(729) 4월 庚午, "諸國兵衛資物, 令當郡見在郡司節級輸之, 仍附貢調使送所司. 其輸法以上□一疋充銀二兩, 以上絲小二斤, 庸綿小八斤, 庸布四段, 米一石, 並充銀一兩. 即依當土所出, 准銀廿兩."

15) 다만 한 가지 품목으로 綿 1000斤에 가까운 대금을 지불한 사례는 보이지 않는다.

이루어진 단간은 나라시대에 이어 붙인 상태로 보존되어 있으나, 어느 부분이 당시의 이음매[紙契木]인지 식별하기 어려운 경우도 있다.[16]

이 점을 염두에 두고 ①과 ②를 보면 두 문서는 붙은 형태로 정리되어, 겉보기에는 하나의 문서처럼 보인다. 내용 또한 「買新羅物解」의 구매 예정 물품 합계와 그 내역을 쓴 것 같다. 하지만 두 문서의 서사 방향은 서로 반대되어 단일 문서로 보기 어렵다. 문서 일부를 뒤집어 반대로 작성하는 경우는 없으므로, ①과 ②는 별개의 문서로 보아야 한다.

그럼에도 불구하고 별개의 두 문서가 이어 붙어있다는 사실은 어쩌면 나라시대의 이음매를 보여주는 것일지도 모른다. 실제로 두 문서의 부전(附箋)에는 '第52號 2張'이 표시되어 있어, 정리되기 이전부터 이미 같은 곳에서 전해진 문서임을 알 수 있다. ①과 ②의 결합이 나라시대에 이루어진 것이라면, 서로 방향이 다름에도 이어 붙인 이유는 병풍의 배접지로 재활용되었기 때문으로 볼 수 있다. 실제로 鳥毛立女屛風 배접지를 보면 방향이 일정하지 않다. 따라서 ①·②는 병풍의 배접지, 곧 「買新羅物解」의 일부로 이해할 수 있다. 나아가 ③~⑤ 역시 『續續修』가 내용이나 양식에 따라 그룹화·검토·정정되었음을 염두에 둔다면, ①·②와 같이 「買新羅物解」로 보아도 무리가 없을 것이다.

다음으로 도노가 제시한 문서 중 鳥毛立女屛風의 배접에서 확인된 네 개의 문서를 살펴보겠다. 이에 대해서도 연구자들 사이에 견해 차이가 있다. 일부는 이를 각각 독립된 문서로 보았으며,[17] 또 다른 일부는 네 조각임을 인지하면서도 하나의 번호로 묶어 이해하고 있다.[18] 이 잔편들은 鳥毛立女屛風의 수리 과정에서 떨어져 나온 배접지로, 尊經閣文庫나 『續修後集』 제43권에는 포함되지 않은 세부 조각들이다. 해당 잔편들은 『鳥毛立女屛風接扇其他殘片』 제1권 중 「屛風下貼紙片雜張」에 수록되어 있으며, 현재 正倉院에서 병풍과 함께 보관되고 있다.[19] 다만 이들의 발견 경위나 정리 방식이 명확하게 알려지지 않아, 이를 하나의 문서로 간주한 이유를 정확히 추정하기 어렵다.

아래 〈사진 2〉의 문서 중 글자 판독이 어려운 잔편도 있으나, '伊勢連大津解'나 '價' 등 일부 글자는 명확히 식별된다. 판독 가능한 내용으로 미루어보면, 문서의 제목·대금·구매 예정 물품 등이 부분적으로 남아 있는 것으로 보인다. 따라서 이 잔편들도 「買新羅物解」의 일부로 파악할 수 있을 것이다.

문제는 '이들을 몇 개의 문서로 볼 것인가'라고 하는 점이다. 〈사진 2〉의 ⑥에는 '[臣]伊勢連大津解'라는 묵서가 확인된다. 人名(伊勢連大津)과 '解'라는 표현이 명확하므로 이는 문서의 제목 부분으로 판단되며 곧 伊勢連大津의 買物解를 의미하는 것으로 보인다.[20] 따라서 ⑥을 제목으로 하여 가장 오른쪽에 두고, 나머지 잔편들을 이에 맞추어 배치해볼 수 있을 것이다. 그러나 ⑦·⑧·⑨의 위치를 특정하기는 어렵다. 이들 잔편

---

16) 사카에하라 토와오 저 / 이병호 역, 2012, 『정창원문서 입문』, 태학사, pp.56~59.

17) 東野治之, 1974, 앞의 논문; 박남수, 2009, 앞의 논문; シャルロッテ·フォン·ヴェアシュア, 2023, 『モノと権威の東アジア交流史 : 鑑真から清盛まで』, 勉誠社, p.111.

18) 池田溫, 2002, 앞의 논문; 김창석, 2004, 앞의 논문; 皆川雅樹, 2017, 앞의 논문.

19) 宮内庁正倉院事務所, 1990, 『正倉院年報』 12, p.49(図版説明); 池田溫, 2002, 앞의 논문, p.92.

20) 이와 관련해서는 Ⅲ장에서 자세히 살펴보도록 하겠다.

사이에는 물리적으로 이어붙일 만한 자국이나 접선이 확인되지 않기 때문이다. 물론 문서가 직접 이어지지 않는다고 해서 반드시 서로 다른 문서라고 단정할 수는 없지만, 현 단계에서는 연결점을 확인할 수 없어 하나의 문서로 보기에는 무리가 있다.

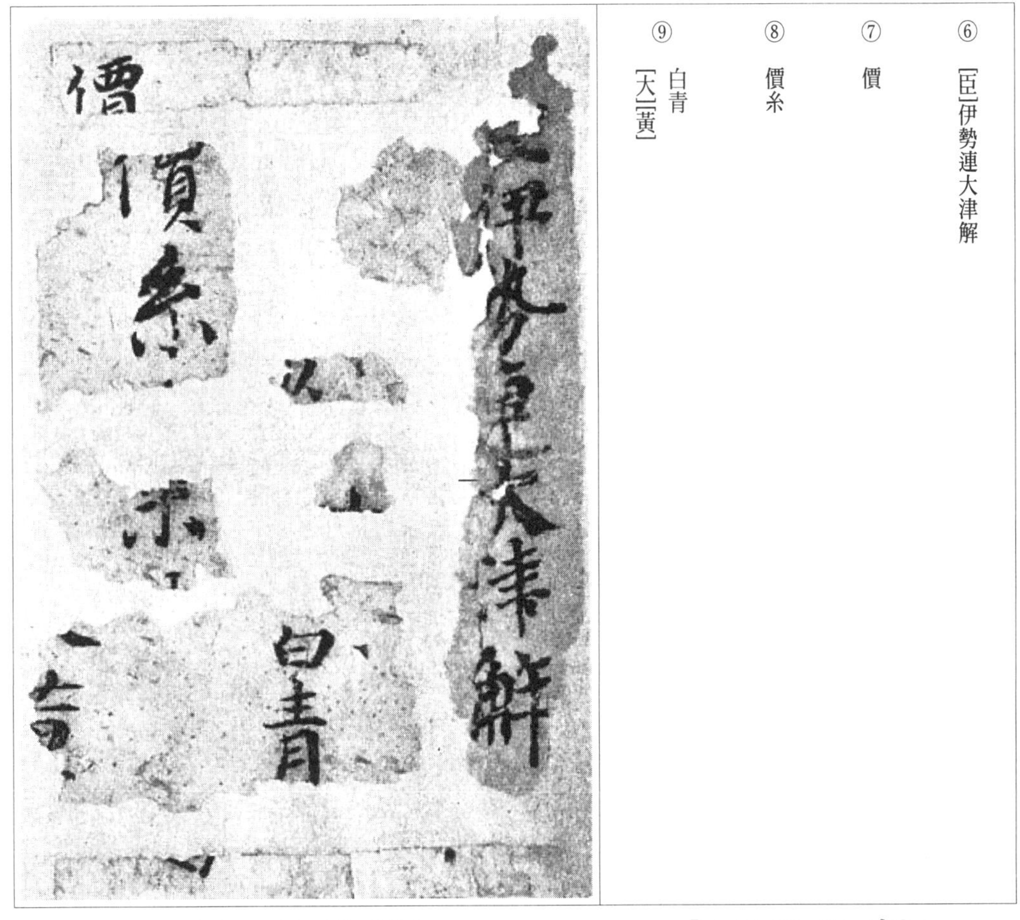

사진 2.「屛風下貼紙片雜張」
(東野治之, 1974, 앞의 논문, 그림 2)

「屛風下貼紙片雜張」 판독문

또한 '價'의 서체를 통해서도 문서 간 구분이 가능하다. ⑦과 ⑧ 모두 '價'자가 보이지만, 두 글자의 서체가 서로 다르다. 이는 ⑦과 ⑧이 서로 다른 시점 혹은 작성자에 의해 만들어진 별개의 문서였음을 의미한다. 따라서 「屛風下貼紙片雜張」에 전하는 네 조각의 잔편은 하나로 묶어 이해하기보다는 각각 독립된 문서로 파악하는 것이 타당할 것이다.

이후 1985년 9월부터 1989년 3월까지 진행된 鳥毛立女屛風의 수리 과정에서 배접지가 추가로 확인되었다. 해당 내용은 한국에서 거의 다루어지지 않고 있어, 상세히 소개해보고자 한다. 비록 이들 문서의 사진은 확인할 수 없지만, 당시 수리에 참여했던 스기모토 카즈키(杉本一樹)의 보고를 통해 판독문이 전하고 있으며,[21] 그 내용은 〈표 1〉과 같다.

표 1. 1985년 鳥毛立女屛風 수리 당시 발견된 배접문서

⑩	⑪	⑫	⑬	⑭
壹[伯]參[拾]斤□	[伍]拾斤 [鏡] [金] □三斤 (□ 다수)	右件念物具錄	合 陸 (□ 다수)	青木香一斤 裛衣香八斤 □香二斤 □三斤 (□ 다수)
3폭 4번째 종이 가운데	4폭 1번째 종이 오른쪽	4폭 4번째 종이 중앙	5폭 3번째 종이 왼쪽 상단	5폭 5번째 종이 왼쪽

　　鳥毛立女屛風은 전체 여섯 폭으로 이루어져 있다. 한 폭의 크기는 세로 약 136㎝ × 가로 약 56~57㎝이며, 1~5폭은 가로로 긴 다섯 장의 종이를 세로로 이어붙여 구성되어 있고, 6폭은 네 장의 종이로 이루어져 있다.[22] 문서의 크기에 따라 다소 차이가 있으나, 각 폭의 배접지는 10장을 넘지 않았을 것으로 추정된다.[23] 이 중 6폭을 제외한 모든 폭에서 배접지가 확인되어 총 19건의 문서가 존재함이 밝혀졌다. 그러나 이 가운데 내용을 조금이라도 판독할 수 있는 것은 도노가 소개한 1건과 〈표 1〉에 제시된 5건뿐이다.

　　⑩은 병풍의 세 번째 폭, 네 번째 종이 중앙 오른쪽 부근에서 발견되었으며,[24] 어떤 물품의 무게가 130斤임을 나타낸다. 「買新羅物解」에서 斤 단위를 사용하는 예로는 향료·약재·염료 등이 있으며, 대금으로 기록된 綿·絲 또한 斤을 단위로 사용한다. 따라서 이 문서의 전체 내용을 확인할 수는 없지만, 물품이나 대금의 수량을 기입한 부분으로 보인다. 특히 斤 아래쪽에 오른쪽으로 치우친 묵흔이 있는 점을 고려하면, 이 기록은 물품이 아니라 대금과 관련된 내용일 가능성이 높다. 「買新羅物解」에서 斤을 단위로 한 물품에는 주석

---

21) 杉本一樹, 1990, 앞의 논문.

22) 위의 논문, pp.43-45. 다만 6번째 폭의 경우, 얼굴 부분을 제외하고는 후대에 보충된 것이다.

23) 東野治之, 1974, 앞의 논문, p.5.

24) 杉本一樹, 1990, 앞의 논문, p.37.

(註)을 달지 않는 반면, 대금에는 주석을 다는 경우가 확인되기 때문이다.[25]

⑪과 ⑫는 모두 鳥毛立女屛風의 네 번째 폭에서 발견되었으나, 위치와 방향이 달라 하나의 문서라고 할 수 없다. ⑪은 첫 번째 종이의 오른쪽 부분에서 확인되며, 병풍의 방향과 직교하도록 시계방향으로 약 90° 회전한 상태로 있다.[26] 추정자이지만, 구매 예정 물품의 구체적 내용과 그 합계를 기입한 부분으로 보인다. 반면 ⑫는 네 번째 종이 중앙에서 확인되며, ⑪과 반대 방향으로 부착되어 있다.[27] 해당 문서에서는 '念物'이라는 표현이 확인된다. '念物'은 '바라는 물품', 즉 신라산 물품을 뜻하는 용어로,[28] 「買新羅物解」에서 빈번히 등장하는 특징적인 표현이다. 특히 "右件念物具錄(오른쪽의 念物을 갖추어 기록한다)"과 같은 구절은 문서의 마지막 부분, 즉 신청 문구를 의미하는 것으로 보인다.

병풍의 다섯 번째 폭에서는, 도노가 이미 확인한 배접지를[29] 포함해 판독 가능한 문서 세 건이 확인되었다. 그중 새로 발견된 두 건이 ⑬과 ⑭이다. ⑬은 다섯 번째 폭의 세 번째 종이 왼쪽 상단에서 확인되었으며, ⑫와 같은 방향으로 부착되어 있었다.[30] 비록 판독 가능한 글자가 두 글자에 불과해 구체적인 내용을 알기 어렵지만, 구매 예정 물품의 합계와 세부 내역을 기입한 부분으로 추정된다. 마지막으로 ⑭는 다섯 번째 폭의 다섯 번째 종이 왼쪽 부분에서 병풍과 반대 방향으로 발견되었다.[31] 이 문서에는 靑木香·裏衣香 등의 향이 기록되어 있으며, 단순히 품목만이 아니라 구매하려는 양도 斤 단위로 명시되어 있다.

鳥毛立女屛風의 배접지로 새로 확인된 18건의 문서 가운데 판독이 불가능한 것들도 「買新羅物解」일 가능성이 있지만, 내용이 확인되지 않는 한 단정하기는 어렵다. 그러나 ⑩~⑭의 문서는 「買新羅物解」의 내용과 일치하며, 불교 경전과 관련된 표현도 없으므로 모두 「買新羅物解」로 판단할 수 있다. 또한 도노가 제시한 「買新羅物解」가 鳥毛立女屛風의 배접지에서 발견된 점을 고려하면, 1985년 수리 과정에서 새로 확인된 문서들도 동일한 성격의 문서였을 가능성이 크다. 이들 문서는 서로 다른 위치에서 발견되었으므로, 각각 독립된 문서로 정리하는 것이 타당하다.

마지막으로 미나가와 칸이치(皆川完一)에 의해 네 건의 문서가 추가로 보고되었다.[32] 이 문서들은 모두 影寫本을 통해서만 알려져 있으며, 원본의 소재는 확인되지 않는다. 따라서 미나가와의 보고문을 통해 내용을 확인할 수밖에 없다. 그가 소개한 네 건의 「買新羅物解」는 작성일이 각각 天平勝寶 4년 6월 25일, 6월 22일, 6월 21일, 7월 8일로 나타나 신라 사신단의 방문 시기와 일치한다. 또한 구매신청자가 5위 이상의 有位者로 보이며, 구매 예정 물품의 대금을 絁·絹·絲·綿으로 기록한 점에서 도노가 제시한 「買新羅物解」의

---

25) 다만 대금에 대한 註는 斤을 단위로 하는 綿·絲가 아닌 匹을 단위로 하는 絹에 대한 註로, 차이가 있다.

26) 杉本一樹, 1990, 앞의 논문, pp.37-38.

27) 위의 논문.

28) 李成市 저/이병호·김은진 역, 2022, 앞의 책, pp.340-357.

29) 해당 문서는 5폭의 첫 번째 종이 왼쪽 상단에서 확인된다.

30) 杉本一樹, 1990, 앞의 논문, pp.38-40.

31) 위의 논문.

32) 皆川完一, 1994, 앞의 논문.

특징과 부합한다. 따라서 이 네 건 역시 「買新羅物解」로 볼 수 있다.

지금까지 「買新羅物解」 문서의 현황을 살펴보았다. 「買新羅物解」는 도노가 처음 25건을 제시하였으나, 『續續修』에서 확인된 5건과 기타 잔편의 성격에 대해 논의가 있었다. 이를 상세히 검토한 결과, 이들을 모두 각각의 「買新羅物解」로 파악할 수 있었다. 이후 1985년 鳥毛立女屛風 수리 과정에서 18건의 배접 문서가 추가로 발견되었으나 판독 가능한 것은 5건뿐이며, 그 내용이 「買新羅物解」와 유사하므로 「買新羅物解」로 볼 수 있다. 마지막으로 미나가와가 『並川文書』 제1권 「千古遺響」을 통해 4건의 「買新羅物解」를 소개함으로써, 현재까지 총 34건의 「買新羅物解」가 전해진다고 할 수 있다.[33]

본 글에서 사용하고자 하는 34건의 「買新羅物解」에 대한 문서 번호를 기존 연구자의 번호와 대조하여 제시하면 〈표 2〉와 같다. 문서는 작성일자를 기준으로 배열하였으며, 작성일자를 알 수 없는 것은 이전에 소개된 순서에 따랐다. 각 문서의 세부 내용은 본문 말미의 부록에 정리하였다. 다음 장에서는 이들 문서를 바탕으로 「買新羅物解」의 서식과 당시 구매과정을 구체적으로 검토하겠다.

표 2. 연구자별 「買新羅物解」 문서 번호

東野治之(1974)	杉本一樹(1990)	皆川完一(1994)	池田溫(2002)	박남수(2009)	본고
1			1	東1	1번 문서
2			2	東2	2번 문서
3			3	東3	3번 문서
4			4	東4	4번 문서
5			5	東5	5번 문서
6			6	東6	6번 문서
7			7	東7	7번 문서
8			8	東8	8번 문서
		3	9	皆3	9번 문서
		2	10	皆2	10번 문서
9			11	東9	11번 문서
10			12	東10	12번 문서
11			13	東11	13번 문서
		1	14	皆1	14번 문서
12			15	東12	15번 문서
14			18	東14	16번 문서
		4	16	皆4	17번 문서
13			17	東13	18번 문서
15			19	東15	19번 문서
16			20	東16	20번 문서

---

33) 東野治之가 소개한 25개 + 杉本一樹가 정리한 5개 + 皆川完一이 발견한 4개 = 총 34개

東野治之(1974)	杉本一樹(1990)	皆川完一(1994)	池田溫(2002)	박남수(2009)	본고
17				東17	21번 문서
18				東18	22번 문서
19			21	東19	23번 문서
20				東20	24번 문서
21				東21	25번 문서
22				東22	26번 문서
23				東23	27번 문서
24				東24	28번 문서
25				東25	29번 문서
	(5)		22		30번 문서
	(8)		23		31번 문서
	(11)		24		32번 문서
	(16)		25		33번 문서
	(19)		26		34번 문서

* 杉本一樹와 皆川完一는 자신이 소개하는 문서에 대해서만 번호를 매겼다.

** 池田溫은 東野治之·杉本一樹·皆川完一의 문서를 모두 확인한 후, 날짜순으로 문서를 배열하였다. 다만 東野治 之가 제시한 21~25(『續續修』)는 인정하지 않아 번호를 부여하지 않았다.

*** 박남수는 새로운 번호를 제시하기 보다 東野治之와 皆川完一가 사용한 번호를 그대로 활용하여 東野治之의 1 번 문서를 東1, 皆川完一의 2번 문서를 皆2라고 하였다.

III. 「買新羅物解」 서식과 구매과정의 복원

34건의 「買新羅物解」는 문서에 따라 다소 차이를 보이지만, 일정한 형식과 기입 항목을 공유하고 있던 것 같다. 그 서식과 구성 항목을 비교·분석한다면, 문서에 필수적으로 포함된 정보와 그 배열, 인명 표기 등 의 특징을 알 수 있으며 일본 귀족들의 신라 물품 구매과정까지 복원할 수 있을 것이다. 이에 그 서식을 확 인하기 위해 5·12·15번 문서를 살펴보겠다.

5번 문서는 문서 첫머리에 從四位下小槻山君廣虫解라고 기재되어 있다. 이는 해당 문서가 從四位下의 官 位를 가진 小槻山君廣虫의 買物解라는 것을 보여주는 것으로, 소위 문서의 제목이라고 할 수 있다. 제목 아 래에는 구매 예정인 물품 종류의 합계(전체 9종)와 代金(絹絁 30匹, 絲 100斤, 綿 300斤)이 기록되어 있고, 구매하고자 하는 물품의 종류와 수량이 서술되어 있다. 구매 예정 물품이 무엇인지는 문서의 일부 결락으 로 알 수 없지만, 3줄에 걸쳐 구매할 물품이 나열되었을 것으로 추정된다. 그리고 문서의 말미에는 '앞의 念 物과 값을 명시하여 삼가 신청한다(以前念物并價等顯注如件謹解)'라는 문구와 작성일자가 확인된다. 따라서 이 문서는 제목(人名) - 구매 예정 물품 합계(종류) - 대금 - 구매 예정 물품 - 신청 문구 - 작성일자의 정보 (항목)를 기록하고 있다.

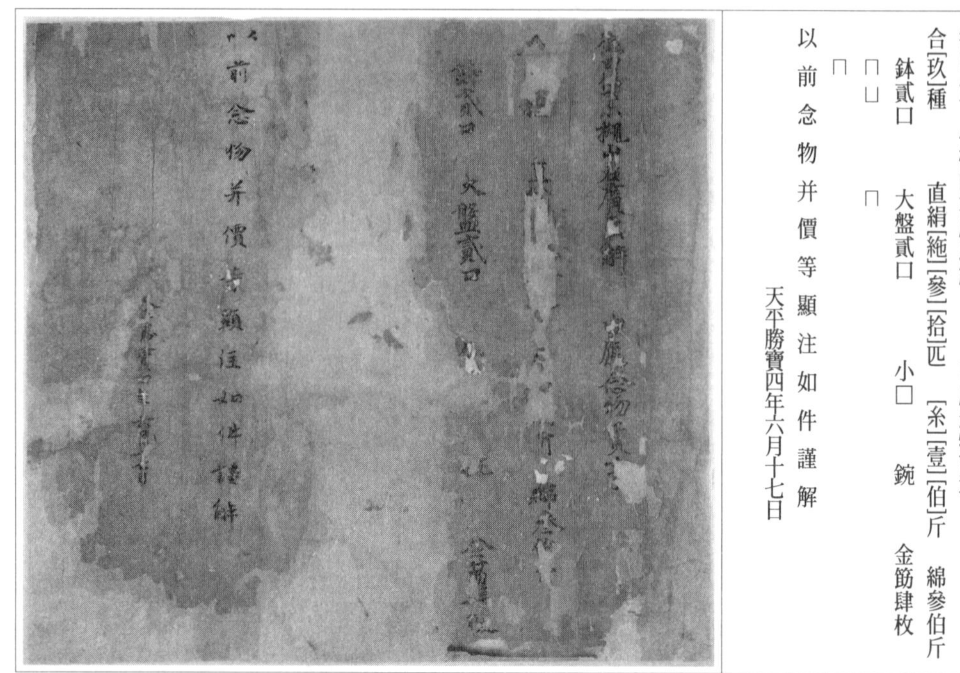

從四位下小槻山君廣虫解　申應念物買事
合[玖]種　直絹[絁][參][拾]匹　[糸][壹][伯]斤　綿參伯斤
鉢貳□　大盤貳□　小□　鋺　金筋肆枚
□
□
以前念物并價等顯注如件謹解
天平勝寶四年六月十七日

사진 3. 5번 문서
(이승호·이완석·方國花, 2022, 앞의 책, p.32)

5번 문서 판독문

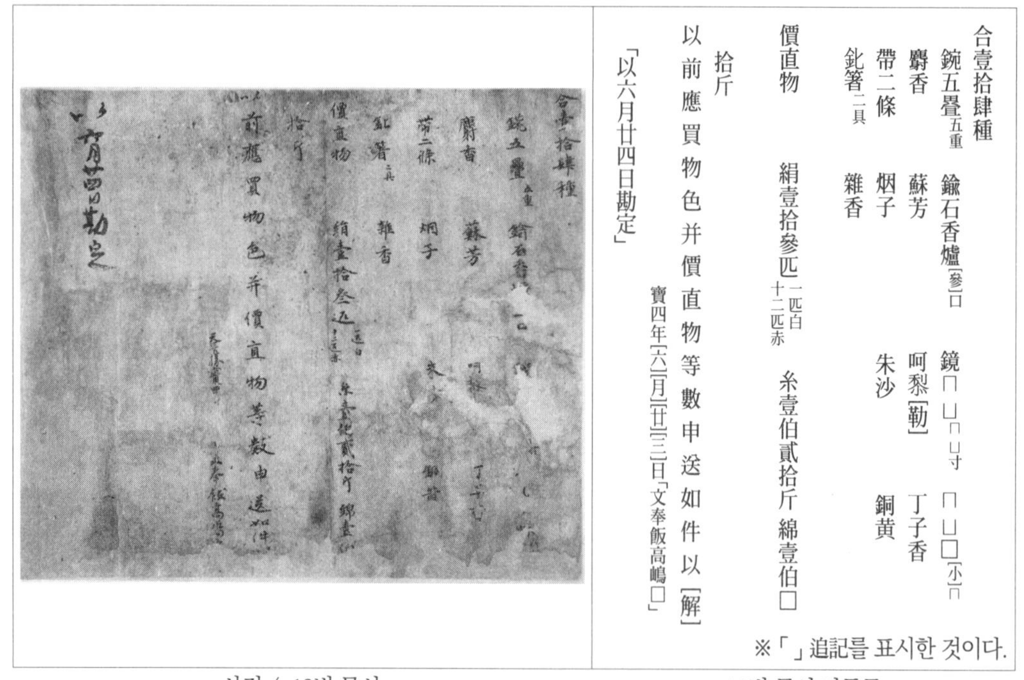

合壹拾肆種
鋺五疊五重　鑢石香爐[參]□　鏡□□□寸　□□□[小]□
麝香　蘇芳　呵梨[勒]　丁子香
帶二條　烟子　朱沙　銅黃
鈀箸二具　雜香
價直物　絹壹拾參匹一匹白十二匹赤　糸壹伯貳拾斤　綿壹伯□
拾斤
以前應買物色并價直物等數申送如件以[解]
寶四年[六]月[廿][三]日「文奉飯高嶋□」

「以六月廿四日勘定」

※「」追記를 표시한 것이다.

사진 4. 12번 문서
(이승호·이완석·方國花, 2022, 앞의 책, p.33)

12번 문서 판독문

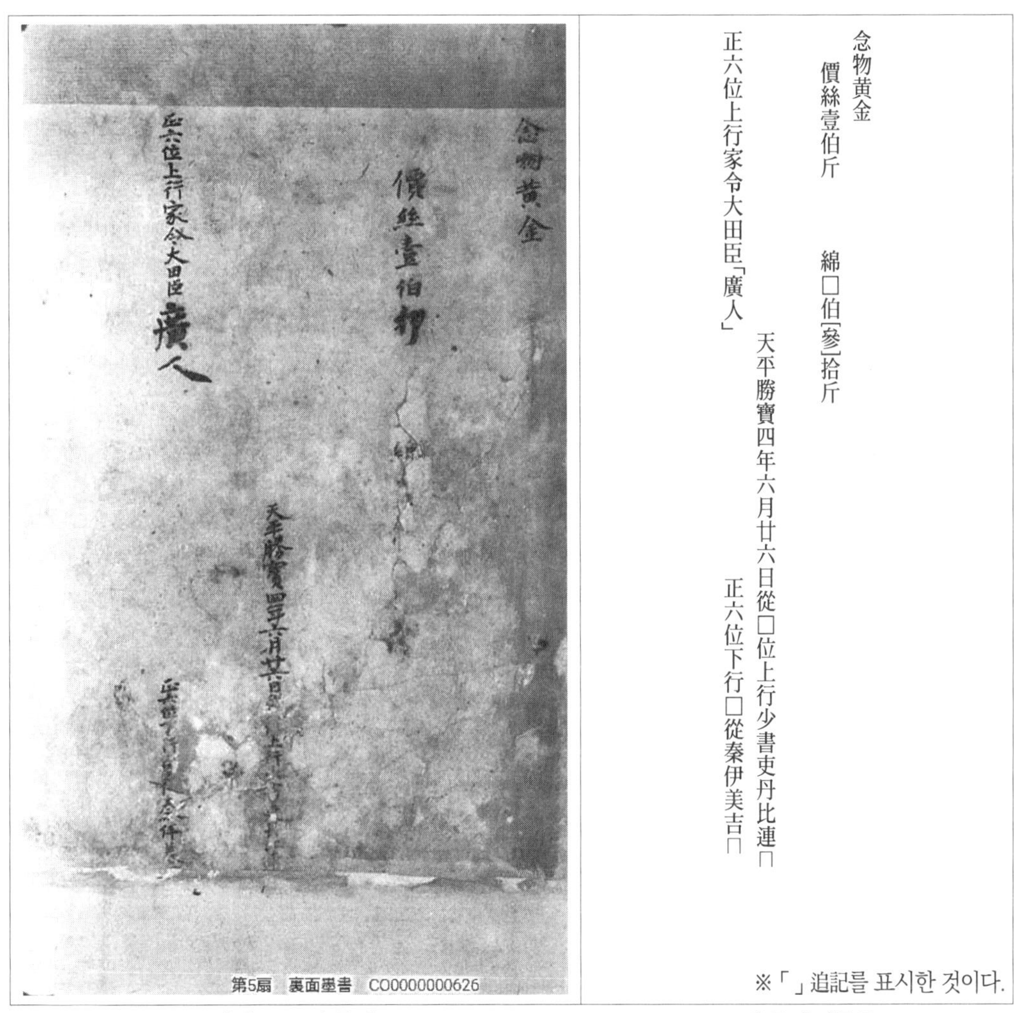

第5扇　裏面墨書　CO0000000626

※「 」追記를 표시한 것이다.

사진 5. 15번 문서	15번 문서 판독문
(正倉院 홈페이지)	

12번 문서는 5번과 달리 제목이 확인되지 않는다. 하지만 일부 공통되는 부분이 있는데, 14종이라고 하는 구매 예정 물품 종류의 합계와 五重鋺·鍮石香爐·鏡 등의 구매 예정인 물품 종류, 그에 대한 대금(絹 13匹, 絲 130斤, 綿 1□0斤)이 기록되어 있다. 신청 문구는 '앞의 구입할 물품의 종류와 가격, 수량을 명시하여 기재된 바와 같이 삼가 아뢴다(以前應買物色并價直物等數申送如件以解)'라고 있어 5번 문서와 다소 다르지만, 내용적으로는 유사하다. 그리고 작성일자와 人名(文奉飯高嶋□), 감정 일자(以六月廿四日勘定)가 확인되는데, 人名과 감정 일자는 追記로 확인된다. 해당 문서는 「買新羅物解」 중 감정 일자가 확인되는 유일한 사례로, 당시 문서 제출 후 그에 대한 승인이 이루어졌음을 알 수 있다.[34] 따라서 이 문서는 구매 예정 물품 합계(종류) – 구매 예정 물품 – 대금 – 신청 문구 – 작성일자 – 人名 – 감정 일자가 기록되어 있으며, 5번 문서와는 정보 내용이나 순서에서 약간의 차이를 보인다.

마지막으로 15번 문서는 5·12번 두 문서와 달리 담고 있는 내용이 아주 소략하다. 제목뿐만 아니라 구매 예정인 물품의 합계나 신청 문구도 보이지 않는다. 5번 문서와 같이 '念物'이라는 표현이 보이긴 하지만, 그것이 신청 문구가 아닌 구매 예정인 물품(黃金)의 앞에 작성되었다. 그리고 人名은 3개나 확인된다. 즉 이 문서는 念物 - 구매 예정 물품 - 대금 - 작성일자 - 人名의 정보만 확인된다.

위의 세 문서에 근거한다면 「買新羅物解」에는 〈제목(人名) - 구매 예정 물품 합계(종류) - 구매 예정 물품 - 대금 - 신청 문구 - 작성날짜 - 人名 - 허가일〉의 내용이 기록되었다고 할 수 있다. 하지만 앞서 살펴본 문서에서도 확인할 수 있듯이 이를 모두 기입한 문서는 확인되지 않는다. 이는 현존하는 「買新羅物解」가 온전하지 않기 때문일 수도 있고, 필수 항목만 기입하면 되었기 때문에 모든 항목을 기록할 필요가 없었기 때문일 수도 있다. 그럼에도 불구하고 지금까지 소개된 「買新羅物解」 문서는 내용의 순서가 바뀌거나 일부 정보가 기록되지 않기도 하지만 대체로 이러한 범위 내에서 서술되고 있다. 그렇다면 위의 정보가 담긴 문서를 「買新羅物解」로 파악할 수 있을 것이다.

그런데 위에서 제시한 「買新羅物解」의 내용을 다시 살펴보면 人名이 제목과 작성날짜 뒤에 중복되고 있다. 현재까지 발견된 「買新羅物解」는 대부분 제목에 人名이 나타나거나 날짜 뒤에 人名이 나타난다. 따라서 제목 혹은 문서 말미에 人名이 기록된다고 생각할 수 있다. 하지만 14번 문서의 경우, 제목과 작성일자 뒤에서 각각의 人名이 확인되어 주목된다.

○ 14번 문서 (※ 밑줄은 임의로 그은 것으로, 人名을 표시한 것이다.)
[從]五位下池邊王解 申念物事
[合]肆拾漆種
金^{十両}　金青^{十一斤}　朱沙^{廿一斤}　同黄^{十七斤十四両}　烟子^{四百枚}
胡粉^{一斤}　鐵青^{一斤}　青胎^{一斤}　沈香^{八十斤}　薰陸^{一百三斤}
和香^{一斤}　香油^{一升}　丁子^{五十斤}　丁香^{一斤}　青木香^{七斤}　白檀^{一白斤}
茱芳^{八百十斤}　桂心^{百斤}　麝香^{一臍}　牛黄^{三斤}　大黄^{一百斤}
犀角^{四具}　甘草^{百斤}　石腦^{一斤}　宍縱容^{卅斤}　可梨勒^{二斗}
旱撥^{五斤}　龍脳香^{二斤}　漆子^{一斤}　□□^{一百斤}　鶏舌香^{五十斤}
薰衣香^{十斤}　曽青^{十斤}　紫^{百斤}　鏡^{四面七寸}　香爐^{四具}
水瓶^{四口之中揮特一}　飯鋺^{廿合}　大盤^{卅三口}　小盤^{三百口}
迊羅鋺^{十口}　鋺^{一百廿合}　小鋺^{百□□}　鉇^{十四枚坎鉇五大葉鉇七}　筋^{三具}
白銅酒壷^{二合各備坏酌}　風爐^{一具}
絁廿匹　糸一百五斤　綿六百廿斤
　　　天平勝寶四年六月[廿][五]□□人大初位下尾張三田次

---

34) 東野治之, 1974, 앞의 논문, p.11.

위의 문서를 살펴보면 첫 부분에 기입된 人名과 날짜 뒤에 보이는 人名이 다르다는 것을 알 수 있다. 제목에 보이는 人名은 [從]五位下의 池邊王으로, 일본의 유명 문인인 淡海三船의 아버지이자 大友皇子의 손자이다. 池邊王은 황족이었으며, 内匠寮 장관(頭)을 역임하면서[35] 여러 물품에 대해 인지하고 있었던 것으로 생각된다.[36] 14번 문서는 그 제목에 '[從]五位下池邊王解'라고 보이기 때문에 池邊王이 문서의 주인이자, 신라 물품에 대한 실질적인 구매신청자였다고 할 수 있다. 나아가 이에 근거한다면 5·10·21번 문서에서도 人名+解의 제목이 보이므로, 제목에 보이는 인명은 구매신청자를 표시한 것으로 볼 수 있다.

반면 작성일자 뒤에 보이는 人名은 大初位下의 官位를 가진 尾張三田次이다. 위에서 살펴본 [從]五位下 池邊王이 문서의 주인, 구매신청자임을 염두에 둔다면 尾張三田次는 구매신청자라고 할 수 없다. 도노는 「買新羅物解」 제출자가 5위 이상의 귀족이었으며, 知家事·資人·事業·家令·少書吏 등은 4품 이상의 親王 및 3위 이상의 신하에게 속한 家令이었음을 지적한 바 있다.[37] 그리고 문서상 尾張三田次는 池邊王에 비해 낮은 官位를 소지하고 있으며, 날짜 뒤에 人名이 확인되는 1·6·9·13·15번 문서 역시 각 인물이 6~9位의 家令(知家事·資人·事業 등)으로 나타난다. 그러므로 날짜 뒤에 보이는 人名은 家令으로, 대리자라고 할 수 있다. 그렇다면 14번 문서는 작성일자(天平勝寶四年六月[廿][五])와 官位(大初位下) 사이 미상자에 아마 家令과 관련된 표현이 있었을 것이며, 尾張三田次는 池邊王의 家令이었을 것으로 추측된다.

따라서 「買新羅物解」의 人名은 두 가지 경우로 구분할 수 있는데, 제목에 人名이 나타나는 경우는 실제 구매신청자의 이름이며, 날짜 뒤에 보이는 人名은 대리자라고 볼 수 있다. 이를 토대로 「買新羅物解」에 나타나는 구매신청자와 대리자를 정리하면 아래의 〈표 3〉과 같다.

표 3. 「買新羅物解」의 人名

	문서번호	관직	관위	인명
제목에 인명이 기록된 경우 (구매신청자)	5번 문서		從四位下	小槻山君廣虫
	10번 문서		[從]五位下	阿倍朝臣□麻呂
	14번 문서		[從]五位下	池邊王
	16번 문서	鼓吹司正	外從五位下	大右□
	21번 문서			[臣]伊勢連大津
날짜 뒤에 인명이 기록된 경우 (대리자)	1번 문서	知家事資人	大初位上	栗前首□□□
	2번 문서	右大舍人	大初位上	中臣伊勢連老人
	6번 문서	事業	從七位上	置始連五百足
	8번 문서	左大舍人		犬[養]小足
	9번 문서	資人		秦刀良

---

35) 『續日本紀』 卷12 天平 9년(737) 12월 壬戌, "從五位下池邊王爲内匠頭."

36) 東野治之, 2002, 「新羅交易と正倉院宝物」, 『正倉院展』, 奈良国立博物館, p.125.

37) 東野治之, 1974, 앞의 논문, pp.8-9. 家令에 대해서는 Ⅳ장에서 상세히 살펴보겠다.

	문서번호	관직	관위	인명
날짜 뒤에 인명이 기록된 경우 (대리자)	12번 문서			飯高嶋□
	13번 문서	事業	從八位上	日置酒持
	14번 문서		大初位下	尾張三田次
	15번 문서	少書吏	從□位上	丹比連□
		家令	正六位上	大田臣廣人
		□從	正六位下	秦伊美[吉]□
	17번 문서	[紫]微大疏	正六位上	山口伊美吉佐美麻呂

※ 14번 문서의 경우, 구매신청자와 대리자가 모두 확인되므로 중복하여 기재하였다.

〈표 3〉을 살펴보면 5位 이상의 人名은 모두 제목에서 그 이름이 확인되므로 그들이 문서의 주인이자 구매신청자라고 할 수 있다. 반면 6位 이하의 人名은 주로 家令과 관련된 職責을 맡고 있었으며 작성날짜 뒤에 확인된다. 이러한 점은 「買新羅物解」의 제출자가 5위 이상의 귀족이었다는 도노의 지적과도 잘 부합할 뿐만 아니라 人名이 기록된 위치에 따라 그 성격을 구분할 수 있음을 보여준다. 따라서 「買新羅物解」 문서의 서식을 다시 정리하면 〈제목(실질적인 구매신청자) - 구매 예정 물품 합계(종류) - 구매 예정 물품 - 대금 - 신청 문구 - 작성날짜 - 대리자 - 허가일〉이라 할 수 있겠다. 그중 반드시 기록되어야 했을 정보는 구매 예정인 물품과 대금, 날짜, 구매신청자가 누구인지 알 수 있는 人名이었을 것이다. 다른 「買新羅物解」도 문서의 결락에 따라 다르긴 하겠지만, 대략 그러한 정보를 담고 있었을 것으로 추측된다. 특히 아래와 같이 당시 무역을 국가가 관리하고 있었다는 점을 염두에 둔다면 해당 정보는 필수로 작성되었을 것이다.

> A-1. 외국의 사신이 처음으로 関에 들어올 때 소지하고 있는 물건이 있으면 모두 関司가 사신의 접대를 담당하는 관리와 함께 자세히 기록하여, 담당 관사에 보고해야 한다. … 官司가 교역하기 전에 私的으로 외국과 교역해서는 안 된다. 적발되는 자는 그 물건을 둘로 나누어 하나는 신고자에게 상으로 주고, 하나는 官으로 몰수한다. … [38]
>
> A-2. 무릇 蕃客이 來朝하여 교역을 할 때 丞·錄·史生은 藏部·価長 등을 거느리고 客館에 나아가, 内藏寮와 함께 교역하였다. 그리고 그 내역을 기록하여 관청에 보고하였다.[39]

A-1은 외국 사신이 처음 일본(関)에 이르면, 그들이 가지고 온 물품을 확인·보고해야 함을 언급하고 있으며, 조정의 구매 이전에 사적인 교역을 규제하는 내용이다. 즉 사신들이 가지고 온 물품은 기록되어 조정

---

38) 養老令 第27 關市令, "凡蕃客初入關日, 所有一物以上, 關司共当客官人, 具錄申所司. … 凡官司未交易之前, 不得私共諸蕃交易. 為人糾獲者, 二分其物, 一分賞糾人, 一分沒官. … "

39) 『延喜式』 卷30 大藏省·蕃客, "凡蕃客來朝應交關者, 丞錄史生率藏部価長等赴客館, 与内藏寮共交關. 訖錄色目申官."

에 보고되었으며, 그중 조정에서 먼저 필요한 물품을 구매한 후 남은 물품에 한 해 희망자가 구매할 수 있었음을 보여준다.

A-2는 A-1의 과정이 끝난 후 일본 귀족들이 외국 사신으로부터 물품을 구매할 때의 모습을 보여주는 것이다. 이에 의하면 귀족들은 內藏寮와 함께 구매를 진행하였으며 그 내용을 관청에 보고해야 했다. 이는 곧 당시 일본 조정이 교역을 통제하고 있었음을 보여주는 것이자, 「買新羅物解」도 조정의 통제 속에서 작성된 것임을 알려준다. 일본 조정에서는 누가, 얼마만큼의 물품을 구매하였는지 파악할 필요가 있었기 때문에[40] 구매 예정 물품, 대금, 날짜, 人名이 중요한 정보로 「買新羅物解」에 기록되었을 것이다.[41]

또한 위의 내용은 당시 신라 사신단이 가지고 간 물품이 어떻게 교역되었는지도 유추할 수 있게 한다. 신라 사신단이 가지고 간 물품은 먼저 關에서 그 품목과 수량을 확인받았을 것이다. 이때 A-1에서는 일본 조정의 관리가 그 물품을 상세히 기록한다고 전하고 있으나, 10세기 이후 일본을 방문한 중국 海商은 스스로 가지고 온 물품에 관해 목록을 작성하였다고 하므로[42] 신라에서 미리 목록을 작성했을 가능성도 있다.[43] 어쨌든 신라 사신단이 지참한 물품은 목록화되었음이 분명하다. 이를 편의상 (A)목록이라고 하겠다. (A)목록은 조정에 보고되어 조정에 의한 구매가 먼저 이루어졌을 것이다.

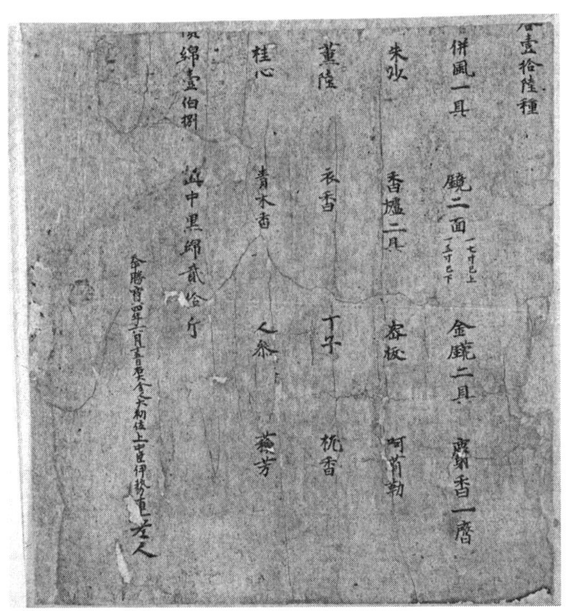

사진 6. 2번 문서
(이승호·이완석·方國花, 2022, 앞의 책, p.31)

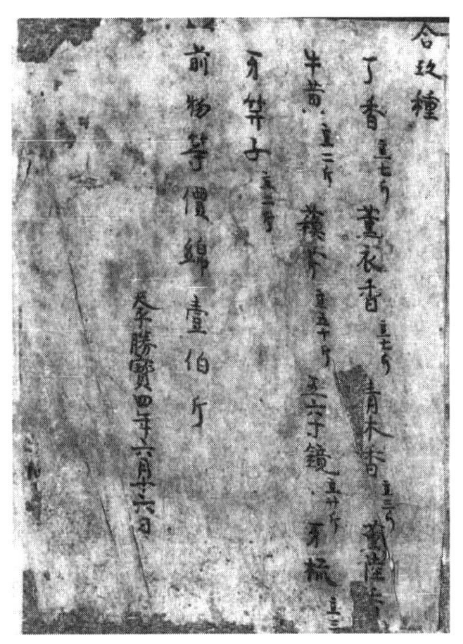

사진 7. 4번 문서
(正倉院 홈페이지)

---

40) 東野治之, 1974, 앞의 논문, p.11.

41) 池田溫, 2002, 앞의 논문, p.93.

42) 山內晋次, 2003, 『奈良平安期の日本とアジア』, 吉川弘文館, pp.171-176.

43) 皆川雅樹, 2017, 앞의 논문, p.17.

조정에서 필요한 물품을 구매한 후, 나머지 물품은 귀족들이 구매할 수 있도록 하였다. 이때 귀족들은 무언가의 목록((B)목록)을 보고 「買新羅物解」를 작성했을 것으로 생각되는데, 이는 「買新羅物解」의 追記를 통해 추측할 수 있다. 즉 「買新羅物解」에는 대리자 人名이나 감정일자, 물품 수량, 대금 등에서 종종 追記가 나타난다. 대표적으로 2번 문서와 4번 문서를 살펴볼 수 있다(〈사진 6·7〉).

2번 문서는 병풍과 거울, 金鋺, 麝香, 향로에 대해 그 수량을 표시하고 있다. 이때 숫자를 표시한 한자를 살펴보면 다른 글자와 필체 차이를 보여, 수량에 대해 追記가 이루어졌다고 할 수 있다. 한편, 4번 문서에서는 구매하고자 하는 물품의 수량은 표시되지 않았으나, 각 물품에 대한 대금이 기록되어 있다. 특히 문서의 아랫부분을 보면 대금이 아래의 물품명과 겹치지 않도록 살짝 옆으로 피해 작성되는 모습을 확인할 수 있다. 필체 역시 다른 글자와 다르다. 곧 대금에 대해 追記가 이루어진 것이다. 이러한 追記는 문서 작성이 2회 이상에 걸쳐 이루어졌음을 의미하는 것으로, 먼저 구매 예정 물품 합계(종류), 구매 예정 물품, 작성날짜 등을 기록해두었다가 추후 수량이나 대금을 확정하여 추가로 기입하였음을 보여준다.

구매신청서(「買新羅物解」)의 대략적인 내용을 작성할 수 있었던 이유는 앞서 언급했던 무언가의 목록, 즉 (B)목록 때문이 아니었을까 한다. (B)목록은 아마도 (A)목록을 수정한 것이거나 (A)목록 중 조정에서 구매하고 남은 물품을 정리하여 다시 작성한 새로운 목록이었을 것이다.[44] 그러한 (B)목록을 일본 귀족들이 확인하고 「買新羅物解」의 기본적인 내용을 작성하였을 수 있다. 명확하게 (A)목록이나 (B)목록을 확인할 수 있는 사례는 없지만, 「買新羅物解」의 향약류 배열을 살펴보면 어떠한 목록이 있었던 것으로 추측된다. 예를 들어 '麝香'은 그것이 기록된 문서의 향약류 중 가장 처음 나타나며(14번 문서 제외), 沈香과 丁子(丁香)는 대부분 沈香-丁香 순서로 기록되고(2·9번 문서 제외), 둘 사이나 바로 뒤에는 薰陸(香), 靑木香이 기록되어 있다.[45] 즉 어떠한 '목록'의 존재가 짐작되는 것이다. 이처럼 (B)목록을 통해 일본 귀족들은 상세한 수량이나 대금을 기입하지 않은 구매신청서를 가지고 客館에 이르러 물품을 확인 후 구매신청서를 완성하지 않았을

---

44) 혹은 (A)목록이 그대로 활용되었을 가능성도 있다. 하지만 순서상 명확한 구분을 위해 (B)목록이라 하겠다.
45) 皆川雅樹, 2017, 앞의 논문, pp.15-16.

문서번호	香藥類
2번 문서	麝香, 薰陸, 衣香, 丁子, 枕香, 靑木香
4번 문서	丁香, 薰衣香, 靑木香, 薰陸香
7번 문서	丁香
8번 문서	麝香, 沈香, 薰陸, 丁香, 靑木香, 藿香
9번 문서	麝香, 丁香, 沈香, 靑木香, 薰陸 安息香
10번 문서	麝香, 沈香, 丁子香, 薰陸香, 裛衣香
11번 문서	麝香, 薰陸
12번 문서	麝香, 丁子香, 雜香
13번 문서	沈香, 丁香, 靑木香, 薰陸香, 零陵香, 甘松香, 藿香, 安息香, 龍腦香, 裛衣香, 薰衣香
14번 문서	沈香, 薰陸香, 和香, 丁子, 丁香, 靑木香, 白檀, 麝香, 龍腦香, 鷄舌香, 薰衣香
16번 문서	沈香, 丁香, 零陵香, 鬱金香, 甘松香, 薰衣香
17번 문서	沈香
18번 문서	麝香, 雜香
20번 문서	薰陸
34번 문서	靑木香, 裛衣香

까 한다.

그러나 追記가 보이지 않는 「買新羅物解」도 있다. 그러한 문서는 한 번에 작성되었다고 할 수 있으며, 이 경우에는 일본 귀족들이 客館으로 가서 신라 물품을 본 후에 「買新羅物解」를 작성하였을 가능성도 염두에 둘 수 있다. 이를 「買新羅物解」의 향약류 배열과 함께 생각한다면,[46] 당시 客館에는 (B)목록과 같은 순서대로 물품을 배치하고 있었다고도 할 수 있을 것이다. 어쨌든 일본 귀족들은 (B)목록과 같은 문서나 객관에서 직접 물품을 확인함으로써 사신단이 가지고 온 물품을 파악했을 것이며 그를 통해 「買新羅物解」를 작성하여 제출했을 것이다.

「買新羅物解」의 작성 및 제출은 일괄적으로 이루어지지 않았다. 「買新羅物解」의 작성일자를 보면 그 일자가 天平勝寶 4년 6월 15일부터 7월 8일까지로 나타난다.[47] 그중 12번 문서(〈사진 4〉)를 보면 天平勝寶 4년 6월 23일에 작성된 문서가 다음날인 6월 24일에 감정받았음이 확인된다. 이는 곧 해당 문서가 6월 23일에 작성 및 제출되었으며, 제출 직후 감정 절차가 빠르게 진행되었음을 보여준다. 또한 12번 문서의 감정일자보다 늦게 작성된 「買新羅物解」(14~17번 문서)가 있는 점으로 볼 때, 「買新羅物解」의 제출과 감정이 일괄적으로 이루어진 것이 아니라 각각 문서별로 진행되었다고 할 수 있다.

「買新羅物解」를 제출하여 감정을 받은 일본 귀족은 각각 신라 사신단과 교역을 진행하였을 것이다. 대금 지불도 각각 이루어졌을 것이다. 시기적으로 일치하진 않지만, 神護景雲 2년(768)에 일본 조정은 신라 교관물을 구입하도록 左右大臣들에게 大宰府의 綿을 하사하였다고 한다.[48] 이에 따르면 당시 신라물에 대한 대금은 일본 조정이 「買新羅物解」와 함께 받아 이후 그 총합을 지불한 것이 아니라, 일본 귀족들이 개별적으로 신라 사신단에게 대금을 지급한 것이라고 볼 수 있다. 만약 일본 조정에서 대금을 수합하여 지불했다면, 조정이 대금을 귀족들에게 지급하는 번거로운 작업이 이루어졌을 리 없기 때문이다.

그렇다면 신라 사신단이 일본에 가지고 간 물품은 아래의 과정을 거쳐 일본 귀족들과 거래되었다고 정리할 수 있다.

①일본 도착 → ②(A)목록 작성 및 보고 → ③조정에서 물품 구입 → ④(B)목록 작성 및 배포 → (⑤구매신청서(「買新羅物解」) 작성) → ⑥객관에서 물품 확인 → ⑦구매신청서(「買新羅物解」) 작성 완료 및 제출 → ⑧감정(승인) → ⑨구매(거래)

위의 과정 중 ⑤의 과정은 생략될 수도 있었으며, ⑤~⑨는 각각 문서에 따라 진행되었을 것이다. 이러한 과정은 당시 일본 조정이 교역을 통제하고 있었기 때문으로, 「買新羅物解」 역시 그러한 통제 속에서 구매

---

46) 각주 45번 참고.

47) 34개의 「買新羅物解」 중 작성일자가 확인되는 것은 17건이다.

48) 『續日本紀』卷29 神護景雲 2년(768) 10월 甲子, "… 賜左右大臣大宰綿各二万屯. 大納言譖, 弓削御淨朝臣清人各一万屯, 從二位文室眞人淨三六千屯, 中務卿從三位文室眞人大市, 式部卿從三位石上朝臣宅嗣四千屯, 正四位下伊福部女王一千屯, 爲買新羅交關物也."

예정 물품과 대금, 날짜, 人名 등이 드러나도록 작성되었다. 마지막으로 IV장에서는 「買新羅物解」에서 보이는 구매신청자를 더 상세히 확인하고, 그를 통해 더 다양한 거래 방식을 추측해보겠다. 아울러 신라 사신단이 가지고 간 물품의 특징을 소략하게나마 살펴보겠다.

IV. 「買新羅物解」의 구매신청자와 물품

「買新羅物解」는 일본 조정의 통제 아래에서 작성된 물품 구매신청서로, 당시의 교역 절차와 문서 서식을 잘 보여준다. 그러나 각 문서의 구매신청자와 물품 내용을 검토하면, III장에서 살펴본 교역 과정 외의 상황이 드러난다. 이에 본 장에서는 「買新羅物解」의 구매신청자에 대해 상세히 살펴봄으로써 더 다양한 구매과정을 확인하고, 물품의 기록 방식과 실물 비교를 통해 신라 물품의 특징을 추정해보겠다.

「買新羅物解」의 人名은 구매신청자와 대리자로 구분할 수 있다. 그중에서도 중요한 것은 역시 구매신청자이다. 그런데 직접적으로 확인되는 구매신청자는 5번 문서의 小槻山君廣虫, 10번 문서의 阿倍朝臣□麻呂, 14번 문서의 池邊王, 16번 문서의 大右□, 21번 문서의 中臣伊勢連大津으로, 人名이 확인되는 14건의 「買新羅物解」 중 5건에 불과하다.

池邊王에 대해서는 앞서 살펴보았으므로 제외하고 다른 구매신청자를 살펴보겠다. 먼저 小槻山君廣虫은 天平 8년(736) 8월 6일자 侍司牒에 '從八位上栗太郡女小欟山君広虫'라고 보이기 때문에 近江国 栗太郡에서 貢上된 采女(女官)로 추정된다.[49] 그녀는 天平 9년(737)에 正8位下에서 外從5位下가 되었으며, 天平 17년(745)에는 外正5位下, 天平勝寶 원년(749)에는 正6位下가 되었다.[50] 그녀가 누구의 采女였는지는 알 수 없으나, 교역에 여성도 포함되었음을 보여주는 사례라 할 수 있다.

阿倍朝臣□麻呂는 이름에 결락자가 있으나, 시대와 위계로 보아 이즈모노카미(出雲守)로 기록된 阿倍朝臣綱麻呂일 것으로 추정된다.[51] 그는 天平 21년(749)에 正6位上에서 從5位下가 되었으며, 天平勝寶 6년(754)에 이즈모노카미(出雲守)로 임명되었다.[52] 大右□ 역시 이름이 결락되어 명확히 알 수 없으나, 天平勝寶 2년(750)에 正6位上에서 外從5位下가 된 大石村主眞人이 아닐까 생각된다.[53]

마지막으로 [臣]伊勢連大津은 中臣伊勢連大津으로, 그의 본래 姓은 伊勢直이었으나, 天平 19년(747)에 中臣伊勢連의 姓을 받아 中臣伊勢連大津이 되었다. 天平勝寶 원년(749)에는 正6位上에서 外從5位下가 되었고 이후 天平神護 2년(766년)에는 中臣伊勢連에서 伊勢朝臣의 姓을 받았다.[54] 이름만 확인되는 잔편이라 中臣

---

49) 『大日本古文書 2』, p.8.

50) 『續日本紀』 卷12; 卷16; 卷17.

51) 東野治之, 2002, 앞의 논문, pp.124-125.

52) 『續日本紀』 卷17; 卷19.

53) 東野治之, 1974, 앞의 논문, p.14, 각주 9번.

54) 『續日本紀』 卷17; 卷27.

伊勢連大津의 관위와 구매신청 물품 등은 알 수 없지만, 『續日本紀』에 따르면 당시 中臣伊勢連大津은 外從5位下로 「買新羅物解」를 제출했던 것이다.

대리자 이름만 기재되어 있는 문서는 9건이다.[55] 「買新羅物解」는 그 효용이 끝나면서 鳥毛立女屛風의 배접지로 활용되고 다시 屛風을 수리하면서 배접지(「買新羅物解」)가 제거되는 등의 과정을 거치며 파손되었을 가능성이 농후하다. 특히 구매신청자가 드러나는 부분은 제목으로, 문서의 첫머리에 나타났을 것이다. 따라서 구매신청자가 쓰인 제목 부분은 다른 문서와 연결되면서 가려지거나 훼손되었을 것이다. 「買新羅物解」의 파손을 잘 보여주는 것이 앞서 살펴본 『續續修』나 『鳥毛立女屛風接扇其他殘片』의 잔편이다. 이처럼 문서가 훼손되었을 가능성을 염두에 둔다면, 대리자만 확인되는 문서는 어쩌면 본래 14번 문서와 같이 제목이 존재하여 그 구매신청자를 밝히고 있었을 가능성이 있다. 비록 현재 그 구매신청자가 누구인지 명확하게 알 수 없지만, 知家事·資人·家令 등의 대리자 관직이나 인명을 통해 구매신청자를 유추할 수 있다.

일본은 4品 이상의 親王·內親王 및 3位 이상의 王臣에게 家令-扶-從-書吏로 구성된 家政 기관을 둘 수 있게 하였다.[56] 家令-扶-從-書吏를 모두 아울러 家令이라고 하기도 하며, 혹은 家司라고도 한다. 家令에 관한 규정은 正倉院文書나 『續日本紀』로 보아 大寶令(701)에도 존재했을 것으로 생각된다. 또한 家令은 그 설치 목적과 기능으로 볼 때 本主와 매우 밀접한 관계를 맺고 있다.[57]

「買新羅物解」에도 家令이 확인된다. 15번 문서(〈사진 5〉)의 경우, 일찍이 대리자 이름을 통해 그 구매신청자를 확인한 바 있다.[58] 해당 문서는 날짜 뒤에 3명의 人名이 기록되어 있는데, 그중 正六位上行家令 大田臣廣人은 勝寶 6년(754) 3월과 勝寶 8년(756) 5월의 藤原 北家 牒에서 正六位上行家令이라고 보이며,[59] 거슬러 올라가면 天平 12년(740) 7월 啓에서[60] 北家의 資人으로 생각되는 石村布勢麻呂와[61] 연달아 서명하고 있다. 그러므로 大田臣廣人은 勝寶 4년(752) 6월 당시 이미 藤原 北家의 家令이었다고 생각된다. 비록 그의 本主가 누구였느냐에 대해서는 논의가 계속 이루어지고 있으나,[62] 해당 문서가 藤原 北家에서 제출한 문서

---

55) 14번 문서는 구매신청자와 대리자가 모두 확인되고 있어 구매신청자를 확인할 수 있는 사례로 분류하였다.

56) 養老令 第5 家令職員令. 해당 내용을 표로 정리하면 아래와 같다.

		親王·內親王				王臣			
		1품	2품	3품	4품	1위	2위	정3위	종3위
文學		從7位上	從7位下	正8位下	正8位下				
家令		從5位下	正6位上	從6位上	正7位上	從5位下	從6位上	從7位上	從7位下
扶		從6位上	正7位上	從7位上	從7位下	從6位上			
從	大從	從7位上	從7位下	正8位下	從8位上	從7位上	正7位上		
從	少從	從7位下	從7位下	正8位下	從8位上	從7位下	正7位上		
書吏	大書吏	從8位下	大初位上	少初位上	少初位上	從8位下	少初位上	少初位下 (2명)	少初位下
書吏	少書吏	大初位上	大初位下	少初位上	少初位上	大初位上	少初位上	少初位下 (2명)	少初位下

57) 渡辺直彦, 1965, 「家令について」, 『日本歷史』 201, 吉川弘文館.

58) 東野治之, 1974, 앞의 논문, p.10.

59) 『大日本古文書 3』, p.648; 『大日本古文書 4』, p.104; 『大日本古文書 25』, p.183.

60) 『大日本古文書 7』, p.491.

61) 『大日本古文書 2』, p.170.

임은 분명하다.

藤原 北家는 일본 奈良시대에 실권을 잡고 있던 藤原의 4家 중 하나이다.[63] 藤原 가문이 번성하기 시작한 것은 藤原不比等 때부터이다. 그는 딸들을 통한 혼인관계로 권력을 장악하고 천황의 권위를 이용해 현실의 정치권력을 주도하였다. 이어 그의 네 아들(藤原武智麻呂, 藤原房前, 藤原宇合, 藤原麻呂)도 동생인 光明子를 황후로 만들면서 자신들의 세력을 강화하였다. 이후 藤原 4家의 형제들이 737년에 天然痘로 모두 사망하면서 그 세력이 잠시 주춤하긴 했으나, 光明皇太后가 藤原仲麻呂(藤原 南家)를 총애하면서 계속 권력을 유지하였다. 이처럼 당시 일본의 왕권은 藤原 가문과 매우 밀착되어 있었으며, 藤原 가문은 단순히 귀족을 넘어 당시 실권자였다고 할 수 있다.[64] 비록 藤原 北家는 이후 平安시대에 더 융성하나, 이미 奈良시대부터 중앙의 '핵심' 귀족 가문으로 자리하고 있었다. 즉 15번 문서는 이러한 위상을 가진 藤原 北家 역시 신라 물품을 구매하기 위해 「買新羅物解」를 작성하였음을 보여준다.

다만 15번 문서에서 구매를 신청하고 있는 물품은 黃金 1건이 전부이다. 어느 정도의 黃金을 구매했는지는 명확하게 알 수 없지만, 藤原 北家의 위상을 생각한다면 하나의 물품만 구매한다는 것은 다소 의문이다. 그 이유는 명확하게 알 수 없으나, 두 가지의 가능성을 고려해 볼 수 있다. 첫 번째로는 藤原 北家의 위상으로 보아 이미 충분한 물품을 가지고 있었을 가능성이다. 이를 달리 말하면 당장 필요한 물품이 없었기 때문에 재화적 가치가 있는 金을 구매하였던 것이다.

두 번째로는 다른 경로를 통해 물품을 구했을 가능성이다. 이와 관련해 長屋王(676?·684?~729) 저택에서 발견된 목간 중 '渤海使'와 '交易'이라고 쓰인 첩서 목간(〈사진 8〉)이 주목된다. 목간이 발견된 유구의 연대는 710~790년이라고 하나,[65] 長屋王의 생몰연대로 보아 729년에 그 기능이 정지된 것으로 추정된다. 그러므로 해당 목간은 727년에 訪日한 발해 사신이 長屋

사진 8. 長屋王 저택에서 발견된 목간
(木簡庫 奈良文化財研究所)

---

62) 勝寶 4년 당시 北家는 從3位 藤原永手의 시기로, 관위상 少書吏를 둘 수 없었다. 이에 東野治之는 藤原不比等이 일본 조정의 공신이었으므로, 그의 아들(藤原房前)이나 손자(藤原永手)가 그의 위계를 이어 正2位에 준하는 家司를 둘 수 있을 것으로 보았다(東野治之, 1974, 앞의 논문, p.10). 반면 本主 사후에 家政 기관을 확충·격상하는 것은 이상하므로, 오히려 藤原房前의 딸(이름은 알려지지 않았지만 聖武의 夫人)이 당시 2位로서 家政 기관을 설치한 것으로 본 견해도 있다(森田悌, 1990, 「北家牒にみえる家令」, 『日本歷史』 505, 吉川弘文館).

63) 藤原 가문은 藤原不比等의 네 아들들에 의해 4개의 가문으로 나뉘는데, 長子인 藤原武智麻呂의 저택은 平城京 남쪽에 있어 藤原 南家라고 하였으며, 次男인 藤原房前의 저택은 平城京의 북쪽에 있어 藤原 北家라고 하였다. 藤原宇合의 저택은 그가 式部卿을 역임하였기에 藤原 式家라고 하였으며, 藤原麻呂의 저택도 그의 벼슬(左京大夫)에 따라 藤原 京家라고 하였다.

64) 오야마 세이이치 저 / 연민수·서각수 역, 2009, 『일본서기와 '천황제'의 창출 – 후지와라노 후히토의 구상』, 동북아역사재단.

65) 木簡庫 奈良文化財研究所(https://mokkanko.nabunken.go.jp/ja/6AFISQ08000101).

王 저택을 방문하여 교역할 때 작성된 것으로 생각된다. 또한 執政大臣의 저택에서도 사신을 초대해 교역하였던 것으로 보인다. 이는 특권적인 지위를 이용해 교역품을 독점하고 있었음을 보여준다.[66] 또한 후대의 사례이긴 하나 王臣 가문의 使者가 규정을 어기고 발해 혹은 唐 상인과 교역하는 것을 비난하는 사례도 확인된다.[67] 이처럼 나라시대와 헤이안시대에 걸쳐 사적인 교역이 이루어졌음을 생각한다면, 당시 「買新羅物解」를 작성하는 공식적인 교역 외의 다른 비공식적인 교역도 이루어지고 있었음을 유추할 수 있다. 그렇다면 藤原 北家에서도 이미 다른 루트를 통해 물품을 구매하여 「買新羅物解」에는 하나의 물품만 기재하였을 가능성이 있다.

한편 「買新羅物解」 중 1번 문서와 9번 문서에는 앞서 살펴본 家令 외에 資人이 확인된다. 『續日本紀』 및 養老令에 규정된 資人은 위계에 따라 주어진 位分資人과 관직에 따라 주어진 職分資人으로 구분된다.[68] 1·9번 문서에는 資人의 성격이 명확하게 드러나진 않지만, 位分資人이 5위 이상에게 주어졌으므로 이를 기준으로 한다면 해당 문서의 구매신청자는 5위 이상의 귀족이었다고 생각된다.

그중 1번 문서의 資人은 知家事를 겸하고 있는데, 知家事는 율령에 규정된 家令 이외에 3位 이상의 집안에서 두고 있던 私設의 관리이다.[69] 이 역시도 主家와 관계가 있는 자를 등용하였으며, 別當·令 등을 보좌하였다.[70] 한편 4~5位의 집안에는 '知宅事'가 사적으로 두어졌다고 하는데 家와 宅은 반드시 엄밀히 구별되었다고는 하기 어려우며 從4位上의 五百井女王 집안의 문서에서도 知家事가 확인되고 있다.[71] 따라서 이를 3위 이상 귀족의 문서라고 단정하기 힘드므로 5위 이상 귀족의 것으로 보겠다. 事業 역시 4~5位 가문이나 散位 3位 이상 가문에 두어진 것으로, 6번 문서와 13번 문서에서 확인된다. 따라서 두 문서도 5위 이상의 가문에서 제출한 「買新羅物解」로 파악된다.

제목에 기록된 구매신청자와 知家事·資人·家令 등의 대리자를 통해 파악한 구매신청자가 모두 5位 이상의 귀족이었음을 다시금 확인할 수 있었다. 그렇다면 당시 신라와의 교역에는 皇族, 有力家, 女官 등 다양한

---

66) 李成市 저 / 이병호·김은진 역, 2022, 앞의 책, pp.387-388.

67) 『類聚三代格』 卷19 禁制事45 太政官符 応禁過諸使越関私買唐物事, "右左大臣宣, 頃年如聞, 唐人商船来着之時, 諸院諸宮諸王臣家等, 官使未到之前遺使争買. 又郭内富豪之輩心愛遺物, 踊直貿易. 因茲貨物価直定准不平, 是則関司不憚勘過, 府吏簡略検察之所致也. 律曰, 官司未交易之前私共蕃人交易者准盗論, 罪止徒三年. 令云, 官司未交易之前不得私共諸蕃交易, 為人糺獲者, 二分其物, 一分賞糺人, 一分没官. 若官司於所部捉獲者, 皆没官者. 府司須因准法条慎其検校, 而寛縦不行, 令人狎侮. 宜更下知公家未交易之間厳加禁過勿復乖違, 若猶犯制者, 没物科罪. 曾不寛宥."

68) 資人은 황족·귀족의 위계와 관직에 따라 주어진 從者로, 本主의 경호·威儀·잡무에 종사하였다. 이를 받은 本主는 위계로는 親王 4품 이상과 王臣 5위 이상, 관직으로는 大納言(正3位에 해당) 이상이었다. 위계의 特典으로 親王·內親王에게 주어진 資人을 位分帳內, 귀족에게 주어진 資人을 位分資人, 관직의 특전으로 주어진 資人을 職分資人이라고 한다.

69) 나라시대 중기부터 헤이안시대에 걸친 권세가의 家司에서 그 직명이 보이며, 知家事가 사료에서 처음 보이는 사례가 바로 「買新羅物解」 1번 문서라고 한다(渡辺直彦, 1965, 앞의 논문, p.28).

70) 養老 3년에 5位 이상의 가문에 事業을, 平安시대 초기에는 無品의 親王 가문에 別當을 임명하여 家令에 준하게 하였다. 아마 이 전후부터 일반적으로 권세가에게는 家令 외, 別当·知家事·案主 등 私設의 家吏가 두어졌다. 散三位 이상 및 5位上의 관인에게 율령제 외의 家司(知家事, 別当, 御監, 令代, 案主 등)를 두는 것이 허용되었다(岩橋小弥太, 1962, 「宅司考」, 『上代官職制度の研究』, 吉川弘文館).

71) 渡辺直彦, 1965, 앞의 논문, p.30.

귀족층이 참여하였다고 볼 수 있다. 일본 나라시대 5位 이상의 귀족 인원수를 살펴보면, 天平勝寶 2년(750)에는 5位 이상의 귀족이 200명, 天平勝寶 7년(755)에는 165명이었을 것으로 추정하고 있다.[72] 그러므로 天平勝寶 4년(752) 당시 新羅物을 살 수 있었던 귀족은 대략 165~200명 사이였다. 해당 인원수는 남성 관인을 대상으로 한 것이며 女官과 外位의 관인은 포함하지 않아[73] 그 수가 조금 더 늘어날 여지는 있으나 크게 다르지 않을 것이다. 따라서 구매신청자는 다양했으나, 그 수는 그다지 많지 않았으므로 신라 물품의 구매는 '특권'이었다.

다음으로 17번 문서를 살펴보자. 해당 문서는 작성일자 뒤에 '正六位上行[紫]微大疏 山口伊美吉佐美麻呂'라는 대리자의 관위와 관직, 이름이 보인다.

○ 17번 문서

沈香[五][斤]　　　　　　┌　　　┐

丁香五斤　　　　零陵香五斤　　　　欝金香

甘松香　　　　　薫衣香五斤　　　　蜜汁一斗

口脂壷廿合　　　牙量十枚　　　　　鏡五面^{五六寸}

鋺五牒　　　　　盤二牒　　　　　　多羅四口

蘇芳

價庸綿參伯斤

天平勝寶四年七月八日正六位上行[紫]微大疏山口伊美吉佐美麻呂

관직으로 보이는 紫微大疏는 당시 光明皇太后가 권력을 장악하기 위해 설치한 紫微中台의 직원인 大疏이다. 紫微中台는 본래 皇后宮과 관련된 사무를 보던 皇后宮職을 749년에 고친 것으로, 그 장관(紫微令)은 光明皇太后의 조카인 藤原仲麻呂가 맡고 있어 실질적으로 藤原仲麻呂의 지휘하의 정치·군사기관이었다. 紫微中台의 大疏는 4명으로, 從六位上에 相當하였다.[74] 즉 紫微大疏는 어느 귀족의 家吏가 아니라 官司의 관리이다.

山口伊美吉佐美麻呂는 天平 17년(745)에 東大寺 請經使로 나타나며,[75] 天平 19년(747)에는 造東大寺司 主典으로 확인된다.[76] 따라서 그는 造東大寺司 主典으로서 造東大寺司 경전 請來를 담당하였던 것이다. 다만 天平 20년(748)에는 紫微中台의 大疏로 보이므로[77] 造東大寺司 主典와 紫微中台 大疏를 동시에 지냈던 것으

---

72) 持田泰彦, 1978, 「奈良朝貴族の人数変化について」, 『学習院史学』 15, 学習院大学史学会, p.28.

73) 위의 논문, p.21.

74) 『續日本紀』 卷17 天平 21년(749) 年9月 戊戌, "制紫微中臺官位. 令一人, 正三位官. 大弼二人, 正四位下官. 少弼三人, 從四位下官. 大忠四人, 正五位下官. 少忠四人, 從五位下官. 大疏四人, 從六位上官. 少疏四人, 正七位上官."

75) 『大日本古文書 9』, p.366.

76) 『大日本古文書 10』, p.285.

로 보인다. 또한 山口伊美吉佐美麻呂의 관직에는 家令과 관련된 표현이 보이지 않으므로, 17번 문서는 造東大寺司나 紫微中台의 물품을 구매하고자 작성된 것으로 생각된다.

17번 문서는 미나가와에 의해 소개된 문서로, 도노가 처음 「買新羅物解」를 소개하던 당시 확인하지 못한 자료였다. 이에 도노는 大舍人·散位寮 등의 지위를 가진 사람들(대리자)이 官司의 물품을 구매한 것이 아니라 아마 어떤 가문의 물품 신청을 대신하였을 것으로 이해하였다. 즉 「買新羅物解」를 모두 5위 이상의 '귀족(개인)'이 제출한 것으로 보았다. 그 근거로 官司의 구매는 개인의 구매에 앞서 진행되었으며(A-1), 개인이 구매하였음이 분명한 「買新羅物解」와 비교해도 구매 신청품에 차이가 보이지 않는 점을 들었다.[78]

하지만 「買新羅物解」의 구매신청자는 5위 이상의 귀족이었으므로, 앞서 살펴본 家令·資人·事業 등의 家吏가 있었을 가능성이 크다. 특히 앞서 살펴본 「買新羅物解」에서 여러 家吏의 대리자가 확인되기 때문에, 그들을 통해 문서를 작성하였다는 것도 분명하다. 따라서 5位 이상의 귀족이 자신의 家吏가 아닌 官司의 관리를 통해 물품 구매를 신청했을 리 없다. 또한 山口伊美吉佐美麻呂가 家令을 겸하였다는 사료도 확인되지 않으므로, 17번 문서는 官司의 구매신청서로 보는 것이 타당하다.

이케다 온(池田溫)은 山口伊美吉佐美麻呂가 天平 후기부터 오랜 기간 造東大寺司 主典으로 임하여 造東大寺司 경전 請來하는 등의 업무에서 많이 확인된다는 점에 근거하여, 17번 문서가 東大寺를 위해 신라 물품 구입을 신청한 것으로 이해한 바 있다.[79] 대리자가 어떠한 사료에서 많이 확인되는가에 따라 실질적인 구매신청자를 추측한 것이다.

하지만 해당 문서에 기재된 물품을 보면 東大寺를 위한 것이라고 단정할 수 없다. 沈香, 丁香 등의 향은 불교와의 관련성을 이야기할 수 있지만, 사찰(불교)의 전유물은 아니었다. 당시 香은 귀족들의 옷에 향기를 입히거나 실내 공간을 향기롭게 하는 데도 사용되었으므로[80] 귀족이나 관사를 위한 물품으로도 생각할 수 있다. 실제로 개인 귀족이 샀음이 분명한 「買新羅物解」를 보아도 향은 사찰뿐만 아니라 귀족 가문에서도 사용되었다. 특히 구매 예정 물품 중 口脂壺는 화장할 때 입술이나 뺨에 찍는 붉은 색깔의 口脂(臙脂)를 담은 작은 壺로, 이것이 사찰에서 사용되었을 가능성은 적다. 이러한 점에 근거한다면 17번 문서는 東大寺를 위한 구매신청서가 아니라고 생각된다. 무엇보다도 문서의 대리자 관직이 造東大寺司 主典이 아니라 紫微大疏로 표시되어 있으므로, 이는 紫微中台와 관련된 「買新羅物解」로 보는 것이 더 타당할 것이다.

다만 당시 조정에서는 귀족들보다 먼저 물품을 샀다고 하는데(A-1), 17번 문서의 작성일자는 7월 8일로 날짜가 확인되는 문서 중 가장 늦다. 그렇다면 해당 문서는 Ⅲ장에서 언급한 교역 과정 중 ③의 시기를 놓치거나 부족한 부분이 있어 이후 귀족들의 교역 단계(④ 이후)에서 추가적인 물품 구매를 한 것으로 볼 수 있지 않을까 한다. 즉 官司의 구매를 추가로 더 받았을 가능성이 있다.

---

77) 『大日本古文書 11』, p.451.

78) 東野治之, 1974, 앞의 논문, p.10.

79) 池田溫, 2002, 앞의 논문, pp.92-93.

80) 『萬葉集』 卷5 814번.

이처럼 17번 문서를 官司의 「買新羅物解」라고 한다면, 左·右大舍人의 관직이 보이는 2·8번 문서 역시 官司에서 제출한 것으로 볼 수 있다. 左·右大舍人는 中務省에 속한 左·右大舍人寮에 속한 하급 관인으로, 宮에서 숙직·경호·잡일 등에 종사하였다. 左·右大舍人寮는 각각 頭-助-大·少允-大·少屬이 각 1명씩 있었으며, 그 아래 大舍人 800명, 使部 20명, 直丁 2명이 있어 꽤나 큰 官司였다. 2·8번 문서에 쓰인 물품도 다양하고 많으므로, 左·右大舍人寮의 물품을 구매하고자 한 것으로 보아도 무리는 없을 것이다.[81] 특히 두 문서의 대리자가 같은 관직을 가지고 있는 점으로 보아, 大舍人寮에서는 大舍人이 그 역할을 담당했다고 할 수 있다. 이처럼 「買新羅物解」의 구매신청자에는 기존에 지적된 바와 달리 5위 이상의 귀족뿐만 아니라 官司도 있었다.

지금까지 살펴본 「買新羅物解」의 구매신청자는 직접적으로 제목에 그 이름이 확인되는 경우와 대리자를 통해 추측할 수 있는 경우로 구분된다. 제목에서 구매신청자를 밝힌 「買新羅物解」는 모두 5위 이상의 귀족 개인으로 생각되며, 대리자를 통해 확인되는 구매신청자의 경우는 다시 귀족 개인과 官司로 나눌 수 있다. 따라서 752년 신라와의 교역에는 皇族, 有力家, 采女 등 다양한 귀족층과 官司가 참여하였다고 할 수 있다. 이를 표로 정리하면 아래와 같다.

표 4. 「買新羅物解」의 구매신청자

	문서번호	관직	관위	인명	구매신청자	
제목에 인명이 기록된 경우 (구매신청자)	5번 문서		從四位下	小槻山君廣虫	좌동 (귀족)	
	10번 문서		[從]五位下	阿倍朝臣□麻呂		
	14번 문서		[從]五位下	池邊王		
	16번 문서	鼓吹司正	外從五位下	大右□		
	21번 문서			[臣]伊勢連大津		
날짜 뒤에 인명이 기록된 경우 (대리자)	1번 문서	知家事資人	大初位上	栗前首□□□	5위 이상	귀족
	6번 문서	事業	從七位上	置始連五百足	5위 이상	
	9번 문서	資人		秦刀良	5위 이상	
	13번 문서	事業	從八位上	日置酒持	5위 이상	

---

81) 舍人이 사경소나 造寺司 등의 업무를 겸직한 경우가 많으므로, 中臣伊勢連老人(2번 문서)과 犬[養]小足(8번 문서) 역시 造東大寺司의 업무를 겸하며 造東大寺司가 필요로 하는 물품을 조달하였을 것이라는 견해도 있다. 특히 해당 연구에서는 「買新羅物解」의 구매신청자와 대리인을 모두 東大寺와 大佛 발원의 주역인 光明子·孝謙天皇과 관계된 인물로 파악하여, 일본 왕실이 신라 물품을 재분배한 것으로 이해하고 있다(강은영, 2010, 앞의 논문, pp.77-84). 하지만 2·8번 문서의 대리자는 造東大寺司의 관직이 아닌 左·右大舍人을 칭하고 있다. 그러므로 造東大寺司가 아닌 左·右大舍人寮의 買物解로 생각된다. 紫微中台 역시 불교(東大寺)와 관련된 것이 아니라 光明皇太后와 관련된 관사이다. 이러한 점으로 볼 때 구매신청자를 東大寺와 연결하기 어렵다고 생각한다. 또한 일본 왕실이 신라 물품을 받아 관련자에게 재분배했다면 문서 작성 시기가 신라 사신단이 방문한 시기에 한정될 필요가 없다. 신라 사신단의 訪日 기간과 「買新羅物解」의 작성일자가 일치한다는 점은 오히려 일본 귀족이 일본 조정의 허가 하에 신라 사신단과 직접 교역하였음을 의미한다고 생각된다.

	문서번호	관직	관위	인명	구매신청자	
날짜 뒤에 인명이 기록된 경우 (대리자)	14번 문서		大初位下	尾張三田次	池邊王	귀족
	15번 문서	少書吏	從□位上	丹比連□	藤原 北家	
		家令	正六位上	大田臣廣人		
		□從	正六位下	秦伊美[吉]□		
	2번 문서	右大舍人	大初位上	中臣伊勢連老人	右大舍人寮	官司
	8번 문서	左大舍人		犬[養]小足	左大舍人寮	
	17번 문서	[紫]微大疏	正六位上	山口伊美吉佐美麻呂	紫微中台	
	12번 문서			飯高嶋□	미상	

※ 14번 문서의 경우, 구매신청자와 대리자가 모두 확인되므로 중복하여 표기하였다.

　　마지막으로 일본 귀족들이 구매한 물품, 즉 신라 사신단이 가지고 간 물품에 대해서 살펴보도록 하자. 지금까지 확인된 「買新羅物解」의 물품 종류는 100건이 넘으며,[82] 향약, 약재, 염료, 鋺·盤 등의 그릇류, 장신구 등 다양한 물품을 확인할 수 있다. 여기에서는 각각의 물품을 세세하게 살펴보기 힘들므로 몇 가지의 물품에 대한 표기를 통해 신라 사신단이 준비한 교역품의 특징을 간략하게 추측해보겠다.

　　먼저 「買新羅物解」에서 鋺은 金鋺·飯鋺·小鋺·五重鋺 등 다양한 형태로 확인된다. 이 가운데 재질이 명시된 예는 金鋺, 白銅五重鋺, 迊羅五重鋺 등이 있다. 金鋺은 단순히 금속제 鋺을 의미할 수도 있으나, 「買新羅物解」에 迊羅·鍮石·白銅 등의 기물이 보이고 있으므로, 각 명칭은 실제 재질을 표현한 것으로 보인다. 또한 다른 사료에서도 銀鋺·銅鋺 등 재질명과 결합하여 표기되는 예가 확인되므로, 金鋺 역시 금(金) 재질의 鋺을 지칭한 것으로 이해된다.

　　白銅五重鋺과 迊羅五重鋺은 모두 11번 문서에서 확인되며, 두 재질 모두 구리와 주석의 합금이지만 주석의 비율 차이에 따라 색상이 달라진다. 즉 白銅은 은백색을 띠는 반면, 迊羅는 황색을 띠는 것이 특징이다. 따라서 신라 사신단은 용도나 격식에 따라 다양한 재질의 鋺을 준비하였던 것으로 추정된다.

　　또한 두 종류의 鋺에는 '口徑五寸以下'라는 주석이 붙어있어 그 크기를 가늠할 수 있다. 신라가 8세기 초 唐尺(약 29.8㎝)을 사용하였던 점을 고려하면, 해당 鋺의 구경은 약 15㎝ 내외로 추정된다. '以下'라는 표현으로 보아, 가장 큰 鋺의 口徑이 5寸이며, 그 안에 점차 작은 鋺들이 포개져 있었던 것으로 보인다. 실제로 正倉院 소장 佐波理加盤 제34호(五重鋺)는 가장 큰 鋺이 16.1㎝이고, 그 안에 15.4㎝, 14.4㎝, 13.5㎝, 12.8㎝의 鋺이 차례로 들어 있다.[83] 즉, 약 1㎝ 내외의 간격으로 크기가 줄어드는 구조를 보인다. 따라서 '口徑五寸

---

82) 연구자가 물품을 어떻게 바라보느냐에 따라 구체적인 종류에 차이를 보이고 있으며, 물품을 범주화하는 것도 다르다. 본고는 물품에 대해 구체적으로 살펴보고자 하는 것이 아니므로, 그 수에 대해서는 추후 연구를 통해 보완하도록 하겠다.

83) 한편, 正倉院의 佐波理加盤 제6호(八重鋺)는 지름 17.7㎝로, 내부에 포함된 鋺의 크기는 명확히 알려지지 않았으나, 제34호의 비례를 적용할 경우 가장 작은 鋺은 약 10㎝ 내외라고 생각된다.

以下'의 五重鏡은 대략 15~10㎝ 범위의 크기를 가진 세트를 가리킨다고 볼 수 있다. 이로부터 당시 신라 사신단이 다양한 크기와 재질의 鏡을 체계적으로 준비하여 외교 사행에 사용하였음을 확인할 수 있다.

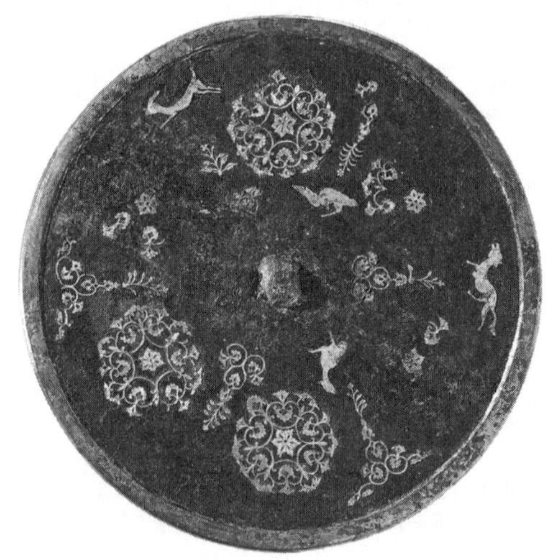

사진 9. 靑銅金銀平脫寶相華文圓形鏡(18.2㎝)
(국립중앙박물관, 통일신라)

사진 10. 漆背金銀平脫八角鏡(28.5㎝)
(正倉院 소장)

한편 거울(鏡)과 관련된 표현 중에서는 크기를 언급한 사례가 특히 많다. 모양에 대한 표현(八卦背鏡, 花鏡, 方鏡)은 세 종류에 불과한 반면, 크기와 관련된 것은 여섯 종류가 확인된다. 그중 가장 많이 언급되는 것은 五六寸鏡으로 4개의 문서에서 확인된다(4·7·11·17번 문서). 11번 문서에는 '鏡參面' 뒤에 '徑六寸已下五寸已上'라고 주석을 달아 五六寸鏡이 5×6이 아니라 5~6寸의 크기임을 알 수 있다.[84] 五六寸鏡의 크기는 약 15~17㎝ 정도이다. 그리고 「買新羅物解」에서 보이는 거울 중 가장 큰 예로는 8寸(약 23.8㎝)의 거울이 확인된다(18번 문서).

현재 正倉院에 남아있는 거울들은 대체로 이보다 크다.[85] 물론 신라의 거울 중에서도 正倉院 소장품과 기법적으로 유사한 예가 있어 단순히 크기만으로 그것을 설명하기는 어렵다. 그러나 한반도 출토 거울 가운데 지름이 20㎝를 넘는 사례가 드물다는 점은 주목할 만하다. 즉 신라뿐 아니라 신라와 시기적으로 연결된 고려까지도 일반적으로 사용된 거울의 크기가 대체로 20㎝ 이하로 확인된다. 그렇다면 신라 사신단이 가지고 간 거울은 귀족층이 일상적으로 사용하던 물품의 범주에 속했다고 볼 수 있다.

또한 口脂에 대해서는 두 가지의 표현이 확인되고 있다. 11번 문서에는 口脂 1箇라고 하며 주석으로 長 1尺이 기록되어 있다. 반면 17번 문서에서는 口脂壺 20合이 보인다. 口脂란 앞서 언급하였듯 화장할 때 입

---

84) 실제로 사료에서도 '五六'을 5×6으로 사용한 경우는 보이지 않는다.

85) 正倉院 소장 거울 중 黃金瑠璃鈿背十二稜鏡(지름 17.3~18.5㎝)과 鳥獸花背円鏡(지름 23.9㎝)이 가장 작다.

술이나 뺨에 찍는 붉은 빛깔의 염료로, 臙脂와 같다. 당시 唐에서는 볼과 얼굴을 붉게 칠하는 화장이 유행하고 있었으므로,[86] 신라와 일본에서도 그러하였을 것이다. 「買新羅物解」가 발견된 鳥毛立女屛風에서도 입술을 붉게 칠한 모습이 확인되므로 口脂를 활용하는 화장법을 알고 있었다고 할 수 있다. 또한 일본에서는 口脂(臙脂)의 사용이 平安시대에 보편화되었다고 하므로[87] 그 이전까지는 귀한 물품이었을 것이다.

다만 일반적으로 口脂는 盒에 담아 사용하므로 壺의 형태에 대해서는 이해할 수 있다. 하지만 長 1尺은 선뜻 이해하기 어렵다. 이에 『外台祕要方』를 살펴보면, 口脂를 만들 때 1尺 2寸의 대나무 통을 사용하였다고 한다.

> … 대나무 통을 준비하여 겉면을 종이로 덮고 끈으로 단단히 감은 다음, 녹인 밀랍 혼합물
> 을 부어 식히면 口脂 틀이 완성된다. (그 틀은) 마른 대나무 통을 지름 1.5촌, 길이 1척 2촌으
> 로 준비하여 양 끝을 자르되 마디가 들어가지 않도록 한다. …[88]

이에 따르면 口脂를 만들 때 1尺 2寸 길이의 대나무 통을 활용한다는 것을 알 수 있다. 추후 대나무 통을 잘라 굳은 口脂를 꺼내 사용하였는데, 「買新羅物解」에는 그 대나무 통과 비슷한 길이의 口脂가 언급되는 것이다. 그렇다면 신라 사신단은 같은 물품이더라도 다양한 형태로 물품을 준비했던 것으로도 볼 수 있다.

다양한 물품을 확인하지 못했지만 본 글에서 확인한 鋺과 鏡, 口脂를 통해 본다면 752년에 일본을 방문한 신라 사신단은 신라 귀족들이 일상에서 사용하던 물품을 중심으로 다양한 재질과 형태의 것을 구비하였다고 생각된다. 다만 귀족들이 일상적으로 사용하였다고 하여 그것이 신라 사회에서 흔한 물품이었다는 것은 아니다. 신라에서는 나지 않는 향료나 고도의 기술이 필요한 금속기 등은 平民들까지 사용할 수 없었을 것이기 때문이다. 따라서 신라 사신단은 다양한 재질과 형태의 고급 물품을 가지고 갔으며, 일본의 귀족들에게도 그것이 바라는 물품(念物)으로서 교역되었을 것이다.

V. 맺음말

「買新羅物解」는 그동안 신라의 외교·기술·무역 등을 살펴보는 과정에서 자주 언급되었다. 그러나 대체로 증거자료로써 활용하였을 뿐, 「買新羅物解」 자체에 대한 검토는 미진한 실정이었다. 이에 본 연구에서는 「買新羅物解」에 대한 이해를 심화해보고자 문서의 현황과 성격을 체계적으로 정리하고, 이를 바탕으로 해

---

86) 화메이 저/김성심 역, 2008, 『중국문화 5 복식』, 대가, pp.44-50.

87) 이민주, 2019, 『조선왕실의 미용과 치장』, 세창출판사, p.133.

88) 『外臺祕要』 卷40 古今錄驗合口脂法, "… 取竹筒, 合面紙裹, 繩纏, 以鎔脂注滿, 停冷, 即成口脂模. 法取乾竹, 徑頭一寸半, 一尺二寸, 鋸截下, 兩頭並不得節.…"

당 문서의 서식과 구매과정, 그리고 구매신청자에 대해 종합적으로 검토하였다.

우선, 기존 연구에서 일관되지 않았던 「買新羅物解」의 문서 수를 정리하였다. 도노가 제시한 「買新羅物解」 중 문서가 지나치게 영세하여 「買新羅物解」인지 의문이 제기되었던 『續續修』와 1건으로 파악해오던 『鳥毛立女屛風接扇其他殘片』를 중점적으로 검토하여 모두 각각 독립된 「買新羅物解」로 파악할 수 있음을 확인하였다. 또한 기존까지 한국에서 거의 살펴보지 않았던 1985년 鳥毛立女屛風 수리 과정에서 발견된 5건의 「買新羅物解」를 소개하고 미나가와에 의해 보고된 문서를 모두 살핌으로써 총 34건의 「買新羅物解」가 있음을 밝혔다.

다음으로 34건의 「買新羅物解」를 비교·분석하여 해당 문서에 일정한 서식이 있었음을 규명하였다. 즉 「買新羅物解」에는 〈제목(구매신청자) - 구매 예정 물품 합계 - 구매 예정 물품 - 대금 - 신청 문구 - 작성일자 - 대리자 - 허가일〉이라는 기본 틀이 존재했다. 그중 제목에 보이는 人名은 구매신청자를 의미하며, 작성일자 뒤의 人名은 대리자를 표기한 것으로 보았다. 또한 일부 「買新羅物解」에서 확인되는 追記와 향약류의 일정한 배열을 통해 당시 신라 사신단과 일본 귀족 간의 교역 과정을 추정하였다. 신라 사신단이 지참한 물품은 교역에 앞서 그 목록이 작성되었으며 그 목록을 바탕으로 귀족들이 구매신청서(「買新羅物解」)를 미리 작성하고 이후 감정을 거쳐 구매가 이루어진 것으로 보인다.

아울러 구매신청자가 명확히 드러나는 문서뿐 아니라 대리자의 관직과 인명을 검토함으로써, 황족·유력 가문·采女 등 다양한 상위 귀족층과 일부 官司 역시 「買新羅物解」를 제출했음을 확인하였다. 이는 교역 참여층이 단순히 개인 귀족에 한정되지 않고 조정 내 여러 관사까지 확장되어 있었음을 보여주는 것이다. 또한 鋺·거울·口脂 등 문서에 등장하는 주요 품목을 검토한 결과, 당시 신라 사신단은 신라 귀족 사회에서 널리 사용되던 물품을 다양한 재질과 형태로 갖추어 교역에 임했으며, 이들 중 일부는 오늘날 正倉院 유물과 연결될 가능성이 있음을 확인하였다.

본 글은 「買新羅物解」 자체에 초점을 두어 그 현황, 서식과 구매과정, 구매신청자를 중심으로 검토하였다. 이를 통해 드러나는 교역의 일면을 확인할 수 있었으나, 문서에 나타나는 개별 물품의 성격이나 신라와 일본 간 교역의 구체적인 양상까지 충분히 다루지는 못하였다. 「買新羅物解」는 신라 사신단이 지참한 물품과 당시 교역의 실태를 살필 수 있는 자료라는 점에서 향후 각 물품의 성격이나 교역 방식 등을 보다 면밀히 검토할 필요가 있을 것이다. 이러한 과제는 본고의 범위를 넘어서는 것으로, 추후 연구를 통해 보완하고자 한다.

투고일: 2025.11.17.　　　　심사개시일: 2025.12.07.　　　　심사완료일: 2025.12.25.

– 부록 – (※「　」追記를 표시한 것이다.)

○ 1번 문서

金　　蘇芳　　小鏡
　　　合三種
直物　綿六百十斤
　　　　　天平勝寶四年六月十五日知家事資人大初位上栗前首□匸□

○ 2번 문서

合壹拾陸種

　併風「一」具　　　鏡「二」面「一」七寸已上　「一」五寸已上　　　金鋺「二」具　　　麝香「一」齋

　朱沙　　　　　香爐「二」具　　　　　　　　　　　　　密拔　　　　　呵莉勒

　薰陸　　　　　衣香　　　　　　　　　　　　　　　　丁子　　　　　枕香

　桂心　　　　　靑木香　　　　　　　　　　　　　　　人參　　　　　蘇芳

價綿壹伯捌匸匚[斤]此中黑綿貳拾斤
　　　　　天平勝寶四年六月十五日右大舍人大初位上中臣伊勢連老人

○ 3번 문서

匚平勝寶四年六月十五日

○ 4번 문서

合玖種

　丁香「直七斤」　　薰衣香「直七斤」　　靑木香「直三斤」　　薰陸香「直[(六斤)89)

　牛黃「直二斤」　　蘇芳「直五十斤」　　五六寸鏡「直廿斤」　牙梳「直三斤」

　牙笄子「直二斤」

以 前 物 等 價 綿 「壹 伯 斤」
　　　　　天平勝寶四年六月十六日

○ 5번 문서

從四位下小槻山君廣虫解　　　申應念物買事

---

89) 전체적으로 綿 100斤의 금액으로 구매한다고 하는데, 다른 물품의 총액이 94근이기 때문에 薰陸香은 6근만큼 구매했을 것으로 추정할 수 있다(박남수, 2009, 앞의 논문).

合[玖]種　　直絹[絁][參][拾]匹　　[糸][壹][伯]斤　綿參伯斤

　鉢貳口　　大盤貳口　　小□　　鋺　金筯肆枚

　　□┐　　　┌

　　　　┌

以　前　念　物　并　價　等　顯　注　如　件　謹　解

　　　　　天平勝寶四年六月十七日

○6번 문서

天平勝寶四年六月十七日事業從七位上置始連「五百足」

○7번 문서

念物五六寸鏡　　丁香　　　┌

　鞾撥　　　木樏子　　┌┐　　如意　　[蠅]拂

　蘇芳　　　紫根

直綿貳伯屯

　右　件　念　物　并　直　數　如　前　以　解

　　　　　天平勝寶四年六月廿日

○8번 문서

[合][價][絁]□[匹]中東絁二[匹]　糸百斤綿百五十□

　　鹿射香五[劑]　　　沈香五斤　　　薰陸五斤　　丁香┌

　　青木香五斤　　　董香五斤　　　蘇芳廿斤　　鞾氈┌

　　□鋺十二具　　　白銅火爐一口小　髮刡一具　　呵棃勒卅┌

　　太黄二斤　　　　人參十斤　　　甘草四斤　　石二斤

　　蜜汁五升　　　　桂心一斤　　　多良四　　　宍縱容

　　遠志一斤

　　　　　　合廿一種

　　　　　天平勝寶四年六月廿一日「左大舍人犬[養]小足」

○9번 문서

人心　大黄　▨早　桂心　蜜　牛黄

▨…▨　▨消　呵梨勒　麝香　丁香

沈香　靑木香　薰陸　安息香　朱水

烟紫　同黃　金靑　蘇方木

鏡一面(六寸)　誦數　黃鉢

商綿二百斤

　　　　　天平勝寶四年六月廿一日付資人秦刀良

○ 10번 문서

[從]五位下阿倍朝臣□麻呂謹解 申念物事

[合]廿五種

[麝]香(綿六□)　　　　　沈香(綿廿斤)

□銅五重鋺(綿十五斤)　丁子香(綿□斤)

薰陸香(綿五斤)　　　　緋氈(綿卅五斤)

□草(綿廿斤)　　　　　丁梳(綿十五斤)

[水]精念數(綿卅斤)　　□脂(綿十斤)

□□(綿五斤)　　　　　[　](綿一百廿斤)

[　](綿十斤)　　　　　朱沙(綿[　])

[　](綿五斤)　　　　　□布(綿廿斤)

蜜汁(綿十斤)　　　　　[可][梨]勒(綿三斤)

裛衣香(綿十斤)　　　　同黃(綿四斤)

羊膏(綿一斤)　　　　　□骨(綿二斤)

屛風(絲六十斤)　　　　□□(絲卅斤)

八卦背鏡四　方鏡五　花鏡(已上絲卅五斤[　]廿斤)　銜

[諸]價綿肆伯伍拾斤　　絲壹伯貳拾斤

　　　　　天平勝寶年四六月廿二日

○ 11번 문서

合貳拾參種

　鏡參面(徑六寸已下五寸已上)　　迊羅五重鋺參帖(□徑五寸已下)

　白銅五重鋺貳帖(□徑五寸已下)　白銅盤壹拾伍口(□徑五六寸)

　[迊]羅盤伍口(□徑五六寸)　　白銅匙箸貳具

　白銅香爐壹具　　　　白銅錫杖壹箇

　黃金伍兩　　　　　　麝香參臍

　朱沙壹斤　　　　　　同黃壹斤

　薰陸壹拾伍斤　　　　人參肆斤

呵梨勒貳伯顆　　　　　松子壹斛伍㪷

木槵子壹仟貳伯玖拾陸顆　蜜汁貳[㪷]

牙鏤梳壹拾箇　　　　　牙鏤箏子貳拾[箇]

口脂壹箇^{長一尺}　　　　　鐵精壹斤

蘇芳貳伯肆拾斤

儲價物綿伍伯斤　　　　絲參拾斤

以　前　可　買　新　羅　物　并　儲　價　等　如　前　謹　解

天平勝寶四年六月廿三日

○12번 문서

合壹拾肆種

鋺五疊^{五重}　　鍮石香爐^{[參]口}　鏡□□^{□□寸}　□□□^{[小]□}

麝香　　　蘇芳　　　呵梨[勒]　　丁子香

帶二條　　烟子　　　朱沙　　　銅黃

鈚箸^{二具}　　雜香

價直物　　絹壹拾參匹^{一匹白
十二匹赤}　糸壹伯貳拾斤　綿壹伯□

拾斤

以　前　應　買　物　色　并　價　直　物　等　數　申　送　如　件　以　[解]

天平勝寶四年[六][月][廿][三]日「文奉飯高嶋□」

「以六月廿四日勘定」

○ 13번 문서

　　　　　　　　　□　□申請應買物事

「價物」　　　　　□　□拾匹　綿陸伯伍拾斤

　　□□　　□□

牙笏　　沈香　　　　丁香　　青木香

薰陸香　□□　　　　零陵香　甘松香

藿香　　安[息]香　　　龍腦香　裏衣香

薰衣香　甘[草]　　　桂心　　大黃

人參　　呵梨勒　　　蜜汁　　朱沙

胡粉　　黃丹　　　　同黃　　烟子

雌黃　　畢拔　　　　臘蜜　　松子

緋氈　　花氈　　　　□裁氈　黑作鞍具

轡面　　　勒鞦　　　　　　　白銅香爐　五重鋺^大

箸七　　　五四寸鏡　　　　　燭臺　　　蘇芳

熟布

　　　　　天平勝寶四年六月廿四日事業從八位上日置酒持

○ 14번 문서

[從]五位下池邊王解 申念物事

[合]肆拾漆種

金^{十両}　金青^{十一斤}　朱沙^{廿一斤}　同黃^{十七斤十四両}　烟子^{四百枚}

胡粉^{一斤}　鐵青^{一斤}　青胎^{一斤}　沈香^{八十斤}　薫陸^{一百三斤}

和香^{一斤}　香油^{一升}　丁子^{五十斤}　丁香^{一斤}　青木香^{七斤}　白檀^{一白斤}

茱芳^{八百十斤}　桂心^{百斤}　麝香^{一臍}　牛黃^{三斤}　大黃^{一百斤}

犀角^{四具}　甘草^{百斤}　石腦^{一斤}　宍縱容^{卅斤}　可梨勒^{二斗}

旱撥^{五斤}　龍腦香^{二斤}　漆子^{一斤}　□□^{一百斤}　鷄舌香^{五十斤}

薫衣香^{十斤}　曽青^{十斤}　紫^{百斤}　鏡^{四面七寸}　香爐^{四具}

水瓶^{四口之中揮特一}　飯鋺^{廿合}　大盤^{卅三口}　小盤^{三百口}

迊羅鋺^{十口}　鋺^{一百廿合}　小鋺^{百□□}　鉇^{十四枚坎鉇五大葉鉇七}　筋^{三具}

白銅酒壷^{二合各備坏酌}　風爐^{一具}

絁廿匹　糸一百五斤　綿六百廿斤

　　　　天平勝寶四年六月[廿][五]匚　匚人大初位下尾張三田次

○ 15번 문서

念物黃金

　價絲壹伯斤　　　綿匚　　　　匚

　　　　　　天平勝寶四年六月廿六日從□位上行少書吏丹比連□

正六位上行家令大田臣「廣人」　　　　　正六位下行□從秦伊美[吉]匚

○16번 문서

鼓吹司正外從五位下大右匚

合 八 種　　　直綿四百斤

　　　鏡五面

　　　麝香

　　　烟子

　　　金青

　　　雜香

　　　朱沙

　　　同黃

　　　蘇芳

右件念物具録 [如] [件] [以] [解]

　　　　天平勝 [寶] [四] [年] [六] [月] ⊏

○ 17번 문서

沈香[五][斤]　　　⊏　　　⊐

丁香五斤　　　　零陵香五斤　　鬱金香

甘松香　　　　　薰衣香五斤　　蜜汁一斗

口脂壷廿合　　　牙量十枚　　　鏡五面^{五六寸}

鋺五牒　　　　　盤二牒　　　　多羅四口

蘇芳

　價庸綿參伯斤

　　天平勝寶四年七月八日正六位上行 [紫] 微大疏山口伊美吉佐美麻呂

○ 18번 문서

　　　⊐[八]　　純十匹　　糸廿斤

⊐⊏　[朱]沙　同黃　　烟子　　沈⊏

太黃　　⊏　⊐　八寸鏡　　蘇芳

　　　　　天平勝寶⊏　　⊐月⊏

　　　　　散位寮[散]⊏

○ 19번 문서

⊏⊐　　[朱]沙　　金青

同黃　　烟子　　花鏡

　右 念 物 [并] 價 直 物 申 送 如 前

○ 20번 문서

五四寸[鏡]

⊏　⊐十斤　　烟⊏

桂心十斤
芒消十□
白銅水瓶一口
薫陸□

○ 21번 문서
　[臣]伊勢連大津解

○ 22번 문서
價

○ 23번 문서
價糸

○ 24번 문서
白青
[大][黄]

○ 25번 문서
合拾貳種

○ 26번 문서
白銅香爐一口　　水瓶二口^{白銅}

○ 27번 문서
[直]綿壹仟[斤]

○ 28번 문서
鋺　白銅

○ 29번 문서
干皮一領

○ 30번 문서

壹[伯]參[拾]斤□□

○ 31번 문서

　　　　└　　┐□

　　　　└　　　┐二斤└

　　　　└　┐[金]└　┐

└　　　　┐[鏡]└　┐

[伍]拾斤　　　　└┐

　　　　└　　　　┐

○ 32번 문서

右件念物具錄└

○ 33번 문서

合└　┐陸　□　□□

└　　　┐　　└　┐

　　　　└　┐

　　　　└　┐

○ 34번 문서

　　　　　　└　┐

　　└　　　┐　□香二斤

　　青木香一斤　　褻衣香八斤

□□□□└　┐　□□三斤

『續日本紀』『延喜式』『類聚三代格』『萬葉集』「買新羅物解」

강건우, 2022, 「고대 바닷길을 통해 한반도에 전래된 물질문화」, 『동아연구』 83, 서강대학교 동아연구소.

강은영, 2010, 「8세기 중후반 일본의 內政과 對新羅關係의 추이 – 752년 金泰廉使行團의 來日 성격 검토를 중심으로 –」, 『일본역사연구』 31, 일본사학회.

김지은, 2013, 「고대 香藥의 유통과 불교의례: 통일신라시대를 중심으로」, 『경주사학』 37, 경주사학회.

김창석, 2004, 「8세기 신라·일본간 외교관계의 추이 – 752년 교역의 성격 검토를 중심으로」, 『역사학보』 184, 역사학회.

박남수, 2009, 「752년 金泰廉의 對日交易과 「買新羅物解」의 香藥」, 『한국고대사연구』 55, 한국고대사학회.

사카에하라 토와오 저 / 이병호 역, 2012, 『정창원문서 입문』, 태학사.

서영교, 2012, 「新羅의 南海品 중개무역과 銅 – 「買新羅物解」 分析을 중심으로」, 『사회과학저널』 1(2), 중원대학교 인문사회과학연구소.

선석열, 2016, 「한국 고대 동남해양사의 연구 동향과 그 과제」, 『석당논총』 66, 동아대학교 석당학술원.

신 숙, 2016, 「통일신라 금속공예의 성취와 국제교류: 국보 제174호 〈금동 수정장식 촛대〉」, 『미술사학연구』 290·291, 미술사학연구.

______, 2021, 「8세기 「買新羅物解」와 韓日 보석장식 공예품 교류」, 『한국고대사탐구』 39, 한국고대사탐구학회.

신카이 사키코(新飼早樹子), 2020, 「8세기 신라의 대일 관계 동향과 「買新羅物解」」, 『한일관계연구』 57, 한일관계사학회.

양은경, 2019, 「고대 한일 해양 네트워크: 정창원 소장 신라 가위」, 『한국상고사학보』 106, 한국상고사학회.

永正美嘉, 2005, 「新羅의 對日香藥貿易」, 『한국사론』 51, 서울대학교 국사학과.

오야마 세이이치 저 / 연민수·서각수 역, 2009, 『일본서기와 '천황제'의 창출 – 후지와라노 후히토의 구상』, 동북아역사재단.

오재근·신동원, 2023, 「통일 신라의 임상 의학은 어떻게 이뤄졌을까 – 의학 교육 기관 '의학(醫學)'의 설치와 그 영향」, 『의사학』 32(1), 대한의사학회.

옥나영, 2019, 「신라 시대 香과 그 문화 – 香의 용례 검토를 통하여」, 『숭실사학』 42, 숭실사학회.

윤선태, 1997, 「752년 신라의 대일교역과 「바이시라기모쯔게(買新羅物解)」」, 『역사와 현실』 24, 한국역사연구회.

윤재운, 2006, 『한국 고대무역사 연구』, 경인문화사.

이병로·김용일, 2006, 「752년 신라사 김태렴의 방일 목적에 관한 연구」, 『일본어문학』 34, 일본어문학회.

李成市 저 / 이병호·김은진 역, 2022, 『고대 동아시아의 민족과 국가』, 삼인.

이승호·이완석·方國花, 2022, 『물품으로 본 고대 동유라시아 세계』, 경인문화사.

최광식, 2022, 「신라의 '船府'와 해상 실크로드」, 『한국사학보』 89, 고려사학회.

홍창화, 2015, 「日本 正倉院 所藏 統一新羅 金屬工藝品 研究」, 동국대학교 석사학위논문.

화메이 저/김성심 역, 2008, 『중국문화 5 복식』, 대가.

皆川雅樹, 2017, 「「買新羅物解」と天平勝宝四年来朝の新羅使についての再検討」, 『専修史学』 63, 専修大学
　　歴史学会.

皆川完一, 1994, 「買新羅物解拾遺」, 『正倉院文書研究』 2, 吉川弘文館.

関根真隆, 1969, 『奈良朝食生活の研究』, 吉川弘文館.

近藤浩一, 2012, 「景徳王代·王子金泰廉の日本派遣と新羅国内政治 : 派遣事情を中心に」, 『京都産業大学論集
　　人文科學系列』 45, 京都産業大学.

渡辺直彦, 1965, 「家令について」, 『日本歴史』 201, 吉川弘文館.

森田悌, 「北家牒にみえる家令」, 『日本歴史』 505, 吉川弘文館, 1990.

石井正敏, 1987, 「八·九世紀の日羅關係」, 甲中健夫 編, 『日本前近代の國家と對外關係』, 吉川弘文館.

東野治之, 1974, 「鳥毛立女屏風下貼文書の研究 - 買新羅物解の基礎的考察」, 『史林』 57(6), 史学研究会.

　　　　, 2002, 「新羅交易と正倉院宝物」, 『正倉院展』, 奈良国立博物館.

山内晋次, 2003, 『奈良平安期の日本とアジア』, 吉川弘文館.

杉本一樹, 1990, 「鳥毛立女屏風本紙裏面の調査」, 『正倉院年報』 12, 宮内庁正倉院事務所.

岩橋小弥太, 「宅司考」, 『上代官職制度の研究』, 吉川弘文館, 1962.

田村円澄, 1999, 『古代日本の國家と佛教』, 吉川弘文館.

池田溫, 2002, 「天宝後期の唐·羅·日関係をめぐって」, 『東アジアの文化交流史』, 吉川弘文館.

持田泰彦, 1978, 「奈良朝貴族の人数変化について」, 『学習院史学』 15, 学習院大学史学会.

丸山裕美子, 2010, 『正倉院文書の世界』, 中央公論新社.

シャルロッテ·フォン·ヴェアシュア, 2023, 『モノと権威の東アジア交流史 : 鑑真から清盛まで』, 勉
　　誠社.

〈Abstract〉

Reconstruction and Basic Examination of *the Bai Shiragi Motsuge*

Lee, Bora

This study aims to re-examine the nature of *the Bai Shiragi Motsuge*(買新羅物解)─documents written by Japanese nobles of rank Fifth Grade and above in order to purchase goods brought by a Silla diplomatic mission that visited Japan in 752─and to deepen our understanding of them. Previous research has not consistently identified the total number or scope of *the Bai Shiragi Motsuge* documents, leading to differing interpretations among scholars. By comprehensively reviewing the materials presented by Tōno Haruyuki (東野治之)─including Zokushu Goshu(續修後集), Zokuzoku shu(續續修), and "Folding Screen Attached Paper Fragments"(屛風下貼紙片雜張)─as well as documents confirmed during the 1985 restoration of the Torige Ritsujo byōbu(鳥毛立女屛風) and sources reported by Minagawa Kanichi(皆川完一), this study identifies a total of thirty-four extant *the Bai Shiragi Motsuge*.

Comparative analysis demonstrates that the thirty-four extant examples adhere to a shared documentary format. This format generally includes the document title identifying the requesting party, a summary of the requested quantity, a detailed list of items, the specified payment, a formal request clause, the drafting date, and the name of a proxy, who executed the submission on behalf of the aristocrat, followed by the approval date. Notably, the names recorded after the drafting date do not indicate the actual purchasers, but instead identify house stewards or other administrative personnel who acted on behalf of aristocratic households. This establishes a more accurate basis for interpreting the individuals mentioned in these documents. Furthermore, later additions found in some documents, together with the repeated listing of specific Silla medicinal herbs, suggest that the goods brought by the Silla mission were organized into an inventory list by Japanese officials during the transaction process. This implies that Japanese nobles completed and revised their *Bai Shiragi Motsuge* documents based on these item lists, conducting trade with Silla under the supervision of the Japanese court.

In addition, this study identifies purchase applicants not only from documents in which they are explicitly named, but also through analysis of the official titles and personal names of the agents who signed on their behalf. This analysis demonstrates that not only members of the imperial family, powerful aristocratic lineages, and court ladies(采女), but also certain governmental bureaus submitted *the Bai Shiragi Motsuge* in order to purchase Silla goods. Finally, examination of items such as metal bowls(鋺),

mirrors, and lip balm(口脂) reveals that the Silla delegation carried a variety of craft items representing materials and forms commonly used among the Silla aristocracy.

▶ Key words: Bai Shiragi Motsuge, Torige Ritsujo byōbu, Shosoin, Japan, Silla

고대 한국 관련 敦煌文書(Pelliot tibétain 1283) 역주[*]

권순홍[**]

Ⅰ. 머리말
Ⅱ. 판독 및 역주
Ⅲ. 내용검토
Ⅳ. 맺음말

〈국문초록〉

이 글의 목적은 Pelliot 1283번 문서(Pelliot tibétain 1283)를 역주하고, 고대 한국 관련 내용을 검토하는 것이다. 이 문서에는 고구려와 백제가 등장하여, 일찍이 주목을 받았다. 단, 한국학계에는 종래 발췌역과 重譯만 있어, 내용을 파악하는데 한계가 있었다. 이에 문서 전체를 번역하고, 내용 파악을 위한 주석을 달았다. 한편, 기왕에는 이 문서에 등장하는 고구려를 발해로 이해하고, 발해의 고구려 계승의식을 방증하는 사례로 주목하기도 했다. 그러나 고구려에 대한 왜곡된 정보, 이미 멸망한 백제가 등장하는데, 신라는 등장하지 않는다는 사실, 백제 이남에는 사람들이 물속에 산다는 내용 등 이 문서에서 중국 하북지역 이동에 대한 정보는 잘못된 내용이 많았다. 따라서 이 문서를 발해 관련 자료로 분류하는 것은 재고를 요한다.

▶ 핵심어: 돈황문서, 펠리오, 고구려, 발해, 백제

I. 머리말

프랑스 국립도서관(Bibliothèque nationale de France, BnF)이 소장하고 있는 敦煌文書 가운데 8세기

---

* 이 논문은 2025년도 국사편찬위원회 한국사연구지원을 받아 수행한 연구임.
** 한국항공대학교 인문자연학부 조교수

후반~9세기 전반경 북아시아의 정세를 알려주는 자료가 있다는 사실은 일찍이 알려졌다.[1] 저명한 동양학자 Paul Pelliot(1878~1945)가 1908년에 돈황 莫高窟의 藏經洞에서 프랑스 파리로 가져간 문서들 가운데 하나였다. Pelliot 1283번 문서(Pelliot tibétain 1283)는 양면문서로, 한 쪽 면에는 漢字로 작성된 불교 관련 텍스트가 전하고, 다른 쪽 면에는 티베트 문자로 작성된 두 개의 텍스트가 전한다. 두 개의 티베트 문자 텍스트는 동일한 필체로 작성되었는데, 斷字부호(ຮ)와 文頭부호(ༀ)로 구분되며, 두 번째 텍스트의 제목이 붉은색 잉크로 작성되어 구분이 선명하다. 그중 첫 번째 텍스트는 고승과 제자 간의 대화로, 제자가 질문하고 고승이 답변하는 내용이고, 두 번째 텍스트는 Hor라는 나라의 왕에게 다섯 명의 Hor인이 북아시아를 시찰한 결과를 보고한 내용이다.[2] 이 두 번째 텍스트에 등장하는 Mug-lig/Ke'u-li가 고구려, 즉 당시의 발해를 가리킨다는 해석은 Jacques Bacot의 자료 소개 직후인 1957년에 이미 제시되었지만,[3] 문서의 존재와 내용이 한국학계에 알려진 것은 30여 년 뒤인 1989년이었다.[4] 그마저도 티베트 문자로 된 원문을 확인하지 못한 채 日譯[5]과 中譯[6]을 번역한 重譯이었고, Mug-lig/Ke'u-li가 등장하는 일부분만 발췌한 것이었다. 이후 한국고대 금석문과 문자자료를 집성하는 와중에 이 자료가 검토되었지만,[7] 사실상 선행 발췌역을 인용한 것이었고, 최근 자료집성의 개정·보완 작업은 수정된 日譯[8]과 새로운 英譯[9]을 참고하여 보완했지만,[10] 여전히 발췌역에 그쳤다.[11] 또한 원문을 확인하지 못함으로써, 텍스트의 안정성도 확보되지 않았고 번역 오류 등의 아쉬움이 남았다.

이러한 와중에 마침, 프랑스 국립도서관의 디지털도서관(Gallica)에서 Pelliot 1283번 문서의 고화질 사진 파일(별첨 참고)을 온라인상에 공개하고 있다는 사실을 확인하였다.[12] 이를 통해 원문서를 확인·판독하고, 각종 선행 번역에 대한 교감을 통해 重譯의 한계를 극복할 수 있게 되었다. 우선, 해당 자료의 티베트 문

---

1) Paul Pelliot는 1937년 12월 아시아협회에서 이 문서에 대한 간단한 번역을 발표하면서, 완성된 원고의 출판을 예고했지만, 1945년 사망할 때까지 출판되지 않았고, 사후에 그의 유고를 정리·보완하여 Jacques Bacot가 출판하였다 (Jacques Bacot, 1956, 「Reconnaissance en Haute Asie Septentrionale par cinq envoyés Ouigours au Ⅷe siècle」, 『Journal Asiatique』 244).

2) 위의 논문, pp.136-137.

3) Gérard Clauson, 1957, 「A propos du manusrit Pelliot tibétain 1283」, 『Journal Asiatique』 245, pp.19-20.

4) 盧泰敦, 1989, 「高句麗·渤海人과 內陸아시아 住民과의 交涉에 관한 一考察」, 『大東文化硏究』 23.

5) 森安孝夫, 1977, 「チバット語史料中に現われる北方民族-DruguとHor-」, 『アジア·アフリカ言語文化硏究』 14.

6) 王堯·陳踐, 1981, 「敦煌古藏文本《北方若干國君之王統紋記》文書」, 『敦煌學輯刊』 2.

7) 宋基豪, 1992, 「燉煌文書」, 韓國古代社會硏究所 編, 『譯註 韓國古代金石文』 제3권, 駕洛國史蹟開發硏究院.

8) 森安孝夫, 2007, 『シルクロードと唐帝國』, 講談社.

9) Federica Venturi, 2008, 「an old Tibetan document on the Uighurs: a new translation and interpretation」, 『Journal of Asian History』 42-1.

10) 권순홍, 2025, 「둔황문서」, 국사편찬위원회 한국사데이터베이스, 한국 고대 사료 DB, 금석문·문자자료, 발해, 고문서. https://db.history.go.kr/ancient/level.do?levelId=gskh_006_0030_0050_0010 (2025.12.27 검색)

11) 해당 문서를 한국어로 번역한 선행 성과는 총 3건인데, 문서의 총 110개행 중 약 12개행(盧泰敦, 1989, 앞의 논문; 宋基豪, 1992, 앞의 논문) 혹은 21개행(권순홍, 2025, 앞의 논문)을 발췌하여 번역했을 뿐이다.

12) https://gallica.bnf.fr/ark:/12148/btv1b8305761g/f1.item (2025.12.27 검색)

자 전체 판독안을 제시하고, 일부분 발췌역이 아닌, 해당 자료 전체를 번역함으로써, 문서 자체의 성격을
파악할 수 있는 토대를 마련하고자 한다.

II. 판독 및 역주

Pelliot 1283번 문서는 크게 세 부분(漢字 텍스트, 티베트 문자 텍스트[先], 티베트 문자 텍스트[後])으로
되어 있다. 그중 본 연구에서 다룰 티베트 문자 두 번째 텍스트[後]는 총 110행이다. 마지막 8행(103행~110
행)의 일부가 훼손되었을 뿐, 대부분의 글자를 판독할 수 있다. 로마자로 변환한 전체 판독안은 Jaques
Bacot에 의해 처음 제시되었고,[13] 森安孝夫에 의해 보완되었지만,[14] 티베트 문자 그대로 활자화한 판독안
은 Federica Venturi에 의해 처음 제시되었다.[15] 판독상의 이견은 많지 않지만, 자료소개의 의미를 충실히
지키기 위해, 아래에서는 티베트 문자 교감안과 Wyley 표기법에 따른 로마자 변환을 함께 제시하고, 원문
사진을 별첨하겠다.

1. 판독 및 교감, 직역

001　　ཡི། 　བྱང་ཕྱོགས་ན་རྒྱལ་པོ་དུ་བཞུགས་པའི་

　　　byang phyogs na rgyal po du bzhugs pa'i

　　　북쪽 지역에 거주하는 여러 왕들의

002　　རབས་ཀྱི་ཡི་གེ[16]

　　　rabs gyi yig ge

　　　계통에 관한 문서

003　　(ཡི། ˙ ཁ)ན

　　　(｜˙｜gzha)

　　　(오기)[17]

---

13) Jacques Bacot, 1956, 앞의 논문, pp.141-144.

14) 森安孝夫, 1977, 앞의 논문, pp.3-8.

15) Federica Venturi, 2008, 앞의 논문, pp.14-18.

16) 1~2행은 텍스트의 제목으로, 붉은 잉크를 사용하여 비교적 크게 적었다(별첨 참고).

004 གནའ་ ་ ། གནའ་ཧོར་གྱི་རྒྱལ་པོས། །བཀའ་བཙལ་ཏེ། །བྱང་ཕྱོགས་ན།

gna' hor gyi rgyal pos ‖ bka' gtsal te ‖ byang phyogs na ǀ

지난 날 Hor의 왕이 명령을 내렸고, 북쪽에

005 རྒྱལ་པོ་དུ་མཆིས་པར། །ཧོར་གྱི་ལྔ་རྟོག་ཏུ་བཏང་བའི་བཀའ་མཆིད

rgyal po du mchis par ‖ hor myi lnga rtog tu btang ba'i bka' mchid

몇 명의 왕이 있는지 조사하도록 Hor인 5명을 파견했던 명령

006 གྱི་ཡི་གེ །ཕྱག་སྦྱལ་ན་མཆིས་པ་ལས་དཔེ་བླངས་པའོ॥

gyi yi ge ǀ phyag sbyal na mchis pa las dpa' blaṅs pa'o ‖

문서가 phyag-sbyal에 있어 이를 옮겨 적은 것이다.

007 ། །ཡུལ་གྱི་མྱིང་རྒྱ་སྐད་དུ་ཇི་འུར། །དྲུག་གུ་སྐད་དུ། །བ་ཀེར་པ་ལིག་ཆེས

ǀǀ yul gyi mying rgya skad du ji' ur ‖ drug gu skad du ‖ ba ker pa lig ches

나라의 이름을 Rgya語로 Ji'-ur, Drug-gu語로 Ba-ker pa-lig이라고

008 བགྱི་བ། །ཡན་ཆད་གྱི་ཕྱོགས་ན། །དྲུག་གུ་འབུག་ཆོར་སྡེ་བཅུ་གཉིས་མཆིས་ཏེ॥

bagyi ba ‖ yan chad gyi phyogs na ‖ drug gu 'bug chor sde bcu gnyis mchis te ‖

한다. 그 너머에는 Drug-gu Bug-chor 열 두 [부족]이 있는데,

009 རྒྱལ་པོ་ཞ་མ་མོ་ངན་སྡེ་གཅིག །ཧ་ལི་སྡེ་གཅིག །ཨ་ཤ་སྡེའི་སྡེ་གཅིག །ཤར་དུ་ལིའི་

rgyal po zha ma mo ngan sde gcig ǀºǀ ha li sde gcig ºǀ a sha sde'i sde gcig ºǀ shar du li'i

왕 Zha-ma kha-gan[18]의 족이 하나, Ha-li족이 하나, A-sha-sde족이 하나, Shar-du-li

010 སྡེ་གཅིག །ལོ་ལད་གྱི་སྡེ་གཅིག །པར་སིལ་སྡེ་གཅིག །ཇི་ཀེའི་སྡེ་གཅིག །སོ་ནི་སྡེ་གཅིག

sde gcig ºǀ lo lad gyi sde gcig ºǀ par sil sde gcig ºǀ ji ke'i sde gcig ǀ so ni sde gcig

---

17) 3행의 경우, 본 문서의 전거가 되었던 선행 문서에서 글자가 훼손된 부분으로 보기도 하지만(森安孝夫, 1977, 앞의 논문, p.3), 4행과 첫 글자가 같다는 점과 4행 이하 1개의 문장을 붉은 글씨로 덧입혔다는 점을 고려하면, 3행은 오기일 가능성이 높다.

18) 원문은 「Zha-ma mo-ngan」으로 되어 있는데, Zha-ma kha-gan의 오기로 판단되며 'kha-gan'은 '카간(qaghan)'의 음사로 이해된다(Gérard Clauson, 1957, 앞의 논문, p.13). 이에 따라 「Zha-ma kha-gan」으로 교감한다. 한편 이하 원문의 「kha-gna」, 「kha-ngan」 등은 「kha-gan」의 오기로 간주하여 교감한다.

족이 하나, Lo-lad족이 하나, Par-sil족이 하나, Ji-ke족이 하나, So-ni족이 하나,

011 ཙོལ་ཏི་སྡེ་གཅིག །ཡན་ཏི་སྡེ་གཅིག །ཧེ་བདལ་སྡེ་གཅིག །གར་རྒ་པུར་སྡེ་གཅིག །འདི་རྣམས

jol ti sde gcig ၊ yan ti sde gcig ၊ he bdal sde gcig ၊ gar rga pur sde gcig ၊ 'di rnams

Jol-ti족이 하나, Yan-ti족이 하나, He-bdal족이 하나, Gar-rga-pur족이 하나이다. 이들

012 ལ་རྒྱལ་པོ་ནི་མ་མཆིས།། འདི་རྣམས་ལ་དམག་དྲུག་སྟོང་མཆིས། །དེའི་ཤར་ཕྱོགས

la rgyal po ni ma mchis ‖ 'di rnams la dmag drug stong mchis ၊ de'i shar phyogs

에게는 왕이 없고, 이들의 사이에 군사가 6천명 있다. 그 동쪽을

013 ལྟར། བོད་གྱིས་ནི་ཧེ་ཞེས་བགྱི།། རྒྱའི་ནི་ཧེ་ཚེ་དྲུག་གུ་ནི་དད་པྱི་ཞེས་བགྱི་བ་སྡེ་དཔོན

ltar ၊ bod gyis ni he zhes bgyi ‖ rgya'i ni he tshe drug gu ni dad pyi zhes bgyi ba sde dpon

보면, Bod-gyis인이 He라고 부르고, Rgya인이 He-tse, Drug-gu인이 Dad-pyi라고 부르는 종족
의 수장은

014 ཅོང་བོང་ཡ།། དད་པྱི་འདིའི་པ་མྱེས་རུང་བའི་མགོ་བོ། །གསེར་དངུལ་གྱིས་བརྒྱན་ཅིང

cong bong ya ‖ dad pyi 'di'i pha myes rung ba'i mgo bo ‖ gser dngul gyis brgyan ching

Cong-bong-ya으로, Dad-pyi의 적법한 선조들의 머리뼈를 금과 은으로 꾸며서

015 ཆང་འཕོར་དུ་བགྱིད །དེ་ནས་ཤར་ཕྱོགས་ལྟར། དྲུ་གུས་ནི། མུག་ལིག། རྒྱ་ནི་ཀེའུ་ལི

chang 'phor du bgyid ၊ de nas shar phyogs ltar ‖ dru gus ni ၊ mug lig ၊ rgya ni ke'u li

술잔으로 사용하였다. 이들의 동쪽을 보면, Dru-gu인은 Mug-lig, Rgya인은 Ke'u-li

016 ཞེས་བགྱི་བ།། ཤན་ཏོང་ཕྱོགས་གྱི་དབང་བློན། ཆང་ཆུང་ཆིའི་ཁམས། ཀེའུ་ལི་འདི་ཕྱོགས་ན

zhes bgyi ba ‖ shan tong phyogs gyi dbang blon ၊ chang chung chi'i khams ၊ ke'u li 'di phyogs na

라고 부른다. Shan-tong 지방의 권력자 Chang-chung-chi의 영역인 Ke'u-li 지역

017 མྱི་སྐོ་སྐོ་བྲང་ལ་འབྱར་ཅིང ། མྱི་ཤ་འཚལ་ཏེ།། པ་མ་རྒན་རྒོན་དང་མི་རྒན་རྒོན་རྣམས

myi sko sko brang la 'byar ching ‖ myi sha 'tsal te ‖ pha ma rgan rgon dang mi rgan rgon rnams

사람들은 잔뜩 웅크려 [턱을] 가슴에 바싹대고 있고, 人肉을 구하며, 늙은 부모와 노인들을

018 རྒྱུན་པོར་གཏོང་ཞིང་གསོད། །དེ་ནས་ཤར་ཕྱོགས་ལྟར།།ཨོན་བ་ཡེག་ཙེ་ཞེས་གཆེར

skyin por gtong zhing gsod do ၊ de nas shar phyogs ltar ‖ mon ba beg tse zhes gcher

벌거벗겨 내쫓아[19] 죽인다. 이곳에서 동쪽을 보면, Beg-tse라고 불리는 변방인[20]들이 벌거벗

019　　བུར་མཆིས་པ་མཆིས།། དེ་ནས་ལྷོ་ཕྱོགས་ལྟར།། མྱི་ཆུའི་ནང་དུ་ཉ་བཞིན་དུ་འདུག
　　　　bur mchis pa mchis ‖ de nas lho phyogs ltar ‖ myi chu'i nang du nya bzhin du 'dug

고 다닌다. 여기에서 남쪽을 보면, 사람의 물속에서(사람들이 물속에서)[21] 물고기처럼 산

020　　པ་མཆིས། དེ་ནས་ལྷོ་ཕྱོགས་ལྟར། མོན་བ་ནག་པོ་མྱིག་དཀར་པོ། སྐྲ་ཆུ་རྟ་བཞིན
　　　　pa mchis ၊ de nas lho phyogs ltar ၊ mon ba nag po myig dkar po ၊ skra chu rta bzhin

다. 여기에서 남쪽을 보면, 변방인이 있는데 피부는 검고 눈은 하얗다. 머리카락은 海馬

021　　དུ་འཁྱིལ་བ་མཆིས་ཏེ།། ཉ་བཞིན་དུ་རྒྱལ་སྐྱེན་ནོ། དད་པྱིའི་བྱང་ཕྱོགས་ལྟར།། ད་སྲེ་སྡེ
　　　　du 'khyil ba mchis te ‖ nya bzhin du rgyal skyen no ၊ dad pyi'i byang phyogs ltar ‖ da
　　　　sre sde

처럼 말려 있고, 물고기처럼 왕을 세운다.[22] Dad-pyi의 북쪽을 보면, Da-sre

022　　ཅིག་མཆིས་ཏེ། གུར་ཤིང་ཡང་ཉའི་རྩིབ་མས་བགྱིད། གུར་གཡོགས་གྱང། ཡ་རབས
　　　　gcig mchis te ၊ gur shing yang nya'i rtsib mas bgyid ၊ gur g-yogs gyang ၊ ya rabs

족이 있는데, 천막 기둥을 물고기 뼈로 만들며, 천막 덮개를 상류층

---

19) 원문은 「skyin por」로 되어 있다. 이 단어는 의미가 불분명하다. 크게 두 가지 가능성이 언급되었는데, 하나는 '벌거벗기다'라
　　는 뜻이고, 다른 하나는 '인질로 내어주다'라는 뜻이다(Jacques Bacot, 1956, 앞의 논문, p.149). 전자로 해석하여 '늙은 부모
　　와 노인들을 벌거벗겨 내보내 죽였다'라고 번역하기도 하고(위의 논문, p.145; Federica Venturi, 2008, 앞의 논문, p.23), 후
　　자로 해석하여 '늙은 부모와 노인들을 맞바꾸어 죽였다'라고 번역하기도 한다(森安孝夫, 2007, 앞의 책, p.332). 단, 후자의 경
　　우, 엄밀하게는 '인질로 내어주고 내쫓아 죽인다'고 직역되는데, 인질로 보낸 뒤 다시 내쫓아 죽인다는 것은 논리적 모순이므
　　로 전자의 해석에 따른다.
20) 원문의 「mon」은 티베트 남쪽에 위치하는 나라들에 대한 일반적 명칭이다(Federica Venturi, 2008, 앞의 논문, p.23). 이에
　　따라 어두운 피부와 곱슬머리를 가진 오스트랄로이드 계통의 사람들을 가리킨다고 보거나(위의 논문, p.23), 南蠻으로 번역하
　　기도 한다(森安孝夫, 2007, 앞의 책, p.332).
21) 원문의 「myi chu'i nang du」는 '사람의 물속에서'로 직역되는데, 문맥에 맞추어 '사람들이 물속에서'로 번역한다.
22) 원문의 「nya bzhin du rgyal skyen no」를 '물고기처럼 수영을 잘 한다'라고 번역하기도 하지만(위의 책, p.332; Federica
　　Venturi, 2008, 앞의 논문, p.23) 「rgyal」은 '왕'이라는 뜻이고, 뒤의 「skyen」은 '나다/생기다'라는 의미이므로, '왕이 생기다/
　　왕을 세우다'로 번역된다. '헤엄치다'라는 뜻의 「rkyal」로 판독하기도 하지만(森安孝夫, 1977, 앞의 논문, p.4), 자형 상 「rgyal」
　　이 분명하고, 또 뒤에 술어('나다/생기다')인 「skyen」이 연속된다는 점에서 '헤엄치다'는 의미로 보기 어렵다. 단, '물고기처럼
　　왕을 세운다'는 문장의 의미가 어떤 것인지는 명확히 알기 어렵다.

023 ཉེ། །ཉ་ལྤགས་ལ་བགྱིད །མ་རབས་ནི །གྲོ་བ་ལ་བགྱིད །འི །འབུག་ཆོར་ནས་ནུབ་ཕྱོགས

ni , nya lpak la bgyid , ma rabs ni , gro ba la bgyid , 'bug chor nas nub phyogs

은 물고기껍질로 만들고, 하류층은 나무 껍질로 만든다. Bug-chor에서 서쪽을

024 ལྟར། །བོད་གྱིས་ནི །དྲུག་གུ་རུས་དགུ་ཞེས་བགྱི སྡེ་དགུ་མཆིས་པའི་སྡེ་དཔོན་ཆེན་པོ

ltar , bod gyis ni , drug gu rus dgu zhes bgyi , sde dgu mchis pa'i sde dpon chen po

보면, Bod-gyis인들이 '아홉 개 [성]의 Drug-gu족'이라고 부르는 아홉 부족이 있는데, 그 대족장은

025 ཅུ་ཡི་ཀོར་དོ་ཏོག་ལས། །རྒྱས་བབས་གཙལ་པ །ཁ་གན་ཐོབ་སྟེ། །རུས་ནི །ཡག་ལེ

u yi kor do tog las , rgyas babs gtsal pa , kha gna thob ste , rus ni , yag le

U-yi-kor Do-tog [출신으로] [중국 황제로부터] 인가받아 Kha-gna이 된다. 그 가계는 Yag-le-

026 ཀེར་ཞེས་བགྱི། །སྒོར་ནི་ཏོག་དགུ་འཛུག་སྟེ། །ཧོ་ཡོ་འོར་སྡེ་ཆིག་དམག་དྲུག་སྟོང

ker zhes bgyi , sgor[23] ni tog dgu 'dzug te , ho yo 'or sde chig dmag drug stong

ker라고 한다. 원을 이루어 아홉 개의 tog를 세웠다. Ho-yo-or족만으로 군사가 6천명

027 མཆིས །འི །འདིའི་བྱང་ཕྱོགས་ལྟར །གེ་ཏང་ཞེས་བགྱི་བ་མཆིས་སྟེ། །རྒྱལ་པོ་གེ་ཏན་གྱི་ཁ་གན

mchis , 'di'i byang phyogs ltar , ge tang zhes bgyi ba mchis te , rgyal po ge tan gyi kha gna

이다. 그 북쪽을 보면, Ge-tang이라고 불리는 사람들이 있는데, 왕은 Ge-tang의 Kha-gna이고,

028 ཟས་དང་ཆོས་གྱང་ ཨ་ཞ་དང་འདྲ་སྟེ། །ཕྱུག་སུ་ཡང །བེའུ་ལུག་དང་རྟ་ཕལ་ཆེ །སྐད་གྱང་ཨ་ཞ

zas dang chos gyang , a zha dang 'dra ste , phyug su yang , be'u lug dang rta phal che , skad gyang a zha

음식과 종교가 A-zha와 같으며, 가축은 양과 말이 대부분이고, 언어는 A-zha

029 དང་ཕལ་ཆེར་འཐུན །ཧོ་ཡོ་ཧོར་དང་ཆེད་ནི་འཐབ །ཆེད་ནི་གཉེན །དེ་ནས་ཤར་ཕྱོགས་ལྟ

dang phal cher 'thun , ho yo hor dang ched ni 'thab , ched ni gnyen , de nas shar phyogs lta

와 거의 일치한다. Ho-yo-hor와 어떤 때에는 싸우고, 어떤 때에는 친구로 지낸다. 이곳에서 동쪽을 보면,

---

23) 원문의 「sgor」는 「skor」의 오기로 보인다(Federica Venturi, 2008, 앞의 논문, p.24).

030   དད་པྱི་མཆིས། དེ་ནས་བྱང་ཕྱོགས་ན། ག་ར་བྱི་གིར་སྡེ་ཅིག་མཆིས་ཏེ་ཡུལ་རོང་ཕྱོགས

dad pyi mchis ˌ de nas ˌ byang phyogs na ‖ ga ra byi gir sde chig mchis te yul rong phyogs

Dad-pyi가 있다. 여기서 북쪽으로 보면, Ga-ra-byi-gir족이 있는데, 나라는 계곡을 따라 있고,

031   ཕྱུག་སུ་ཕག་འབའ་ཞིག་མཆིས། དོ་ལེ་མན་སྡེ་གཅིག་མཆིས་ཡུལ་ནས་བྱི་ཙེ་

phyug su phag 'ba' zhig mchis ˌ°ˌ do le man sde gcig mchis yul nas byi tse

가축은 돼지뿐이다. Do-le-man 족이 하나 있다. 그 땅에서 좋은 약초

032   པད་བཟང་པོ་དེ་ནས་བྱུང་། གུར་གྲོ་བས་གཡོག་པ་སྡེ་ལྔ་མཆིས། དེ་ནས་བྱང་ཕྱོགས

pad bzang po de nas byung ‖ gur gro bas g.yog pa sde lnga mchis ˌ°ˌ de nas byang phyogs

가 나온다.[24] 천막을 나무 껍질로 덮는 다섯 부족이 있다. 여기서 북쪽

033   ན། མཚོ་མཐའ་མྱེད་པའི་འགྲམ་ན། མྱི་ཁྱིམ་དང་གཟུག་ཨ་ཞ་དང་འདྲ། ཕྱུགས་སྣ

na ˌ mtsho mtha' myed pa'i 'gram na ‖ myi khyim dang gzug a zha dang 'dra ‖ phyugs sna

의 끝없는 호숫가까지 있는 사람들은 집과 몸이 A-zha와 비슷하다. 가축은 여러

034   ཚོགས་པར་མཆིས། གོས་སུ་སྤུ་ལྤགས་གྱོན། དགུན་ཐང་ཆེན་པོ་ལ། ས་གས་སྟེ།

tshogs par mchis ‖ gos su spu lpags gyon ˌ dgun thang chen po la ˌ sa gas ste ˌ

종류가 있다. 옷은 털가죽을 입는다. 겨울에 대평원에서 땅이 갈라져

035   མྱི་ཕན་ཚུར་མྱི་ཐར་དད། ལ་སྡེ་ཆེ་ལ་སྐྱིད་པ་ཞིག་མཆིས། དེ་ནས་བྱ་[25]སྨད་

myi phen tshur myi thar dad ‖ la ˌ sde che la skyid pa zhig mchis ˌ°ˌ de nas bya smad

사람들이 이리저리 오고 갈 수 없다. 큰 부족은 생활이 넉넉하다. 여기서 북동쪽을

036   ལྟར། ཁེ་རྒྱེད་སྡེ་གཅིག་མཆིས་ཏེ། གུར་གྲོ་བས་གཡོག། ཧོར་ལ། བྱི་བ་སྔོན་པོའི་ལྤགས

ltar ˌ khe rgyed sde cig mchis te ‖ gur gro bas g.yog ‖ hor la ˌ byi ba sngon po'i lpags

---

24) 원문 「byi tse」을 '기장류와 유채꽃(혹은 인삼)'으로 보기도 하지만(森安孝夫, 2007, 앞의 책, p.333), 「byi-tser」 혹은 「byi-thser」의 오기로 보고, '약꿀/약초'로 보기도 한다(Federica Venturi, 2008, 앞의 논문, p.25).

25) 「bya」 다음에 「nga」이 있다고 보기도 하지만(위의 논문, p.15), 원문에서는 확인하기 어렵다.

보면, Khe-rgyed족이 하나 있고 천막을 나무 껍질로 덮는다. Hor에게 푸른 담비의 털

037

pa 'bul ₍₀₎ de nas byang phyogs na ˌ ye dre sde bdun mchis te rgyal po ni ma mchis ‖ hor

가죽을 바친다. 여기보다 북쪽에는 Ye-dre 일곱 부족이 있는데 왕은 없다. Hor

038

dang rtag du 'thab ‖ gur gro bas g.yog ‖ stag pa'i shing ‖ shing ma zho ltar 'jo zhing

와 끊임없이 싸운다. 천막은 나무로 덮는다. stag-pa'i[라는] 나무의 수액을 요거트처럼 발효시켜서

039

chang du bgyid ‖ yul rong phyogs te brtshan ₍₀₎ de'i nub ltar ˌ gud sde chu ngu zhig mchis te

술을 빚는다. 나라는 계곡 쪽에 있어 강하다. 이 서쪽을 보면 작은 Gud족이 하나 있다.

040

khyim yang ri la ˌ rtsa'i skyab mo ˌ sha ba la ˌ khal 'gel zhing spyod ‖ gos su dbyar

집은 산속의 풀 오두막이고, 맨몸에 짐을 메고 다닌다. 옷은 여름과

041

dgun 'dra bar ˌ ri dgas gyi lpags pa ˌ sol ba nag pos ˌ bsku zhing gyon

겨울 똑같이 야생 짐승의 모피에 검은 타르를 칠해서 입는다.

042

zas su ˌ ri dgas gyi ˌ sha dang ˌ gro ma dang ˌ mon bu ˌ byi bas byi brun btsag btsag

음식은 야생 짐승의 고기, 뿌리작물, mon-bu이고, 또 들쥐가 배설물처럼 모아 놓은 것과

043

pa dang ˌ byi mangs dang ˌ bye'u shing sta mos ˌ shing sbom po rul ba'i nang du ‖

쥐떼와 새끼새 및 딱따구리 등의 새가 썩은 고목 안에

044

btsag btsag pa 'tshald ‖ hor la gcan zan gyi lpags pa 'bul ₍₀₎ de nas

모아 놓은 것을 먹는다. Hor에 야생 육식동물의 모피를 바친다. 여기에서

045 བྱང་སྟོད་ལྟར་ཀུ་ཆུ་འུར་སྡེ་གཅིག་མཆིས་ཏེ།།ཡུལ་བཙན་ཏེ།།ཧོར་གྱི་ངག་མྱི་

byang stod ltar ། ku chu 'ur sde gcig mchis te །། yul brtshan te །། hor gyi ngag myi

북서쪽을 보면, Ku-chu-ur족이 하나 있다. 나라는 강하고 Hor 말을 듣지

046 ཉན་ནས་རྟག་དུ་འཐབ།ཨ།དེའི་ལྟག་ན།ཧིར་ཏིས་སྡེ་ཆུ་ངུ་གཉིས་མཆིས་ཏེ་

nyan nas rtag du 'thab ༌ོ༌ de'i ltag na ། hir tis sde chu ngu gnyis mchis te

않으며 항상 싸운다. 그 뒤에는 작은 Hir-tis족이 둘 있다.

047 ཧོར་དང་ཆད་ནི།འཐབ་ཆད་ནི་གཉེན།།དེ་ནས་བྱང་ཕྱོགས་ན།།གིར་ཏིས་སྡེ་གཅིག་

hor dang chad ni ། 'thab chad ni gnyen །། de nas byang phyogs na །། gir tis sde gcig

Hor와 어떤 때는 싸우고, 어떤 때는 화친한다. 여기서 북쪽에는 Gir-tis족이 하나

048 མཆིས་པ།།མྱིག་ཤེལ་མྱིག།སྐྲ་མར་པོ།།ཡུལ་ན།ཕྱུགས་སྣ་ཚོགས།མཆིས།རྟ་བོ་

mchis pa །། myig shel myig ། skra mar po །། yul na ། phyugs sna tshogs ། mchis ། rta bo

있다. 눈은 수정의 눈이고, 머리카락은 붉다. 그 땅에는 여러 종류의 가축이 있다. 큰

049 ཆེ་སྐྱེ།ཨ།དེ་ནས་བྱང་ཕྱོགས་ན།།མྱེ་ངམ་བྱེ་རི་རྒྱུད་ཆེན་པོ་ཞིག་གིས་ཆོད།

che skye ༌ོ༌ de nas byang phyogs na །། mye ngam bye ri rgyud chen po zhig gis chhod ། zha ma

말이 자란다. 여기서 북쪽에는 사막 산맥 지대에 의해 나뉘어 있다. Zha-ma

050 ཁ་གན་གྱིས།།དམག་དྲང་ན།།དམག་ནི་མ་ཐར།དེའི:པ་རོལ།བྱང་ཕྱོགས་

kha gan gyis །། dmag drang na །། dmag ni ma thar །། de'i pha rol ། byang phyogs

kha-gan이 군사를 이끌고 갔지만, 군사들이 [그 경계를] 넘을 수 없었다. 그 건너 북쪽에는

051 མྱི་ལུས་རིང་པོ་ཆེན་པོ་ཞིག།མཆིས་ཏེ།།ཁོའི་ལུས:འདོམ་གསུམ་ཚམ།མདའ་ཞི

myi lus ring po chen po zhig ། mchis te །། kho'i lus 'dom gsum tsham ། mda' zhi[26]

---

26) 원문의 「zhi」는 '고요한/조용한'이라는 뜻으로, 문맥에 맞지 않는다. 이에 '태양'이라는 의미의 「nyi」의 오기로 보기도 하지만 (Jacques Bacot, 1956, 앞의 논문, p.146), 이 역시 문맥에 맞지 않는다(Federica Venturi, 2008, 앞의 논문, p.27). 여기서는 「zhi」를 「gzhu」의 오기로 보고 앞의 「mda'」와 함께 '활과 화살' 즉 무기의 의미로 해석하였다.

등이 높고 몸이 큰 거인이 있다. 그 키는 3 dom 쯤 된다. 무기와

052 ཚ་ངར་དང་ཟས། །རྒྱལ་པོ་གཞན་དང་འདྲ།། དགྲ་བགྱིད་ཅིང་མྱི་གྱོད་ལ་འདོགས
cha ngar dang zas ¦ rgyal po gzhan dang ʼdra ‖ dgra bgyid ching myi gyod la ʼdogs

사나움, 음식 면에서는 다른 왕들과 같다. 적을 공격할 때 후회하지 말라고

053 ཞིང་འགུམས་པའི་ཆོས་མ་མཆིས།། མྱི་གུམས་ན་ཤིད་མྱི་བགྱིད་མཆད་པ་མྱི་
zhing ¦ ʼgums paʼi chos ma mchis ‖ myi gums na ¦ shid myi bgyid ¦ mchad pa myi

금한다. 매장 풍습이 없다. 사람이 죽어도 장례가 없다. 무덤을

054 རྩིག། བྱིས་པ་རྡ་ཕྲད་པ་ཡན་ཆད།། ལྷ་ལ་ཕྱག་འཚལ།། ཕྱུག་སུ་བེའུ་ལུག
rtzig ‖ byis pa rda phrad pa yan chad ‖ lha la phyag ʼtshal ‖ phyug su beʼu lug

세우지 않는다. 아이들이 의사소통하게 되면 항상 신에게 예배한다. 가축은 염소, 양 등

055 སྣ་ཚོགས་མཆིས།། ཧིར་ཀིས། །ཕོ་ཉ་གཏང་གཏང་ན།། འདི་ལྟ་བུ་བྱིས་པ་འདྲ་བ
sna tshogs mchis ‖ hir kis ‖ pho nya gtang gtang na ‖ ʼdi lta bu byis pa ʼdra ba

여러 종류가 있다. Hir-kis가 사자를 거듭 보내자, "이렇게 하면 어린 아이같은 사람은

056 ཁྱི་བར་ཀུས་པར་འོང་ཞེས། །མཆིས་ནས། །ཁོང་ཏའི་རྣ་ཞུ་ནང་དུ་གཙལ
khyi bar kus par ʼong zhes ¦ mchis nas ¦ khong taʼi rna zhu nang du gtsal

개에게 물어 뜯길 것이다"라고 하였다. 그래서 그들은 문서로 조건을

057 དཔྱང་ལ་འདོགས། །ཕོ་ཉ་ལ་འདྲི་བ། །ངེད་ཀྱི་བེའུ་ལུག་རྫི། ག་ར་གང་ལ
dpyang la ʼdogs ¦ pho nya la ʼdri ba ¦ nged gyi beʼu lug rdzi ¦ ga ra gang la

걸었다. 사자에게 묻기를 "우리의 양치기가 Ga-ra-gang-la

058 ཞེས་བྱ་བ་ཡོད་པའི་རིགས་ན། ག་ལ་འཁོད་འདྲི་ཞེས་མཆིས།། མྱི་རིང་ཕེན
zhes bya ba yod paʼi rigs na ¦ ga la ʼkhod ʼdri zhes mchis ‖ myi ring phen

라고 불리는 무리 중 어디에 정착해야 하는지 묻는다"고 하였다. 거인들

059 ཆད་ནི། །མྱི་མཆིས་པ་སྐད་མ་ཐོས། །དེའི་བྱང་ཕྱོགས་ན་བ་སྨེ་སྡེ་ལྔ་མཆིས
chad ni ¦ myi mchis pa skad ma thos ¦ deʼi byang phyogs na ba sme sde lnga mchis

너머에는 사람이 있다는 이야기를 들은 바 없다. 그 북쪽에는 Ba-sme 다섯 부족이 있

060 དེ༎ཧོར་དང་གར་ལོག་དང་གསུང་བསྟོང་སྟེ༑འབུག་ཆོར་གྱི་རྒྱལ་པོ༑ཁ་ངན་

de ‖ hor dang ǀ gar log dang gsung bsdong ste ǀ ’bug chor gyi rgyal po ǀ kha ngan

다. Hor와 Gar-log이 [그들과] 함께 모의하여 Bug-chor의 왕 즉 kha-ngan의

061 གྱི་སྲིད་བརླགས་སྟེ༎བ་མེལ་གྱི་སྡེ༑དཔོན༑ཁ་ངན་གྱས་ཐོབ་པ་ལས༎ཧོར་

gyi srid brlags te ‖ ba mel gyi sde ǀ dpon ǀ kha ngan gyas thob pa las ‖ hor

지배를 무너뜨리고, Ba-mel 족장이 kha-ngan이 되었다. Hor

062 དང་གར་ལོག་གིས༑བ་མེལ་ཁ་ངན་བསད་ནས༎བ་སྨེལ་སྡེ་འཐོས་ཏེ༑སྡེ་བྲན་

dang ǀ gar log gis ǀ ba mel kha ngan bsad nas ‖ ba smel sde ’thos te ǀ sde bran

와 Gar-log이 Ba-mel kha-ngan을 죽이자, Ba-smel족은 분열되어 예속 부족

063 དུ་མཆིས་པ་ལས༎བ་སྨེལ༑གེས་དུམ་སྡེ་གཅིག༑བ་སྨེལ་གྱི་ཁམས་

du mchis pa las ‖ ba smel ǀ ges dum sde gcig ǀ ba smel gyi khams

이 되었다. Ba-smel의 Ges-dum족 하나, Ba-smel의 예하 부족

064 བ་ཡར་བགོ་སྡེ་གཅིག༎སྡེ་དཔོན་ཡེད་མྱིས་ཧིར་ཀིན༎ཧི་དོག་ཀས་སྡེ་གཅིག་

ba yar bgo sde gcig ‖ sde dpon yed myis ǀ hir kin ‖ hi dog kas sde gcig

Ba-yar-bgo족 하나, 그 족장은 Yed-myis hir-kin이고, Hi-dog-kas족 하나,

065 སྡེ་དཔོན་ཧི་ཀིལ་ཀོར་ཧིར་ཀིན༑ཡུལ་བཙན་ཏེ༎གར་ལོགས་གིས༑མ་ཁུགས་

sde dpon hi kil rkor hir kin ǀ yul brtsan te ‖ gar logs gis ǀ ma khugs

그 족장은 Hi-kil-rkor hir-kin이다. [이들은] 나라가 강성하여 Gar-log이 이들을 지배할 수 없었다.

066 དེ་ནས་བྱང་ཕྱོགས་ན༑གོ་ཀོག་སྡེ་གཅིག་སུ་དང་ཡང་མྱི་འཐབ་མྱི་རྩོད༑ཨོ༑དེའི་ནུབ་ཕྱོགས་

de nas byang phyogs na ǀ go kog sde gcig su dang yang mi ’thab mi rtsod ǀoǀ de’i nub phyogs

여기서 북쪽에 있는 Go-kog족 하나는 누구와도 싸우지 않는다. 이 서쪽

067 ན༎སྟེ་བཅུ་ཚམས་ཡོད༑ཁལ་ལ་ནི་ཡུལ་བཅུན་ལ་ལ་ནི་རོང་ཆེ་ལ་ལ་ནི་ཡུལ་བཟང་

na ǁ sde bcu tsam yod de ǀºǀ la la ni yul brtsan la la ni rong che la la ni yul bzang

에 열 개 부족이 있다. 어떤 곳은 나라가 강하고, 어떤 곳은 큰 골짜기, 어떤 곳은 땅이 좋고

068   ཞིང་འབྲོག་ཆེ་ཁ་འདི་རྣམས་ཀྱི་བྱང་ཕྱོགས་ན་མྱེ་ངམ་བྱེ་རི་རྒྱུད་ཆེན་པོ་ཁ་རོལ་ན

zhing 'brog che ǀºǀ 'di rnams gyi byang phyogs na ǀ mye ngam bye ri rgyud chen po ǀ pha rol na

큰 초지가 있다. 이들 북쪽에는 사막 산맥 지대이다. 그 너머에는

069   གནམ་གྱི་རྒྱལ་པོ་སྡེ་གཉིས་མཆིས་སྟེ། །འབུག་ཆོར་གྱི་རྒྱལ་པོ་ཞ་མ་ཁ

gnam gyi rgyal po sde gnyis mchis te ǁ 'bug chor gyi rgyal po ǀ zha ma kha

'하늘의 제왕'족이 둘 있다. Bug-chor의 왕 Zha-ma Kha-

070   གན་གྱི་སྲིད་བདེ་བའི་ཚེ། །འདི་ཕྱོགས་ན་དམག་དྲང་ན་དམག་གིས་མ་ཐར་ཏེ་

gna gyi srid bde ba'i tshe ǁ 'di phyogs na ǀ dmag drang na ǀ dmag gis ǀ ma thar te

gna의 지배가 안정되었을 때 이쪽으로 군사를 보냈는데, 군사들이 지나갈 수

071   མྱི་ཉིས་འཁྱམས་ཏེ། མཆི་མཆི་བ། །རྔ་མོའི་རྗེས་ཞིག་དང་མཇལ་ནས། །རྗེས

myi nyis 'khyams te ǀ mchis mchis ba ǁ rnga mo'i rjes zhig dang mjal nas ǁ rjes

없었다. 이때 남자 두 사람이 길을 잃고 헤매다가 암낙타의 발자국을 발견하고 그 발자국

072   ཆུ་དག་དུ་མཆི་མཆི་ན། །རྔ་མོ་ཕལ་མོ་ཆེ་ཞིག་མཆིས་པའི་གན་ན་བུད་མེད

chu dag du mchis mchis na ǁ rnga mo phal mo che zhig mchis pa'i gna na ǀ bud med ǀ

을 따라가자 암낙타 무리가 있는 근처에 여인들이

073   མཆིས་པ་དག་ཆིག་དང་མཇལ་ནས། །དྲུག་གུ་སྐད་དུ་རྡ་མཇལ་ནས། །བུད་མེད

mchis pa dag chig dang mjal nas ǁ drug gu skad du rda mjal nas ǁ bud med

있었고, 만나서 Drug-gu어로 인사한 뒤 여인들이

074   དེས་བཀྲི་བཀྲི་སྟེ། །སྦས་ན། །ཕྱི་འབྲེལ་ཁྱི་ཕལ་མོ་ཆེ་ཞིག །རི་དགས

des bkrtri bkrtri ste ǁ sbas na ǁ phyi 'brel ǀ khyi phal mo che zhig ǁ ri dgas

소곤거리며 그들을 숨겨 주었다. [잠시 뒤] 사냥감을 쫓던 큰 개 한 마리가

075 ཤོར་དུ་མཆི་མཆི་ཁ་སླར་མཆིས་པས།།ཁྱིས་ནས་ཚོར་ཏེ་ཁྱི་ལ་ཕྱག་འཚལ

shor du mchis mchis ͺ ba slar mchis pas ͺͺ khyis nas tshor te ͺ khyi la phyag 'tshal

나타났고, 큰 개는 코로 냄새를 맡아 알아보았다. 개에게 절을

076 དུ་བཅུག་གོ།།དེ་ནས་ཁྱིས།ཾ་ང་མོ་བཅུ་དང་ཆི་འདོད་དགུ།ལྔ་དང་བྱེ་རི་རྒྱལ

du bchug go ͺͺ de nas khyis ͺ nga mo bcu dang ͺ chi 'dod dgu ͺͺ dang ͺͺ mye ngam bye ri rgyal

하게 하였다. 그 뒤 개들은 암낙타 열 마리와 [그들이] 요구한 아홉 가지, 사막 산맥을 넘기

077 བའི་ཆུ་བཀལ་ཏེ་སླར་བཏང་ནས་དྲུག་གུ་ཡུལ་དུ་ཕྱིན་ནོ།།ཁྱི་དང་པོ་གནམ་ལས་བབ་ཁྱི

ba'i chu bkal te ͺ slar btang nas ͺ drug gu yul du phyin no ͺͺ khyi dang po gnam las bab khyi

위한 물을 싣고 다시 출발하게 하여, [그들은] Drug-gu로 돌아왔다. 최초의 개는 하늘에서 내려왔다.

078 དམར་པོ་གཅིག་དང་ནག་པོ་གཅིག་དང་གཉིས།།ལ་བབ་སྟེ།།ཆུང་མར།།སྤྱང་མོ་ཞིག

dmar po gcig dang nag po gcig dang gnyis ͺͺ la bab ste ͺͺ chung mar ͺͺ spyang mo zhig

붉은 개 한 마리와 검은 개 한 마리, 도합 두 마리가 내려왔다. 작은 개가 암늑대를

079 གཅིག་དང་ཕྲདེ་འཚོས་ན་བུར་མ་རུང་ངོ།།དེ་ནས་དྲུག་གུའི་ཁྱིམ་འདབ་ནས

gcig dang phrade 'tshos na ͺ bur ma rung ngo ͺͺ de nas ͺ drug gu'i khyim 'dab nas

만났는데, 함께 사는 것은 금기였다. 그래서 Drug-gu 사람의 집에서

080 བུ་མོ་གཅིག་བཀུས་ཏེ་བུ་མོ་དེ་དང་འཚོས་ནས།།བུ་པོ་རྣམས་ནི་ཁྱིར་བྱུང་ངོ་མོ་རྣམས

bu mo gcig bkus te ͺ bu mo de dang 'tshos nas ͺͺ bu pho rnams ni ͺ khyir byung ngo ͺ mo rnams

딸 하나를 빼앗아 그 딸과 살았는데 아들들은 개로 태어나고, 딸들

081 ནི་མྱིར་བྱུང་ནས་བུད་མེད་དག་གཅིག་དུ་རེདོ།།ཁྱི་དམར་པོའི་སྡེ་ནི་གེ་ཟིར

ni ͺ myir byung nas bud med dag gcig du red do ͺͺ khyi dmar po'i sde ni ͺ ge zir

은 사람으로 태어나 여자가 되었다. 붉은 개 일족은 Ge-zir-

082 གུ་ཤུ་ཞེས་བགྱིའོ།།ཁྱི་ནག་པོའི་སྡེ་ནི།།ག་ར་གུ་ཤུ་ཞེས་བགྱིས་ཏེ།།ཁྱི་དང་བུད

gu shu zhes bgyis o ͺͺ khyi nag po'i sde ni ͺͺ ga ra gu shu zhes bgyis te ͺͺ khyi dang bud gu-shu라고 하고, 검은 개 일족은 Ga-ra-gu-shu라고 한다. 개와 여자들

083 མེད་དྲུག་གུ་སྐད་དུ་རྡ་མཇལ་ནས།།ཕྱུགས་ལ་ཚོགས་པ་ནི།།ནོར་ཟས་ནི་བུད་མེད
med drug gu skad du rda mjal nas || phyugs la tshogs pa ni || nor zas ni bud med

은 Drug-gu어로 이야기하며, 가축이나 돈, 음식은 여자

084 གྱིས།སྦྱོར་ཞིང་སྤྱོད་དོ།༑དེའི་ཕན་ཕྱད་ན།མི་མཆིས་པ་སྐད་མ་ཐོས་སོ།༑འདིའི་ནུབ
gyis | sbyor zhing spyod do |o| de'i phen phyad na | mi mchis pa skad ma thos so |o| 'di'i nub

가 준비하여 썼다. 그 너머에 사람이 산다는 이야기는 들은 바 없다. 그 서

085 ཕྱོགས་ལྟར།གར་ལོག་སྡེ་གསུམ་ཞིག་མཆིས་ཏེ།།དམག་བརྒྱད་སྟོང་མཆིས།དུ་རྒྱུས
phyogs ltar | gar log sde gsum zhig mchis te || dmag brgyad stong mchis | du rgyus

쪽을 보면, Gar-log 세 부족이 있고, 군사가 8천명이다. [그들은] Du-rgyus

086 དང་ཏ་ཞིག་དང་འཐབ།༑དེའི་ཤར་ཕྱོགས་ལྟར།།འོག་རག་སྡེ་གསུམ་མཆིས་ཏེ།།ཧོ་ཡོ
dang ta zhig dang 'thab |o| de'i shar phyogs ltar || 'og rag sde gsum mchis te || ho yo

와 Ta-zhig와 싸운다. 그 동쪽을 보면, Og-rag 세 부족이 있고, Ho-yo-

087 ཧོར་ཅེ་ཕྱོགས་ལྟར།།ནེ་ཤག་ཆོས་གྱི་མཁན་པོ་ཚོལ་ཞིང་འགུག་པའི་རྟེན་
hor ce phyogs ltar || ne shag chos gyi mkhan po tshol zhing 'gug pa'i rten

hor-ce 방향을 보면서 Ne-shaq교의 법사를 찾아다니며

088 བྱེད་ཅིང།ཧོ་ཡོ་ཧོར་དང་འཐབ་བོ།༑དེའི་བྱང་སྨད་ན།།དྲུགུ་གུ་ལོག་གོལ་འཆོར་གྱི
byed cing | ho yo hor dang 'thab bo |o| de'i byang smad na || drugu gu log gol 'chor gyi

불러들이면서 Ho-yo-hor와 싸운다. 이 북동쪽에는 Drug-gu의 Gu-log-gol-chor에서

089 འཕྲོ།ཨི་བྱིལ་ཀོར།སྡེ་གཅིག་མཆིས་ཏེ།།དམག་སྟོང་མཆིས།༑དེའི་བྱང་སྟོན་ན།བེ
'phro | i byil kor | sde gcig mchis te || dmag stong mchis |o| de'i byang ston na | be

나온 I-byil-kor족이 하나 있다. 군사는 1천명이다. 이 북서쪽에는 Be-

090 ཅ་ནག་སྡེ་ཅིག་མཆིས་ཏེ།།དམག་ལྔ་སྟོང་མཆིས།།ཧོར་དང་འཐབ།༑དེའི་ནུབ་ཕྱོགས

ca nag sde gcig mchis te ‖ dmag lnga stong mchis ‖ hor dang ’thab ǀºǀ de’i nub phyogs

ca-nag족이 하나 있다. 군사는 5천명이다. Hor와 싸운다. 이 서쪽

091 <Tibetan>

na ‖ drug gu ha la yun log sde gcig mchis te ‖ sde che la ǀ skyid pa zhig mchis ǀ drug gu rta ǁ

에는 Drug-gu의 Ha-la-yun-log족이 하나 있다. 크고 행복한 부족이다. Drug-gu의

092 <Tibetan>

bkra de nas mchis o ǀºǀ de’i byang phyogs na ‖ mye ngam bye ri rgyud gyi pha rol na ǀ myi ’ud

얼룩말은 여기서 나온 것이다. 여기서 북쪽의 사막 산맥 너머에는 Ud-

093 <Tibetan>

ha dag leg zhes bgyis pa ‖ rkang pa ǀ ba lang gi rmyig pa chan la ‖ lus la spu

ha-dag-leg이라고 불리는 사람들이 있는데 발은 소의 발굽을 가졌고 몸에는

094 <Tibetan>

shol shol po zhig mchis ǀ myi sha la ’tshal ǀºǀ ’di phyogs nas par ‖ drug gu’i

복슬복슬한 털이 있다. 인육을 좋아한다. 이쪽에서 저쪽으로, Drug-gu

095 <Tibetan>

myi rgod dag gcig mchis mchis na ‖ myi rgod gcig gi rkang pa chags te ǀ ’gro ma phod

의 야만적인 무리가 하나 있다. [그들 중] 남자 한 사람의 발이 부러져 걸을 수 없게

096 <Tibetan>

nas ‖ rogs po dag gis ‖ rkang pa chag pa’i drung du ǀ rta chig bsad nas ǀ shing

되자 동료들이 발이 부러진 사람 곁에서 말 한 마리를 죽여 [미끼로 만들고] 나무를

097 <Tibetan>

mang du bsdus te ǀ mye cha lag tu byin te ‖ der bor nas ‖ re shig na ‖ stag gcig

많이 쌓고 기름 덩이를 손에 준 뒤 그곳에 두고 갔다. 어느 날에 호랑이 한 마리가

098 སྤངས་ཟིན་ཏེ་།།རྐང་ཆག་གནའ་དུ་ཕྱིན་ན།།སྟག་གི་ཕྱི་བཞིན་དུ་།ལུས་བྱི་ལ་ཆེན

spangs zin te ‖ rkang chag gna du phyin na ‖ stag gi phyi bzhin du ∣ lus byi la chen

[미끼를 먹으러 왔다가] 떠나가고, [발이 부러진 남자가] 미끼가 있던 곳에 가보니, 겉모습은 호랑이 같고 몸에는 큰 얼룩이

099 པོ་ཚ་།།སྤུ་ལྕག་གི་ཐུར་མ་བཞིན་དུ་སྲ་།།ལྐོག་མ་དང་།མཆན་འོག་

po tsam ‖ spu lcag gi thur ma bzhin du sra ‖ lkog ma dang ∣ mchan ’og

매우 많으며, 털은 쇠막대와 같이 단단하고 등과 겨드랑이,

100 གཡའ་གཡོན་།།མཐེབ་བོ་ས་ཚམ་རེ་རེ་དཀར་།།ནས་།མྱི་རྐང་ཆག་གིས་

g.ya’ g.yon ‖ mtheb bo sa tsam re re dkar ‖ nas ∣ myi rkang chag gis

좌우 옆구리, 발바닥이 닿는 부분이 하얀 [짐승이 나타났다.] 발이 부러진 사람이

101 མཆན་འོག་དཀར་བ་དེར་མདའ་ཆིག་གིས་འཕངས་ཏེ་བསད་ན་།།ལུས་ནི་ཕག་

mchan ’og dkar ba der mda’ chig gis ’phangs te bsad na ‖ lus ni phag

하얀 옆구리에 화살을 쏘아서 죽였다. 몸은 돼지

102 བཞིན་སྒུར་།།སྤུ་ནི་ལྕག་གི་འཐུར་མ་བཞིན་དུ་སྲ་ལ་རྣོ་།།སྣའི་ཐོག་མ་ནས་

bzhin sgur ‖ spu ni lcag gi ’thur ma bzhin du sra la rno ‖ sna’i thog ma nas

와 같이 구부러지고, 털은 쇠막대와 같이 단단하고 날카로웠다. 코 끝부터

103 མཇུག་གི་ཐོག ⋯ བར་དུ་། །རལ་གྱི་བཞིན་དུ་རྣོ་། །དྲུག་གུ་སྐད་དུ་།ཀོག་ཉོ་ཡོག

mjug gi thog ⋯ bar du ‖ ral gyi bzhin du rno ‖ drug gu skad du ∣ kog nyo yog

꼬리 끝 ⋯ 까지 칼처럼 날카로웠다. Drug-gu어로 Kog-nyo-yog

104 ཆེས་བའི། ∣⋯⋯ ས་བྱ། །སྟེ་།སྟག་དང་ལྒང་འཐབ་པ་དེར་མཐོང་འོ །

ches ba’i ‖ ⋯ sa bya ‖ ste ∣ stag dang lgang ’thab pa der mthong’o ∣°∣

라고 하는 ⋯ ? 새 ? 호랑이와 고슴도치[27]가 싸우는 것을 거기서 보았다.

---

27) 원문의 「lgang」은 ‘glang’ 즉 소/야크일 가능성이 있지만, 고대 티베트어 lgang은 현대어 rgang로서, ‘고슴도치’일 가능성도 있다(위의 논문, p.32). 털이 날카롭다는 묘사의 문맥상 고슴도치일 개연성이 있다.

105 ························ ས་སོས་རྒྱ་བར་དུ། །སྟག་གིས་རི་དགས་བསད་ཅིང
·············· sa sos gya bar du ‖ stag gis ri dgas bsad ching

··· ? 땅이 되살아나는 동안 호랑이는 야생 짐승을 죽이고

106 ····················· ཀྱི་བྱ་ད་གཟུགས་གཞན་དང་འདྲ། །གོས་ཆུང
·············· ¦ myi bya da gzug gzhan dang ’dra ‖ gos chung

··· ? 사람과 새(들)은 다른 모습과 비슷하다. 얇은 옷

107 ····················· ག །སྒྲོག་རུས་གྱས་གྱོས་ན་མཆིས །དེའི
·············· ga ¦ sgrog rus gyas gyos na mchis ¦ de’i

··· ?   갈비뼈가 좌우에 있다. 그것

108 ····················· ས་ཞིག་གི་ནང་ན། རི་བོག་རི །ཉ་བེ་བའི ···
·············· sa zhig gi nang na ¦ ri bog ri ¦ nya be ba’i ···

··· ? 어떤 지역 안에 산 아래 산에   ? ···

109 ····················· ང་རྩི་སྤན་སྤུན་ཡང་མཆིས་སྟེ། རི ······
·············· nga rtsi span spun yang mchis te ‖ ri ······

··· ? ? ? 형제도 있다.   ? ···

110 ····························· ·མཆོའི· ···········
······························ mcho’i ········

··· ? ···

2. 교감 및 역주

[제목]

북쪽 지역에 거주하는 여러 왕들의 계통에 관한 문서

[서문]

지난 날 Hor[28]의 왕이 명령을 내렸고, 북쪽에 몇 명의 왕이 있는지 조사하도록 Hor인 5명을 파견했던 명령문서가 文書庫[29]에 있어 이를 옮겨 적은 것이다.

[본문]

[I][30]

나라의 이름을 漢語[31]로 Ji'-ur[32], 튀르크(Türk)[33]語로 바키르 발리크(Baqïr Balïq)[34]이라고 한다.

그 너머에는 튀르크계 돌궐[35] 열 두 [부족]이 있는데, 왕 Zha-ma 카간(qaghan)의 족[36]이 하나, Ha-li[37]

---

28) Hor를 위구르로 보기도 하지만(Jacques Bacot, 1956, 앞의 논문, p.149), 이 문서에서 위구르는 U yi kor / Ho yo 'or / Ho yo hor 등으로도 등장한다. 이에 따라 Hor를 위구르로 보더라도, 위구르 제국에 해당하는지, 제국이 붕괴된 이후 분리된 위구르 집단을 가리키는지 불분명하다(Louis Ligeti, 1971, 「A propos du 《Rapport sur les rois demeurant dans le Nord》」, 『Etudes tibétaines dédiées à la mémoire de Marcelle Lalou』, Paris: Librairie d'Amérique et d'Orient, p.176). 특히, Hor에서 출발한 5인의 시찰단의 경로 분석을 통해 Hor의 위치를 河西-투르판-北庭에서 찾아야 한다는 견해(森安孝夫, 1977, 앞의 논문, pp.34~46)에 따르면, 비록 다른 자료에서 Hor=위구르의 용례가 많다고 하더라도, 이 문서의 Hor를 위구르 혹은 위구르 제국과 곧바로 동일시하기는 어렵다. 이에 따라 소그드로 추정하기도 한다(森安孝夫, 2007, 앞의 책, pp.344-345). 여기서는 일단 판단을 유보하고 Hor 원문 그대로 둔다. 이하에서 고유명사의 원문을 그대로 둔 경우는 단정하기 어려운 경우이다.

29) 원문의 「phyag sbyal」는 일반적으로 '감옥(prison)'이라는 의미이지만, 아무나 접근할 수 없는 장소로서 '문서고(archive)'를 의미한다고 보는 견해(Giuseppe Tucci, 1950, 『The Tombs of the Tibetan Kings』, Istituto Italiano per il Medio ed Estremo Oriete, p.82)를 따른다.

30) 이하 로마 숫자는 시찰을 위해 파견된 Hor인 5인의 보고 내용을 다섯으로 구분한 것으로, 5인의 시찰 경로에 대한 추정을 바탕으로 해석한 결과이다(森安孝夫, 2007, 앞의 책, pp.330-338).

31) 원문의 「rgya」는 '넓음/제국'이라는 의미로, 가령 'rgya nag'은 중국을, 'rgya gar'는 인도를 의미하는데, 이 문서에서는 'rgya' 자체가 중국을 의미하는 것으로 이해된다.

32) 원문의 「Ji-'ur」를 室韋로 보기도 하지만(王堯·陳踐, 1981, 앞의 논문, p.17), 문맥상 그 지리적 위치는 돌궐의 서쪽에 해당하므로, 室韋로 보기 어렵다.

33) 원문의 「Drug-gu」는 「Türk」의 음사로 이해된다(Jacques Bacot, 1956, 앞의 논문, p.138).

34) 원문의 「Ba-ker-pa-lig」은 Baqïr Balïq의 음사로 이해되며, Baqïr Balïq는 '구리 도시'라는 의미로 해석된다(Pelliot 노트: 위의 논문, p.151).

35) 원문의 「Bug-chor」는 「Bük čur」의 음사로, 한자어 默啜과 통한다(Pelliot 노트: 위의 논문, p.151). 단, 이 문서에서 Bug-chor은 默啜, 즉 돌궐제2제국의 제2대 카프간 카간(Bük čur/默啜可汗, 재위 692~716)을 의미하는 것으로 보기 어렵다. 이에 따라 돌궐제2제국(Gérard Clauson, 1957, 앞의 논문, p.12) 혹은 돌궐제2제국과 그 잔여 세력을 포괄하는 돌궐로 이해된다(森安孝夫, 1977, 앞의 논문, p.13). 다른 한편으로, 롭 노르 호수 주변의 튀르크계 소국(Louis Ligeti, 1971, 앞의 논문, p.178)을 가리킨다고 보기도 한다.

36) 원문의 「Zha-ma」를 射摩의 음사로 추정하기도 하는데(森安孝夫, 2007, 앞의 책, p.331), 『酉陽雜俎』에 따르면, 射摩는 돌궐의 조상이다. 한편, Zha-ma 카간을 돌궐제2제국의 마지막 오즈므쉬(Özmish) 카간(烏蘇米施可汗)으로 추정하기도 한다(Gérard Clauson, 1957, 앞의 논문, p.13). '카간의 족'은 곧 阿史那部를 가리키는 것으로 해석된다(森安孝夫, 1977, 앞의 논문, p.13).

37) 원문의 「Ha-li」는 돌궐제1제국의 마지막 일릭 카간/頡利可汗(재위 620~630)을 가리킨다고 보기도 하지만(Gérard Clauson, 1957, 앞의 논문, p.18), 賀魯를 가리킨다고 보기도 한다(森安孝夫, 2007, 앞의 책, p.319).

족이 하나, A-sha-sde[38]족이 하나, Shar-du-li[39]족이 하나, Lo-lad[40]족이 하나, Par-sil[41]족이 하나, Ji-ke[42]족이 하나, So-ni[43]족이 하나, Jol-ti족이 하나, Yan-ti족이 하나, He-bdal[44]족이 하나, Gar-rga-pur[45]족이 하나이다. 이들에게는 왕이 없고, 이들의 사이에 군사가 6천명 있다.[46]

그 동쪽을 보면, 티베트[47]인이 He(奚)[48]라고 부르고, 漢人이 奚子[49], 튀르크인이 타타비(Tatabï)[50]라고 부르는 종족의 수장은 Chong-bong-ya로, 타타비의 적법한 선조들의 머리뼈를 금과 은으로 꾸며서 술잔으로 사용하였다.[51]

이들의 동쪽을 보면, 튀르크인은 Mug-lig[52], 漢人은 高麗[53]라고 부른다. 山東 지방[54]의 권력자 張忠志[55]

---

38) 원문의 「A-sha-sde」를 阿史德으로 보기도 한다(Pelliot 노트: Jacques Bacot, 1956, 앞의 논문, p.151).

39) 원문의 「Shar-du-li」는 舍利吐利(Gérard Clauson, 1957, 앞의 논문, p.18; 森安孝夫, 1977, 앞의 논문, p.13) 혹은 舍利突利(王堯·陳踐, 1981, 앞의 논문, p.17)로 보기도 한다.

40) 원문의 「Lo-lad」를 누라(Nu-la)/奴剌로 보기도 한다(Pelliot 노트: Jacques Bacot, 1956, 앞의 논문, p.151).

41) 원문의 「Par-sil」을 卑失로 보기도 한다(Gérard Clauson, 1957, 앞의 논문, p.18).

42) 원문의 「Ji-ke」를 綽으로 보기도 한다(森安孝夫, 2007, 앞의 책, p.319).

43) 원문의 「So-ni」를 수니(Su-ni)/蘇尼(Pelliot 노트: Jacques Bacot, 1956, 앞의 논문, p.151) 혹은 蘇農(Gérard Clauson, 1957, 앞의 논문, p.18; 森安孝夫, 2007, 앞의 책, p.319)으로 보기도 한다.

44) 원문의 「He-bdal」을 에프탈(Hephtalites/悒怛)로 보기도 한다(Gérard Clauson, 1957, 앞의 논문, p.18).

45) 원문의 「Gar-rga-pur」를 카를룩(葛邏綠)으로 보기도 한다(森安孝夫, 1977, 앞의 논문, p.14).

46) 이 문장의 '이들'이 돌궐의 12부족 전체를 가리키는지, 이들 중 한 부족만을 가리키는지 불분명하다(Federica Venturi, 2008, 앞의 논문, p.22). '왕이 없다'고 하지만, 12부족 중 첫 번째로 언급된 부족을 카간의 부족이라고 설명했기 때문이다.

47) 원문의 「Bod」는 티베트를 가리킨다.

48) 원문의 「He」는 奚를 음사한 것으로 이해된다(Pelliot 노트: Jacques Bacot, 1956, 앞의 논문, p.151).

49) 원문의 「He-tse」는 奚子를 음사한 것으로 이해된다(Pelliot 노트: 위의 논문, p.151).

50) 원문 「Dad-pyi」는 Tatabï의 음사로 파악된다(Gérard Clauson, 1957, 앞의 논문, p.19).

51) 고대 티베트에서도 이와 비슷한 풍습이 있었다고 전한다. "예컨대, 어떤 사람의 아버지가 돌아가시면, 그 아들은 '아버지의 기억에 경의를 표하려 한다'라고 말하고, 이웃들과 친척들을 모두 모은 후, 나라의 사제들과 수도사들, 그리고 연주자들을 불러 들인다. 그리고 그들은 큰 축하 속에 시체를 시골로 옮긴다. 그리고 그들은 큰 탁자를 준비해두고, 사제들이 머리를 잘라 그 머리를 아들에게 내어준다. (중략) 그래서 아들은 아버지의 머리를 가지고, 즉시 그것을 요리해 먹고, 그 두개골로 술잔을 만들어 가족 모두가 항상 돌아가신 아버지를 기리며 그 잔으로 술을 마신다."(Henry Yule, 1965, 『Cathay and the Way Thither』, London: The Hakluyt Society, pp.251-254: Federica Venturi, 2008, 앞의 논문, p.22 재인용)

52) 원문의 「Mug-lig」은 Bökli의 음사로 이해되는데(Gérard Clauson, 1957, 앞의 논문, pp.19-20), Bökli는 'Bök의 나라' 즉, '貊의 나라'로 해석된다. 한자어로는 靺鞨과 같다고 보기도 하고(위의 논문, pp.19-20), 貊句麗와 같다고 보기도 한다(森安孝夫, 1977, 앞의 논문, p.19). 한편, Mug-lig을 「Mug(貊을 가리키는 단어의 음사)+lig('~속하는', '~포함되는'이라는 뜻의 접미사)」=「貊에 속하는 땅」으로 해석하기도 한다(護雅夫, 1977, 「いわけるbökliについて」, 『江上波夫教授古稀記念論集』民族·文化篇, 山川出版社, pp.299-324). 한편, 『梵語雜名』에는 "高麗, 畝俱理."라고 전한다.

53) 원문 「Ke'u-li」는 한자어 高麗의 음사로 파악된다(Jacques Bacot, 1956, 앞의 논문, p.138).

54) 원문의 「Shan-tong」은 山東의 음사로 파악된다. 중국 太行山脈 以東 지역 즉, 오늘날 중국 河北 일대를 가리킨다(盧泰敦, 1989, 앞의 논문, p.239).

55) 원문의 「Chang-chung-chi」는 張忠志의 음사로 파악된다(森安孝夫, 2007, 앞의 책, p.339). 장충지(718~781)는 安史의 난에 가담했다가, 762년에 당에 투항한 이후, 成德軍節度使로 임명되어 하북 중부 일대를 통할하였다. 범양절도사, 위박절도사와 함께 河朔三鎭의 일각으로서 반독립적 군벌을 형성하였다.

의 영역인 고려 지역 사람들은 잔뜩 웅크려 [턱을] 가슴에 바싹대고 있고, 人肉을 먹으며, 늙은 부모와 노인들을 벌거벗겨 내쫓아 죽인다.

이곳에서 동쪽을 보면, 百濟[56]라고 불리는 변방인들이 벌거벗고 다닌다.

여기에서 남쪽을 보면, 사람들이 물속에서 물고기처럼 산다.

여기에서 남쪽을 보면, 변방인이 있는데 피부는 검고 눈은 하얗다. 머리카락은 海馬처럼 말려 있고, 물고기처럼 왕을 세운다.[57]

타타비의 북쪽을 보면, Da-sre[58]족이 있는데, 천막 기둥을 물고기 뼈로 만들며, 천막 덮개를 상류층은 물고기껍질로 만들고,[59] 하류층은 나무 껍질로 만든다.

[Ⅱ]

돌궐에서 서쪽을 보면, 티베트인들이 '아홉 개 [성]의 튀르크족'[60]이라고 부르는 아홉 부족이 있는데, 그 대족장은 위구르 都督[61] [출신으로] [중국 황제로부터] 인가받아 카간이 된다. 그 가계는 야글라카르 (Yaghlaqar)[62]라고 한다. 원을 이루어 아홉 개의 터그(tug)[63]를 세웠다. 위구르족만으로 군사가 6천명이다.

그 북쪽을 보면, 契丹[64]이라고 불리는 사람들이 있는데, 왕은 거란의 카간이고, 음식과 종교가 吐谷渾[65]와 같으며, 가축은 양과 말이 대부분이고, 언어는 토욕혼과 거의 일치한다. 위구르와 어떤 때에는 싸우고, 어떤 때에는 친구로 지낸다.

---

56) 원문의 「Beg-tse」는 한자어 百濟의 음사로 파악된다(Pelliot 노트: Jacques Bacot, 1956, 앞의 논문, p.151). 百濟의 튀르크계 언어 음사가 'Beg-tse'로 표기될 수 있는지에 대해서는 회의적으로 보기도 하지만(盧泰敦, 1989, 앞의 논문, p.239), "百=peg" 이라는 漢藩對音 千字文(羽田亨, 1958, 「漢藩對音千字文の斷簡」, 『羽田博士史學論文集』 下卷言語宗教篇, 內外印刷, p.414)을 통해 百濟의 음사라는 해석을 방증하기도 한다(森安孝夫, 1977, 앞의 논문, pp.19-20).

57) 『梁書』 諸夷傳, 倭傳에 다음과 같은 기록이 참고된다. "其南有侏儒國, 人長三四尺. 又南黑齒國·裸國, 去倭四千餘里, 船行可一年至. 又西南萬里有海人, 身黑眼白, 裸而醜, 其肉味, 行者或射而食之."

58) 원문의 「Da-sre」를 동류송화강 유역의 他漏·達魯古·達末婁·鐵利 등의 음사로 추정하고, 그 의미를 동류송화강과 아무르강 최하단 유역에 분포하고 있던 퉁구스계 제부족을 대표하는 것으로 해석하기도 한다(森安孝夫, 1977, 앞의 논문, pp.20-21). 이하 서술된 그들의 천막 재료 서술에 따라 고래나 바다코끼리 등을 구할 수 있는 북태평양의 강변에서 활동하는 부족으로 추정하기도 한다(Gérard Clauson, 1957, 앞의 논문, p.20).

59) 천막을 만들 정도의 바다생물로, 고래나 바다표범, 바다코끼리 등의 海獸를 의미한다고 보기도 한다(위의 논문, p.20; 森安孝夫, 1977, 앞의 논문, p.20).

60) 아홉 개 [성]의 튀르크족 : 한자어로 九姓鐵勒, 튀르크어로 Toquz Oghuz로 파악된다(Gérard Clauson, 1957, 앞의 논문, p.20).

61) 원문은 「U-yi-kor Do-tog」인데, 「U-yi-kor」는 위구르의, 「Do-tog」은 都督의 음사로 이해된다. 이하 원문의 「Ho-yo-or」, 「Ho-yo-hor」 역시 위구르의 음사로 파악된다.

62) 원문의 「Yag-le-ker」는 야글라카르(Yaghlaqar)/藥羅葛의 음사로 이해된다.

63) 원문 「tog」는 'tug', 즉 야크나 말의 꼬리털로 만든 일종의 旗幟(tug)를 가리킨다. 돌궐, 몽골 등 유목사회에서 君長 혹은 군대의 牙旗로 사용되었다.

64) 원문의 「Ge-tang」은 Qitān의 음사, 즉 契丹으로 파악된다(위의 논문, p.22).

65) 원문의 「A-zha」는 '아시(阿柴)' 즉, 吐谷渾으로 파악된다(森安孝夫, 1977, 앞의 논문, p.21).

이곳에서 동쪽을 보면, 타타비가 있다.

여기서 북쪽을 보면, Ga-ra-byi-gir[66]족이 있는데, 나라는 계곡을 따라 있고, 가축은 돼지뿐이다. Do-le-man족이 하나 있다. 그 땅에서 좋은 약초가 나온다. 천막을 나무 껍질로 덮는 다섯 부족이 있다.

여기서 북쪽의 끝없는 호숫가[67]까지 있는 사람들은 집과 몸이 토욕혼과 비슷하다. 가축은 여러 종류가 있다. 옷은 털가죽을 입는다. 겨울에 대평원에서 땅이 갈라져 사람들이 이리저리 오고 갈 수 없다. 큰 부족은 생활이 넉넉하다.

[III]

여기서 북동쪽을 보면, Khe-rgyed[68]족이 하나 있고 천막을 나무 껍질로 덮는다. Hor에게 푸른 담비의 털가죽을 바친다.

여기보다 북쪽에는 Ye-dre 일곱 부족이 있는데 왕은 없다. Hor와 끊임없이 싸운다. 천막은 나무로 덮는다. stag-pa'i[라는] 나무의 수액을 요거트처럼 발효시켜서 술을 빚는다. 나라는 계곡 쪽에 있어 강하다.

이 서쪽을 보면 작은 Gud족이 하나 있다. 집은 산속의 풀 오두막이고, 맨몸에 짐을 메고 다닌다. 옷은 여름과 겨울 똑같이 야생 짐승의 모피에 검은 타르를 칠해서 입는다. 음식은 야생 짐승의 고기, 뿌리작물, mon-bu이고, 또 들쥐가 배설물처럼 모아 놓은 것과 쥐떼와 새끼새 및 딱따구리 등의 새가 썩은 고목 안에 모아 놓은 것을 먹는다. Hor에 야생 육식동물의 모피를 바친다.

여기에서 북서쪽을 보면, Ku-chu-ur[69]족이 하나 있다. 나라는 강하고 Hor 말을 듣지 않으며 항상 싸운다.

그 뒤에는 작은 키르기즈[70]족이 둘 있다. Hor와 어떤 때는 싸우고, 어떤 때는 화친한다.

여기서 북쪽에는 키르기즈족이 하나 있다. 눈은 수정의 눈이고, 머리카락은 붉다. 그 땅에는 여러 종류의 가축이 있다. 큰 말이 자란다.[71]

여기서 북쪽에는 사막 산맥 지대에 의해 나뉘어 있다. Zha-ma 카간이 군사를 이끌고 갔지만, 군사들이 [그 경계를] 넘을 수 없었다.

---

66) 「-gir」를 퉁구스족이 사용하는 전형적인 접미사라는 점과 후술하듯 가축이 돼지뿐이라는 사실을 통해, Ga-ra-byi-gir를 '만주' 지역에 자리잡고 있던 퉁구스족의 일종으로 해석하기도 한다(위의 논문, p.21).

67) 천막을 덮는 나무를 '자작나무'로 추정하고, 그들의 거주형태와 체격이 토욕혼과 비슷하다는 설명을 근거로, '북쪽의 끝없는 호수'를 바이칼호로 추정하기도 한다(위의 논문, p.21).

68) 원문의 「Khe-rgyed」를 키르기즈(Kirghiz)의 음사로 보기도 하지만(Gérard Clauson, 1957, 앞의 논문, p.22), 카라이트(Kärägit) 몽골로 보기도 한다(Moriyasu Takao, 1980, 「La nouvelle interprétation des mots Hor et Ho-yo-hor dans le manuscrit Pelliot Tibétain 1283」, 『Acta Orientalia Academiae Scientiarum Hungaricae』 34, pp.178-179).

69) 원문의 「Ku-chu-ur」를 나이만 몽골 Küčügür의 음사로 보기도 한다(Pelliot 노트: Jacques Bacot, 1956, 앞의 논문, p.152; Louis Ligeti, 1971, 앞의 논문, pp.184-185).

70) 원문의 「Hir-tis」는 키르기즈의 음사로 이해된다. 이하 원문의 「Gir-tis」, 「Hir-kis」 역시 키르기즈의 음사로 이해된다.

71) 『新唐書』卷217, 回鶻傳, 黠戛斯에 다음과 같은 기록이 참고된다. "人皆長大, 赤髮·晳面·綠瞳, 以黑髮爲不祥. … 畜, 馬至壯大, 以善鬥者爲頭馬, 有橐它·牛·羊, 牛爲多, 富農至數千."

그 건너 북쪽에는 등이 높고 몸이 큰 거인이 있다. 그 키는 3 dom[72] 쯤 된다. 무기와 사나움, 음식 면에서는 다른 왕들과 같다. 적을 공격할 때 후회하지 말라고 금한다. 매장 풍습이 없다. 사람이 죽어도 장례가 없다. 무덤을 세우지 않는다. 아이들이 의사소통하게 되면 항상 신에게 예배한다. 가축은 염소, 양 등 여러 종류가 있다. 키르기즈가 사자를 거듭 보내자, "이렇게 하면 어린 아이같은 사람은 개에게 물어 뜯길 것이다"라고 하였다. 그래서 그들은 문서로 조건을 걸었다. 사자에게 묻기를 "우리의 양치기가 Ga-ra-gang-la라고 불리는 무리 중 어디에 정착해야 하는지 묻는다"고 하였다. 거인들 너머에는 사람이 있다는 이야기를 들은 바 없다.

[IV]

그 북쪽에는 바스밀(Basmïl)[73] 다섯 부족이 있다. Hor와 카를룩(Qarluq)[74]이 [그들과] 함께 모의하여 돌궐의 왕 즉 카간의 지배를 무너뜨리고, 바스밀의 족장이 카간이 되었다. Hor와 카를룩이 바스밀 카간을 죽이자, 바스밀족은 분열되어 예속 부족이 되었다. 바스밀의 Ges-dum족 하나, 바스밀의 예하 부족 Ba-yar-bgo[75]족 하나, 그 족장은 Yed-myis 이르킨(Irkin)[76]이고, Hi-dog-kas족이 하나, 그 족장은 Hi-kil-rkor 이르킨이다. [이들은] 나라가 강성하여 카를룩이 이들을 지배할 수 없었다.

여기서 북쪽에 있는 Go-kog족 하나는 누구와도 싸우지 않는다.

이 서쪽에 열 개 부족이 있다. 어떤 곳은 나라가 강하고, 어떤 곳은 큰 골짜기, 어떤 곳은 땅이 좋고 큰 초지가 있다.

이들 북쪽에는 사막 산맥 지대이다.

그 너머에는 '하늘의 제왕'[77]족이 둘 있다. 돌궐의 왕 Zha-ma 카간의 지배가 안정되었을 때 이쪽으로 군사를 보냈는데, 군사들이 지나갈 수 없었다. 이때 남자 두 사람이 길을 잃고 헤매다가 암낙타의 발자국을 발견하고 그 발자국을 따라가자 암낙타 무리가 있는 근처에 여인들이 있었고, 만나서 튀르크어로 인사한 뒤 여인들이 소곤거리며 그들을 숨겨 주었다. [잠시 뒤] 사냥감을 쫓던 큰 개 한 마리가 나타났고, 큰 개는 코로 냄새를 맡아 알아보았다. 개에게 절을 하게 하였다. 그 뒤 개들은 암낙타 열 마리와 [그들이] 요구한 아홉 가지, 사막 산맥을 넘기 위한 물을 싣고 다시 출발하게 하여, [그들은] 튀르크로 돌아왔다. 최초의 개는

---

72) 'dom'은 '사람의 양 팔 벌린 길이'라는 의미로, 영어의 'fathom(약 1.8m)'과 비슷한 단위이다(Federica Venturi, 2008, 앞의 논문, p.27). 단, 티베트 전통 길이 단위인 'dom'이 Hor인이 작성한 원 문서에 사용된 것인지, 티베트 문자로 번역·전사되는 과정에서 번역된 것인지는 불분명하다. 튀르크/위구르계의 전통 길이 단위 중 'quloch'가 '양팔 벌린 길이'에 해당한다.

73) 원문의 「Ba-sme」는 바스밀(Basmïl)의 음사로 이해된다. 이하 원문의 「Ba-smel」, 「Ba-mel」 역시 바스밀의 음사로 이해된다.

74) 원문의 「Gar-log」는 카를룩(Qarluq)의 음사로 이해된다(Gérard Clauson, 1957, 앞의 논문, p.15).

75) 원문의 「Ba-yar-bgo」는 오르콘 비문에 등장하는 Bayïrqu로 보기도 한다(Pelliot 노트: Jacques Bacot, 1956, 앞의 논문, p.152).

76) 원문의 「hir-kin」은 이르킨(Irkin)의 음사로 이해된다.

77) 튀르크어 '텡그리 카간(tengri qaghan)'의 티베트어 번역으로 해석된다(Federica Venturi, 2008, 앞의 논문, p.29)

하늘에서 내려왔다. 붉은 개 한 마리와 검은 개 한 마리, 도합 두 마리가 내려왔다. 작은 개가 암늑대를 만났는데, 함께 사는 것은 금기였다. 그래서 튀르크 사람의 집에서 딸 하나를 빼앗아 그 딸과 살았는데 아들들은 개로 태어나고, 딸들은 사람으로 태어나 여자가 되었다. 붉은 개 일족은 Ge-zir-gu-shu[78]라고 하고 검은 개 일족은 Ga-ra-gu-shu[79]라고 한다. 개와 여자는 튀르크어로 이야기하며,[80] 가축이나 돈, 음식은 여자가 준비하여 썼다. 그 너머에 사람이 산다는 이야기는 들은 바 없다.

[V]

그 서쪽을 보면, 카를룩 세 부족이 있고, 군사가 8천명이다. [그들은] 투르기쉬(Türgiš)[81]와 타지크(Tadjik)[82]와 싸운다.

그 동쪽을 보면, Og-rag[83] 세 부족이 있고, 위구르 제국[84] 방향을 보면서 Ne-shaq[85]교의 법사를 찾아다니며 불러들이면서 위구르와 싸운다.

이 북동쪽에는 튀르크의 Gu-log-gol-chor에서 나온 I-byil-kor족이 하나 있다. 군사는 1천명이다.

이 북서쪽에는 페체네그(Pečeneg)[86]족이 하나 있다. 군사는 5천명이다. Hor와 싸운다.

이 서쪽에는 튀르크의 Ha-la-yun-log[87]족이 하나 있다. 크고 행복한 부족이다. 튀르크의 얼룩말은 여기서 나온 것이다.

여기서 북쪽의 사막 산맥 너머에는 Ud-ha-dag-leg[88]이라고 불리는 사람들이 있는데 발은 소의 발굽을

---

78) 원문의 「Ge-zir-gu-shu」는 '붉은 주둥이'라는 의미의 튀르크어 'qïzïl küšü'의 음사로 파악된다(Louis Ligeti, 1971, 앞의 논문, p.186)

79) 원문의 「Ga-ra-gu-shu」는 '검은 주둥이'라는 의미의 튀르크어 'qara küšü'의 음사로 파악된다(위의 논문, p.186)

80) 키르기즈와 타타르에도 이와 비슷한 이야기가 전한다. "어느 키르기즈 왕녀가 4~5명의 시녀와 함께 먼 여행에서 돌아와 보니, 그 부락은 적에게 유린되어 일족이 사방으로 흩어지고 붉은 개 한 마리만 남아 있었다. 이에 사십명의 시녀가 그 붉은 개와 동침하여 각기 아이를 낳았고, 그 사십 명의 자손이 번성하여 마침내 키르기즈 나라를 이루었다."(W. Radloff, 1864, 「Beobachtungen uber die Kirisen, Petermanns Mitteilungen」, pp.163-164: 森安孝夫, 1977, 앞의 논문, p.28 재인용) "타타르인들이 한 달이상 사막을 여행한 뒤 '개의 나라'에 도착했는데, 그곳에는 남자 없이 오직 여자들만 있었다. (중략) 그들은 여자들에게 남자들이 어디에 있으며 어떤 존재인지 물었고, 여자들은 대답하기를 그들은 본래 개의 본성을 지닌 자들이라고 하였다."(R. A. Skelton, Thomas E. Marston and George Painter, 1965, 「The Vinland Map and the Tartar Relation」, New Haven: Yale University Press, p.70: Federica Venturi, 2008, 앞의 논문, p.30 재인용)

81) 원문의 「Du-rgyus」는 투르기쉬(Türgiš)/突騎施의 음사로 이해된다(Pelliot 노트: Jacques Bacot, 1956, 앞의 논문, p.152).

82) 원문의 「Ta-zhig」는 타지크(Tadjik)/大食의 음사로 이해된다(Gérard Clauson, 1957, 앞의 논문, p.15).

83) 원문의 「Og-rag」를 튀르크계 부족인 Oghraq의 음사로 보기도 한다(위의 논문, p.15).

84) 원문의 「Ho-yo-hor-ce」 중 「ho-yo-hor」는 위구르의 음사이고, 「ce」는 '위대한'이라는 의미로 해석되므로, '위구르 제국'으로 번역된다(Federica Venturi, 2008, 앞의 논문, p.30).

85) 원문의 「Ne-shaq」를 마니교로 추정하기도 한다(Gérard Clauson, 1957, 앞의 논문, p.15; 森安孝夫, 2007, 앞의 책, p.336).

86) 원문의 「Be-ca-nag」은 페체네그(Pečeneg)의 음사로 이해된다(森安孝夫, 1977, 앞의 논문, p.28)

87) 원문의 「Ha-la-yun-log」은 오구즈계 부족으로서 '얼룩말을 가진 사람들'이라는 의미의 Alayondluq를 음사한 것으로 이해된다(Louis Ligeti, 1971, 앞의 논문, pp.181~182).

88) 원문의 「Ud-ha-dag-leg」은 '소 발굽을 가진 발'이라는 의미의 튀르크어 'Ud hadaglig'을 음사한 것으로 보인다(위의 논문,

가졌고 몸에는 복슬복슬한 털이 있다. 인육을 좋아한다.[89]

　이쪽에서 저쪽으로, 튀르크의 야만적인 무리가 하나 있다. [그들 중] 남자 한 사람의 발이 부러져 걸을 수 없게 되자 동료들이 발이 부러진 사람 곁에 말 한 마리를 죽여 [미끼로 만들고] 나무를 많이 쌓고 기름 덩이를 손에 준 뒤 그곳에 두고 갔다. 어느 날에 호랑이 한 마리가 [미끼를 먹으러 왔다가] 떠나가고, [발이 부러진 남자가] 미끼가 있던 곳에 가보니, 겉모습은 호랑이 같고 몸에는 큰 얼룩이 매우 많으며, 털은 쇠막대와 같이 단단하고 등과 겨드랑이, 좌우 옆구리, 발바닥이 닿는 부분이 하얀 [짐승이 나타났다.] 발이 부러진 사람이 하얀 옆구리에 화살을 쏘아서 죽였다. 몸은 돼지와 같이 구부러지고, 털은 쇠막대와 같이 단단하고 날카로웠다. 코 끝부터 꼬리 끝 … 까지 칼처럼 날카로웠다. 튀르크어로 Kog-nyo-yog[90]라고 하는 … ? 새 ? 호랑이와 고슴도치가 싸우는 것을 거기서 보았다. … ? 땅이 되살아나는 동안 호랑이는 야생 짐승을 죽이고 … ? 사람과 새(들)은 다른 모습과 비슷하다. 얇은 옷 … ? 갈비뼈가 좌우에 있다. 그것 … ? 어떤 지역 안에 산 아래 산에 ? … ? 형제도 있다. ? … ? …

III. 내용검토

1. 문서 생성 경위

　Pelliot가 돈황 막고굴에서 발견한 이 문서(C)는 각기 다른 시점에 작성된 두 개 이상의 선행 문서(A·A′·B)에 의해 작성되었을 것으로 추정된다. 이와 관련하여 위의 4행~6행이 주목된다.

　　지난 날 Hor의 왕이 명령을 내렸고, 북쪽에 몇 명의 왕이 있는지 조사하도록 Hor인 5명을
　　파견했던 명령문서가 文書庫에 있어 이를 옮겨 적은 것이다.

　위 인용문에 따르면, 이 문서(C)의 내용은 Hor왕의 명령을 받은 Hor인 5인의 시찰 결과 보고이다. 이를 통해 문서 생성 경위와 관련된 두 가지 사실을 알 수 있다. 우선 첫째는 문서 내용상의 행위 주체와 실제 문서 작성자 간의 괴리이다. 문서 내용상의 행위 주체는 Hor왕과 Hor인 5인이다. Hor에 대해서는 위구르로 보는 전통적 해석[91]이 있는 반면, 소그드로 추정하는 해석[92]도 있지만, 8세기경 위구르 문자가 소그드 문자를 참고해서 만들어졌다는 점을 유의하면, 고대 소그드계 문자로 작성되었을 개연성이 크다. 바꿔 말해 그

---

p.182).

89) 『通典』 卷193, 大食傳에 인용된 『經行記』에 다음과 같은 기사가 참고된다. "杜環經行記云, …苫國在大食西界, … 其苫國有五節度, 有兵馬一萬以上, 北接可薩突厥. 可薩北又有突厥. 足似牛蹄, 好噉人肉."

90) 문맥에 따라 고슴도치를 뜻하는 고대 튀르크어의 음사일 것으로 추정하기도 한다(Federica Venturi, 2008, 앞의 논문, p.32).

91) Jaques Bacot, 1956, 앞의 논문, p.149.

92) 森安孝夫, 2007, 앞의 책, pp.344-345.

들의 명령과 결과 보고가 티베트 문자로 작성될 이유는 없다.[93] 즉, 이 문서(C)에 앞서 고대 소그드계 문자로 작성된 명령 및 결과 보고(A)가 존재했다는 사실을 짐작할 수 있다.

둘째는 서문과 본문 간 내용의 괴리이다. 문서의 서문에 해당하는 위 인용문을 통해 알 수 있듯이, 문서고에서 발견된 선행 문서(A′)는 Hor왕의 명령문서였다. 그러나 서문에서는 명령문서라고는 했지만, 현재 문서(C)의 본문은 왕의 명령이 없고, 명령을 받은 5인의 시찰 결과 보고만 전한다. 즉, 현재 문서(C)는 문서고에서 발견된 텍스트(A′) 중에서 Hor왕의 명령 정보를 제외한 일부만 옮겨 적은 결과로 이해된다.[94] 한편, 문서고에서 발견된 선행 문서(A′)가 Hor왕이 받은 시찰 결과 보고 원본(A)인지, 아니면 또 다른 버전인지는 현재로서는 알기 어렵다.

곧, 위 인용문을 통해서 다음과 같은 사실을 유추할 수 있다. 먼저, Hor왕의 명령과 Hor인 5인의 시찰 결과 보고가 포함된 고대 소그드계 문자로 문서(A)가 작성되었고, 그 이후 이 문서(A)이거나 혹은 이 문서(A)의 또 다른 버전의 문서(A′)가 문서고에 보관되어 있었다. 그리고 시간이 지나, 문서고에서 발견된 선행 문서(A′) 중 Hor왕의 명령 정보를 제외한 일부 내용만 옮겨 적은 결과가 이 문서(C)로 남게 되었다.

그리고 다시, 현재 문서(C)의 3행을 주목하면, 또 다른 선행 문서의 존재가 포착된다. 3행은 문두부호 다음에 두 글자가 적혀 있지만 한 음절을 이루지 못한 채 행을 바꾼다. 기왕에는 선행 문서의 이 부분이 훼손되었던 것으로 추정하기도 했지만,[95] 두 가지 측면에서, 선행 문서가 훼손된 것이 아니라, 현재 문서에서 잘못 적은 것일 가능성이 있다. 하나는 다음 4행의 첫 시작이 3행과 거의 같다는 점이다. 동일한 문두부호(ༀ ྅)가 사용되었고, 첫 글자가 「ཀ」로 같으며, 두 번째 글자는 「འ」와 「ད」로 유사하다. 「ད」로 적어야 하는데, 3행에서 「འ」로 적은 탓에 행을 바꾸어 다시 작성했을 가능성을 무시할 수 없다. 다른 하나는 3행과 달리, 4행~6행을 붉은 글씨로 덧입혔다는 점이다(별첨 참고). 1행~2행의 제목에 사용했던 붉은 잉크의 글씨를 다시 검은 글씨 위에 덧입힘으로써, 3행과 구분하며 4행~6행을 강조하였다. 이는 붉은 색의 1~2행과 4~6행 사이에 낀 3행이 상대적으로 눈에 띄지 않게 하는 효과를 바란 것으로 이해된다. 다시 말해, 현재 문서(C)의 3행은 4행의 오기이고, 4행~6행의 '옮겨 적었다'는 문장을 다시 옮겨 적다가 발생한 오류이므로, 문서고에서 발견한 문서(A′)와 현재 문서(C) 사이에는, 현재 문서(C)와 동일하게 시작하는 사본(B)이 존재했다는 사실을 미루어 알 수 있다. 특히, 문서(C)의 앞 부분에 동일한 필체의 티베트 문자로 전혀 다른 내용의 텍스트[先]가 있다는 사실은 이 문서(C)에 앞서 문서고에서 발견된 문서(A′)를 티베트 문자로 옮겨 적은 선행 문서(B)의 존재를 방증한다.

요컨대, Pelliot가 1908년에 파리로 가져온 문서(C)는 고대 소그드계 문자로 작성된 원본 문서(A) 및 문서고에서 발견된 문서(A′)와, 문서고에서 발견된 문서(A′)를 티베트 문자로 옮겨 적은 문서(B) 등 적어도 2

---

93) 위구르인들은 고대 소그드계 문자 이외에도, 룬 문자와 티베트 문자로 문서를 작성한 사례가 있지만, 티베트 문자의 경우 대부분 불교 텍스트에서 사용되었다는 점을 고려하면(Federica Venturi, 2008, 앞의 논문, p.5), 문서 원본(A)은 고대 소그드계 문자로 작성되었을 가능성이 높다.

94) Federica Venturi 역시 이 문제를 지적하고 있다(위의 논문, pp.3-4).

95) 森安孝夫, 1977, 앞의 논문, p.3.

개 이상의 선행 문서를 가지고 있다. 단, 어느 단계/시점에서 고대 소그드계 문자가 티베트 문자로 번역되었는지에 대해서는 단정하기 어렵지만, 문서 A′를 문서고에서 '발견'했다는 사실과 '옮겨 적는다'는 행위에 주목하면, 문서를 작성하고 보관했던 주체와 문서를 발견하고 옮겨 적은 주체 간의 단절을 짐작할 수 있고, 이를 통해 언어적·시기적 차이까지 유추할 수 있다.

반면, 고대 소그드계 문자에서 티베트 문자로 번역된 시점과 관련하여, 고대 소그드계 문자로 작성된 원본(A)의 존재 유무와 무관하게 이미 문서고에서 발견된 문서(A′)가 티베트 문자로 작성되었을 가능성이 제기되기도 했다.[96] 주요 근거는 문서에서 위구르나 키르기즈 등의 표기 방식이 여러 가지라는 사실이다. 위구르의 경우, U yi kor / Ho yo 'or / Ho yo hor 등 세 가지로 표기되고, 키르기즈 역시 Hir tis / Gir tis / Hir kis 등 세 가지로 표기되었다. 이러한 표기 방식의 차이가 발생한 원인을 구술 및 번역 과정의 오류, 즉 구술되는 외국어 고유명사를 티베트 문자로 옮겨 적는 과정에서 발생한 오류로 해석함으로써, 원본 문서(A)와 문서고에서 발견된 문서(A′)는 직접 연결되지 않고, 그 사이에 위구르계 구술을 티베트어로 번역하여 재문서화하는 작업이 있었을 가능성을 제기한 것이다. 충분히 가능한 추정이지만, 단, 이 경우 단절된 두 주체, 즉 문서고에서 발견된 선행 문서(A′)의 작성 및 보관 주체와, 이후 이 문서(A′)를 발견하고 옮겨 적은 주체, 이 서로 다른 두 주체가 어떤 배경에서 공통으로 티베트어를 사용했던 것인지에 대한 설명이 과제로 남는다.

2. 문서(A) 작성 시기

종래 이 문서(C)의 작성 시기와 관련하여, 내용 외적으로 티베트어 문서가 돈황에서 발견되었다는 사실에 주목하여, 티베트제국(吐蕃)이 돈황 지역을 차지했던 8세기 후반~9세기 중반까지가 주목되었다.[97] 그러나 앞서 지적한대로, 현재 문서(C)는 선행 문서의 필사본이고, 따라서 문서의 내용은 티베트제국이 돈황 지역을 차지한 이후가 아니라, 그 이전에 수집된 시찰의 결과로 파악된다. 즉, 문서의 주요 내용이 작성된 시점은 Hor왕의 명령을 받은 Hor인 5인의 시찰 결과가 보고된 시점, 다시 말해 원본 문서(A)가 작성된 시점으로 볼 수 있다.

원본 문서(A)가 작성된 시점은 구체적으로 알 수 없지만, 시찰 결과 보고에 포함된 특정 사건 발생 시점 및 등장인물의 활동연대를 통해, 문서가 포괄하는 시간 범위를 가늠할 수 있다. 특히, 하나의 사건과 한 명의 인물이 주목된다. 먼저 사건의 경우, 문서의 59행~65행에 걸쳐 전하는 아래와 같은 내용이 주목된다.

> 그 북쪽에는 바스밀(Basmil) 다섯 부족이 있다. Hor와 카를룩(Qarluq)이 [그들과] 함께 모의하여 돌궐의 왕 즉 카간의 지배를 무너뜨리고, 바스밀의 족장이 카간이 되었다. Hor와 카를룩이 바스밀 카간을 죽이자, 바스밀족은 분열되어 예속 부족이 되었다.

---

96) Federica Venturi, 2008, 앞의 논문, pp.6-7.
97) Jacques Bacot, 1956, 앞의 논문, pp.139-140.

위 인용문은 742년에 바스밀(拔悉蜜)·카를룩(葛邏祿)·위구르(回紇) 삼자연합군이 당시까지 중앙유라시아 동부의 패자였던 돌궐제2제국의 쿠틀룩 야브구(骨咄葉護) 카간을 패주시키고 바스밀의 군장이었던 阿史那施를 새로운 카간(일테리쉬 카간/頡跌伊施可汗)으로 추대했던 사건[98]과 744년에 카를룩과 위구르가 다시 바스밀을 격파하고 위구르의 군장이었던 쿠틀룩 보일라(骨力裵羅)가 카간(쿠틀룩 빌게 퀼 카간/骨咄祿毗伽闕可汗)이 된 사건[99]을 전하고 있다.[100] 돌궐제2제국에서 위구르제국으로, 중앙유라시아 동부의 패권이 바뀌는 740년대 초반의 사건들이 비교적 상세하고 정확하게 전한다. 한편, 위구르제국과 관련하여, 23행~26행 역시 주목된다.

> 돌궐에서 서쪽을 보면, 티베트인들이 '아홉 개 [성]의 튀르크족(九姓鐵勒/토쿠즈 오구즈)'이
> 라고 부르는 아홉 부족이 있는데, 그 대족장은 위구르 都督 [출신으로] [중국 황제로부터] 인
> 가받아 카간이 된다. 그 가계는 야글라카르(Yaghlaqar/藥羅葛)라고 한다.

위 인용문은 위구르제국 카간의 가계가 야글라카르(藥羅葛)라고 전한다. 앞서 744년에 즉위한 쿠틀룩 빌게 퀼 카간이 747년에 죽자, 그의 아들 바얀 초르(磨延啜)가 곧 즉위하여 카를륵 카간(葛勒可汗)이 되었다. 바꿔 말해, 위 인용문과 같이 야글라카르가 위구르제국의 카간 가계라는 설명이 가능하려면, 초대에 이어 2대 카간으로서 야글라카르 출신의 카를륵 카간이 즉위한 747년 이후여야 한다.[101] 즉, 이 문서(A)는 위구르제국의 건국시기였던 740년대에 관한 정보를 비교적 상세히 기록하고 있다고 평가되며 특히, 747년 제2대 카를륵 카간이 즉위한 이후 작성된 것으로 이해된다.

다음, 인물의 경우, 16행에 등장하는 중국 "산동지방(太行山脈 以東, 즉 지금의 河北지방)의 권력자 Chang-chung-chi"가 주목된다. 기왕에는 이 인물이 누구인지 모른 채 Chang-chung-chi[102] 혹은 羌冲齊[103]로 음사만 할 뿐이었는데, Chang-chung-chi는 역사적 인물 張忠志(718~781)를 가리킨다는 해석이 제기되었다.[104] 奚人으로 安祿山의 부하이자 양자였던 장충지는 安史의 난 당시 반란군에 가담했다가, 762년에 唐朝에 항복하였고, 그 해에 지금의 河北 중부 일대를 통할하는 成德軍節度使로 임명되었다. 당 황제로부터 李寶臣이라는 성명까지 하사받은 그가 당시 차지하고 있던 땅은 恒州·定州·易州·趙州·深州·冀州 등 6주였고, 말 5천필, 步卒 5만명이었으며, 재화도 넘칠 정도로 풍부하여 산동(하북)지방의 가장 강력한 군

---

98) 『新唐書』卷215下, 列傳140下, 突厥下, "天寶初, 其大部回紇·葛邏祿·拔悉蜜並起攻葉護, 殺之, 尊拔悉蜜之長爲頡跌伊施可汗, 於是回紇·葛邏祿自爲左右葉護, 亦遣使者來告."

99) 『新唐書』卷215下, 列傳140下, 突厥下, "[天寶] 三載(744), … 而回紇·葛邏祿殺拔悉蜜可汗, 奉回紇骨力裴羅定其國, 是爲骨咄祿毗伽闕可汗."

100) Gérard Clauson, 1957, 앞의 논문, p.14.

101) 森安孝夫, 2007, 앞의 책, pp.337-338.

102) Jacques Bacot, 1956, 앞의 논문, p.141; 森安孝夫, 1977, 앞의 논문, p.3; Federica Venturi, 2008, 앞의 논문, p.22.

103) 王堯·陳踐, 1981, 앞의 논문, p.17.

104) 森安孝夫, 2007, 앞의 책, pp.338-343.

벌로 군림하였다.[105] 또, 그 땅을 자손에게 물려줄 생각으로, 당 조정의 뜻을 따르지 않으면서 스스로 관리를 임명하였고, 조세도 납부하지 않으며,[106] 범양절도사·위박절도사와 함께 河朔三鎭의 일각으로서 반독립적 군벌을 형성하였다.

즉, Chang-chung-chi는 발음의 유사성 이외에도, 16행에서 확인되듯 8세기 중반경 산동지방(하북지방)의 최고 권력자라는 점에서 장충지일 가능성이 높다. 만약 그렇다면, 이 문서는 그가 하북지방의 권력자로서 군림하던 762년경부터 그가 사망하는 781년까지, 20여 년 사이에 이루어진 시찰 결과일 수 있다.

요컨대, 현재 문서(C)에는 원본 문서(A)의 작성 시기를 가늠할 수 있는 두 개의 구체적 사건/인물이 전한다. 하나는 740년대 진행된 위구르제국의 건국과정과 왕위계승에 관한 것이고, 다른 하나는 762년~781년까지 중국의 하북지방에서 권력자로 군림했던 장충지/이보신이라는 인물이다. 이로써 원본 문서(A)의 작성 시점은 740년대 이후이면서, 하북의 권력자 장충지를 목격할 수 있는, 762년부터 781년 사이로 특정할 수 있다.

3. '고구려'와 '백제'에 대한 해석

고대 한국과 관련해서는 문서의 15행~19행이 주목된다. 고구려와 백제가 등장하기 때문이다.

> 이들의 동쪽을 보면, 튀르크인은 Mug-lig, 漢人은 Ke'u-li라고 부른다. 山東 지방의 권력자 張忠志의 영역인 고려 지역 사람들은 잔뜩 웅크려 [턱을] 가슴에 바싹대고 있고, 人肉을 먹으며, 늙은 부모와 노인들을 벌거벗겨 내쫓아 죽였다. 이곳에서 동쪽을 보면, 百濟라고 불리는 변방인들이 벌거벗고 다닌다.

위 인용문의 Mug-lig은 튀르크어의 Bökli와 같다고 파악되는데, Mo-ho 혹은 Muat-kat으로 발음되는 靺鞨로 해석하기도 하지만,[107] 貊句麗 혹은 貊國으로 보기도 한다.[108] 특히, 唐代『梵語雜名』의 '高麗, 畝俱理.'라는 기록을 참고하면, Mug-lig은 고구려를 가리킨다고 보아도 좋다. 그리고 인용문의 Ke'u-li는 일찍이 高麗의 음사로 이해되었고,[109] 역시 고구려를 가리킨다. 단, 원본 문서(A)의 작성 시점이 이미 고구려가 멸망한 시점(668년) 이후이므로, 위의 Mug-lig와 Ke'u-li가 가리키는 고구려는 공히 발해를 가리키는 것으로 볼 수 있었다.[110]

이를 통해 이 문서를 발해가 스스로를 고구려/고려라고 불렀던 사례로 파악하기도 하지만,[111] 이에 관해

---

105) 『新唐書』卷211, 列傳136, 李寶臣, "於是遂有恒定易趙深冀六州地, 馬五千, 步卒五萬, 財用豐衍, 益招來亡命, 雄冠山東."

106) 『舊唐書』卷142, 列傳92, 李寶臣, "意在以土地傳付子孫, 不稟朝旨, 自補官吏, 不輸王賦."

107) Gérard Clauson, 1957, 앞의 논문, pp.19-20.

108) 森安孝夫, 1977, 앞의 논문, p.19.

109) Jacques Bacot, 1956, 앞의 논문, p.138.

110) Gérard Clauson, 1957, 앞의 논문, pp.19-20.

서는 보다 신중한 접근이 필요하다. 발해 스스로 고구려라고 부르지 않더라도, 이 문서 작성자의 입장에서, 일찍이 돌궐 등 중앙 유라시아 동부와 교류하면서 이미 국제사회에 알려진 고구려라는 익숙한 국명을 발해라는 생소한 국명 대신 사용했을 수 있기 때문이다. 같은 문서에 등장하는 Bug-chor이 참고된다. Bug-chor과 默啜은 같은 튀르크어 Bük-čur를 음사한 것으로 파악되는데,[112] 묵철은 주지하듯, 돌궐제2제국의 제2대 카간이었던 카프간 카간(재위 692~716)의 재위 전 이름(Bük-čur)을 중국식으로 표기한 것인 반면, 이 문서의 Bug-chor은 돌궐제2제국 혹은 그 잔여 세력을 가리키는 단어로 사용되었다. 다시 말해, 돌궐제2제국의 특정 카간만을 가리키는 단어가 이 문서에서는 돌궐 자체를 가리키는 의미로 치환된 것이다. Hor가 돌궐제2제국과 처음 교류하기 시작했던 시기의 카간(묵철가한)의 호칭을 이후에도 국명으로 그대로 사용한 결과로 해석하기도 한다.[113] 그러나 이러한 변용은 이 문서에만 해당할 뿐, 당시 돌궐제2제국이나 당에서 통용되지 않았고, 이후에도 같은 용례는 확인되지 않는다. 즉, 돌궐제2제국에 대해서도 Bug-chor/묵철이라는 자의적 지칭어가 사용되었듯, 이 문서에서 발해를 Mug-lig/Ke'u-li라고 지칭한 것 역시 자의적일 개연성이 있고, 따라서 이 문서에만 해당할 수 있으므로, 이를 발해가 스스로 고구려라고 불렀다는 증거로 단정하기는 어렵다.

위 인용문에서 Mug-lig/Ke'u-li의 동쪽에 있다고 나오는 Beg-tse의 경우, 일찍이 百濟로 파악되었다.[114] 발음의 유사성과 함께, 발해와의 지리적 인접성이 고려된 것이었다. 단, 고대 튀르크계 언어에서 百濟를 Beg-tse로 읽었는지 확인할 수 없다는 문제가 제기되었다.[115] 그러나 앞서 확인한 張忠志/Chang-chung-chi, 高麗/Ke'u-li, 默啜/Bug-chor 등의 사례에서 알 수 있듯이, 漢字語의 발음을 음사한 경우, 그와 비슷한 발음의 티베트 문자로 표기될 수밖에 없다. Beg-tse로 음사될 수 있는 하북 以東 지역의 국명으로는 백제 이외의 것이 떠오르지 않는다. "百=peg"[116]이라는 漢藩對音 千字文 역시, Beg-tse는 百濟의 음사라는 해석을 방증한다.

한편, 위 인용문에는 잘못된 정보 내지 이해하기 어려운 정보가 혼재되어 있다. Mug-lig/Ke'u-li 즉, 고구려 혹은 발해가 장충지의 관할 아래 있다는 잘못된 정보와 함께, 고구려 혹은 발해인들이 턱을 가슴에 붙이고 다니고, 인육을 먹으며, 노인들을 내쫓아 죽인다는 생소한 정보, 660년에 멸망한 백제가 등장하는 반면, 당시 동아시아 각국과 활발히 교류하며 국제사회의 일원이었던 신라는 등장하지 않는 등의 왜곡된 정보가 섞여 있다. 특히, 위 인용문에 이어지는 이하의 문장에서는 백제의 남쪽 사람들이 물속에서 물고기처럼 산다는 정보가 이어진다. 이처럼 사실에 부합하지 않는 오류나 왜곡이 발생한 이유에 관해서는 Hor인의 시찰 경로가 장충지의 권역에서 중단되고, 그 以東 지역에 대한 정보는 실제 경험하지 못한, 간접 정보

---

111) 盧泰敦, 1989, 앞의 논문, p.238.
112) Pellito 노트: Jacques Bacot, 1956, 앞의 논문, p.151.
113) Gérard Clauson, 1957, 앞의 논문, p.12.
114) Jacques Bacot, 1956, 앞의 논문, p.151.
115) 盧泰敦, 1989, 앞의 논문, p.239.
116) 羽田亨, 1958, 앞의 논문, p.414.

내지 **傳聞**이기 때문이라는 분석이 있었다.[117] 이에 따르면, 위 인용문의 고려는 발해를 가리키는 것이 아니라, 백제와 마찬가지로 이미 멸망한 고구려를 지칭하는 것일 수 있다.

IV. 맺음말

Pelliot 1283번 문서는 8세기 후반~9세기 전반의 북아시아 정세를 전하는 것으로 알려졌지만, 내용을 검토한 결과 8세기 중후반의 정세를 전하는 것으로 확인되었다. 단, 8세기 중반 위구르제국이 등장하는 과정이나, 8세기 후반 중국 하북지역의 정치상황에 관해서는 비교적 정확하고 상세한 내용을 전하는 반면, 고대 한국에 관해서는 문서(A) 작성 시점에는 이미 멸망한 지 백여 년이 지난 고구려와 백제가 등장하거나, 그마저도 사실관계가 분명하지 않은 왜곡된 정보이며, 당시 존재하던 신라 등에 대해서는 전하지 않는 등 정보 간 편차가 크다. Hor인 5인의 시찰 정보에는 직접 견문뿐 아니라 간접정보와 **傳聞**이 섞여 있었던 까닭으로 이해된다.

기왕에 한국학계는 이 문서를 발해 관련 문서로 분류하고, 8세기 당시 발해가 스스로 고구려로 칭했던 사실의 방증으로 활용하기도 했지만, 이상의 검토를 통해 알 수 있듯이 이 문서에 나오는 고구려에 관한 정보가 발해인에 의한, 혹은 발해인의 인식을 반영하는 것으로 보기에는 무리가 있다. 다만, 비록 왜곡된 정보이더라도, 8세기 하북지역의 동쪽에는 여전히 고구려와 백제가 있었다고 전래될 만큼, 당시 중국의 하북지역 사람들에게 고구려와 백제는 존재감 있게 각인되어 있었다고 할 수 있을 뿐이다.

투고일: 2025.10.28.　　　　심사개시일: 2025.12.07.　　　　심사완료일: 2025.12.25.

---

117) **森安孝夫**, 2007, 앞의 책, p.339.

권순홍, 2025, 「둔황문서」, 국사편찬위원회 한국사데이터베이스, 한국 고대 사료 DB, 금석문·문자자료, 발해, 고문서. https://db.history.go.kr/ancient/level.do?levelId=gskh_006_0030_0050_0010.

盧泰敦, 1989, 「高句麗·渤海人과 內陸아시아 住民과의 交涉에 관한 一考察」, 『大東文化研究』 23.

Louis Ligeti, 1971, 「A propos du 《Rapport sur les rois demeurant dans le Nord》」, 『Etudes tibétaines dédiées à la mémoire de Marcelle Lalou』, Paris: Librairie d'Amérique et d'Orient.

森安孝夫, 1977, 「チバット語史料中に現われる北方民族-DruguとHor-」, 『アジア·アフリカ言語文化研究』 14.

Moriyasu Takao, 1980, 「La nouvelle interprétation des mots Hor et Ho-yo-hor dans le manuscrit Pelliot Tibétain 1283」, 『Acta Orientalia Academiae Scientiarum Hungaricae』 34.

森安孝夫, 2007, 『シルクロードと唐帝國』, 講談社.

森安孝夫, 2015, 「チベット語史料中に現われる北方民族: DRUとGUHOR」, 『東西ウイグルと中央ユーラシア』, 名古屋大學出版會.

宋基豪, 1992, 「燉煌文書」, 韓國古代社會研究所 編, 『譯註 韓國古代金石文』 제3권, 駕洛國史蹟開發研究院.

王堯·陳踐, 1981, 「敦煌古藏文本《北方若干國君之王統敍記》文書」, 『敦煌學輯刊』 2.

Jacques Bacot, 1956, 「Reconnaissance en Haute Asie Septentrionale par cinq envoyés Ouigours au Ⅷe siècle」, 『Journal Asiatique』 244.

정재훈, 2024, 『돌궐 유목제국사 552~745』, 사계절.

정재훈, 2024, 『위구르 유목제국사 744~840』, 사계절.

Gérard Clauson, 1957, 「A propos du manusrit Pelliot tibétain 1283」, 『Journal Asiatique』 245.

Giuseppe Tucci, 1950, 『The Tombs of the Tibetan Kings』, Rome: Istituto Italiano per il Medio ed Estremo Oriete.

Federica Venturi, 2008, 「an old Tibetan document on the Uighurs: a new translation and interpretation」, 『Journal of Asian History』 42-1.

護雅夫, 1977, 「いわけるbökliについて」, 『江上波夫教授古稀記念論集』民族·文化篇, 山川出版社.

〈Abstract〉

Translation and Annotations of Dunhuang Manuscripts(Pelliot tibétain 1283) on Ancient Korea

Kwon, Soonhong

The purpose of this article is to provide an annotated translation of the Pelliot 1283 manuscript (Pelliot tibétain 1283) and to examine its contents related to ancient Korea. This document has long attracted scholarly attention because it mentions Goguryeo and Baekje. However, within Korean scholarship, only partial translations and indirect translations through intermediary languages have been available, which has limited a full understanding of the text. In response, this study presents a complete translation of the document and supplies annotations to facilitate a more accurate interpretation of its contents.

Previously, Goguryeo as mentioned in this document has often been interpreted as referring to Balhae, and the text has been cited as evidence supporting Balhae's consciousness of succession from Goguryeo. Nevertheless, the document contains numerous problematic elements, including distorted information about Goguryeo, references to Baekje despite its prior collapse, the absence of any mention of Silla, and claims that people lived in water to the south of Baekje. Moreover, much of the information concerning areas east of the Hebei region of China (以東) is inaccurate. Accordingly, classifying this document as material related to Balhae requires careful reconsideration.

▶ Keywords: Dunhuang documents, Pelliot, Goguryeo, Balhae, Baekje

태봉국의 이두를 찾아서[*]
– 양주 대모산성 목간1을 중심으로 –

權仁瀚**

Ⅰ. 머리말
Ⅱ. 목간의 판독과 해석
Ⅲ. 목간 해석안 종합 및 이두 발달사적 의의 탐색
Ⅳ. 맺음말

〈국문초록〉

본고는 2023년 발굴·공개된 양주 대모산성 출토 1호 목간에 대한 판독과 해석안 도출에 중점을 두면서 여기에 보이는 이두 표기의 확인 및 그 발달사적 의의에 대해 고찰함을 목표로 한 것이다. 이를 위하여 양주 대모산성 1호 목간에 대한 판독 및 해석안을 도출한 후(2장), 목간 판독안을 종합하여 목간의 주요 내용 파악 및 이두 발달사적 의의에 대한 논의를 시도하였다(3장).

2장에서는 양주 대모산성 1호 목간에 대한 정밀 판독 및 해석안 도출을 위해 노력하였다. 먼저 판독면에서 (1) I 면에서 '[如][律]令'의 존재 가능성, (2)Ⅱ면에서 제15자를 {爲在} 합자로, 제18자를 「中」자로 읽을 가능성, (3)Ⅲ면에서 제1자를 「民」자로, 제9자를 {在艹(〈等〉} 합자로, 제12~14자를 '[筆]「生」「彼」'로 읽을 가능성, (4)Ⅳ면에서 제7자를 「金」자로 읽을 가능성, (5)Ⅴ면 1행에서 제1~2자를 '■[凡]'으로, 제4자를 [兵]자로, 제6자를 [滅]자로, Ⅴ면 2행에서 제13~14자를 '大[川]'으로, Ⅴ면 3행에서 제1자를 {閉人}의 합자로 읽을 가능성, (6)Ⅵ면에서 제14자를 {艹者}의 합자로 읽을 가능성, (7)Ⅶ면에서 제3~5자를 "[買]□[停]"으로 읽을 가능성 등을 제안한 점이 기존 판독안들과의 주요한 차이점이라고 할 수 있다.

(※[ ]: 추독자, { }: 합자, ' ': 글자 연쇄, ■: 지운 글자)

---

* 이 글은 같은 제목으로 2025년 9월 19일에 열린 구결학회 월례연구발표회와 10월 17일에 열린 한국목간학회 제53회 정기발표회에서 발표한 원고를 수정·보완한 것이다. 두 발표회에서 여러 분들이 도움 말씀을 해주셨는데, 문현수·이용 교수는 이두 요소들에 대하여, 윤선태·김창석·하시모토 시게루(橋本 繁)·방국화 교수는 목간의 판독과 해석안에 대하여 유익한 조언을 해주셨다. 모든 조언을 다 수용한 것은 아니지만, 이분들의 조언을 바탕으로 초고의 크고 작은 잘못들을 고칠 수 있었음을 밝혀 사의를 표하고자 한다.
** 성균관대학교 국어국문학과 교수

다음으로 해석면에서는 (1)이두 표기로 ①'-爲在'(-ㅎ견; -한), ②'-亦中'(-여긔; -에게)〈Ⅱ면〉, ③'-亦在等者'(-이견든은; -이라고 한 것 때문이라면)〈Ⅲ면〉, ④'-內去等者'(-안걸든; (틀림없이) ~한 것은)〈Ⅵ면〉, ⑤'-中'(-긔; -에)의 존재를 확인한 점, (2)한자어(구)로 ①'如律令'(주문呪文: 율령에 따라!)〈Ⅰ면〉, ②'民口'(백성(의 여론)), ③'內ㅂ手'(손을 거두어들이다), ④'文味'(글의 취지)〈Ⅲ면〉, ⑤'强兵力'(강병의 힘)〈Ⅴ면 1행〉, ⑥'閉人'(廢人/ 죽은 사람)〈Ⅴ면 3행〉 등을 확인함으로써 개략적이나마 목간의 내용을 파악할 수 있었음을 소기의 성과로 여기고 싶다. 다만, Ⅰ~Ⅱ면을 제외하고는 전반적으로 문맥 파악이 힘들 정도로 생경한 문장들로 엮여 있는 것으로 볼 수밖에 없으므로, 이를 본고의 한계로 인식하면서 앞으로 해결해야 할 과제로 남겨두고자 한다.

3장에서는 2장에서의 해석안을 정리한 후, Ⅰ·Ⅱ면을 제외하면 도대체 이것이 무슨 뜻인지 의구심이 들 정도로 문장의 흐름이 자연스럽지 못하거나 어색하게 된 원인을 판독상의 오류, 한문 해석상의 미숙 또는 알 수 없는 태봉국의 한문 구사력 등 복합적인 요인 외에 大龍을 대상으로 한 제의문祭儀文이 지니는 주술적인 언술의 사용에도 또다른 요인이 있는 것이 아닐까 추측해보았다. 이어서 이 목간의 성격에 대해서는 Ⅰ면의 주술呪術 관련 인물화의 존재, Ⅱ~Ⅲ면에서의 대룡에게 소원을 비는 장면 등에 근거하여 모종의 제의의식을 담고 있는 주술 목간으로 규정하였다. 또한 이 목간의 주요한 내용을 이 목간의 주인공인 "茂金"이 26세의 청년임에도 공직자로 널리 등용하라는 교시가 있었으나, 백성들과 조정 간의 불화로 인한 병력 동원의 내란적 상황에서 폐인閉人 이상의 상처를 입어 이를 치유하기 위해 正開 3년(916) 음력 4월 9일에 대정大井의 용왕신에게 그의 소생을 비는 제의 및 그 사후 처리 과정을 담은 것으로 보았다.

끝으로 이 목간에 보이는 이두 표기의 역사적 의의에 대해서는 개별 이두 표기들의 성격을 아래와 같이 정리하면서 이들이 나말여초 시기의 이두의 과도기적 변모상을 보여줄 수 있는 것으로 총괄하였다.

1) 午中(-긔): 기출 이두 표기
2) 住爲在(-ㅎ견): '爲在'의 가장 이른 사례
3) 龍亦中(-여긔): 여격 용법의 '亦中'의 가장 이른 사례
4) 文味亦在等者(-이견든은): 초출 이두 표기,
5) 把內去等者(-안걸든): 초출 이두 표기

▶ 핵심어: 양주 대모산성 1호 목간, 태봉국, 주술 목간, 이두 표기, 한자어

Ⅰ. 머리말

최근에 이르기까지 고대한국의 목간 출토는 계속되고 있다. ①서울 몽촌토성(2021, 고구려? 551년 이전), ②대구 팔거산성(2021, 신라 7세기 초엽)을 비롯하여 ③부여 동남리·석목리(2022, 백제 7세기), ④양주 대모산성(2023~2024, 태봉 916년), ⑤익산 오금산성(2023~2024, 백제 657년), ⑥남원 척문리산성(2025,

백제 6세기 전반/후반[?]), ⑦익산 미륵산성(2025, 백제 사비기) 등에 이르기까지 가히 고대 삼국을 망라한 목간의 출토가 이어지고 있는 셈이다.

이 중에서 최근에 가장 각광을 받고 있는 자료의 하나는 ④양주 대모산성의 원형 집수시설 출토 1~5호 목간이다. 특히 2023년에 발굴 보고된 1호 목간은 8면체 목간으로 지금까지 발굴된 고대한국의 목간 중 가장 많은 글자가 적혀 있고, "政開三年 丙子"라는 간지干支가 확인됨으로써 916년의 태봉국 목간이 출토된 최초 사례일 뿐만 아니라, 판독 초기부터 이 목간에 당시의 이두 표현이 존재한다는 지적이 제기되어 왔다는 점에서도 주목의 대상이 되고 있기 때문이다.

정확한 문맥의 파악에 상당한 어려움이 있으나, 만약 이들 목간 속에서 이두의 존재를 확인할 수 있다면, 이두 발달사 측면에서 「松山村大寺鐘銘」(904) ~ 「禮泉鳴鳳寺慈寂禪師碑陰銘」(939) 사이의 새로운 자료를 추가할 수 있다는 점에서 그 의의가 예상된다. 필자는 이러한 점들을 염두에 두고서 양주 대모산성 목간1에 대한 판독과 해석을 시도한 후, 이를 바탕으로 10세기 초엽 이두의 존재 양상 및 이두 발달사적 의의에 대한 논의를 시도해보고자 한다.

II. 목간의 판독과 해석

이 장에서는 양주 대모산성에 대한 2023년의 13차 발굴 조사시 원형 집수시설에서 출토된 1호 목간에 대한 판독과 해석에 집중하고자 한다.[1] 이를 위하여 발굴처인 기호문화유산연구원에서 제공한 이미지 및 필자가 2023년 11월 20~21일에 열린 1차 판독회 당시에 확보해둔 이미지 자료와 김병조·고재용(2024), 이재환(2024)의 판독안을 종합하여 정확한 판독을 시도함과 아울러 한자어(구) 및 이두자의 존재를 고려하고, 또한 비슷한 제의 내용을 보여주는 전傳인용사지 출토 목간과의 비교를 통한 해석문 도출을 위해 최선의 노력을 기울일 것이다.

---

1) 2024년에 동 원형 집수시설에서 발굴된 2~3호 목간에도 이두 표기로 볼 만한 문자열이 보이나("~不冬"(~안돌; 아니하여/ 아니함 ※문장 끝 위치)〈2호〉, "-亦在如"(-이겨다; -이었다[?])〈2·3호〉 등), 이 목간들에 대한 필자의 판독 및 해석안이 아직은 다 정리되어 있지 못한 관계로 이에 대해서는 다음 기회로 논의를 미루고자 한다.

1. 목간 디지털(컬러) | 적외선 이미지(Ⅷ면은 적외선 미촬영)

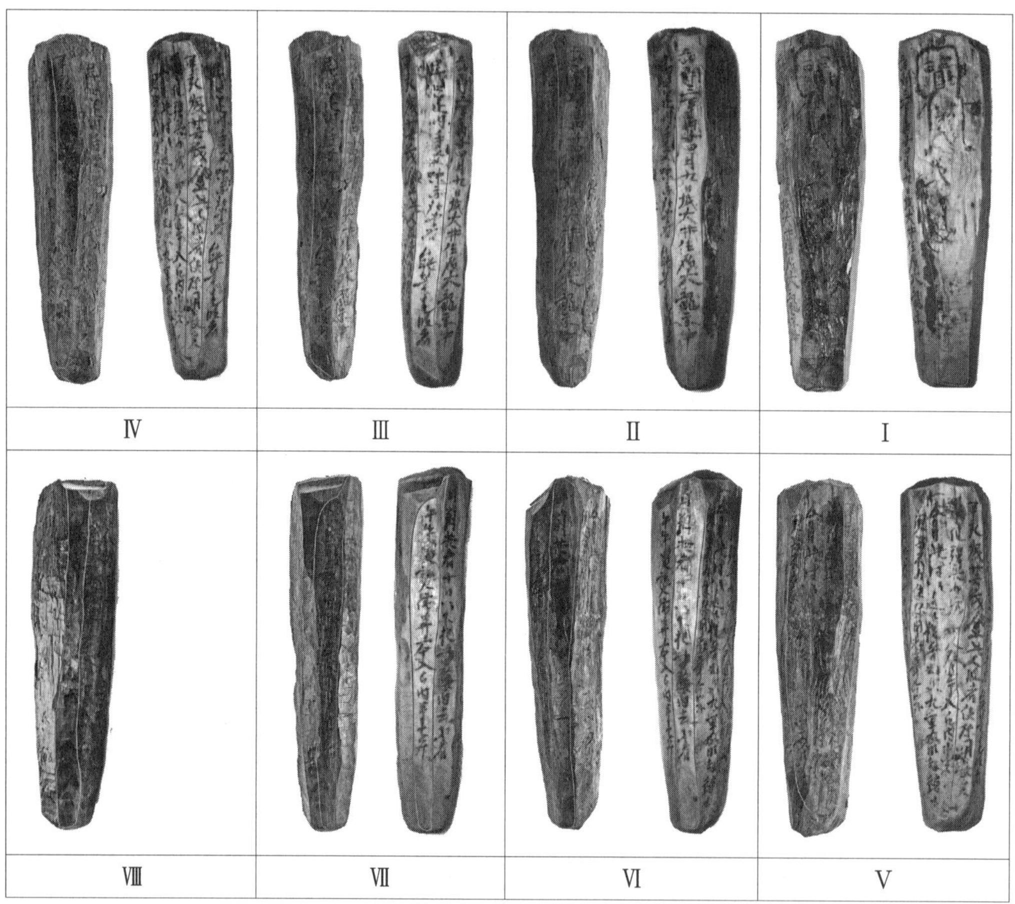

〈기호문화유산연구원 제공, 2024년 1월 19일〉

2. 기존 판독안

표2. 목간 판독안

Ⅷ행	Ⅶ행	Ⅵ행	Ⅴ행 3	Ⅴ행 2	Ⅴ행 1	Ⅳ행	Ⅲ행	Ⅱ행	Ⅰ행	
	午	月	□ 閑閑	今	□ 最昇罜足	辛	□ 昇罜民	政		1
	牛	朔	人	□ 月日	乙	亥	口	開		2
	買	共	□ 当与	此	□ 化几	歲	□ 送逆波	三		3
	□ 愛寇	者	不	時	强	卄	内	年		4
	停	十	爲	以	□ 惡兵裏	六	手	丙		5
	弃	日	使	咎	□ 九力	茂	爻	子		6
	本	以	弥	□ 從促	□ 歲滅	登	味	四		7
	入	下	□ 用同	□ 兵告齋	□ 此四	此	亦	月		8
공란	斤	□ 把把	教	□ 幻相拜	人	人	祭	九		9
	内	■	□ 聳寧	□ 史只	在	孤	者	日		10
	牛	■	九	九	追	者	能	城		11
	弃	内	□ 日川	重	二	使	□ 等筆幸	大		12
		去	□ 如内	大	入	弥	□ 主至生	井		13
		□ 省登等眷	□ 下外不	川	几	用	□ 段波彼收	住		14
			教	内	教	者		□ 爲在所		15
			德	□ 小中水	矣			大		16
			云	矣				龍		17
								亦		18
								□ 牛中		19

〈김병조·고재용(2024: 236)〉

표1. 양주 대모산성 목간 판독표

Ⅷ면	Ⅶ면	Ⅵ면	Ⅴ면 3행	Ⅴ면 2행	Ⅴ면 1행	Ⅳ면	Ⅲ면	Ⅱ면	Ⅰ면	
	午	月	{[閑][人]}	今	□[18]	辛	□[9]	政	눈: □[1]	1
	牛[44]	朔	当[36]	月[31]	□[19]	亥	口	開	귀: 日	2
	買	共[41]	不	此	□[20]	歲	送[10]	三	우측 뺨: □[2]	3
	□[45]	者	爲	時	强	卄	内[11]	年	코+입: □[3]	4
	□[46]	十	使	以	□[21]	六	手	丙	코: [水]	5
	弃	日	弥	咎	□[22]	茂	爻	子	좌측 뺨: □	6
	本	以	用	從	□[23]	登[16]	味	四	입: □	7
	入	下	教	□[32]	□[24]	此	亦	月	우측 가슴: 厶	8
	斤[47]	把	□[37]	□[33]	八[25]	人	祭[12]	九	좌측 가슴: [厶]	9
	内[48]	口	[九]	史[34]	在[26]	□[17]	者	日	□[4]	10
	牛[49]	口	□[38]	九	追[27]	者	能	城	□[5]	11
	弃	内[42]	[如][39]	重	二	使	□[13]	大	□[6]	12
		去	下[40]	嘉[35]	入	弥	□[14]	井		13
		省[43]		教	几	用	□[15]	住	□	14
				德	内[28]	教	者	□[7]	□	15
				云	□[29]	矣		大		16
					□[30]			龍		17
								亦		18
								□[8]		19

〈이재환(2024: 219)〉

3. 목간 판독안

※약호

{ }: 합자, [ ]: 추독자, □: 판독 불능자, ■: 지워진 글자, $A^{B/C/D\cdots?}$: A 또는 B/C/D…(단, A의 가능성을 더 높이 봄; B/C/D… 후보자들은 이재환(2024), 김병조·고재용(2024)의 논의 및 목간학회 발표시에 새로 제안된 글자 등을 종합한 것임).

Ⅰ. (인물화)　-우측 뺨: ①竟,

　　　　　　-좌·우측 가슴 아래: ②[如][律]令

　　　　　　-좌측 발 아래: ③[茂$^{?}$]

① Ⅰ면에서 인물화의 눈(눕힌 日), 코([水]), 귀(日), 입(口), 좌·우측 가슴(厶) 등에 문자로 볼 만한 여러 묵흔들이 남아 있으나(이재환(2024)의 판독표 참조), 필자로서는 위의 ①, ②를 제외하고는 의미있는 문자열로 보기 어려운 것으로 판단한 것이다. 눈, 코, 입, 가슴 등을 먹으로 그린 다른 그림들에서

도 충분히 나올 수 있는 형상과 해당자들이 우연히 일치된 것으로 보이기 때문이다. ①은 이미지 (　)로 보듯이 「竟」의 형상이 분명할 뿐만 아니라, 이는 「覺」자의 속자에 해당되는 글자로 보아 문제가 없다.

② 이 문자열(　)은 이미지로 볼 때, '如律令'으로 판독될 가능성이 있다. 『大書源』(2007, 東京: 二玄社; 이하 특별한 언급이 없는 한 이 책에서 인용함)의 자형 이미지와 비교해볼 때, 첫 번째 글자는 좌측이 복잡해보이나 전체적으로 　 　 등과 유사하고, 세 번째 글자도 　 　 등과 흡사하기 때문이다. 세 번째 글자가 위의 두 글자와 달리 세로 축을 벗어나 우측으로 치우쳐 있는 것은 디지털 이미지에서 보이는 커다란 옹이 자리(　)를 피한 결과로 보인다. 문제는 두 번째 글자인데 좌·우획 사이의 간격이 넓기는 하나, 이와 비슷한 사례를 당대唐代 자형 자료에서 볼 수 있는 듯하기에(　 　) 이 글자를 「律」=「律」자로 볼 만한 것으로 판단한 것이다. 부적符籍과 같은 자료에서 '如…令' 사이에 들어갈 글자는 「律」자 외에 다른 후보를 찾기 어려운 점도 고려한 것이다. 다만, 첫 번째 글자의 좌변과 두 번째 글자의 우변의 불확실성을 고려해 이 문자열을 최종적으로 '[如][律]令'으로 판독하고자 한다.

③ 이 글자(　)에 대해서는 엄호 밑(厂)에 해당되는 필획이 확실치 않지만, 전체적인 느낌상 Ⅳ면 제6자의 이미지(　)와 비슷해 보인다는 김창석 교수의 지적과 함께 이 글자가 이 목간의 주인공인 '茂金'과의 관련성, 예를 들면 위 인물화의 주인공이 '무금'일 가능성을 알려주는 단서로 볼 여지는 없는지에 대한 질의가 있었다. 현재로서는 [茂?] 정도로 추독은 하되, 주변에 「金」자로 볼 만한 이미지를 찾을 수 없는 것으로 판단되어 김 교수의 질의에 대해서는 명확한 답을 하기가 어려움을 부기해두고자 한다.

Ⅱ. ④政開三年丙子四月九日城大井住⑤{爲在}[爲]/[在]/所?　大龍亦⑥中牛?

④ Ⅱ-1자(Ⅱ면의 첫 글자, 이하 같음; 　)는 「政」임이 분명하다. 혹여 이미지상 긴 가로획 위 정중앙에 위치한 반달 모양의 획을 「政」자의 일부로 볼 것이냐, 아니면 다른 부호로 볼 것이냐를 문제 삼을 수 있을 것이나, 이와 같은 흑반원호를 중국 자료에서 보기 어려울 뿐만 아니라(管錫華(2002) 참조), 춘추시대 금문金文들에서 비슷한 자형 사례들(　 　 　 cf 政)을 볼 수 있기에 Ⅱ면 첫 글자를 「政」자로 확정하고자 한다. 춘추시대 금문들에서 가로획 중앙에 '-'획을 이고[戴] 있음과 유사한 것으로 판단되기 때문이다.

⑤ Ⅱ-15자(　)는 초기부터 판독자들을 괴롭혀온 글자이다. 그래서 「[爲]」자로 보기도 하고, 「在」, 「所」자로 보기도 했으나, 여전히 논란이 되고 있다. 필자는 이 글자의 왼편에 「在」자의 1~3획 부분이 보이고, 그 오른편에는 「爲」자의 약자(　)와 유사한 형상이 찾아지므로 이를 {在爲}의 상하 합자로 보되, 이두의 문법적으로는 '爲在'[ᄒ견; 한]의 합자로 보고자 한다. 11세기 초 고려시대 이두 자료인 『불국사무구정광탑중수기』(1024/1038)에서의 '刻造爲在ㄣ(ᄒ겨며)'의 사례가 보임도 고려

한 것이다.[2] 필자의 판독안이 인정된다면, 이 글자는 태봉국 특유의 합자라는 점에서 문자문화사적 의의도 찾을 수 있다.

다만, 발표회 석상에서 윤선태 교수로부터 이 글자의 필순이 위에서 아래로 '▨→▨'로 쓴 것이 아니라, 우에서 좌로 '▨→▨'로 쓴 것으로 볼 수는 없는지에 대한 질의를 받았다. 현재의 이미지를 확대해보았을 때(▨ ▨), 「在」자 생획부의 'ノ'와 「爲」의 약자 생획부 'ソ'가 겹치는 부분에서 'ソ'의 좌측 획의 먹흔 시작부가 최종적으로 남은 것으로 판단되어 이두 문법적으로는 {爲在}의 합자이지만, 서사 필순상으로는 위에서 아래로 '在→爲'의 생획한 또는 간략화한 획들을 이어 쓴 것으로 본 필자의 처음 생각을 유지한 것임을 밝혀둔다.

⑥ Ⅱ-19자(▨)에 대해서는 초기에는 「牛」자로 판독하였으나, 2024년 1월에 열린 한국목간학회에서의 판독회를 계기로 필자 등이 제안한 「中」자로 판독하자는 의견이 받아들여지고 있다(이재환, 2024: pp.217-220). 「牛」자의 형상을 닮은 「中」자의 자형(▨ ▨ ▨ 등)의 존재가 참고될 수 있다. 이두 문법면에서도 '亦中'[여긔; -에게]로 볼 수 있을 뿐만 아니라, 문맥상으로도 큰 우물에 사는 '大龍'에게 소원을 비는 문장이 위치할 자리로 보아 크게 문제될 것이 없어 보이기 때문이기도 하다.

Ⅲ. ⑦[民]^{最/昇/罡/足?}口⑧逆^{送?}內手⑨[文]^{爻?}味亦⑩{在扌}^{[祭]?}者能⑪[筆]^{等/幸?}⑫生^{主/至?}⑬彼^{段/波/收?}者

⑦ Ⅲ-1자(▨ ▨)도 의견이 분분한 글자이나, 디지털(컬러) 사진(좌측)과 적외선 사진(우측)을 비교해보면, 적외선 사진의 왼쪽 부분(▨)은 실획인지에 강한 의문이 드는 반면, 하부 가로획 중앙에서 역빗금(﹨) 방향으로 내려간 획은 실획임이 분명하다고 보아(「罡」자로 판독할 때에는 이 실획을 설명하기 어렵다) 여러 제안 중에서 「民」자로 판독하는 안에 동의한 것이다. "民口"라는 한자어의 존재와 「전 인용사지목간」의 앞면에서의 "主民渙次"와의 관련성도 고려한 결과이다.

⑧ Ⅲ-3자(▨)는 이미지상 「送」보다는 「逆」자에 더 가까운 듯하다. ▨ ▨ ▨_逆, cf) ▨ ▨_送 등 참조. 책받침(辶)을 제외한 부분에서의 수직 획이 책받침에 거의 맞닿을 정도로 늘여져 있음이 그 근거다.

⑨ Ⅲ-6자(▨ ▨)는 최초 판독회 이래 「爻」자로 본 판독안을 의심없이 받아들였으나, 발표회 석상에서 하시모토 교수에 의해 「文」자로 볼 가능성에 대한 질의가 있었고, 방국화 교수도 「文」자 판독안을 지지하는 취지에서 그 아래에 있는 Ⅲ-12자의 필자 판독안인 [筆]자와의 연결도 좀더 자연스럽지 않겠느냐는 지적이 있었기에 다시 확대하여 살펴본 것이다. 그 결과 「文」자로 볼 만한 특성이 있는 것으로 보아 초고의 판독안을 수정한 것임을 밝혀둔다. 위에서 보듯이 이 글자의 상부는 "×"처럼 교차된 것이라기보다는 가로 획이 더 긴 "∠" 모양으로 되어 있어서(적외선 사진상 "∠"의 좌측단 아래 쪽으로 묵흔처럼 보이는 부분은 컬러사진과 비교해보면 묵흔인지 의심스럽다) 「文」자

---

2) 『불국사무구정광탑중수기』(1024/1038)의 판독과 해석에 대해서는 노명호·이승재(2009), 「석가탑에서 나온 중수문서의 판독과 역주」, 『중수문서』(국립중앙박물관·대한불교조계종), p.55의 19) 본문 및 이에 대한 각주 50)을 참조.

의 자형 자료에 가깝다고 할 수 있기 때문이다. 文文文_文 cf) 㸚, 㸚㸚_㸚[3) 등 참조.

⑩ Ⅲ-9자( )도 '在艹' 두 글자로 판독하는 안과 「祭」자로 판독하는 안이 팽팽하다. 윗 글자 하부에서의 '示'의 형상이 명확하지 않고, 아랫 글자는 「等」의 약자에 가까운 것으로 보아(在 右_在, 示 才_等 참조) {在艹} 합자로 판독하는 안에 동의한 것인데, 이두 표기 '-在等-'의 가능성도 염두에 둔 판단임을 밝혀둔다.

⑪ Ⅲ-12자( )의 하반부는 「幸」자에 가까운 듯하나, 상부는 초두변(艹) 또는 대죽변(竹)에 가까우므로 [筆]자로 추독하는 안을 받아들인 것이다. 筆筆華 등 참조.

⑫ Ⅲ-13자( )도 의견이 분분한 글자이나, 「生」자의 자형에 가장 가까운 것으로 본 것이다. 生生 등 참조. 「至」자로 보기에는 상부(至) 또는 우측부(至)의 점이 보이지 않음이 문제점으로 보아 받아들이지 않은 것이다.

⑬ Ⅲ-14자( )는 收收 등과 필치가 흡사한 것으로 보아 「彼」자로 판독한 것이다. 하시모토 교수로부터 다시 「段」자(段段 등) 판독안을 제안 받았으나, 우측 부분 상부의 필획 처리가 「彼」자에 더 가깝다고 보아 받아들이지 않았음을 밝혀둔다.

Ⅳ. 辛亥歲卄六茂⑭[金]此人⑮□^[孤]?者使弥用教矣

⑭ Ⅳ-7자( )에 대해서는 초기부터 「登」자로 판독해왔으나, 정중앙의 획이 "ヨ"에 가깝고(「登」자의 정중앙 획에는 이러한 특징이 보이지 않음), 우상의 "丶"획도 네모난 흠집 사이를 통과된 것으로 보여 「金」자의 자형(金 金 등)에 가깝다고 판단한 것이다. 이재환(2024: 230)에서도 「金」자 판독안에 동의하고 있음도 참조.

⑮ Ⅳ-10자( )는 묵흔이 분명치 않아 많은 분들로부터 어떤 글자인지 알기 어렵다는 지적을 받았음을 반영하여 최종적으로 미상자로 수정한 것이다.

Ⅴ1. ⑯■^[最]/環/昇/罡/足?[凡]强⑰[兵]^[央]/惡/喪/畏?⑱[力]^九?⑲[滅]^歲?□八在追⑳[二]^亍?入几內㉑□^小/水/中?㉒[矣]

⑯ Ⅴ1-1~2자( )는 판독이 쉽지 않은 문자열이다. 디지털 사진에서 보듯이 1~2자의 표면이 검게 되어 있어서 필획의 행방을 추적하기가 여간 힘들지 않기 때문이다.

우선 첫 번째 글자는 상부는 좌하로 기울어진 '罒'에 가까워 보이고, 하부는 우측의 'ㄴ' 정도만 보일 뿐이다. 좌하부는 어떤 형상인지 알기 어렵다. 따라서 이 글자는 「最」자로 추독할 만한 것이나(最 등 참조) 최종적으로는 무엇인가를 쓰려다가 지운 글자로 보고자 한다. 디지털 사진에서 글자

---

3) 마지막에 제시한 「文」자의 조맹부와 왕희지의 서체 자료는 "書法字典" 사이트(www.shufazidian.com)에서 검색하여 화면 캡처 후 제시된 것임을 밝혀둔다.

의 위 아래에 걸쳐 검게 그을린 듯 보임은 아래에서 볼 Ⅵ-10~11자와 비슷한 형상으로 판단되었기 때문이다.

그 아래에 「乙」자가 달려 있는 것으로 판독되기도 하였으나, 마지막 획에 이어져 우상으로 뻗어올라간 희미한 획을 설명하기가 어렵다. 혹여 이 글자 자리는 Ⅳ·Ⅴ-2행과 비교하여(　　) 글자가 없거나, 있다고 해도 제1자 하부 획의 일부가 아닐까 한다.

두 번째 글자는 「化」자로 볼 수도 있으나(　　 참조), 우측 비수 비(匕)의 형상이 해서나 행서의 사례들(　　　 참조)과는 차이가 크므로 첫 글자를 지운 먹흔이 아래로 흘러내린 결과로 우연히 「化」자처럼 보이는 것이 아닌가 한다. 이 수직 획을 제외한다면 이 글자는 「几」(안석 궤)자나 「几」(「凡」의 속자)로 볼 수 있을 것인바, 획의 끊어짐에서 2획이 아닌 3획으로 처리되어 있을 뿐만 아니라, 문장의 시작 자리이므로 「凡」자로 추독하고자 한다. 따라서 기존의 Ⅴ1-1~3자는 "■[凡]"의 두 글자로 읽을 것을 제안하고자 한다.

⑰ Ⅴ1-4자(　　)도 의견이 분분한 글자이나, 하부가 심방변('心')나 옷의변('衣')의 하부에 해당되는 획의 특징이 찾아지지 않으므로 우선 「惡」, 「喪」, 「畏」자 판독안은 제외시킬 수밖에 없다. 그리하여 남은 후보는 「兵」자 판독안인데, 한대 자형 자료들에서 위의 이미지처럼 하부가 여섯 육('六')으로 처리하는 사례들(　　 등)과 함께 후대 행서 자료들에서 상부를 갓머리('宀')처럼 처리하는 사례들(　　　)이 있음을 근거로 이 글자를 「兵」자로 추독한 것이다. 다만, 이 글자는 여전히 「宍」=「肉」자로도 판독할 수 있을 듯하나(　　　 등 참조) 문맥상으로는 '强兵'이 더 어울리는 것으로 보아 전자를 앞세운 것이다.[4]

⑱ Ⅴ1-5자(　　)는 「力」, 「九」자로 판독하는 안이 제기되어 있다. 「九」자로 보기에는 2획의 마무리 삐침이 불완전하여(　　 등 참조), 디지털 사진 우측에 보이는 흠 속에 「九」의 마지막 삐침이 숨어 있을 수도 있지만, 일단 현재의 이미지를 중심으로 「力」자로 판독한 것임을 밝혀둔다.

⑲ Ⅴ1-6자(　　)는 Ⅳ-3자 이미지(　　)와 유사한 필치로 보아 「歲」자로 추독하였으나, Ⅳ-3자에 비해 뫼 산(山)의 이미지가 불명확할 뿐만 아니라, 우하의 획들도 조금은 간략하게 처리되어 있어서 또다른 판독 가능성으로 제안된 「滅」자의 자형 자료와 비교할 필요성이 제기된다. 그리하여 「滅」자 자형 자료들 중에 　　　　　 등처럼 좌변 삼수(氵)의 존재가 잘 찾아지지 않으면서 Ⅴ1-6자의 이미지와 비슷한 예들이 존재함을 근거로 [滅]자로 추독한 것임을 밝혀둔다.

⑳ Ⅴ1-11자(　)는 기존안대로 「二」자로 판독하고 싶다. 다만, 적외선 사진 상으로는 「二」자의 제2획 아래로 'ㅣ'획이 있는 듯하므로 「ㅜ」자(자축거릴 촉)의 판독 가능성도 생각해볼 수 있으나, 「ㅜ」자로 보기에는 갈고리 획의 묵흔 농도가 「二」자와 차이남에 문제가 있다고 보아 이 판독안은 채택하지

---

4) '强肉'이라는 한자어는 거의 찾기 어렵다. 최근 인터넷상에서 디자인을 강조하여 "'강한 놈'이 아닌 '예쁜 놈'이 살아남는다."고 하는 의미의 "强肉美食"이라는 한자 성구를 제외하고는 '强肉'이 쓰인 사례를 찾기 어렵기 때문이다(https://www.donga.com/news/article/all/20100326/27136086/3; "키보드 하나만 바꿔도 책상이 확 달라진다", 동아닷컴 2010-03-26 참조).

않은 것이다.

㉑ V1-15자(　)는 「小」, 「中」, 「水」자로 판독하는 안이 제안되었는데, 이 목간의 다른 곳에 보이는 자형과 비교하여(Ⅱ-18, Ⅶ-2) 「中」자 판독안은 우선 제외시킬 수 있다. 남은 후보자인 「小」의 자형(　)이나 「水」의 자형(　)에 비견될 만하나, 제1획이 '亅'(갈고리 궐)보다는 '丨'(뚫을 곤)이므로 「小」자로 볼 수도 있을 듯하다. 그러나 제2획의 상부 필획이 자못 특이하여 「小」자 판독안도 인정되기 어려워 보인다. 따라서 최종적으로 미상자로 보고자 한다.

㉒ V1-16자(　)는 획의 흐름이 상부에 다소 차이를 보이지만, 나머지는 Ⅳ-16자(　)와 비슷하다고 보아 「矣」자로 추독한 것이다.

V2. 今㉓日此時以[咎]㉔□従/促/狹?㉕[告][兵]/齋?㉖□幻/相/拜?㉗史只?九重㉘[大]川齋/奈/大^天(武周字)/大州/大川?教德云

㉓ V2-2자(　)는 얼핏 「月」자로 볼 수도 있으나, 문맥상 「日」자가 적합할 뿐만 아니라 실제 자형상으로도 「日」자 판독안을 뒷받침 받을 수 있다. 　日 등 참조.

㉔ V2-7자(　)는 필획의 흐름상 「従」자와 비슷하기는 하나(　등 참조) 우방의 상부에서 '丷'의 형상이 찾아지지 않음에서(디지털 사진에서 보듯이 이 부분은 뭔가에 눌린 듯한 흠이 있어서 정확한 실획 추적이 어렵다), 이재환(2024: 221)에서 「狹」자(　) 판독안을 제시한 바 있으나 필획상의 일치를 발견하기 어려운 점에서 최종적으로 미상자로 본 것이다.

㉕ V2-8자(　)는 「告」자로 보기에는 제3획(수직획)이 제2 가로획의 위쪽에서 시작하지 못한 점이 문제로 보이나, 비슷한 자형 자료(　)를 찾을 수 있음을 근거로 [告]자로 추독한 것이다.

㉖ V2-9자(　)에 대해서는 초고에서 「幻」자로 추독하였으나, 많은 분들로부터 판독의 재고를 요청받았다. 우측 획의 처리(丁)가[5] 인상적이어서 [幻]자 추독안을 유지하려 하였으나, 역시 좌변의 필획이 '幺'(작을 요)와는 거리가 있을 뿐만 아니라, 그렇게 할 경우 '幻史'에 대한 해석에서 심각한 문제가 발생함을 뒤늦게 깨닫고서(후술) 최종적으로는 미상자로 처리한 것이다.

㉗ V2-10자(　)는 필획의 흐름상 「史」자 판독안을 따른 것이다. 　 등 참조.

㉘ V2-13자(　)는 초기부터 「齋」자로 판독해왔으나, 디지털 사진에서 보듯이 상부에 커다란 'つ' 모양의 흠이 있어서 실획 파악에 상당한 어려움이 있다. 또한 V1행과 비교할 때, 두 글자 분량의 자리로 보는 안에 동의하면서도 아래쪽 글자가 「元」(=天; 武周字)나 「州」로 보기 어려운 대신 「川」자의 획 흐름과 유사한 것으로 보아(　川, 　州 참조) 최종적으로 "[大]川"으로 판독한 것이다.[6]

---

5) 圓道祐之 편집/허권수·장원철 재편집(1990)에서 찾아보면, 위와 동일한 우측 획의 처리를 보이는 글자로는 초서를 기준으로 「丹」, 「司」, 「周」, 「用」, 「困」 등이 있으나 V2-9자와 비슷한 이미지는 「幻」자 외에는 찾기 어려움도 이러한 판단에 영향을 준 것임을 밝혀둔다.

V3. ㉙{閉^{閑?}人}㉚[当]^{与?}不爲使弥㉛[用]^{同?}教㉜[矣]耳^{茸/莘?}[九]㉝口^{日/川?}㉞內^{如?}㉟外^{下/不?}

㉙ V3-1자(   )는 아래 쪽에 「人」자가 합쳐진 합자임이 분명한데, 문제는 위의 글자가 무엇인가에 있다. 필획상 '門'의 행서 아래 쪽에 '木'의 형상보다는 '才'의 제3획이 우하 쪽으로 내려쓴 느낌인데, 이는 「閉」자의 이체자(   )로 볼 수 있다는 점에서 {閉人}의 합자로 판독한 안에 동의한 것이다.

㉚ V3-2자(   )는 제안된 두 판독안의 자형 자료들(當,   与)을 비교해보면, 맨 마지막 획의 꼬부림이 돼지꼬리처럼 감아올린 것이 아니라(「与」자 초운변체 참조), '{勹+丨}' 정도의 획의 합성이 관찰될 뿐만 아니라 상부도 「与」자보다는 복잡한 획의 흐름이 관찰되므로 [当]자로 추독한 것이다.

㉛ V3-7자(   )는 同,   用과 비교해볼 때, 「同」자로 볼 여지도 없지 않으나 마지막 세로 획의 존재는 「用」자로 추독해도 좋을 것으로 판단된다. IV행 말미에 동일한 문자열 '使弥用教'의 존재도 이를 뒷받침한다.

㉜ V3-9자(   )는 IV행 마지막 글자가 '使弥用教矣'인 점과 왼쪽의 희미한 수직 획(   )을 제외하고 보면, 「矣」자의 초서(등)과 비슷한 특징이 보이므로 [矣]자로 추독함과 동시에 아래 글자를 「耳」자로 보아 '[矣]耳' 두 글자로 판독한 것이다.

㉝ V3-12자(   )는 자형상 「日」자로 보기는 어려운 듯한데, 「川」자로 보기에도 V2-13자의 하부 획(   )과 차이가 보이므로 최종적으로 미상자로 본 것이다.

㉞ V3-13자(   )는 앞선 행들에서 「內」자로 판독한 글자들과 유사한 특징이 보이므로 「內」자로 판독한 것이다.

㉟ V3-14자(   )는 「下」자로 보기에는 왼편 획을 무시하기 어렵고, 「不」자로 보기에도 왼편 획의 흐름에 차이가 있으므로 「外」자 추독안에 동의한 것이다.   外 등 참조. 한자어 '內外'도 고려.

VI. 月朔㊱共^{井八?}者十日以下㊲把^{把?}㊳■■內去㊴求者^{省/晉?}

㊱ VI-3자(   )는 디지털 사진의 묵흔이 훨씬 선명한데, 윗 부분을 「井」자로 보기에는 '二'의 제2 획을 「一」자처럼 아래로 삐침 처리하는 사례를 볼 수 없으므로(井 井 井 井 등 참조) 자연스럽게 「共」자 판독안에 동의한 것인데, 「共」자의 두 수직 획이 동시에 아래쪽 가로 획 아래로 내려간 사례도 찾을 수 있음에(참조) 이렇게 판독한 것이다.

---

6) 한편, 하시모토 교수는 이메일을 통해 이 글자를 「柰」자로 볼 수 있으리라는 의견을 보내주었으나, '大'와 '川' 자형 사이에 보이는 우상향^{右上向}의 비스듬한 가로 획은 위에서 말한 '勹' 모양의 흠과 겹치고 있어서 실획으로 보기 어려울 뿐만 아니라, 이를 실획으로 인정하더라도 '大' 아래의 획들이 '示'로 보기는 어렵다는 점에서 받아들이지 않았음을 밝혀둔다. 귀중한 여러 판독 의견을 주신 하시모토 교수께 다시 한번 감사의 뜻을 전한다.

㊲ Ⅵ-9자(圖)는 「把」, 「杷」 중 어느 글자로 판독해도 문제가 없을 정도로 특히 행서체에서 좌변의 '扌', '木'이 흔히 교체되고 있다. 그러나 「杷」자가 가리키는 '비파나무'는 중국 남부와 일본이 원산지인 상록 활엽수로 한반도 남부 지방에서 재배되는 식물이어서[7] 과연 양주 지역에 자랄 수 있었는가에 의문이 생기므로 「把」자로 판독한 것이다.

㊳ Ⅵ-10~11문자열(圖)은 무엇인가를 썼다가 지운 흔적이 뚜렷하므로 '■■'으로 표시하고, 해독에서도 제외시키고자 한다.

㊴ Ⅵ-14~15자(圖)는 한 글자라면 「省」자로 볼 만하나, 두 글자라면 「扌」, 「者」자로 읽힐 가능성도 유력한 듯하다. 「省」자로 보기에는 '少'의 획 흐름('小'+'丿')이 부자연스러울 뿐만 아니라, 아래 쪽은 「者」자의 형상이 뚜렷하므로 '扌者' 두 문자열로 본 것이다.

Ⅶ. 午㊵中[牛?][買]㊶□[譽/寇?]㊷[停][郷?]弃本入斤內半弃

㊵ Ⅶ-2자(圖)는 Ⅱ-18자(圖)와 획의 흐름상 차이가 크지 않으므로 「中」자 판독안을 유지한 것이다.

㊶ Ⅶ-4자(圖)는 정확한 글자를 특정하기가 어렵다. 윗 글자는 좌상에 '言', 하중앙에 '火' 또는 '又' 형상의 글자이나 우상의 형상이 불분명하여 미상자로 처리할 수밖에 없을 듯하다.

㊷ Ⅶ-5자(圖)는 좌변의 '亻' 또는 '彳' 형상이 뚜렷하고, 우변은 「停」자(圖 등)과 비슷한 획의 흐름이 관찰되므로 [停]자로 추독한 것이다. 통일신라의 지방 군사조직인 10停의 존재를 고려하면, Ⅶ-3~5 문자열 '[買]□[停]'은 태봉국 당시 양주 또는 양주 인근에 설치된 군사조직의 주둔지 지명에 해당되는 것은 아닌가 한다.[8]

한편, 이 글자에 대하여 하시모토 교수로부터 「郷」자로 읽을 수 있을 가능성에 대한 질의도 받았다. 「郷」자의 초서 자료(圖 등)과 비교해볼 때, 좌변과 우하右下 부분에서 확실히 비슷한 점이 발견되지만, 우상右上 부분에서는 'ㅗ'(돼지해밑)과의 차이점이 분명해 보인다. 따라서 필자의 판독안을 유지한 것임을 밝혀둔다.

이상의 판독 결과를 표로 정리해보면 다음의 [표 1]과 같다.

---

7) 네이버 지식백과 『세계 약용식물 백과사전 1』 참조

8) "買省縣"(고구려) → "來蘇郡"(경덕왕 개명)의 양주의 옛 지명 기록 외에 이른바 "買肖城" "買蘇川城" 전투(675년) 지역도 양주와 유관하다는 점에서 '[買]□[停]'을 태봉국 당시의 지명으로 생각하게 된 배경임을 밝혀둔다. 박종욱(2024), 백종오(2024) 등의 논의를 참조.

표 1. 양주 대모산성 1호 목간 판독표

VIII면	VII면	VI면	V면 3행	V면 2행	V면 1행	IV면	III면	II면	I면	
(묵흔 없음)	午	月	{閉人}	今	■	辛	[民]	政	눈 : □	1
	中	朔	[当]	日	[凡]	亥	口	開	귀: □	2
	[買]	共	不	此	强	歲	逆	三	우측 빰: 竟	3
	□	者	爲	時	[兵]	卄	內	年	코+입 : □	4
	[停]	十	使	以	[力]	六	手	丙	코: □	5
	弃	日	弥	[咎]	[滅]	茂	[文]	子	좌측 빰: □	6
	本	以	[用]	[告]	□	[金]	味	四	입: □	7
	入	下	教	□	八	此	亦	月	우측 가슴: □	8
	斤	把	[矣]	[史]	在	人	{在ホ}	九	좌측 가슴: □	9
	內	■	耳	九	追	□	者	日	[如]	10
	半	■	[九]	重	[二]	者	能	城	[律]	11
	弃	內	□	[大]	入	使	[筆]	大	令	12
		去	內	川	几	弥	生	井	우측 발	13
		ホ	外	教	內	用	彼	住		14
		者		德	□	教	者	{在爲}	좌측 발	15
				云	[矣]	矣		大	[茂?]	16
								龍		17
								亦		18
								中		19

※ [ ]: 추독자, { }: 합자, □: 미상자, ■: 지운 글자

4. 목간 해석안

이상의 판독 결과를 바탕으로 행별로 해석안을 제시해보면 다음과 같다. 약자, 속자는 정자로 고쳐서 옮기되, 이두 표기에는 기울임체 및 직선 밑줄을, 고유명사 표기에는 물결무늬 밑줄을 쳐서 구분할 것이다.

Ⅰ. 覺! …… [如][律]令!

   (覺醒! …… 如律令![주문呪文])

Ⅱ. 政開三年 丙子 四月 九日 城 大井 住(1)*爲在*(-ㅎ견) 大龍(2)*亦中*(-여긔)

   (政開 3년(916) 丙子年 4월 9일, 城의 大井에 住한 大龍에게)

(1) '爲在': 'ᄒ견; 爲/동사+在/선어말어미+(ㄴ/동명사어미)'로 분석되는[9] 이두 표기로 문맥상 후행하는 '大龍'을 수식하는 '住한'으로 해석될 수 있다. 동일한 구성과 의미를 지니는 이두 표기가 14세기 문서에 인용된 12세기 이두 문서 「장성감무관첩문」(1198/1378; ①)에 보여서 시기적으로 너무 이른 사례가 아닌가 의심을 받을 수도 있다. 그러나 6~7세기에 제작된 것으로 추정되는 월성해자 20호 목간의 앞면(②)에서 "~*立在* 節~"(셰견 빼; 세운 때)라는 동일 구성의 예를 볼 수 있을 뿐만 아니라, 11세기 말~12세기 초 석독구결 자료로 추정되는 「화엄경소」에서 동일한 구성과 의미를 지닌 "~ッナ1(ᄒ견)+N(때, 까닭)"의 사례도(③ ④) 다수 나타나므로 크게 문제되지 않을 것이다. 이러한 흐름으로 보아 이 목간에 명사 수식의 이두 표기 '爲在'(ᄒ견)이 등장하여 문제될 것이 없는 것으로 판단되기 때문이다.

① "長城郡地 白巖寺 下安*令是於爲*(ᄒ이늘삼(아)) 落點 *教等乙 仍于*(기신둘 지즐우) 下安*令是白遣*(ᄒ이숣고) 右寺 旣 殘亾*爲在*(ᄒ견) 山枝 五結 分八田 處所*是如在乙*(이다(ᄒ)견을)"(長城郡 땅 白巖寺에 奉安시키도록 落點하신 것을 말미암아 봉안하옵고, 이 절은 이미 殘亡한 산기슭[山枝] 5結로서 나뉘어 8곳의 田과 處所이던 것을) 〈「長城監務官貼文」, 1198/1378〉[10]

② "第八巷 第卄三大㑒 麻新 *立在*(셰견) 節 草辛"(여덟째 거리는 스물셋째 大舍인 麻新이 세운 때는 풀이 드문 (때다.)) 〈경주 월성해자 20호 목간_앞면, 7세기 전반?〉[11]

③ "始セ〻 灌頂 轉輪王位乙 受》 七寶 具足ソう尒 四天下乙 王ッナ11+(ᄒ견다긔)"(비로소 灌頂(하고) 轉輪王位를 받아 칠보가 갖추어져서 사천하를 다스릴 때에) 〈화소10:16-17, 11:07-08, 11:16-18, 12:08-09〉[12]

④ "{此}刂 菩薩1 十ㄕ 種セ 無盡藏乙 成就ッナ1入ㅡ{故}刂1氵(ᄒ견돌로인여)"(이 보살은 열 가지 무진장을 성취한 까닭이다.) 〈화소25:11-12, 11세기 말~12세기 초〉

(2) '-*亦中*': '-여긔; 亦中/처격조사'로 분석되는 이두 표기로 의미상 '-에게'[13]의 여격조사로 해석될 수 있다. 즉, "大龍*亦中*"은 "대룡에게"로 해석될 수 있는 것이다. 다만, 처격조사 '-亦中'에 '~에게'라는 여격의 의미가 등장하는 시기에 대해 고려 후기의 이두 자료인 「남씨노비문서」(1382; ①) 이후라는 이승재(2000: 114)의 논의와의 시간적 간극 문제를 어떻게 극복하느냐 하는 문제가 있다.

---

9) 이두 표기의 형태 분석은 남풍현·이건식 외(편), 『이두사전』(단국대학교출판부, 2020)을 참고하되, '-在-'나 '-內-' 등에 대해서는 조동사나, 보조어간이라는 용어 대신에 선어말어미로 수정한 것임을 밝혀둔다.

10) 「장성감무관첩문」에 대해서는 이철수(1997), 노명호 외(2000)의 논의를 참조. 여기에서의 해석은 노명호 외(2000: 363-372)의 판독 및 역주문을 인용한 것이다.

11) 이승재(2017), pp.197-199의 논의를 참조.

12) 『화엄경소』를 비롯하여 석독구결 자료의 검색에는 "sktot_2022_09_textD(번역본)_0925.hwp" 파일(장경준 교수 제공)을 이용하였음을 밝혀 사의를 표한다.

13) 초고에서는 "-에게/ -께"의 여격조사로 제시하였지만, "-께"에 해당되는 "-ㅅ그에/ㅅ긔/-싀"의 존재가 확인되는 것은 15세기 이후라는 점에서 "-에게" 하나로 수정한 것임을 밝혀둔다(이용(2017) 참조).

이 문제의 해결을 위해 필자는 「전傳인용사지목간」(9세기초?)의 첫 문장 "大龍王*中* *白*"(대용왕님께 사룁니다)에 여격 용법의 '-中'이 나타날 뿐만 아니라,[14] 고려 초기 이두문인 「정도사오층석탑조성형지기」(1031; ② ③)에서의 '-亦中'에도 처격 용법뿐 아니라 여격 용법도 보인다는 남풍현(2000: 507-508)의 해독 논의를 근거로 이 문서에서의 '-亦中'을 여격 용법으로 해석하여 큰 문제가 없으리라 판단한 것이다.

① "洪武十五年 壬戌 二月初八日 百姓 卜莊*亦*(-이) 孫子 龍萬*亦中*(-여긔) 許與 成給*爲叱乎*(ᄒ온) *事叱段*(일딴)"(홍무 15년 임술년(1382) 2월 8일 백성 卜莊이 손자 龍萬에게 許與(문기)를 작성하여 주는 일은) 〈「百姓卜莊奴婢許與文記」, 1382〉[15]

② "舍利 一七口*乙*(-을) 京山府土 處藏寺主 彦承 長老*亦*(-이) 今月一日 陪到*爲賜乎* *事亦在等以*(ᄒ시온 일여견돌로) 本來 瑠璃筒 一 鍮合 一 重 二兩*亦中*(-여긔) 安邀*爲白旀*(ᄒ숣ᄋ며)"(사리 7?구를 京山府 땅 處藏寺主인 彦承 長老가 금월 1일 뫼시어 온 일이 있으므로 본래의 瑠璃筒 하나와 鍮合 하나 무게 2량에 安邀하오며) 〈「정도사오층석탑조성형지기」_7), 1031〉[16]

③ "金直 田筒*亦中*(-여긔) 同年 十一月 六日 *元*(비릇) 伯士 身寶衆 三*亦*(-이) 日〃*以*(-로) 合夫 參佰肆拾捌 *幷以*(아블로) 石*乙良*(-을란) 第二年 春節*已只*(-도록) *了兮齊遣*(뭊히졔코) *成是 不得爲*(일이 몯실ᄒ) 犯由 *白去乎等* *用良*(숣거온돌 쓰아)"(金直과 田筒에게 같은 해 11월 6일부터 (시작하여) 伯士 자신의 寶에 있는 衆 셋이 매일 쉬지 않고 도합한 人夫 348인과 함께 돌을랑(돌의 경우는) 이듬해 春節까지 마친다 하고 조성하지 못한 경위를 보고하였으므로) 〈「정도사오층석탑조성형지기」_3)〉

Ⅲ. (1)[民]口(2)逆(3)內手 (4)文味(5)*亦在等者*(-이견둔 ᄋ) (6)能[筆]生彼者

(백성들[民口]이 거역하여 손을 거두어들인다는[內ᄂ·ᆸ手=返納] 글의 취지 때문이라면, 글과 글씨를 잘하는 능력으로 저 사람을 살려주소서!)

(1) '民口'가 '백성(의 여론)'을 의미하는 한자어임을 반영한 해석안이다.

【民口】①謂民衆的議論(백성의 여론)。≪呂氏春秋·離謂≫: "鄭國大亂, 民口讙譁, 子産患之(백성들의 여론이 시끄러우니 子産(=公孫僑)가 이를 근심하여), ……" ②指丁口(백성)。宋 梅堯臣 ≪田家語≫詩序: "庚辰詔書: 凡民三丁籍一, 立校與長, 號'弓箭手', 用備不虞。主司欲以多媚上, 急責

---

14) 「전인용사지목간」의 판독 및 해석에 대해서는 김영욱(2011), 이승재(2017)의 논의를 참조.
15) 이 문서의 판독 및 해석안은 노명호 외(2000: 124, 127)을 참조.
　　이승재(2000)에서 이 문서를 「남씨노비문서」로 부르고 있으나, 노명호 외(2000: 123)에서는 「百姓卜莊奴婢許與粘졈連文書」로 부르면서 "百姓 신분인 卜莊이 南永蕃의 奴인 손자 龍萬에게 노비를 許與하는 데 따른 일괄문서"로 소개하면서, 그 출전이 英陽南氏 집안의 자료를 정리한 『南宗通記』(1668)에 轉載되어 전해온다고 밝히고 있다.
16) 「정도사오층석탑조성형지기」의 판독과 해석안은 남풍현(2000: 481-534)의 논의를 참조. 이하 같음.

郡吏; 郡吏畏不敢辨, 遂以屬縣令。互搜民口, 雖老幼不得免。"〈『漢語大詞典』+단국대『漢韓大辭典』 뜻풀이〉[17]

(2) 「逆」자의 여러 의미들 중에 여기에서는 '거역하다' 또는 '배반하다'('逆」⑩⑪) 정도로 해석한 것이다. 이는 이어지는 '內납手'와 어울리는 뜻일 뿐만 아니라, 앞서 말한 「전인용사지목간」 앞면에서의 '主民渙次'(군주의 백성이 흩어지던 차에)라는[18] 구절과 상통하는 바가 있다고 판단되기 때문이다.

> 「逆」①迎接; 迎候(맞이하다. 영접하다.) ②迎受; 接受(받다. 받아들이다.) ③迎戰; 迎擊(맞아 싸우다. 나아가 맞받아치다.) ④倒向, 反向(거꾸로 향하다. 반대로 향하다.) ⑤指星體向西運行(별이 서쪽으로 운행하다.) ⑥顚倒(뒤바뀌다. 전도되다.) ⑦退却(뒤로 물러나다. 퇴각하다.) ⑧回旋(돌다. 선회하다.) ⑨排斥; 拒絕(물리치다. 거절하다.) ⑩違背; 拂逆(거스르다. 위배하다. 거역하다.) ⑪背叛; 作亂(배반하다. 반란을 일으키다.) ⑫指叛亂者(반역자. 배반자.) ⑬背理; 失常(도리에 어긋나다. 상도를 벗어나다.) ⑭預測; 揣度(헤아리다. 예측하다.) ⑮預先; 事先(미리. 사전에.) -이하 생략-〈『漢語大詞典』+단국대『漢韓大辭典』 뜻풀이; 예문 생략〉

(3) '內납手'가 '손을 거두어 들이다'의 의미를 지닌 한자어임을 반영한 해석안이다. 이때의 「內」자는 「納」자와의 통용 사례에 해당될 것이다.

> 【內手】猶斂手(손을 거두어 들임.) 謂不敢與爭高低(감히 맞서서 겨루지 못함.)〈『漢語大詞典』+단국대『漢韓大辭典』 뜻풀이; 예시 생략〉

(4) '文味'는 글자 그대로 '글의 취지(의미)'로 해석할 수 있는 단어로서[19] 이전의 '爻味'로 판독했을 때의 해석상의 불확실성을 상당 부분 해소할 수 있었다는 점에서 유의미한 수정이라 자평하고 싶다. 다만, 여기서 말하는 글이 무엇인지를 알 수 없음은 숙제로 남겨둘 수밖에 없다.

> 「味」[1] ①物質使舌頭得到某種味覺的特性(맛). ②指物質使鼻子得到某種嗅覺的特性(냄새). ③辨味; 嘗味(맛을 보다). ④吃; 進食(먹다). ⑤菜肴; 食物(반찬, 요리). ⑥體味; 體會(체득하다, 체험하다). ⑦旨趣; 意義(뜻, 의미). ⑧量詞(수량사). 中藥配方, 藥物的一種叫一味. 有時亦用於菜肴. ⑨佛教語. 六塵之一(六塵의 하나).〈『漢語大詞典』+단국대『漢韓大辭典』 뜻풀이; 예문 생략〉

(5) '-亦在等者': '-이견든 온; 亦/서술격조사+在/선어말어미+(ㄴ/동명사어미)+等/의존명사+(ㄴ/동명사어미)+者/주제보조사()연결어미)'로 분석되는 이두 표기로 본 것인데, 다른 곳에서는 볼 수 없는 신출 표기이다. 기출 '-亦在等以'(-이견드로; ~라고 한 까닭으로)의 사례(①)와 조건을 나타

---

17) 『漢語大詞典』의 원문에 단국대『漢韓大辭典』의 뜻풀이를 기입한 것이라는 의미. 이하 같음.

18) 이승재(2017: 58)에서의 해석에 의함. 김영욱(2011: 75)에서는 "주민이 갈라져서"로 해석하고 있다.

19) '文味'의 또다른 용법은 시부詩賦 등을 평가할 때, 글이 무미건조하다거나, 깊이가 남다르다거나 등 그야말로 '글의 맛'에 대한 평가 용어로도 쓰인다. 자세한 것은 이치수(2012)의 논의를 참조. 여기에서는 글자의 원의대로 '글의 취지(의미)'로 본 것이다.

내는 연결어미 용법의 '-者'(-은; ②)[20]의 사례를 합쳐 '文味*亦在等者*'를 '글의 취지라고 한 까닭이라면=글의 취지 때문이라면'으로 해석한 것임을 밝혀두면서 이두 전공자들께 그 가능 여부에 대해 질정을 구하고자 한다.

① "玄風縣 北面 觀音房 主人 貞甫 長老陪*白賜乎*(-솝시온) 舍利 一七口乙(-을/를) 京山府土 處藏寺主 彦承 長老*亦*(-이) 今月一日 陪到*爲賜乎* 事亦在等以(호시온 일이견ᄃ로) 本來 瑠璃筒 一 鋪合 一 重 二兩*亦中*(-긔) 安邀*爲白於*(ᄒ솝ᄋ며)"(玄風縣 北面의 觀音房 主人인 貞甫長老가 뫼셔온 사리 7ʔ구를 京山府 땅 處藏寺主인 彦承 長老가 금월 1일 뫼시어 온 일이 있으므로 본래의 瑠璃筒 하나와 鋪合 하나(무게 2량)에 安邀하오며) 〈「정도사오층석탑조성형지기」_7)〉

② "右諸人*等*(ᄃᆯ(이)) 若 大小便*爲哉*(ᄒ지) 若 臥宿*哉*(-지) 若 食 喫*哉*(-지) *爲者*(ᄒ온)"(위의 여러 사람들이 만약 大小便을 하거나 만약 누워서 자거나 만약 먹고 마시거나 하면) 〈「신라화엄경사경조성기」_3)(c), 755〉[21]

"右念行道*爲*(ᄒ(야)) 作 處*中*(-긔) *至者*(니른은)"(右念行道하여 만드는 곳에 이르면) 〈「신라화엄경사경조성기」_4)(h)〉

(6) '能筆生彼者': 초고에서는 이 구절을 '능히 筆로써 저 사람을 살리다' 정도로 해석하였으나, '能筆'에 '글씨를 잘 씀' 또는 '글씨를 잘 쓰는 사람'의 뜻이 있으므로(Naver 한자사전 참조) '能筆의 능력으로 저 사람을 살려주소서!'로 수정한 것이다. 이때 '筆의 능력'이란 단순히 글씨만 잘 쓰는 것뿐만 아니라 글도 잘 짓는다는 뜻도 포함된 것으로 보았다[能文能筆]. 문말의 '-者'의 해석은 『한어대사전』에 '문말에 쓰여 명령이나 소망의 어기를 나타낸다'는 조사 용법이 있으므로(「者」⑩) 이를 적용하여 '글과 글씨를 잘하는 능력으로 저 사람을 살려주소서!' 정도로 의역한 것인데, Ⅱ행 말미에서 '대룡에게' 소원을 비는 행위와의 호응관계도 고려한 것이다.

「者」①代詞。用在形容詞·動詞·動詞詞組或主謂詞組之后, 組成"者"字結構, 用以指代人·事·物。指代人(자)。②代詞。用在形容詞·動詞·動詞詞組或主謂詞組之后, 組成"者"字結構, 用以指代人·事·物。指代事或物(것)。③代詞。用在數詞之后, 指代上文所說的幾種人或幾件事物(몇 사람, 몇 건)。④代詞。指示代詞(이, 이것)。相當於"這"。⑤助詞。用在表時間的名詞后面, 表示停頓(…때에)。⑥助詞。作爲定語后置的標志(수식어 후치 표지)。⑦助詞。用於名詞之后, 標明語音上的停頓, 幷引出下文, 常表示判斷(…은 …이다)。⑧助詞。用在句末, 表示疑問(의문 표시)。⑨助詞。用在句末, 表示擬度(추측 표시)。⑩助詞。用在句末, 表示命令·曉示或祈使語氣(명령이나 소망 표시)。⑪助詞。用於複合句前一分句, 表示因果關系(인과관계)。⑫助詞。

---

20) 조건 연결어미 용법의 '-者'에 대해서는 남풍현(2000: 219, 224)의 설명을 참조. 또한 이두 및 석독구결 자료에서의 '者' 구문의 전반적인 것에 대해서는 이용(2019)의 논의도 참조.

21) 「신라화엄경사경조성기」의 판독과 해석안 및 단락 표시 등은 남풍현(2000: 200-240)의 논의를 참조. 이하 같음.

用於複合句前一分句, 表示假設關系(가설관계)。⑬連詞。猶則(…면)。⑭輕狂(경망스럽다)。
⑮假借, 借口(구실로 삼다, 핑계로 삼다)。⑯通"諸"。衆(뭇)。⑰通"諸"。猶之(…의)。〈『漢語
大詞典』+단국대『漢韓大辭典』; 예문 생략〉

(7) 한편, 필자의 해석안에 대하여 구결학회 발표시에 문현수 교수로부터 "民口逆內手文昧~" 부분에
서 밑줄친「內」자와「昧」자는 이두문에 자주 쓰이는 글자들로서 각각 타동사 뒤에서 후행 명사
를 수식하는 동명사 용법의 '-內-(-ㄴ/안?)'와 '맛'으로 훈독되며 '취지(내용)'의 뜻을 지니는 고유
어 명사(훈독자 표기어) 표기자이므로 이들을 살린 해석도 가능하지 않겠느냐는 질의를 받았다.
당시는 '內ㅂ手'에 경도되어 다소 부정적인 답변을 하고 말았지만, 초고 수정 과정에서 우연히 '手
文'이 '手紋'(손금)과 동의어임을 알고서 문 교수가 알려준 방향으로의 해독안도 추구해 보았다.
즉, "民口逆內手文昧亦在等者~"(백성을 거역한다는 손금의 취지(내용) 때문이라고 한다면~)으
로 해석하는 방안인데, 갑자기 '손금'이 등장하여 당황스럽기도 하거니와, 이어지는 "글을 잘 짓
는 능력으로 저 사람을 살려주소서!"라는 부분과의 연결도 어색한 듯이 느껴져 이 해석안은 여기
에 적어두어 다른 연구자들께 참고 자료를 제공하는 정도에 그치고자 한다.

Ⅳ. 辛亥歲 卄六 茂[金] 此人⑴□者 ⑵使彌用教矣.
(신해년(891)에 태어난 26세 茂金, 이 사람이 □者라면(/ □者임에도 불구하고), (그로) 하여금 널리
쓰라는 教였다.)

⑴ '□者': 초고에서의 [孤]자 추독안을 버린 이상 '此人□者'는 '이 사람이 □者라면' 또는 '이 사람이
□者임에도 불구하고'로 해석을 수정할 수밖에 없다.

⑵ '使彌用教矣': 각 글자들의 의미를 살려 '(그로) 하여금 널리 쓰라는 教였다.' 또는 '(그를) 使(者)로
널리 쓰라는 教였다.' 정도로 해석할 수 있을 것이다. 어느 해석안이 좋을지 결정하기 어려워 일
단 두 해석을 병치시키되, 전자의 가능성을 앞세우고 싶다.
「使¹」[《廣韻》疎士切, 上止, 生。]
　　　① 派遣(사람을 보내다)。②命令(~로 하여금 ~ 하게 하다)。③役使; 使喚(일을 시키다)。
　　　④謂驅使·支配(다루다. 부리다)。⑤使用; 運用(쓰다. 사용하다)。-중략- ⑫官名。唐以后
　　特派負責某種政務者稱使, 如節度使·轉運使等, -이하 생략-
「使²」[《廣韻》疎吏切, 去志, 生。]
　　　① 出使(사신이나 사자로 나가다)。②使者(사자, 사신)。〈『漢語大詞典』+단국대『漢韓大
　　辭典』; 예문 생략〉
「彌」　① 遍; 滿(널리 퍼져 있다. 가득하다)。②廣(넓다. 크다)。③終極(다하다. 종극)。④久遠;
　　久經(오래다. 오래되다)。-이하 생략-〈『漢語大詞典』+단국대『漢韓大辭典』; 예문 생략〉
「矣」　①語氣助詞。表已然之事, 與"了"相當。②語氣助詞。表將然之事, 與"了"相當。③語氣助詞。

表肯定或判斷。與"也"相當。④語氣助詞。表命令。⑤語氣助詞。表停頓, 以起下文。猶"也"。
⑥語氣助詞。表限制, 猶"耳"。-이하 생략-〈『漢語大詞典』; 예문 생략〉

V1. ■[凡] 强兵宍?力九? 滅歲?(1)□八在 追二入 (2)凡內□小/水/中?矣

(무릇 강병의 힘(/ 강한 병력)으로 □八在를 멸하고, 추가로 둘을 넣었으나, 다 합쳐서 모두(/ 단지) 內□였다.)

(1) 강병력으로 滅한 대상인 '□八在', 그리고 추가로 투입한 '二'의 의미도 불투명하다. 군사 조직을 가리키는 것으로 생각되나 자세한 것은 알기 어렵다.

(2) '凡'은 부사로 '다 합쳐서 모두' 또는 '단지'의 의미가 있는데, 여기에서는 이어지는 '內□'의 의미가 불명이어서 둘을 병치시킨 것이다.

V2. 今日 此時 以(1)[咎]□從/殃?[告](2)□幻?[史] 九重[大]川齋? 教德云

(오늘 이 시각 재앙(/ 근심거리)[咎□]로써 □史에게 告하니 九重大川의 教德으로 이르기를)

(1) '咎□': 두 번째 글자가 불명이긴 하나, 「咎」자 한 글자만으로도 '재앙/ 근심거리'로 해석하여 큰 문제는 없는 듯하다.

(2) '□史': 초고에서는 이를 '환술사幻術師'와 동의어로 도술道術이나 불법佛法의 이적異蹟을 행하는 자 정도로 보고자 하였으나,[22] '환술사幻術師'는 '주술사'라기보다는 '마술사'에 가깝다고 한 심사자의 고견을 받아들이되, I 면의 주술 관련 인물화로 보아 '주술사'를 가리키는 태봉국 특유의 용어로 보고자 한다.

V3. (1){閉人} [當]不爲使弥[用]教[矣]耳. 九□日/川?內外

(閉人은 마땅히 (그로) 하여금 널리 쓰라는 教를 행하지 못할 따름이다. 9□ 내외)

---

22) 초고의 '幻史'에 대하여 심사자 한 분으로부터 다음과 같은 지적을 받았다.
"'幻史'의 판독 및 해석에 대해서 큰 의문이 듭니다. '폐인(閉人)' 이상의 상처를 입어 이를 치유하기 위하여 '幻史'를 모셔놓고 소생을 비는 제의 의식 및 사후 처리를 담았다고 해석하면서, '幻史'는 '幻術師'와 동의어로 도술이나 불법의 이적을 행하는 자로 보았습니다. 하지만 '幻術'은 눈에 보이는 신기한 현상을 만들어내는 演戲를 가리키는 데 사용되며, 주로 부정적인 의미로 나타납니다. 경우에 따라 설화 속에서 '幻術'을 보여준 이가 진짜 주술적 능력을 가졌던 것으로 나오기도 하지만 '幻術' 자체가 긍정적으로 묘사된 것은 아닙니다. 〈중략〉 치유의 제의 의식을 '환술사'가 진행하는 것은 전혀 어울리지 않는 모습입니다." 이에 따라 '환술사'를 '주술사'의 동의어로 본 필자의 잘못을 깨닫고 그 판독 및 해석의 일부를 수정한 것임을 밝혀둔다. 귀중한 조언을 해주신 심사자분들께 감사드린다.

(1) '閉人': '閉人'이 독립된 명사구로 쓰인 예는 찾기 어렵다.[23] 따라서 '병 따위로 몸을 망친 사람' 또는 '쓸모없이 된 사람'을 뜻하는(『표준국어대사전』) '廢人'과 동의어로 보거나, 앞 문장에서 귀신을 부르는 주술사('□史')가 등장함을 보아 '廢人' 이상으로 '죽은 사람'을 뜻할 수도 있을 듯하다.

VI. 月朔(1)共者 十日(2)以下 把(3)*內去等者*(-안걸둔)

   (이 달 초하루부터 함께 한 자(/ 이바지한 자/ 직무를 행한 자)가 10일 이후에도 (틀림없이) 잡은[把] 것은)

(1) 「共」자는 '拱/供' 등과 통용되어 쓰이므로 본래의 뜻과 함께 여러 가능성을 나열해본 것이다.

   「共¹」[《廣韻》渠用切, 去用, 羣。]

   ①同用; 共同具有或承受(여럿이 함께 하다. 여러 사람이 다 같이 관계되다)。②副詞。皆, 共同, 一起(다 함께. 모두 같이)。③副詞。甚; 深(깊이)。④總共(모두 전부)。……

   「共³」[《廣韻》九容切, 平鍾, 見。]

   ①通"供"。供給; 供應; 供奉(이바지하다. 공급하다. 제공하다)。②通"供"。供職, 奉職(받들다. 직무를 맡아보다)。③通"恭"。恭敬(공경하다)。…… 〈『漢語大詞典』+단국대『漢韓大辭典』; 예문 생략〉

(2) '以下': 시간명사 뒤에 쓰였으므로 '以後'와 동의어로 본 것이다.

   【以下】①表示位置·品第·級別·數量等在某一點之下。②表示時代在后的, 猶言以后, 以來。③猶而下。以, 而, 連詞。④指身份或地位低下。〈『漢語大詞典』; 예문 생략〉

(3) '-內去等者': '-안걸둔; 內/선어말어미+(ㄴ/동명사어미)+去/선어말어미+(ㄹ/동명사어미)+等/의 존명사+者/주제보조사'로 분석될 수 있는 이두 표기를 상정한 것인데, 이 자료에 처음 보이는 것이다. 「竅興寺鐘銘」(856)에서의 '願爲內等者'(願ㅎ안둔; (틀림없이) 원한 것은)에 기대어 '把內去等者'를 '(틀림없이) 잡은 것은'으로 그 구성을 이해한 것이다.

   "願爲*內等者*(ㅎ안둔) 種〃 施賜(-신) 人乃(-나) 見聞隨喜爲賜(ㅎ신) 人乃(-나) 皆 無上菩提 成*內飛也*(-아ㄴ다)"(오직(/틀림없이) 원한 것은 種種으로 베프신 사람이나 見聞隨喜하신 사람이나 모두 無上의 菩提를 이루는 것이다.) 〈「규흥사종명」, 856)[24]

   「把」①握; 執(손으로 잡다. 쥐다)。②謂一掌所握的粗細或多少(한 줌)。③稱某些一手可握持的長形之物(한 웅큼)。④紮成束的東西(단. 묶음. 다발)。⑤掌管; 控制(틀어쥐다)。⑥把守; 看守

(지키다. 파수보다). …… 〈『漢語大詞典』+단국대 『漢韓大辭典』; 예문 생략〉

Ⅶ. (1)午*中*(-긔) [買]□[停]棄 本入斤內半棄

   (午時에 買□停에서 버리되, 본래 들인 斤 안의 반을 (2)버릴지어다(/ 버리라)!)

   (1) ‘午’가 처격조사 ‘-中’과 함께 쓰였으므로 시간명사로 보아 ‘午時’(오전 11시에서 오후 1시까지의
       한낮)으로 해석한 것이다.
         「午」①十二地支的第七位。②十二時辰之一, 十一時至十三時爲午時。③指月正中。④干支逢五曰
         午。(12지지의 일곱째. ①天干과 어우러져서 紀年에 쓰인다. 예) 戊午 등, ②달[月]을 나타
         내는 데 쓰인다. 곧 음력 오월, ③천간과 배합하여 날짜를 나타내는 데 쓰인다. 예) 庚午之
         日, ④때[時]를 나타내는 데 쓰인다. 오전 11시에서 오후 1시까지의 한낮 또는 0시를 기준
         으로 한 앞뒤 각 30분 동안의 한밤중.) …… 〈『漢語大詞典』+단국대 『漢韓大辭典』; 예문
         생략〉
   (2) 문말 종결어미를 감탄 또는 명령형으로 한 것은 Ⅴ-2행의 말미 ‘*敎德云*’에 호응되는 요소로 생각
       한 것이다. 마지막 글자 「棄」자(　)가 이웃해 있는 글자들보다 두세 배 이상 길게 늘여쓴 것에 종
       결의 뜻과 함께 이러한 감탄 내지 명령의 어기도 포함되어 있지 않을까 추측해본 것이다.

Ⅲ. 목간 해석안 종합 및 이두 발달사적 의의 탐색

이 장에서는 앞서 제시한 해석안을 종합하여, 목간의 주요 내용을 파악함과 동시에 이 목간에 보이는 이
두 표기들을 바탕으로 그 존재 양상 및 이두 발달사적 의의를 밝혀보고자 한다.

1. 해석안 종합 및 주요 내용 파악

우선 앞 장에서 제시한 각 면의 해석안들을 한 자리에 모아보면 다음과 같다.

(1) 양주 대모산성 목간1 해석(안)
   Ⅰ. 覺! …… 如律令!
        (각성! …… 율령에 따라!)[주문呪文]
   Ⅱ. 政開三年 丙子 四月 九日 城 大井 *住爲在*(-ㅎ견) *大龍亦中*(-여긔)
        (政開 3년 丙子年(916) 4월 9일, 城의 大井에 住한 大龍에게)
   Ⅲ. 民□ 逆 內납手 文味*亦在等者*(-이견든 온) 能筆生彼者
        (백성들[民□]이 거역하여 손을 거두어들인다는[內手=返納] 글의 취지[文味] 때문이라면, 글 잘

짓는 능력[能筆]으로 저 사람을 살려주소서!)

Ⅳ.　辛亥歲 卄六 茂金 此人□者 使彌用教矣.

(辛亥年(891)에 태어난 26세 茂金, 이 사람이 □者라면(/ □者임에도 불구하고), (그로) 하여금
널리 쓰라는 教였다.)

Ⅴ1.　凡强兵力 滅□八在 追二入 凡內□矣

(무릇 강병의 힘(/ 강한 병력)으로 □八在를 멸하고, 추가로 둘을 넣었으나, 다 합쳐서 모두(/ 단
지) 內□였다.)

Ⅴ2.　今日 此時 以咎□[告]□[史] 九重[大]川 教德云

(오늘 이 시각 재앙(/ 근심거리)[咎□]로써 □史에게 告하니 九重大川의 *教德*으로 이르기를)

Ⅴ3.　閉人 當不爲使弥用教矣耳. 九□內外

(閉人은 마땅히 (그로) 하여금 널리 쓰라는 *教*를 행하지 못할 따름이다. 9□ 내외)

Ⅵ.　月朔共者 十日以下 把*內去等者*(-안겯든)

(이 달 초하루부터 함께 한 자(/ 이바지한 자/ 직무를 행한 자)를 10일 이후에도 (틀림없이) 잡
은[把] 것은)

Ⅶ.　午卄(-긔) 買□停棄 本入斤內半棄

(午時에 買□停에서 버리되, 본래 들인 斤 안의 반을 버릴지어다(/ 버리라)!)

　　이상의 해석안들을 보면, Ⅰ·Ⅱ면을 제외하면 도대체 이것이 무슨 뜻인지 의구심이 들 정도로 문장의 흐
름이 자연스럽지 못하거나 어색함을 느끼게 된다. 이러한 주요한 원인은 판독상의 오류, 한문 해석상의 미
숙 또는 알 수 없는 태봉국의 한문 구사력 등 복합적인 요인 외에 용왕을 대상으로 한 제의문祭儀文이 지니는
주술적인 언술의 사용에 또다른 요인이 있는 것이 아닐까 한다. 비슷한 제의 의식을 담고 있는 전인용사지
목간에서도 해석상의 어려움을 경험한 바 있거니와, 이 목간에서도 여전한 해석상의 어려움을 토로할 수밖
에 없다. 주술적인 언술이란 일반적인 대화 내지 작문 환경이 아니라, 용왕을 비롯한 신적인 존재에 대하여
소원을 빌거나 명령 내지 청원을 하거나 하는 상황에서의 문장들이기에 일상의 언어와는 다른 단어의 사용
또는 문장의 구사가 이루어지기 때문에 일상의 언어 문법으로는 해석에 어려움이 있을 수밖에 없을 것이
다.25)

　　그럼에도 불구하고 이 목간의 대략적인 내용을 파악해보자면 다음과 같을 것이다.

　　먼저 이 목간의 성격은 Ⅰ면의 주술 관련 인물화의 존재, Ⅱ~Ⅲ면에서의 대룡께 소원을 비는 장면 등에
근거하면 모종의 제의 의식을 담고 있는 주술呪術 목간으로 규정할 수 있을 것이다.

　　이 목간의 개략적인 내용은 주인공인 “茂金”이 26세의 청년임에도 공직자로 널리 쓰라는 교시가 있었지
만, 백성들과 조정 간의 불화로 인한 병력 동원의 내란적 상황에서 폐인閉人 이상의 상처를 입어 이를 치유

---

25) 주술적 언술로 인한 일상 언어와의 괴리 문제에 대해서는 권인한(2015: 237-239)의 광개토왕비문의 사례를 참조할 것.

하기 위해 正開 3년(916) 음력 4월 9일에 대정大井의 대룡신에게 그의 소생을 비는 제의 및 그 사후 처리 과정을 담은 것으로 정리할 수 있을 듯하다.

2. 이두 표기의 존재 양상 및 이두 발달사적 의의

앞서 제시된 목간 해석문에서 원문에 밑줄 및 기울임체로 표시된 이두 표기가 최소 다섯 군데 나타남을 확인할 수 있는데, 이들을 분류해보면 다음과 같다.

(2) 양주 대모산성 목간1의 이두 표기들
　① 午*中*(-긔)〈Ⅶ면〉: 기출 이두 표기
　② 住*爲在*(-ᄒ겨견)〈Ⅱ면〉: '*爲在*'의 가장 이른 사례
　③ 龍*亦中*(-여긔)〈Ⅱ면〉: 여격 용법의 '*亦中*'의 가장 이른 사례
　④ 文味*亦在等者*(-이겨든 온)〈Ⅲ면〉: 초출 이두 표기
　⑤ 把*內去等者*(-안걸든)〈Ⅵ면〉: 초출 이두 표기

(2)의 이두 표기들은 기출 이두 표기(① ② ③)와 초출 이두 표기(④ ⑤)로 나눌 수 있다. 이들의 이두 발달사상의 위치와 그 의의에 대하여 살펴보면 다음과 같다.

(2)-①의 처격조사 용법의 '-*中*'(-긔)에 대해서는 중국의 간독 한문에도 등장하는 동일 용법의 허사 표기로 보아[26] 이두 표기로 본 것에 대하여 반론을 제기할 수도 있다. 그러나 (2)-②, ④에서 중국 자료들에서 볼 수 없는 선어말어미 용법의 '-*在*-'(-견-)의 존재는 이두의 체계가 확립된 이후의 자료라는 점에서 (2)-①의 '-*中*'을 이두 표기로 보아 아무런 문제가 없다. 이용(2017: 121-124)의 논의를 참조하건대, 처격 용법의 '-*中*'은 6세기 초(「영일 냉수리신라비」〈503〉)에서 10세기 초(「예천 명봉사자적선사비음명」〈939〉)에 이르는 기간에 쓰인 이두 표기이므로, 916년의 연도를 지닌 이 목간에서의 쓰임도 이두 발달사상의 흐름을 벗어나지 않음을 확인할 수 있다.

(2)-②의 '-*爲在*'(-ᄒ겨견)은 그 동안 「장성감무관첩문」〈1198/1378〉에 처음 나타나는 이두 표기로 보아왔으나, 11세기 말~12세기 초 석독구결 자료인 「화엄경소」에서의 "ᄼ ㅓ ㄱ-"(ᄒ겨견-)의 사례보다도 앞서는 표기라는 점에서 이두 발달사상의 의의를 찾을 수 있다. (2)-③의 '-*亦中*'(-여긔)도 그 동안 여격조사 용법의 표기로는 「정도사오층석탑조성형지기」〈1031〉의 사례가 최초로 여겨졌으나, 이 자료에 등장함은 여격조사 용법의 '-*亦中*'의 최초 사례로 등록될 수 있다는 점에서 역시 이두 발달사상의 의의를 찾을 수 있다. 두 표기례는 이두 발달사 논의에 조금이나마 이바지할 수 있으리라 판단된다.

한편, (2)-④, ⑤는 필자의 해석안이 받아들여진다면, 그 동안의 이두 자료들에서는 보이지 않는 초출初出 표기들이라는 점에서 주목된다. 이들도 이두 발달사상의 흐름에 부합되는 표기들이라는 점에서 그 의의를

---

26) 중국 간독들에서 처격 용법의 허사 "-中"의 사례들에 대해서는 김병준(2011: 66-72)의 논의를 참조.

말할 수 있게 된다. (2)-④ '*-亦在等者*'(-이견둔 온)은 「정도사오층석탑조성형지기」〈1031〉에서의 '*-亦在等以*'(-이견ᄃ로)와 「신라 화엄경사경조성기」〈755〉에서의 조건 연결어미 용법의 '*-者*'(-ᄋ/은)의 결합 표기라는 점에서, 그리고 (2)-⑤ '*-內去等者*'(-안결둔)도 「규흥사종명」〈856〉에서의 '*-內等者*'(-안둔)에 「균여전」(1075)의 향가들에서부터 보이기 시작하는 이른바 확인법 선어말어미 '-거-'[27]가 화합化合된 형태라는 점에서 두 표기 모두 앞선 시대의 이두 표기에 후대의 표기가 결합/화합된 초출 이두 표기라는 공통점을 보인다. 따라서 이들도 이두 발달사상 나말여초기의 과도기적 변모상을 보여준다는 점에서 그 의의를 말하고 싶다.

IV. 맺음말

이상 2023년 발굴·공개된 양주 대모산성 출토 1호 목간에 대한 판독과 해석안 도출, 그리고 여기에 보이는 이두 표기의 확인 및 그 발달사적 의의에 대해 고찰함을 목표로 한 본론의 논의 성과를 정리한 후, 본고의 한계점과 향후 과제를 제시하는 것으로 결론을 대신하고자 한다.

(1) 목간의 신판독 결과:
(1) Ⅰ면에서 '[如][律]令'의 존재 가능성,
(2) Ⅱ면에서 제15자를 {爲在} 합자로, 제18자를 「中」자로 읽을 가능성,
(3) Ⅲ면에서 제1자를 「民」자로, 제9자를 {在ㅎ(〈等〉)} 합자로, 제12~14자를 '[筆]「生」「彼」'로 읽을 가능성,
(4) Ⅳ면에서 제7자를 「金」자로 읽을 가능성,
(5) Ⅴ면 1행에서 제1~2자를 '■[凡]'으로, 제4자를 [兵]자로, 제6자를 [滅]자로,
　　Ⅴ면 2행에서 제13~14자를 '大[川]'으로,
　　Ⅴ면 3행에서 제1자를 {閇人}의 합자로 읽을 가능성,
(6) Ⅵ면에서 제14자를 {ㅎ者}의 합자로 읽을 가능성,
(7) Ⅶ면에서 제3~5자를 '[買]□[停]'으로 읽을 가능성 등을 제안함.

(2) 목간에 대한 수정 해석 결과:
(1) 이두 표기로 ①'*-爲在*'(-ㅎ견; -한), ②'*-亦中*'(-여긔; -에게)〈Ⅱ면〉, ③'*-亦在等者*'(-이견둔 온; -이라고 한 것 때문이라면)〈Ⅲ면〉, ④'*-內去等者*'(-안결둔; (틀림없이) ~한 것은)〈Ⅵ면〉, ⑤'*-中*'(-긔; -에)

---

27) 선어말어미 '-거-'의 등장은 자료들에 따라 시기에 차이가 있다. 균여 향가(967년경에 창작되었을 것으로 추정)에서의 "-去良"〈예경제불가, 칭찬여래가〉, "-去耶"〈광수공덕가〉, "-去齊"〈보개회향가〉 등이 가장 이른 기록으로 볼 수 있다(김지오 2012: 209-210의 논의 참조). 한편, 석독구결에서는 11세기 말~12세기 초의 「화엄경소」에 보이며(이병기 2014의 논의 참조), 이두문에서의 어말어미 "-去等"은 「상서도관첩_유경공신권록」〈1262〉 등에 처음 등장하는 것으로 알려져 있다(이용 2023의 논의 참조).

의 존재를 확인하고,

⑵ 한자어(구)로 ①'如律令'(주문呪文: 율령에 따라!)〈Ⅰ면〉, ②'民口'(백성/ 백성의 여론), ③'內납手'(손을 거두어들이다), ④'文味'(글의 취지)〈Ⅲ면〉, ⑤'强兵力'(강병의 힘)〈Ⅴ면 1행〉, ⑥'閉人'(廢人/ 죽은 사람)〈Ⅴ면 3행〉 등을 확인하여 개략적인 목간 내용 파악에 노력함.

⑶ 목간 속 이두 표기들의 성격 및 구결 발달사적 의의:

1) 住*爲在*(-ㅎ견): "*-爲在*"의 가장 이른 사례

2) 龍*亦中*(-여긔): 여격 용법의 "*-亦中*"의 가장 이른 사례

3) 文味*亦在等者*(-이견둔ᄋ): 초출 이두 표기,

4) 把*內去等者*(-안걸둔): 초출 이두 표기

5) 午*中*(-긔): 기출 이두 표기

⇒ 나말여초기의 이두의 변모상을 확인한 것에 역사적 의의를 찾음.

이상의 논의 성과에도 불구하고 본고가 지니는 한계점은 명확하다. 본문에서도 언급한 바와 같이 Ⅰ·Ⅱ면을 제외하면 도대체 이것이 무슨 뜻인지 의구심이 들 정도로 문장의 흐름이 자연스럽지 못하거나 어색하게 되고 말았다는 점이다. 이 점에서 본고는 양주 대모산성 1호 목간에 대한 일종의 오답 노트로 내놓을 수밖에 없다는 한계를 지니고 있다. 앞으로 판독상의 오류나 한문 해석상의 미숙 등을 바로잡아야 할 것인바, 이 일은 필자 혼자서 감당하기에는 힘에 겨운 것이 사실이므로 본고를 계기로 관심있는 분들의 논의를 거쳐(2~5호 목간에 대한 논의를 포함하여) 그 동안 미지의 세계에 머무르고 있었던 태봉국의 한자문화의 이해에 조금 더 나아갈 수 있기를 바라마지 않는다.

투고일: 2025.11.12.　　　심사개시일: 2025.12.07.　　　심사완료일: 2025.12.25.

권인한, 2015, 『광개토왕비문 신연구』, 박문사.

김병조·고재용, 2024, 「양주대모산성 원형집수시설 출토 목간-양주대모산성 13차 발굴조사-」, 『목간과 문자』 32, pp.219-241.

김병준, 2011, 「낙랑군의 한자 사용과 변용」, 『고대 동아시아의 문자교류와 소통』, 동북아역사재단, pp.39-84.

김영욱, 2011, 「전인용사지목간에 대한 어학적 접근」, 『목간과 문자』 7, pp.67-79.

김지오, 2012, 「균여전 향가의 해독과 문법」, 동국대학교 국어국문학과 박사논문, pp.1-276.

남풍현, 2000, 『이두연구』, 태학사.

남풍현, 2011, 「古代韓國語의 謙讓法 助動詞 '白/𤎷'과 '內/아'의 發達」, 『구결연구』 26, pp.131-166.

남풍현·이건식 외(편), 2020, 『이두사전』, 단국대학교출판부.

노명호 외, 2000, 『한국고대중세고문서연구(상)』, 서울대학교출판부.

노명호·이승재, 2009, 「석가탑에서 나온 중수문서의 판독과 역주」, 『중수문서』, 국립중앙박물관·대한불교조계종, pp.50-65.

단국대학교 동양학연구원(편), 1999~2008, 『대한한사전1~15, 색인』, 단국대학교출판부.

박성종, 2007, 「吏讀字 '內'의 독법」, 『구결연구』 19, pp.139-170.

박종욱, 2024, 「675년 買肖城 戰役의 전개 과정과 그 戰場」, 『선사와 고대』 74, pp.149-182.

박진호, 1988, 「고대 국어 문법」, 『국어의 시대별 변천 연구 3』, 국립국어연구원, pp.121-205.

백종오, 2024, 「한국고대 성곽문화의 결절지, 양주」, 『선사와 고대』 74, pp.49-85.

이병기, 2014, 「선어말어미 {-거-}의 연구 성과와 쟁점」, 『국어사연구』 19, pp.31-63.

이승재, 2000, 「차자표기 자료의 격조사 연구」, 『국어국문학』 127, pp.107-132.

이승재, 2017, 『목간에 기록된 고대 한국어』, 일조각.

이용, 2013, 「신라이두 자료에 나타난 內의 용법」, 『국어학』 66, pp.233-264.

이용, 2017, 「助詞 表記字로 본 吏讀의 變遷」, 『구결연구』 38, pp.109-149.

이용, 2019, 「차자표기 자료의 '者' 구문에 대한 문법사적 고찰」, 『언어와 정보 사회』 36, pp.375-398.

이용, 2023, 「어말어미 표기자로 본 이두의 변천」, 『구결연구』 51, pp.155-185.

이재환, 2024, 「양주 대모산성 목간1의 인물 형상에 대한 검토」, 『목간과 문자』 33, pp.215-238.

이철수, 1997, 「장성 백암사첩문의 이두에 대하여」, 『한국학연구』 8, pp.1-72.

이치수, 2012, 「위진남북조 시기의 文味論」, 『중국어문학』 61, pp.5-29.

임준철, 2013, 「연행록 幻術記事를 구성하는 세 가지 층위와 幻史」, 『한국한문학연구』 51, pp.487-533.

管錫華, 2002, 『中國古代標點符號發展史』, 成都: 巴蜀書社.

圓道祐之 편집/허권수·장원철 재편집, 1990, 『草書字典』, 까치.

編輯部, 2007, 『大書源』, 東京: 二玄社.

漢語大詞典編纂處(編), 2003, 『漢語大詞典』, 上海: 漢語大詞典出版社.

〈Abstract〉

Exploring the Idu Script of Taebong Kingdom(泰封國)

: *With a focus on text of WD No. 1 of Daemosanseong_Fortress(大母山城) at Yangju(楊州)*

Kwon, In-Han

This paper aims to examine the decipherment and interpretation of Wooden Document(hereafter abbreviated as "Yangju WD") No. 1 excavated from the Daemosanseong Fortress(大母山城) at Yangju(楊州), which was unearthed and made public in 2023, with a particular focus on identifying the Idu script found on the Yangju WD and exploring its historical significance in the development of the script. To this end, Chapter 2 presents a proposed reading and interpretation of Yangju WD No. 1. Chapter 3 then synthesizes the deciphered content to analyze the main message of the Document and discuss the implications for the historical development of Idu.

The main findings of the discussion in the body of this paper can be summarized as follows.

(1) Revised Readings of the Yangju WD No. 1:

 (a) On Side I, the possible presence of the phrase "[如][律]令" ("in accordance with the law"),

 (b) On Side II, 15th character may be a ligature of {爲在}, and 18th character may be read as "中",

 (c) On Side III, 1st character may be read as "民", 9th character as a ligature of {在等}, and 12th~14th characters as "[筆]生彼",

 (d) On Side IV, 7th character may be read as "金",

 (e) On Side V: ① Line 1: 1st~2nd characters "■[凡]", 4th character as "[兵]", and 6th character as "[滅]", ② Line 2: 13th~14th characters as "大[]川]", ③ Line 3: 1st character as a ligature of {閇人},

 (f) On Side VI, 14th character may be a ligature of {等者},

 (g) On Side VII, 3rd~5th characters may be read as "[買]□[停]".

 ※[　]: Provisional readings, {　}: Ligature characters, "　": Sequential characters,

  ■: Erased characters.

(2) Revised Interpretation of the Yangju WD No. 1:

 (a) In terms of Idu script usage, the following expressions were identified: ① "-爲在" (-hʌgyeonㅎ견; meaning "~ing") 〈Side II〉, ② "-亦中" (-yeogeui여긔; meaning "to/for someone") 〈Side II〉,

③ "-亦在等者" (-igyeondʌnʌn이견ᄃᆞ온; meaning "if it is because it was said to be so") 〈Side III〉, ④ "-內去等者" (-angyeoldʌn안걸ᄃᆞ; meaning "It is certainly ~") 〈Side VI〉, ⑤ "-中" (-geui 긔; meaning "at/in")

(b) In terms of Sino-Korean lexical items, the following were confirmed: ① "如律令" (ritual incantation: "in accordance with the law") 〈Side I〉, ② "民口" (the people / public opinion), ③ "內手" (to withdraw one's hand), ④ "文味" (the purport or intent of the text) 〈Side III〉, ⑤ "强兵力" (military strength) 〈Side V, Line 1〉, ⑥ "閉人" (disabled person / deceased) 〈Side V, Line 3〉

These findings contributed to a preliminary understanding of the overall content of the Yangju WD No. 1.

(3) Characteristics of Idu Script in the Yangju WD No. 1 and Its Historical Significance in the Development of Idu:

(a) 住*爲在* (-ᄒᆞ견): The earliest known example of the phrase 爲在.

(b) 龍*亦中* (-여긔): The earliest attested use of 亦中 in a dative construction.

(c) 文味*亦在等者* (-이견ᄃᆞ온): A newly identified Idu expression.

(d) 把*內去等者* (-안걸ᄃᆞ): Another newly identified Idu expression.

(e) 午*中* (-긔): A previously attested Idu expression.

These findings offer historical insight into the transformation of Idu script during the late Unified Silla and early Goryeo periods.

Despite the above contributions, the limitations of this study are clear. As noted in the main text, aside from Sides I and II, the flow of the sentences is often unnatural or awkward to the point of raising doubts about their meaning. In this respect, the present paper must be regarded as a kind of "error notes" for WD No. 1 from Daemosanseong Fortress in Yangju. It is evident that further corrections are needed regarding misreadings and interpretive shortcomings in Classical Chinese. Given the complexity of the task, it is difficult for the author to undertake this alone. Therefore, it is hoped that this paper will serve as a starting point for broader scholarly discussion—including analysis of WD No. 2 through No. 5—and contribute to a deeper understanding of the previously obscure Sinographic Culture of the Taebong Kingdom.

▶ Key words: WD No. 1 excavated from the Daemosanseong Fortress(大母山城) at Yangju(楊州), Taebong Kingdom(泰封國), The ritual or incantation WD, Idu Script, Sino-Korean lexical items

『고려대장경』 목판인명의 특이례와 그 시사점

신현규*

Ⅰ. 머리말
Ⅱ. 이론적 배경
Ⅲ. 특이례의 추출과 분석
Ⅳ. 특이례의 시사점
Ⅴ. 맺음말

〈국문초록〉

이 글은 『고려재조대장경』(高麗再雕大藏經)에 판각된 목판인명 중 특이례를 추리고 분석하여 그것이 시사하는 바를 다루었다.

Ⅱ장에서는 목판인명과 관련된 이론적 배경을 검토하였다. 먼저 '목판인'과 '목판인명'이라는 개념어의 필요성을 확인하고, 기존 연구에서 '각성인'(刻成人)과 '각수'(刻手)를 구분하는지를 확인하였으며, 목판인명 연구에서 중요한 기반이 되는 일경판일각수(一經板一刻手)의 원리를 소개하였다.

Ⅲ장에서는 각수 판정과 일경판일각수의 원리의 관점에서 특이한 예시로 판단되는 특이례를 추출하고 분석하였다. 여기에서는 각수로 보기 어려운 활동에 대한 부기로서 '手'와 '誌'를 파악하고, 판각이 아닌 수서(手書) 활동을 한 것으로 밝혀진 목판인 '朴才'를 발견하고, 배열상 일경판일각수의 원리를 따르지 않는 ABBCC 유형과 일경판이인명(一經板二人名) 유형을 발견하여 정리하였다.

Ⅳ장에서는 이러한 특이례가 시사하는 바를 추론하였다. 비각수(非刻手) 목판인의 가능성을 제시한다는 점이 중요한 지점이었으며, 작업 방식에 대한 단서를 제공함으로써 이표기와 이체 발생 원인을 추정하게 한다는 점을 기술하였다.

▶ 핵심어: 고려대장경, 각수, 판각, 인명, 이표기, 목판인

---

* 한국외국어대학교 미네르바교양대학 강사

I. 머리말

1236년부터 1251년까지 제작된 『고려재조대장경』(高麗再雕大藏經, 이하 '『고려대장경』')은 고려사에서 중요한 위치를 차지하는 대몽 항쟁의 산물이다. 『고려대장경』 경판의 변란(邊欄) 안팎에는 「大般若波羅蜜多經」(K-1) 1권 제3장의 '叔敦'부터 「花嚴經探玄記」(K-1513) 20권 제37장의 '丁義'까지 경전의 내용, 구성에 속하지 않는 목판인명(木版人名)이 부기되어 있으며 이는 『고려대장경』 판각 사업의 조성 주체와 배경을 이해하는 중요한 단서로서 연구되어 왔다. 이는 목판인명이 가리키는 대상을 각수로 보느냐, 그보다 더 넓은 범위의 조성 참여자를 가리키는 각성인(刻成人)으로 보느냐에 따라서 각수명과 각성인명으로 달리 불린다.

목판인명은 20세기에 『고려대장경』을 현대적인 연구 기법으로 분석한 이래로 줄곧 활용되었다. 목판인명이 가리키는 목판인의 정체는 현재는 각수 또는 각성인으로 좁혀진 상태이지만, 초기 연구를 보면 이를 다르게 해석한 경우도 발견된다. 일례로, 도키와 다이조(常盤大定)는 목판인명 중 대각국사(大覺國師)와 표기가 같은 목판인 '義天'을 근거로 하여 『고려재조대장경』이 『고려초조대장경』의 복각본이라고 보았다.[1] 대각국사 의천의 생몰을 고려하면 여기에서 '義天'은 『고려재조대장경』의 각수나 각성인이 아니라 『고려초조대장경』과의 관련 논거로서 활용되었음을 알 수 있다. 이는 당시 연구자가 가진 연구관의 문제를 드러내기도 하지만, 한편으로는 각수질이나 시주질이 분명하지 않은 『고려재조대장경』의 자료적 한계를 방증하기도 한다.

김윤곤 교수가 연구원들과 함께 1980년대 중반부터 10여 년 동안 진행한 목판인명의 발췌 및 정리 작업은 1990년대 초에 1차적으로 정리되었고,[2][3] 2000년대 초에 이를 집대성한 결과로 『高麗大藏經 彫成名錄集』이 발간되었다(이하 '『彫成名錄集』'). 이 연구 전후로 여러 연구가 진행되었으며 연구에 따라 '각성인'과 '각수'를 선택하는 데에 차이가 있지만, 실질적인 기술에서는 둘의 구분이 뚜렷하지 않고 각성인을 판각 활동자, 즉 각수로 보는 경우가 기본이다. 그렇기에 '隊正', '戶長', '山人', '進士' 등 신분 정보가 부기된 목판인도 모두 각수인 것으로 보고 사회 각 계층이 판각에 참여하였다는 결론이 내려져 있다.

『고려대장경』이 조성되던 시기에 전문적인 각수 집단이 존재하며, 속세와 법계, 피지배층과 지배층의 구분 없이 전 사회가 조성 사업에 참여하였음은 분명하다. 또한 경판 조성 사업에서 판수, 판심, 판미에 판각되는 이름이 각수를 가리키는 경우가 많다는 것 또한 주지의 경향이다. 그러나 이는 귀납적인 판단이기 때문에 근본적인 불안정성을 내포하고 있으며, 전체적인 경향은 유효할지라도 개별 요소의 차원에서 반례가 존재할 가능성이 있다.

---

1) 常盤大定, 1913, 「大藏經彫印攷」, 『哲學雜誌』 28-321, 東京哲學會, pp.1178-1180(최영호, 2008, 『江華京板 『高麗大藏經』의 판각 사업 연구』, 경인문화사, p.24에서 재인용).

2) 金潤坤, 2001上, 『高麗大藏經 彫成名錄集』, 영남대학교 출판부, pp.1-2.

3) 위의 책(『高麗大藏經 彫成名錄集』)은 해제, 범례 등의 설명에 할애된 부분과 각성인명을 경전별로 정리한 부분으로 나뉜다. 두 부분은 모두 1쪽으로 시작하므로 출처 표시가 겹치기에 본고에서는 책 전체를 '金潤坤, 2001'로, 설명 부분(1-58쪽)을 '金潤坤, 2001上'으로, 정리 부분(1-834쪽)을 '金潤坤, 2001下'로 구분하고자 한다.

본 연구는 목판인을 각수로 보는 전제를 수용한 뒤에 이 전제의 관점에서 특이한 예시를 추출하여 전제를 재고하는 귀류법을 구성하고자 한다. 이를 위하여 먼저 각수 판정에 대한 종래의 기술을 이론적으로 검토하고, 이어서 목판인을 각수로 볼 때 설명하기 어려운 몇 가지 특이례를 추출하고 분석한다. 이를 통해 목판인 중에 각수가 아닌 참여자의 이름이 적혀 있다는 사실을 확인하고, 이것이 시사하는 바를 추정하여 『고려대장경』 경판 구성 연구에 일편의 기여를 한다면 소기의 목적을 달성하게 된다.

II. 이론적 배경

1. 목판인명의 개념

『고려대장경』의 경판에는 경전 본문, 경전명, 간기, 권차(卷次), 장차(張次), 함명(函名) 등 다양한 정보가 판각되어 있다. 분석 대상을 인명으로 좁히면 경전 내용의 등장인명, 경전 집필자명(저자, 역자, 편자 등), 그리고 여기에 속하지 않는 부기가 있다. 본격적인 검토에 앞서 경판에 적힌 여러 이름 중 목판인명이 가리키는 범위를 논할 필요가 있다.

(1) ㄱ. 陳天竺三藏眞諦譯

    ㄴ. 如是我聞一時淨命舍利弗住舍衛…

    ㄷ. 高麗國歸法寺主圓通首座均如說

    ㄹ. 昌老

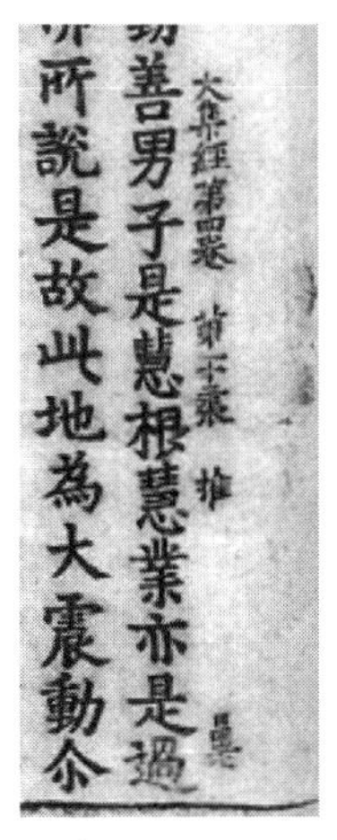

그림 1   그림 2

(1ㄱ)의 '眞諦'(Paramārtha)는 「廣義法門經」(K-725)의 권1 제1장에서 발견되는 역자의 이름, (1ㄴ)의 '舍利弗'(Śāriputra)은 해당 장의 본문에 등장하는 인물의 이름, (1ㄷ)의 '均如'는 「釋華嚴敎分記圓通鈔」(K-1510)의 권1 제1장에서 발견되는 저자의 이름이다. 이러한 인명은 이 경전이 다른 조성 사업에 의해 새로 판각되더라도 내용상의 오류가 아니라면 기본적으로는 교감의 대상이 되지 않으며 계속 전승될 수 있는, 즉 경전에 종속된 이름이다.

(1ㄹ)의 '昌老'는 「大方等大集經」(K-56)의 권4 제22장에서 발견되는 이름이다. 실제 예를 보면, 〈그림 1〉은 「大方等大集經」의 일부를 동국대학교 불교학술원의 「불교 기록 문화유산 아카이브」(이하 「불교 아카이브」)[4]에서 발췌한 것으로, 경판의 오른쪽 판수에는 경전과 권 정보인 '大方等大集經第四卷'이 적혀 있고 이어서 장 정보인 '第

---

4) URL: https://kabc.dongguk.edu/content/list?itemId=ABC_IT

二十二張'과 함(函) 정보인 '推'가 보인다. 그 아래에 경전의 내용, 구성과 무관한 독립적인 이름인 '昌老' (K56-V4-S22)[5]가 있으며 이를 자세히 보면 〈그림 2〉[6]와 같다. 이 인물은 경전의 집필이나 번역, 편집에 관여하였다는 정보가 없으며 경전 내의 등장 인물 또한 아니므로, 해당 경판을 형태적으로 동일하게 복각하는 것이 아니라면 전승 요소가 되지 않는다. 경판과 관련 있을 뿐 경전의 구성, 편찬, 내용과 무관하기 때문이다.

이전 논의에서는 '邊界線 소재 인명'이나[7] '마구리 등의 여백에 刻印된 人名'처럼[8] 위치 중심으로 칭하는 경우가 발견된다. '昌老'류의 표기를 변계선(邊界線)으로써[9] 지목하는 경우에 판수제나 판미제에 포함된 저자, 역자, 편자 등 논외의 인명을 배제할 수 없고, 마구리로써 지목하는 경우에 판심제에서 발견되는 인명이 배제되기 때문에 물리적 위치를 통한 지정은 일정한 한계를 보인다. 그보다는 정보의 층위와 구분에 중점을 두어 경(經)에 종속된 이름을 '경전인명', 판(版)에 종속된 이름을 '목판인명'으로 칭하는 방법을 본 연구에서는 제안한다. 이때 '眞諦', '舍利弗', '均如' 종류의 이름은 전자, '昌老' 종류의 이름은 후자에 속하며, 각수 또는 각성인으로 지목되는 인물은 후자인 목판인명이 가리키는 목판인에 해당한다.

2. 각성인과 각수의 구분

김윤곤 교수와 동료의 목판인명 발췌 및 정리가 1차적으로 마무리되어 가던 1990년대 초에는 아직 목판인을 '각수'로 보고는 있지만, 부기된 발원자를 의식하여 '기진자'(寄進者)를 언급하고 "<u>각 함의 경판 구석에 새겨 놓은 이름'의 대부분이 각수의 이름을 판각한 것임은 틀림없으나 발원 동기를 밝힌 일부 예는 발원자 또는 기진자로 볼 수 있다.</u>"라고 판단하였다.[10] 여기에서 말하는 발원자와 기진자는 판각에 참여한 동기를 중심으로 붙인 이름이므로, 다듬어서 말한다면 부기된 각수명이 모두 각수승이나 전문 각수의 이름을 가리키는 것이 아니라 부처에게 발원하거나 몸보시[身布施]를 하려는 뜻에서 참여한 사람의 이름도 포함한다는

---

5) K56-V4-S22는 목판인명 '昌老'를 가리키는 KVS 일련번호이다. K는 공식적인 『고려대장경』 경전 순서를 가리킨다. 경전은 K-1(「大般若波羅蜜多經」)부터 K-1514(「補遺目錄」)까지 존재하며, 각성인명이 새겨진 자료는 K-1513(「花嚴經探玄記」)까지이다. V(volume)는 권을, S(sheet)는 장을 가리킨다. 예를 들어 K56-V4-S22는 「大方等大集經」(K-56) 권4의 제22장을 가리킨다. 경전 순서는 동국대학교 불교학술원의 「불교 아카이브」에서 확인할 수 있다. 다만, 경전의 이름과 권을 따로 강조하는 경우에는 '大般若波羅蜜多經'(K-1) 권1'처럼 전통적인 기술 방식을 부분적으로 섞어서 사용하기도 한다. (신현규, 2025, 「고려대장경 조성명록집」의 자료 체계 분석 ―각성인명 데이터의 구조와 기술 요소를 중심으로―」, 『디지털인문지식유산연구』 2, 디지털인문지식유산학회, p.89 참고.)

6) 같은 경판에 대한 인출본의 축소판에서 발췌한 것이다. (東國譯經院譯經委員會, 1992, 『高麗大藏經 卷七』, 東國大學校附設東國譯經院, p.38.)

7) 崔永好, 1995, 「『江華經板 高麗大藏經』 邊界線 소재 인명의 판각사업 참여형태」, 『한국중세사연구』 2, pp.168-194.

8) 金潤坤·金晧東, 1996, 「『江華京板 高麗大藏經』 刻成活動의 參與階層 ―'在朝官僚層'과 '在鄉勢力'을 중심으로―」, 『한국중세사연구』 3, p.199.

9) 익명의 심사자는 변계선보다 일반적으로 쓰이는 '변란'(邊欄) 또는 '광곽'(匡郭)을 제안하였다. 제안에 동의하나, 여기에서는 선행 연구의 기술을 인용하려는 뜻에서 '변계선'을 그대로 사용한다.

10) 金潤坤, 1990, 「高麗大藏經의 彫成機構와 刻手의 性分」, 『民族史의 展開와 그 文化』(上), 창작과 비평사, pp.237-239.

의미로 읽힌다. 이후에 이러한 개념이 종합되어 '각수'보다 넓은 '각성인'이 용어로 정립되었다.

  (2) ㄱ. 沙彌 甫湖堂 永奇 伏爲父母 (K1-V53-S1)

    ㄴ. 信女 金氏 行爲父母 (K1-V144-S19)

    ㄷ. 比丘 大雲堂 東皐 (K1-V162-S1)

    ㄹ. 沙彌 白藕 爲父母 (K1-V162-S2)

    ㅁ. 信女 蓮池 行爲父母 (K1454-V2-S8)

    ㅂ. 信女 定月 行爲父母 (K1454-V2-S15)

    ㅅ. 信女 堅德 行爲父母 (K1-V9-S3)

    ㅇ. 信女 德萬 行爲父母 (K1-V23-S21)

    ㅈ. 信女 戒煖 行爲父母 (K1-V23-S22)

    ㅊ. 信女 普幢花 爲父母 (K1-V153-S21)

  예시 (2ㄱ-ㅅ)은 김윤곤의 연구에서 발원자 또는 기진자의 예로 인용한 목판인,[11] (2ㅇ-ㅊ)은 필자가 추가 발췌한 동일 유형의 목판인이다. (2)의 예는 발원문의 형태를 띠고 있으므로 각수와 구별되는 기진자의 존재를 긍정하는 강력한 증거로 보이지만, 여기에 해당하는 10개의 목판인명이 등장하는 각 경판이 모두 조선 시대에 보각(補刻)된 것으로 나중에 확인되었다는 점에서[12] 『고려대장경』 판각 당시의 발원자명 피각(被刻)을 선뜻 수긍하기 어려워진다. '각수'와 '각성인'의 주요 차이인 발원자가 보각 과정에서 기입되었다면, 이들 목판인을 제외한 '각성인'은 곧 '각수'와 다를 바가 없다.

  보각 과정에서 삽입되었음을 차치하더라도 발원자명은 1회씩만 등장하기 때문에 목판인명 논의에서 중심에 위치하지 못하였다. '각수'에 '보시자'를 더한 '각성자'(刻成者)는 "그가 이태 동안 **판각한 양은** … 대장도감에서 7장, 분사도감에서 3장을 **판각하였다.**"와[13] 같이 실제 기술에서는 각수와 구분되지 않았으며, 이어서 '각성인' 또한 "**刻成人이** 자신의 이름을 **각각 새겼으나**, …",[14] "각성인 1인이 한 권 전체를 **판각한** 것과 …",[15] "동일 각성인임에도 불구하고 특정 張에는 자신의 **姓氏만을**, 다른 張에서는 인명만을 **새겨 놓았다.**"처럼[16] 각수와 구분되지 않았다. 직접적으로는 각성인명 전체를 논하면서 "**각수명의** 판독에 대한 용례",[17]

---

11) 위의 논문, p.238.

12) 최영호, 2016, 「海印寺 大藏經板에 포함된 중복경판 및 보각경판의 역사·문화적 성격과 보존방안」, 『문물연구』 30, pp.78-85 참조.

13) 金潤坤·金晧東, 1996, 앞의 논문, p.223.

14) 金潤坤, 2001上, 앞의 책, p.24.

15) 최연주, 2004, 「『고려대장경』 각성인의 참여형태와 조성공간」, 『한국중세사연구』 16, p.82.

16) 최연주, 2006, 『高麗大藏經 研究』, 경인문화사, p.219.

17) 金潤坤, 2001上, 앞의 책, p.55.

"(ㅅ)의 인명들은 모두 『江華京板 高麗大藏經』의 **각수명이다**."에서[18] 보듯 각성인과 각수를 혼용하는 모습도 발견된다.

발원자 또는 보시자를 더하여 각성자 또는 각성인이 제안되었지만 앞서 분석하였듯이 발원문 형식의 부기가 후대에 진행된 보각의 결과로 판단되므로 이들을 제외하면 목판인명이 가리키는 목판인은 자연히 각수로 좁혀진다. 만약 『고려대장경』 조성 당시에 판각된 모든 목판인명이 각수라면, 이어서 설명할 전형적인 각수의 판각 활동에 직결된 원리를 따를 것으로 기대된다.

3. 일경판일각수(一經板一刻手)의 원리

'일경판일각수'의 원리란 한 개의 경판은 한 명의 각수가 담당하기 때문에 경판의 전면과 후면에 새겨진 목판인명은 각수일 경우에 동일인으로 판정할 수 있다는 것이다. 판각 업무 배정의 특성상 각수는 물리적으로 하나의 목판과 판하본을 받아 판각하기 때문에 각수가 자신의 이름을 새기면 전면과 후면의 목판인명이 가리키는 대상은 동일인이어야 한다. 모든 권은 제1경판이 제1장으로 시작하므로 한 각수는 '홀수 장'이 전면(recto), '짝수 장'이 후면(verso)인 경판을 판각하게 되며, 연속하는 '홀수 장'과 '짝수 장'에 적힌 목판인명은 같은 목판인을 가리키는 것으로 판정한다.

대부분의 목판인명 표기는 이 원리를 벗어나지 않는다. 단적인 예로 양적으로 『고려대장경』에서 가장 큰 비중을 차지하는 「大般若波羅蜜多經」(K-1)을 보면 보각 과정에서 삽입된 발원자명을 제외하고는 이를 어기는 예가 발견되지 않는다. 따라서 가령 A, B, C라는 목판인이 판각될 때는 이 원리에 따라 AABBCC의 출현 배열을 보여야 한다.

일경판일각수의 원리는 목판인명 연구의 기본 전제이며 이론적 바탕이다. 『고려대장경』에 새겨진 목판인명은 한 경판의 전면과 후면에 동일한 인명이 같은 표기자로 새겨진 경우도 있지만 그렇지 않은 경우도 나타나는데, 일경판일각수의 원리를 통해 예외를 분석하고 처리할 수 있게 된다.

첫 번째 경우는 '단면표기형'(單面表記型)이다.

〈표 1〉은 「增壹阿含經」 (K-649) 권46에 판각된 목판인명의 일부를 발췌한 것이다. 제11장과 제12장의 '孝林'처럼 경판의 전면과 후면에 모두 새겨진 목판인명도 있지만 나머지의 경우처럼 두 면 중 하나에만 새겨진 경우가 적지 않다. 표

표 1. 「增壹阿含經」 권46 제1~16장의 목판인명

위치	이름	위치	이름
K649-V46-S1	(없음)	K649-V46-S9	金呂
K649-V46-S2	思景	K649-V46-S10	(없음)
K649-V46-S3	孝丁	K649-V46-S11	孝林
K649-V46-S4	(없음)	K649-V46-S12	孝林
K649-V46-S5	仁幹	K649-V46-S13	白和
K649-V46-S6	(없음)	K649-V46-S14	(없음)
K649-V46-S7	惠延	K649-V46-S15	白仁
K649-V46-S8	(없음)	K649-V46-S16	(없음)

---

18) 위의 책, p.57.

기가 없으므로 제1, 4, 6, 8, 10, 14, 16장의 각수는 불명이지만 같은 경판의 다른 면에 목판인이 판각되어 있으므로 그 목판인을 해당 면의 각수로 추론할 수 있다. 단면표기형에서 결여된 정보는 일경판일각수의 원리로 보완된다.

두 번째 경우는 '일자생략형'(一字省略型)이다. 〈그림 3〉은 「摩訶般若波羅蜜經」(K-3) 권11 제17장에 '大升'이, 〈그림 4〉는 같은 경판 후면(제18장)에 '大'가 판각된 모습이다. 일자생략형은 '子柱'에 대한 '柱'(K1-V3-S2)부터 '喜賢'에 대한 '賢'(K1513-V20-S32)까지 『고려대장경』 경판 전반에서 발견되며, 판각자가 마모되거나 인쇄되지 않은 것으로 판단되는 경우도 있지만 〈그림 4〉처럼 생략이 분명한 경우가 다수이다. 제18장의 '大'는 '大'가 포함된 다른 인명으로 추정하기보다는 같은 경판 전면(제17장)에 표기된 '大升'의 일자생략형으로 보는 것이 적절하며, 일경판일각수의 원리가 바탕이 된다.

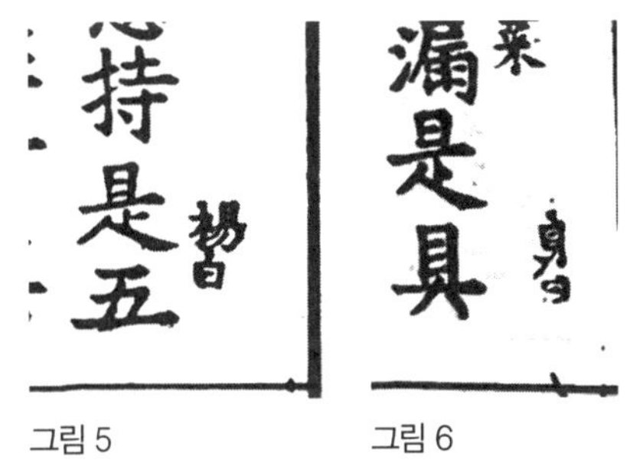

그림 3   그림 4

그림 5   그림 6

세 번째 경우는 '이표기형'(異表記型)이다. 「放光般若波羅蜜經」(K-2) 권7의 제21장과 제22장은 같은 경판에 속하며, 전자(〈그림 5〉)에는 '楊白'이, 후자(〈그림 6〉)에는 '良白'이 새겨져 있다. 權仁瀚의 연구에서 함안 성산산성 목간이 제작되던 시기에 어두 /ㄹ/ 제약이 있었음을 확인하였는데[19] 목판인명에서 '良'이 어두에 온 것은 독특하다. '楊'과 '良' 두 표기의 대응을 두음 법칙으로 설명하기도 하지만[20] 두음 법칙으로 인하여 /ㄹ/음이 탈락하는 현상은 훨씬 후대에 일어나기 시작하였기에 풀이로 택하기 어렵다. 이 시기에는 중세 한국 한자음처럼 /ㄹ/음이 /ㄴ/음으로 바뀌며 '良'은 어두에서 '냥'으로 실현되었을 것이므로 '楊'과 '良'의 대응은 규칙 외의 이표기이다. '楊'은 중고음 정보가 宕開三平陽以이며 중세 한국 한자음으로 '양',[21] '良'은 중고음 정보가 宕開三平陽來이며 중세 한국 한자음으로 '량'이므로[22] 성운학적으로도 두 음은 동음이철(同音異綴) 표기로 볼 수 없다. 이때 일경판일각수의 원리를 적용하면 두 목판인명이 동일한 목판인을 가리킨다는 전제를 세울 수 있으며, 以母字와 來母字의 대응을 연구할 발판을 마련한다.

지금까지 일경판일각수의 원리와 이를 구성하는 목판인명의 개념, 그리고 목판인을 각수로 유력하게 보

---

19) 權仁瀚, 2020, 「함안 성산산성 목간의 고유명사 표기자 분석」, 『木簡과文字』 25, pp.43-44.

20) 최중호, 2005, 「고려시대 음운 체계 연구」, 동의대학교 국어국문학과 박사학위논문, p.61.

21) 權仁瀚, 2009, 『中世韓國漢字音訓集成』, 제이앤씨, p.272.

22) 위의 책, p.109.

는 이유를 확인하였다. 다만 앞서 언급하였듯이 목판인명과 일일이 대조할 『고려대장경』의 각수질이나 시주질이 없으므로 이를 각수로 보는 것은 귀납적인 결론이다. '刻大明'(K1-V95-S9), '天虛刻手'(K4-V2-S30) 등 직접적으로 '刻', '刻手' 등이 병기되어 각수임이 분명한 목판인도 있지만 대부분은 임무나 소속에 대한 병기 없이 인명만이 제시되므로, 목판인명을 기본적으로 각수로 판정하기 위해서는 일경판일각수의 원리가 예외 없이 적용되는지, 특이례가 일경판일각수의 원리 내에서 설명될 수 있는지를 확인하여야 한다. 이에 대한 확인으로 이어지는 III장에서는 각수 판정과 일경판일각수의 원리를 따르지 않는 특이례를 추출하고 분석한다.

III. 특이례의 추출과 분석

1. 활동 부기 '手'와 '誌'

목판인명은 앞서 〈표 1〉에서 보듯 이름만 있는 경우가 대부분이지만 이름의 앞 또는 뒤에 활동과 관련된 부기가 적힌 경우가 있다. 이를 유형으로 나누면 다음과 같다.

〈표 2〉에 정리된 활동 부기 중 '刻'과 '刀'는 각수 활동과 직접적으로 관련이 있는 것으로 추론할 수 있으며 나머지는 경판 조성과는 관련이 있으나 판각 작업을 가리킨다고 단언할 수 없다. 목판인 '段心'과 '工' 활동은 해당 표기가 발견되는 「大方等大集經」(K-56)을 제외하고는 다른 권이나 경전에서 발견되지 않지만, 그 이외의 활동 부기는 그 부기가 존재하지 않는 형태로도 해당 목판

표 2. 『고려대장경』 목판인명의 활동 부기

	부기 존재형	부기 부재형
刻	存植刻(K1-V108-S1)	存植(K1-V254-S25)
刀	禮全刀(K2-V6-S34)	禮全(K3-V13-S25)
手	希白手(K951-V46-S17)	希白(K1495-V3-S5)
刊	富令刊(K3-V9-S29)	富令(K1494-V7-S4)
誌	戒宗誌(K80-V37-S18)	戒宗(K1513-V5-S32)
造	允寶造(K1-V582-S27)	允寶(K1-V87-S1)
平	子龍平(K80-V42-S18)	子龍(K3-V14-S20)
作	明覺心作(K56-V17-S9)	明覺(K22-V110-S2)
工	名覺手段心工(K56-V17-S10)	(없음)

인이 다른 경전, 다른 권에서 등장하는 것을 볼 수 있다. 이는 활동 부기가 없는 형태의 목판인명 표기를 일제히 각수로 보는 것을 조심스럽게 한다.

특히 활동 부기 '手'는 일경판일각수의 원리를 따르지 않는 예가 존재하기 때문에 주목을 끈다.

(3) ㄱ. 天台山人了源手三十九幅 (K2-V7-S39)

　　ㄴ. 賴茲功德力永脫輪迴報嚴父與慈堂優遊極樂鄉了源誌 (K56-V3-S34)

(3ㄱ)은 '了源'은 '天台山人'이며 「放光般若波羅蜜經」(K-2) 권7에 속하는 39장[幅]을 '手'하였음을 가리킨다. 이 권은 총 39장으로 구성되므로 '了源手三十九幅'만 보면 '了源'이 39폭의 모든 판을 판각한 것처럼 보인다. 그러나 실제로는 '了源'은 S39를 포함하여 총 15장에 판각되어 있고('了源' 2회, '了源手' 13회), 목판인명이 없는 5장을 제외한 나머지 19장에 '戒眞'(2회), '楊白~良白'(2회), '學心'(2회), '得寶'(2회), '元大'(2회), '守和'(2회), '金同'(1회), '文寶'(2회), '呂輝'(2회), '元卿'(2회)이 판각되어 있다. 이것이 가지는 체계적 문제는 일찍이 인지되었으며, 이를 놓고 '각 각수가 초벌 새김한 것을 '了源'이 재벌 새김하거나 마무리 작업을 하였다고 볼 수도 있지만 경판에 명기된 각수들은 '최고급 일류 수준급'이므로 '了源手'는 '了源'의 기진을 가리킨다'고 설명되기도 하였다.[23] 그러면서 연계하여 판미제에 담긴 (3ㄴ) 속 '了源誌'(K56-V3-S34)의 '誌'도 기진의 뜻을 가진다고 설명하였다.[24] 그러나 앞서 확인하였듯이 목판인명 중 발원자명은 보각 과정에서 삽입된 것이므로 이들을 판단 근거로 삼을 수 없으며, '手' 활동이나 '誌' 활동을 기진으로 보게 할 만한 시주질 또는 그에 준하는 기록이 있지 않다. 덧붙이면, '手'를 '刻'과 같은 각수 활동으로 가정하더라도, '名覺手段心工'(K56-V17-S10)에서 '名覺'의 '手' 활동과 구분되는 '工' 활동이 있기 때문에 각수 활동으로 설명되지 않는 활동 부기는 여전히 존재한다.

'誌' 활동 부기를 판각이나 기진 활동으로 풀이하는 것 또한 주저되는 면이 있다. 역사적인 배경이 확인되면서 '誌' 활동이 확인되는 표기도 존재하기 때문이다.

<blockquote>

(4) ㄱ. 九月上旬慶尙晋安東道按察副使都官郞中全光宰誌 (K1500-V3-S38)

ㄴ. 本講和尙興王寺教學僧統天其 … 辛亥五月日弟子誌 (K1508-V2-S44)

ㄷ. 戒宗誌 (K80-V37-S18)

</blockquote>

(4ㄱ)은 경상 진안동도 안찰부사 '全光宰'가 9월 상순에 기록하였다는 내용으로, 그 앞에 동기가 【…請瑞龍禪老連公主法點示 , 以禳蒙寇】로,[25] 작업 과정이 【…因囑幹事比丘天旦, 俾禪伯, 擧上人讎校, 募工筆而書之, 簡善手而鐫之】로[26] 밝혀져 있다. 제38장의 판심제에 '自□'라는 목판인명이 이미 새겨져 있거니와 '全光宰'는 분사대장도감의 행정 책임자이며 「南明泉和尙頌證道歌事實」(K-1500)의 발간에 관여한 바가 역사적으로 밝혀져 있으므로 이 '誌'는 기진이나 발원이 아니라 실질적인 문장의 집필을 가리키는 것임을 알 수 있다. (4ㄴ)은 「釋華嚴旨歸章圓通鈔」(K-1508)의 마지막장 판미에 있는 간행 정보의 일부로, 여기에서도 '誌'는

---

23) 金潤坤, 1990, 앞의 논문, pp.236-237.

24) 위의 논문, pp.237-238.

25) 「불교 아카이브」에는 "서룡(瑞龍)의 선로(禪老)이신 연공(連公)께 법을 주관하여 하나하나 지적해 주길 청함으로써 왜구의 침입을 물리치고자 하였다."라고 번역되어 있는데 대체로 옳으나 원문의 '蒙寇'가 '왜구'로 잘못 옮겨져 있다.

26) 「불교 아카이브」에는 "간사(幹事)를 맡고 있는 천단(天旦) 스님에게 부촉하여 선백(禪伯)으로 하여금 상인(上人)에게 이 초본을 올려서 교정을 받도록 한 후에 글씨 잘 쓰는 이를 모집해 쓰도록 하고 훌륭한 각수(刻手)를 골라서 새기도록 하였다."라고 번역되어 있는데 원문의 '手'를 '각수'로 단정할 수는 없으므로 '인력'으로 보고자 한다.

발원이나 기진이 아니라 흥왕사(興王寺)의 교학 승통(教學僧統)인 천기(天其)의 제자가 해당 내용을 집필하였음을 의미한다.

앞의 (3ㄴ)과 (4ㄱ, ㄴ)에서는 [목판인]誌 구조가 판심 또는 판미에 위치하여 후행하는 경전 본문이 없으며, 경판 간행과 관련된 별도의 기술을 우측에 둔다. 따라서 '誌'가 가리키는 것은 판하본 전체에 대한 활동은 아닌 것으로 생각된다. 다만 (4ㄷ)의 '戒宗誌'는 판수제에 적혀 있어서 「大方廣佛華嚴經」 권80에 대해서는 다른 '誌' 활동 부기처럼 풀이할 수 없고, '戒宗'은 여러 경전에서 60회 이상 등장하는 목판인명이므로 각수로 보기 어려운 목판인으로 봄직하다.

이상으로 활동 부기 '手'와 '誌'가 '刻'이나 '刀', '刊'에 비해 직접적으로 판각을 가리키지 않을 가능성을 확인하였다. 물론 이 중에서 '手'는 손으로 하는 행위 전체를 가리키므로 여전히 각수의 판각을 가리킬 가능성은 있지만, 위에서 본 '了源手'의 예로 미루어 짐작하면 별도의 층위에 속할 것으로 생각된다. 그 밖에도 '平', '造', '作', '工'이 각수 활동을 가리킨다고 볼 수 있을지 의문스러운 면이 있다.

2. 서자(書者) '朴才'

앞서 확인한 '手' 활동은 다른 목판인의 활동과 구분되지만 정확한 내용을 알기 어려웠고, '誌' 활동은 戒宗과 다른 목판인의 활동이 구분되지만 마찬가지로 그 내용을 알기는 어려웠다. 이에 비해 목판인 '朴才'에는 뚜렷한 활동이 부기되어 주목할 만하다.

 (5) ㄱ. 江華京辛亥十一月書 (K1510-V6-S22)

   ㄴ. 朴才【書者臣高申說書】(K1513-V17-S61)

(5ㄱ)은 「釋華嚴教分記圓通鈔」(K-1510) 권6의 마지막 장의 판미에 판각된 것으로, '書'와 연월이 간기에 적힌 희귀한 예이다. 수서자(手書者)의 이름이 나오지 않고 그 수가 적은 것이 아쉽다. 이런 식으로 직접 '書'가 등장하는 경우에는 이름이 밝혀지지 않고, 판미제에 간기의 일부로 포함되어 '誌'에 준하게 기능한 것으로 보인다.

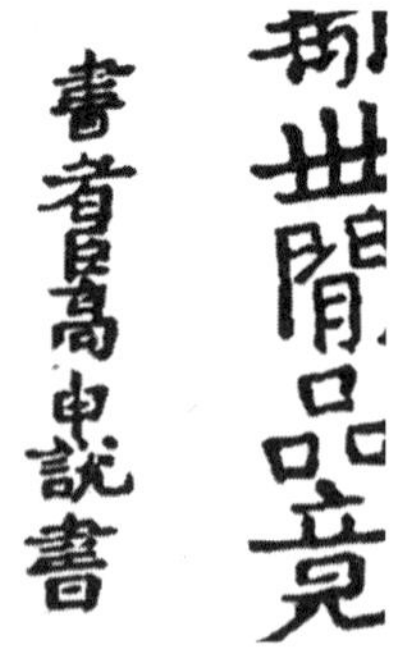

그에 비해 (5ㄴ)의 '朴才'는 수서자 역할을 한 것이 확인된다. 「花嚴經探玄記」(K-1513) 권17의 마지막 장을 보면 〈그림 7〉과 같이 판미에 【書者臣高申說書】가 새겨져 있다. '說書'를 담당한 사람의 이름은 '高申'으로 나오고 '書者'의 이름은 나오지 않는데 구조상 판수제에 먼저 기입된 〈그림 8〉의 '朴才'로 파악된다.[27)28)]

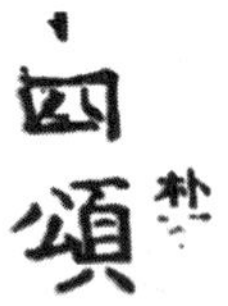

그림 8

판수에 '朴才'만이 기록된 것은 각수와 마찬가지로 수서자도 활동 부기 없이 기록되는 경우가 있었음을 뒷받침하며, 이 목판인이 간기를 적은 사람이 아니라는 점을 방증한다. 【書者臣高申說書】는 '朴才' 이후에 추가된 정보로, '說書' 정보를 추가로 밝히려는데 우하변에 기록 공간이 없으니 좌하변이 활용

그림 7

되었다. 이때 두 목판인의 역할을 서로 구분해야 하므로 '書者'로 새 부기가 시작되었다. '朴才'는 '書者'이므로 수사(手寫)나 수교(手校) 담당으로, '高申'은 '說書'이므로 낭독 검토를 진행한 감독자이며 '臣'의 위치였을 것으로 보인다.

3. ABBCC 유형

일경판일각수의 원리에 따르면 하나의 경판은 한 각수가 담당하므로 홀수 장인 전면과 짝수 장인 후면이 하나의 짝을 이루며, 목판인명은 각수명이라면 A, B, C라는 인물에 대하여 AABBCC 형태로 출현해야 한다. 그런데 『고려대장경』의 목판인 출현 양상을 보면 이를 충족하지 않는 경우가 적지 않게 발견된다. 다음은 「花嚴經探玄記」(K-1513) 권6의 예이다.

〈표 3〉은 권6을 구성하는 65장 중 일부를 발췌한 것이다. 이 권은 '宗元'(S1), '宗惠'(S2~3), '漢珠~漢周'(S4~5)에서 보듯 '짝수 장'과 '홀수 장'이 짝을 이루는 목판인이 다수 등장하여 '일경판일각수'의 원리를 따르지 않는 ABBCC의 구조를 보인다. 이어서 '公式'(S31), '中一'(S32~33), '尹基'(S34~35), '朴才'(S36~37), '一中'(S38~39)이 ABBCC …를 형성하고, '夢月'(S40)과 '信才'(S41)에서 불일치를 보인 뒤에 다시 '呂候'(S42~43)로 ABB…의 구조가 이어지며, 마지막 부분의 '洪與'까지 반복된다.

표 3. 「花嚴經探玄記」 권6의 목판인명 등장 양상

위치	이름	위치	이름
K1513-V6-S1	宗元	K1513-V6-S41	信才
K1513-V6-S2	宗惠	K1513-V6-S42	呂候
K1513-V6-S3	宗惠	K1513-V6-S43	呂候
K1513-V6-S4	漢珠	…	…
K1513-V6-S5	漢周	K1513-V6-S45	益成
…	…	K1513-V6-S46	惠珍
K1513-V6-S31	公式	K1513-V6-S47	惠珍
K1513-V6-S32	中一	…	…
K1513-V6-S33	中一	K1513-V6-S58	守長
K1513-V6-S34	尹基	K1513-V6-S59	守長
K1513-V6-S35	尹基	K1513-V6-S60	惠延
K1513-V6-S36	朴才	K1513-V6-S61	(없음)
K1513-V6-S37	朴才	K1513-V6-S62	仁大
K1513-V6-S38	一中	K1513-V6-S63	仁大
K1513-V6-S39	一中	K1513-V6-S64	洪與
K1513-V6-S40	夢月	K1513-V6-S65	洪與

---

27) 인출본(東國譯經院譯經委員會, 2002, 『高麗大藏經 卷四十七』, 東國大學校附設東國譯經院, p.769)에서 발췌한 〈그림 6〉에서는 '才'가 온전하게 찍히지 않았는데, 이는 다소 흐릿하지만 결실된 획이 분명하게 보이는 「불교 아카이브」의 자료에서 확인하여 보완할 수 있다.

28) 『彫成名錄集』에는 같은 권의 제26장에 나오는 것으로 기록되어 있으나(金潤坤, 2001下, 앞의 책, p.832) 인경본을 확인한바 61장에 나타나므로 이를 택한다.

이들을 각수로 본다면 단 한 장씩만 판각하는 '宗元', '公式' 등의 판각자가 수 장마다 등장하고, 그 판각자로 인해 다음 각수들은 두 개의 목판에서 한 면씩만 판각하였다는 복잡한 작업 방식을 생각해야 하며, '일경판일각수'의 원리가 깨지게 된다.

〈표 3〉의 인명 중 '朴才'는 상기하였듯이 같은 경전의 권17에서 수서자로 밝혀진 목판인이므로, 그로 말미암아 일경판일각수의 원리를 따르지 않는 이유를 설명할 수 있다. 연속하는 '홀수 장'과 '짝수 장'의 담당 주체가 같아야 하는 것은 두 면으로 구성된 하나의 경판에서 비롯된 판각의 물리적인 제약일 뿐 개별 장을 사경하거나 교정하는 수서자에게는 유효하지 않은 제약이다. 'ABBCC' 유형에 출현하는 목판인을 일제히 수서자로 유추하는 것은 어렵지만, 각수의 물리적 제약을 가지지 않는 다른 형태의 참여자임은 확인된다. 덧붙여, A에 위치하는 '宗元'처럼 단 한 장에만 새겨진 인물은 후행하는 목판인과 구분되는데 이것이 특별한 직무 역할을 가리키는 것으로 추정해 볼 수 있다.

ABBCC 유형은 「大般若波羅蜜多經」(K-1)에서는 발견되지 않으며 「放光般若波羅蜜經」(K-2) 권12부터 발견된다.

일경판일각수의 원리를 따르지 않는 부분은 제1~2장, 제15~23장이다. 제1장은 '世英', 제2장은 '思京'인데 두 목판인명은 느슨하게 음으로 통하는 이표기로 볼 여지도 있지만, 이 권 이외에서 '思京'의 이표기는 '思景', '土景'뿐이며[29] '世英'은 별도의 이표기를 가지지 않으므로 '世英'과 '思京'을 동일인으로 판정하기는 조심스럽다. 더욱이 '思京'은 제

표 4. 「放光般若波羅蜜經」 권12의 목판인명 등장 양상

위치	이름	위치	이름
K2-V12-S1	世英	K2-V12-S16	金頍
K2-V12-S2	思京	K2-V12-S17	金頍
K2-V12-S3	禹儞	K2-V12-S18	保祥
K2-V12-S4	禹儞	K2-V12-S19	保祥
K2-V12-S5	元大	K2-V12-S20	性光
K2-V12-S6	元大	K2-V12-S21	性光
K2-V12-S7	禹儞	K2-V12-S22	智洪
K2-V12-S8	禹儞	K2-V12-S23	智洪
K2-V12-S9	元大	K2-V12-S24	(없음)
K2-V12-S10	元大	K2-V12-S25	(없음)
K2-V12-S11	元大	K2-V12-S26	金頍
K2-V12-S12	元大	K2-V12-S27	金頍
K2-V12-S13	元大	K2-V12-S28	金頍
K2-V12-S14	元大	K2-V12-S29	(없음)
K2-V12-S15	思京		

15장에서 다시 출현하는 ABBCC 유형에서 A에 위치하므로 '思京'은 경판 양면 중 한 면에만 관여할 필요가 있는 작업을 수행한 사람으로 봐야 한다.

덧붙여, 제26~28장에 판각된 '金頍'는 「摩訶般若波羅蜜經」(K-3) 권16 제5장에 '金頍手'로 판각되어 있다.

---

29) 최중호, 2005, 앞의 논문, pp.99-100.

일경판일각수의 원리를 따르지 않는 목판인이 각수로 단정하기 어려운 활동 부기 '手'를 단 표기로도 발견 된다는 점은 의미가 있다.

4. 일경판이인명(一經板二人名) 유형

앞서 수서를 담당한 '朴才'와 설서를 담당한 '高申'이 한 경판에 새겨진 예를 확인하였다. 이렇게 역할까 지 명시되어 있지는 않으나 목판인 2인의 이름이 새겨진 예도 발견된다.

〈그림 9〉와 〈그림 10〉은 「大方廣佛華嚴經」(K-80) 권51 제19장에서 추출된 목판인명으로, 〈그림 9〉는 판수에, 〈그림 10〉은 판미에 위치한다. 판수의 인명은 '孝林'으로 무리 없이 판독되며 판미의 인명은 '丞[?]義' 로 판독되기도 하고[30] '育義'로 판독되기도 하는데[31] 여기에서는 후자를 취한다.[32]

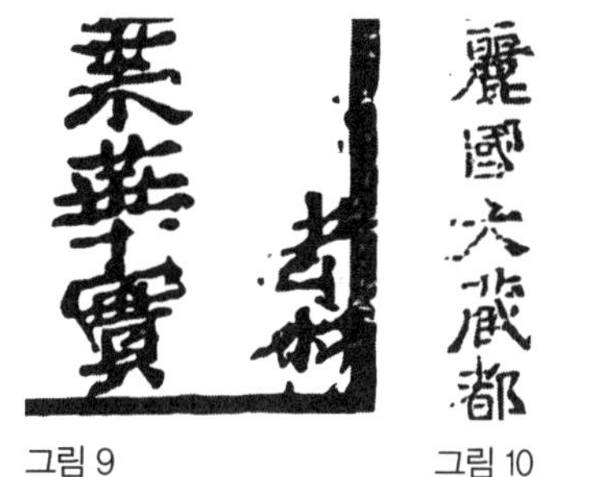

그림 9   그림 10

'孝林'은 앞서 〈표 1〉의 경판을 비롯하여 여러 경판 에서 발견되는 목판인이며, 「大方廣佛華嚴經」 권51을 구성하는 19장 중 11장에서 등장한다. '育義'는 「고려대장경」 모든 경판에서 〈그림 10〉의 경우로 단 한 차 례에만 등장한다. '孝林'과 '育義'를 모두 각수로 본다면 한 경판에 두 명의 각수가 존재하는 것인데 그러한 작업 형태를 요구하는 상황을 가정하기가 어려우며, 전후에 등장하지 않는 '育義'의 작업 양상을 설명하기 어렵다. 그보다는 '孝林'과 '育義'의 작업이 다른 것으로 보고, 정황상 '孝林'을 각수나 주요 활동 담당으로 보 는 것이 무리가 없어 보인다.

한편, 동일 인명이 두 번 새겨진 경판도 존재한다.

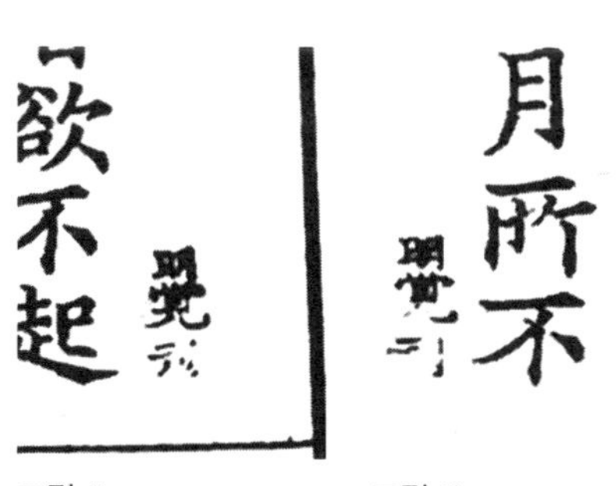

그림 11   그림 12

「放光般若波羅蜜經」(K-2) 권1 제14장에는 '明覺刊'이 판수 에 하나(〈그림 11〉), 판미에 하나(〈그림 12〉) 새겨져 있다. 제 14장은 동일한 목판인명이 동일한 활동 부기를 달고 서로 다 른 위치에 판각되어 있다는 점에서 독특하다. '明覺'은 법장사 소장 「妙法蓮華經」 개판에 참여한 것으로도 알려진 인물로, 왜 '刊'이라는 활동 부기를 달았는지, 왜 인명이 두 번 판각되 었는지 설명하기가 어렵다.

그 자신이 직접 각수로서 판각하였다면 이유가 있을 터인

---

30) 金潤坤, 2001下, 앞의 책, p.88.

31) 「불교 아카이브」, ABC, K0080 v8, p.746c17.
    URL: https://kabc.dongguk.edu/viewer/view?dataId=ABC_IT_K0080_T_051

32) 첫 자를 '音'으로 읽을 수도 있으나 '音義'의 뜻과 우측의 내용이 호응하지 않으며, 「고려대장경」에 등장한 '育'의 이체자와 형태 상 통하므로 「불교 아카이브」의 판독을 따른다(李圭甲, 2000, 「高麗大藏經異體字典」, 고려대장경연구소 출판부, p.827 참조).

데 한 목판인의 이름이 같은 장에 두 번 판각된 다른 예가 보이지 않아서 비교할 수 없다. 이는 불명의 이유로 '明覺'이 자신의 활동을 두 번 판각하였다고 풀 수도 있지만, 판수와 판미에 기록되는 목판인의 담당 업무가 다르다거나, '明覺刊'을 새길 것을 지시받은 각수가 실행을 반복하였을 가능성도 생각할 수 있다.

IV. 특이례의 시사점

1. 비각수(非刻手) 목판인의 가능성
앞서 III장에서 추출한 특이례는 다음과 같았다.

> (6) ㄱ. '手'와 '誌' 등의 부기가 병기된 유형
> ㄴ. 수서(手書) 활동을 한 목판인 '朴才' 사례
> ㄷ. 경판 양면의 목판인이 불일치하는 ABBCC 유형
> ㄹ. 한 경판에 두 목판인이 판각된 일경판이인명(一經板二人名) 유형

(6ㄱ)과 (6ㄴ)은 기술상 각수로 판정하지 않을 수 있는 예시, (6ㄷ)과 (6ㄹ)은 배열상 일경판일각수의 원리를 따르지 않는 예시였다. 마땅한 각수질이 없는 상황에서 (6)과 같은 예시는 목판인을 기본적으로 각수로 보는 관점을 재고하는 데에 좋은 바탕이 된다.

(6ㄱ)을 분석하면서 확인한 여러 활동 부기는 각수뿐만 아니라 다양한 역할로 목판인이 경판 조성 사업에 참여할 수 있었을 가능성을 보였다. 목판인을 각수로 상정한 연구에서는 활동 부기를 '판각' 또는 '기진'으로 일괄 분석하였다. 그러나 이 상정을 적용하는 대신에 활동 부기의 다양성과 분별성을 인정하면 다양한 참여 형태를 논할 바탕을 마련할 수 있다. 다만 각 활동 부기가 가리키는 내용에 대해서 현재로서는 자세하게 알기 어렵고, '手'와 '誌' 부기는 일반적인 판각과는 층위가 달랐을 것으로 추론할 수 있다.

(6ㄴ)에서 확인한 수서자 '朴才'는 판각이 아닌 수사(手寫) 작업에 참여한 사람이 이름을 남길 수 있음을 가리킨다는 점에서 의미가 있다. 기존 연구는 판각된 목판인명과 판각 주체를 동일인으로 보는 것이 기본이었다. 따라서 목판인은 곧 각수여야 했다. 예를 들어 '昌老'가 새겨져 있다면 이는 곧 '昌老'가 자신의 이름을 새긴 것이고, '昌老'는 각수로 판정되었다. '朴才'의 존재는 이러한 상정에 대한 반례이며, 다른 목판인을 각수가 아닌 참여자로 볼 수 있는 관점을 제공한다. 그리고 각수가 다른 사람의 이름을 경판에 새기는 작업도 하였음을 의미한다.

(6ㄷ)에서 확인된 ABBCC 유형은 일경판일각수의 원리를 따르지 않기에 목판인명 출현의 측면에서 (6ㄱ)과 (6ㄴ)의 발견을 보강하는 논거이다. 특히 「花嚴經探玄記」(K-1513) 권6의 ABBCC 배열 중 '朴才'는 (6ㄴ)과 연계되고 '金頬'는 '手' 부기가 달린 경우가 있다는 점에서 (6ㄱ)과 연계된다. 『고려대장경』에서 발견되는 여러 ABBCC 배열은 알려진 각수의 작업 방식으로는 설명하기 어려우며 동일인 판정 기준을 위배하는

데, 앞서 확인한 비각수 목판인으로 미루어 판단할 필요가 있다.

(6ㄹ)에서 확인된 일경판이인명 유형은 한 경판에 두 사람의 이름이 기록될 수 있으며 두 목판인 중 적어도 한 사람은 각수가 아닐 가능성이 있음을 보였다.

목판인명 표기로는 앞서 본 바와 같이 대부분은 인명만이 제시되지만 극히 일부는 '進士', '戶長', '山人', '隊正', '比丘' 등 지위를 파악할 수 있는 부기가 존재한다. 이를 토대로 문인, 승려 지식인, 향촌 운영 실무자, 중앙 관료 등이 판각에 참여하였다고 분석하기도 하는데[33] 이들이 경판 조성에 참여한 것은 분명하지만 각수나 판각 기진자로서 판각 행위에 참가하였다고 볼 수 있는지는 단언하기 어려운 부분이 있다. (6)에 대한 분석을 종합하면, 이들이 각수로 참가하였을 가능성도 있지만 비각수 목판인으로서 예컨대 '朴才'처럼 수서자로 참가하였을 가능성이 제안된다.

경판 제작이 시작된 1237년부터 조성이 완료된 1245년까지 기록된 목판인 연인원과 연간 1인당 판각량을 분석하면 1243~1244년에 목판인 수가 늘고 1인당 판각량이 준 것으로 나타나는데, 초기에는 전문 각수가 경판을 판각하다가 이 시기에 이르러 연판에 종사하던 인력이 재훈련을 받아서 판각 담당으로 투입된 것으로 분석된다.[34] 이렇듯 판각자 인력의 충원은 확인되지만 수서자 인력의 존재나 충원은 지금까지는 잘 다루어지지 않았는데, 여기에서 비각수 목판인의 존재를 활용할 수 있다.

『고려대장경』의 판하본은 구양순체(歐陽詢體)로 서체가 규정되었기 때문에 수서자는 이를 구사할 줄 알아야 했다. 연판 담당을 판각 담당으로 재훈련시키는 것과 달리 수서자를 단기간에 육성하는 것은 어려운 일이었을 것이며, 한자와 한문에 대한 문식력, 용필(用筆) 능력이 있는 식자 계층의 참여에 기대는 수밖에 없었을 것이다.

경판 제작에 참여한 사람이 모두 높은 문식력을 가진 것은 아니었다. 〈그림 13〉은 「佛說寶帶陀羅尼經」(K-1439) 권1 제16장에서 원래 '大藏都監'으로 나갔던 간기를 '分司大藏都監'으로 바꾸기 위하여 '大藏都' 3자를 지우고 '分司大藏都' 5자를 넣으면서 뒤집혀 인출된 상황이다.[35] 매목(埋木) 과정에서 발생한 이러한 실수는 『고려대장경』 경판 제작에 식자뿐만 아니라 무학자까지 전 계층이 참여하였다는 증거이기도 하지만, 한편으로는 물리적인 경판 처리에 배치된 인원이 문인이나 관료가 아닌 경우가 있음을 가리키기도 한다. 판하본 제작이 경판 판각에 비해서 시간이 덜 소요되는 것은 맞지만, 식자층을 판각 현장에 배치할 만큼 인력이 여유로웠을지는 물음이 남는다.

한편, 이러한 계층의 참여는 경판에 이름을 남겨서 기릴 만하기도 하니 이러한 두 가지 상황을 아우르는 풀이로서 상기한 '進士', '戶長', '山人', '隊正', '比丘' 등 지

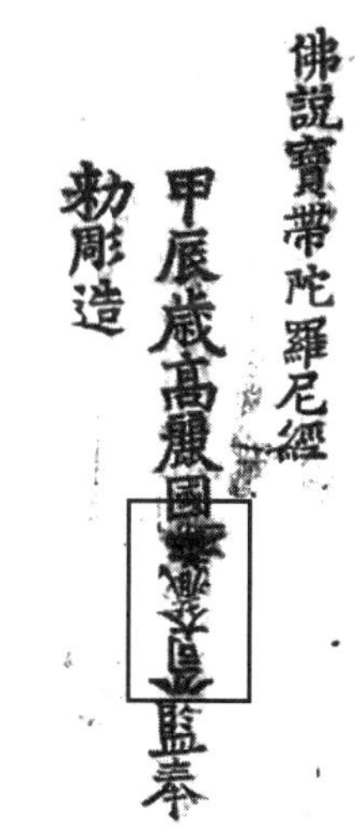

그림 13

---

33) 최영호, 2008, 앞의 책, pp.127-182.

34) 송일기, 2011, 「고려재조대장경의 조성과정 연구」, 『書誌學研究』 49, p.65.

35) 천혜봉, 2012, 『고려대장경과 교장의 연구』, 범우, pp.154-159.

위를 파악할 수 있는 부기가 존재하는 목판인을 수서자로 보는 관점을 도입할 수 있다.

2. 이표기, 이체 발생 원인 추정

앞서 제시한 〈표 3〉을 보면 '漢珠'(K1513-V6-S4)와 '漢周'(K1513-V6-S5)로 목판인명 이표기가 있다. 고대 인명이 이표기를 가지는 것은 드문 일이 아니지만 목판인명이 가리키는 목판인이 그 인명을 새긴 각수 본인이라고 보는 종래의 관점에서는 이표기의 발생 원인을 추정하는 일은 쉽지 않다. '정확한 자신의 성명을 밝히기 꺼렸으며 작업 진행에 따른 책임 소재를 밝히는 약식 부호 표시에 불과하기 때문'으로 보는 연구도 있고,[36] '표기 방법에는 어떤 규칙적인 체계가 없고 一字一音의 원리나 규정 없이 각자의 능력에 따라 이표기를 남긴 것'으로 보면서 이들을 조성 실무 능력을 보유한 자로 간주하는 기술도 있다.[37] 그런데 경판 제작이라는 국가 주도 사업에서 책임 소재를 밝히는 부호로서 적는 인명을 본인이 기입하면서 규칙 없는 변주(變奏)를 준다면 이는 기입 취지와 기입 현황의 부조화를 가리키는 것으로 볼 수 있다.

이에 대해서는 신라 하찰목간의 분석에서 파악한 목간 제작 원리를 참고할 수 있다. 함안 성산산성 출토 신라 하찰목간을 분석하여 제작 주체를 파악한 전덕재의 연구에 따르면, 자연촌명이 전하는 목간은 상위의 행정촌에서 제작, 서사한 것이며[38] 행정촌 관리가 수취물을 가져온 사람에게 직접 거주지, 곡물 종류 및 수량 등에 대한 정보를 취득하고 이를 목간에 묵서하였다.[39] 이렇게 정보가 수서자에게 취득된 뒤에 대리로 기입되는 형태라면 이표기의 발생 원인과 규칙성 부재 원인을 추정할 수 있다. 동일 시기, 동일 대상에 대한 표기여도 기입 주체가 본인이 아닌 다른 사람이라면 이표기가 충분히 발생할 수 있다.

(6ㄹ)의 예시 중 「放光般若波羅蜜經」(K-2) 권1 제14장에 두 번 새겨진 '明覺刊'의 '明覺'은 이표기가 많다는 특징도 있다. 최중호의 정리에 따르면 '明覺'의 이표기는 '名却', '名角', '名各'으로 3개가 존재하니[40] 이를 '明覺'이라는 각수 본인의 행동으로 본다면 이 목판인은 표기 위치, 표기자 선택의 측면에서 작업 규칙의 준수로부터 일정한 거리가 있는 인물로 평가할 수 있다. 그러나 '朴才 / 高申', '孝林 / 育義' 같은 다른 一經板二人名 유형에서 추론한 바와 같이 판수와 판미의 위치에 따른 활동 정보가 구분되며 다른 사람이 이름을 판각해 주는 위치에 '明覺'이 있었다고 본다면, 이 목판인은 각도(刻刀)를 든 작업자가 아니라 그 상위의 관리 주체로서 여러 업무에 직간접적으로 관여한 입체적인 인물로 조명할 수 있다. 즉, '판각한 인물'이 아니라 '판각된 인물'인 것이다.

각수 판정이나 일경판일각수의 원리를 어기지는 않으므로 본 연구의 특이례는 아니지만 위의 '明覺' 같은 상급 참여자의 흔적으로 짐작할 수 있는 표기례가 있다.

---

36) 金潤坤, 2001上, 앞의 책, pp.33-34.
37) 최연주, 2006, 앞의 책, pp.231-232.
38) 전덕재, 2009, 「함안 성산산성 출토 신라 하찰목간의 형태와 제작지의 검토」, 『木簡과文字』 3, pp.82-84.
39) 위의 논문, pp.85-86.
40) 최중호, 2005, 앞의 논문, p.77.

(7) ㄱ. 賴茲功德力永脫輪迴報嚴父與慈堂優遊極樂鄉了源誌 (K56-V3-S34)

ㄴ. 了元(K56-V3-S1, 4, 5, 7, 9, 11, 12, 13, 15, … , 31, 33) [21장]

(7ㄱ)은 「大方等大集經」(K-56) 권3의 권미에 적힌 '了源'의 발원문이며 이 권의 목판인명은 (7ㄴ)에서 보듯 모두 '了元'이다. 앞서 보았듯이 '了源'은 '手' 부기를 단 경우가 있는 참여자로, '誌'를 작성할 수 있는 만큼의 권한을 가진 승려였다. 획이 많은 '源'을 권내에서 '元'으로 바꾼 것은 판각 편의를 위한 조치로 생각되는데, '了源'을 각수로 보면 자신의 판각 편의를 도모한 것으로 읽히지만 '了源'을 권3에 대한 총괄적인 책임자로 본다면 각수들의 편의를 배려한 것으로 읽히며 자신이 전용할 수 있는 권미에 부모를 위한 발원문을 적을 때는 원표기인 '源'을 사용한 것으로 풀이할 수 있다.[41] 서체의 차이는 이에 대한 방증이 될 수 있어 보인다.

표 5. 「大方等大集經」 권3의 '了源~了元' 판각 양상

S12	S15	S22	S33	S34ㄱ	S34ㄴ

〈표 5〉의 S12, 15, 22, 33, 34ㄱ은 K56-V3의 인출본에서 발췌한 목판인명 표기,[42] S34ㄴ은 S34ㄱ의 판독을 보완하기 위해 「불교 아카이브」에서 발췌한 것이다.[43] 각 장의 '了'는 자획 중 'ㅣ'의 길이와 곡률, 올리는 모양 등에서 차이가 있으며 유독 마지막 장의 갈고리만이 직선으로 곧다. '元' 또한 자획 중 'ㄴ'이 표기마다 차이를 보이며 특히 S15가 이질적이다. '源/元' 이표기와 '了', '元'의 서체 차이는 각수 '了源' 한 사람의 불균일한 서법(書法)에서 기인한다고 보기보다는 비각수 목판인의 존재, 판각 지시를 내리는 참여 형태 등을 복합적으로 고려하여 해결을 꾀할 수 있을 것이다.

이상으로 특이례의 시사점을 확인하였다. 주의할 점은 지금까지 확인한 예시가 일경판일각수의 원리를

---

41) 【賴茲功德力 永脫輪迴報 嚴父與慈堂 優遊極樂鄉】은 다음과 같이 번역된다. "이 공덕력에 힘입어 / 영원히 윤회의 과보(果報)에서 벗어나고 / 엄한 아버지와 자애로운 어머니가 / 극락에서 편안히 지내시기를."

42) 東國譯經院譯經委員會, 1992, 「高麗大藏經 卷七」, 東國大學校附設東國譯經院, pp.23-30.

43) 「불교 아카이브」, ABC, K0056 v7, p.30c04-c05

URL: https://kabc.dongguk.edu/viewer/view?dataId=ABC_IT_K0056_T_003

부정하지 않는다는 것이다. 오히려 위의 분석은 일경판일각수의 원리를 긍정하면서 특이례를 풀이하려는 절충안이며, 목판인을 모두 각수로 보는 관점에 대한 수정을 요할 뿐이다.

V. 맺음말

지금까지 목판인명 특이례와 관련된 이론적 배경을 확인하고, 특이례를 추출하고 분석한 뒤에 시사점을 살펴보았다.

이론적 배경을 살피면서, 먼저 '각수', '각성자', '각성인'으로 불리던 기존 용어를 검토하고 그보다 더 중립적인 '목판인'을 제안하였다. 각수, 각성자, 각성인은 그 자체로 이미 작업 유형과 참여 형태를 규정하기 때문에 특이례를 기술할 때 모순적인 상황이 발생할 수가 있다. 그렇기에 경전이 아닌 목판에 귀속된 이름이라는 뜻으로 목판인이 제안되었다. 그러면서 '각성인'과 '각수'의 구분이 강하지 않은 현 연구 경향도 지적하였다.

이어서 일경판일각수(一經板一刻手)의 원리를 확인하였다. 이는 한 경판은 한 각수가 작업하였다는 원리로, 목판인명이 없는 경판의 판각 주체를 추정하거나 한 경판에 속한 두 목판인명의 동일인 판정 등에 활용되었다.

특이례는 4가지 사례/유형이 추출되었다. 목판인명 전후에 활동 부기가 병기된, 그중에서도 특히 '手'와 '誌'가 붙은 유형이 첫 번째였고, 수서(手書) 활동이 밝혀진 목판인 '朴才' 사례가 두 번째, 일경판일각수의 원리를 따르지 않는 ABBCC 유형과 일경판이인명(一經板二人名) 유형이 세 번째와 네 번째였다. 이러한 특이례를 추출하고 분석한 다음에 이어서 이것이 시사하는 점으로서 비각수(非刻手) 목판인의 가능성을 제시한다는 점, 이표기와 이체 발생 원인을 추정하게 한다는 점을 기술하였다.

본 연구의 기본적인 의의는 모든 목판인을 기본적으로 각수로 보던 관점을 수정하여 비각수 목판인도 있음을 추론하였다는 점이다. 『고려대장경』 조성 사업에 참여한 인물과 계층을 파악하는 일만큼이나 그 참여자가 어떤 업무를 맡았는지를 파악하는 것도 목판인 관련 연구의 핵심인데, 이들의 참여 형태가 판각에서 더 넓어질 수 있음을 확인함으로써 『고려대장경』이 조성되던 당시 고려 사회의 움직임과 사업 과정에 대한 탐구에 조금이나마 본 연구가 도움이 되었기를 바란다. 다만 목판인 중에서 한자 문식력이 없는 사람이 적힌 경우가 없는지, 차자로 표기된 고유 인명이 있는지 등을 확인하였다면 대리 기입의 양상과 범위를 더 선명하게 파악하였을 것이나 여러 한계로 진행하지 못하였다. 이 부분은 추후의 과제로 남기고자 한다.

투고일: 2025.11.15.   심사개시일: 2025.12.07.   심사완료일: 2025.12.25.

1. 자료

불교 기록 문화 유산 아카이브, n.d., 동국대학교 불교학술원, URL: https://kabc.dongguk.edu/index

東國譯經院譯經委員會, 1992, 《高麗大藏經 卷七》, 東國大學校附設東國譯經院.

東國譯經院譯經委員會, 2002, 《高麗大藏經 卷四十七》, 東國大學校附設東國譯經院.

2. 연구

權仁瀚, 2009, 『中世韓國漢字音訓集成』, 제이앤씨.

權仁瀚, 2020, 「함안 성산산성 목간의 고유명사 표기자 분석」, 『木簡과文字』 25, pp.15-48.

金潤坤, 1990, 「高麗大藏經의 彫成機構와 刻手의 性分」, 『民族史의 展開와 그 文化』(上), 창작과 비평사, pp.217-253.

金潤坤, 2001, 《高麗大藏經 彫成名錄集》, 영남대학교 출판부.

金潤坤·金晧東, 1996, 「『江華京板 高麗大藏經』刻成活動의 參與階層 —'在朝官僚層'과 '在鄕勢力'을 중심으로—」, 『한국중세사연구』 3, pp.198-289.

송일기, 2011, 「고려재조대장경의 조성과정 연구」, 『書誌學研究』 49, pp.41-76.

신현규, 2025, 고려대장경 조성명록집」의 자료 체계 분석 —각성인명 데이터의 구조와 기술 요소를 중심으로—, 《디지털인문지식유산연구》 2, 디지털인문지식유산학회, pp.73-106.

李圭甲, 2000, 『高麗大藏經異體字典』, 고려대장경연구소 출판부.

전덕재, 2009, 「함안 성산산성 출토 신라 하찰목간의 형태와 제작지의 검토」, 『木簡과文字』 3, pp.63-101.

천혜봉, 2012, 『고려대장경과 교장의 연구』, 범우.

최연주, 2004, 「『고려대장경』 각성인의 참여형태와 조성공간」, 『한국중세사연구』 16, pp. 79-105.

최연주, 2006, 『高麗大藏經 研究』, 경인문화사.

崔永好, 1995, 「『江華經板 高麗大藏經』邊界線 소재 인명의 판각사업 참여형태」, 『한국중세사연구』 2, pp.168-194.

최영호, 2008, 『『江華京板 『高麗大藏經』의 판각사업 연구』, 경인문화사.

최영호, 2016, 「海印寺 大藏經板에 포함된 중복경판 및 보각경판의 역사·문화적 성격과 보존방안」, 『문물연구』 30, pp.57-89.

최중호, 2005, 「고려시대 음운 체계 연구」, 동의대학교 박사학위논문.

常盤大定, 1913, 「大藏經彫印攷」, 『哲學雜誌』 28-321, 東京哲學會.

〈Abstract〉

Exceptional Cases in the Personal Names Inscribed on the Woodblocks
of the Tripitaka Koreana and Their Implications

Shin, Hyunkyu

This study identifies and analyzes exceptional cases among the personal names inscribed on the woodblocks of the Tripitaka Koreana (高麗再雕大藏經) and examines the implications of these anomalies.

Chapter II reviews the theoretical background related to personnel recorded on woodblocks. It first clarifies the necessity of the conceptual terms "mokpan-in" (woodblock-inscribed person) and "mokpan-inmyeong" (personal name inscribed on the woodblock), investigates whether previous scholarship differentiates between gakseongin (刻成人, woodblock-production participant) and gaksu (刻手, carver), and introduces the principle of "one woodblock, one carver" (一經板一刻手), which has served as a foundational premise for research on woodblock inscriptions.

Chapter III extracts and analyzes cases regarded as atypical in terms of carver identification and the principle above. This chapter distinguishes the auxiliary markers 手 and 誌 as annotations indicating activities that cannot readily be considered carving proper; identifies 朴才 as a contributor who engaged not in carving but in handwritten supplementation (手書); and organizes structural patterns—such as the ABBCC sequence type and the "one woodblock, two names" (一經板二人名) type—that deviate from the expected one-carver-per-woodblock arrangement.

Chapter IV discusses the implications of these exceptional cases. Most notably, the findings suggest the possibility of non-carver contributors (非刻手木版人) among the individuals whose names were inscribed on the woodblocks, and provide clues to modes of labor organization that may help explain the origins of orthographic irregularities and variant forms occurring across the corpus.

▶ Key words: Tripitaka Koreana; gaksu; woodblock carving; personal names inscribed on woodblocks; orthographic variation; mokpanin

수은 강항의 서예 연구[*]

정현숙[**]

Ⅰ. 머리말
Ⅱ. 강항의 족적과 필적
Ⅲ. 강항의 서예
Ⅳ. 강항 글씨의 서예사적 의의

<국문초록>

이 글은 조선 중기의 문신 睡隱 姜沆(1567~1618)의 글씨를 살펴보기 위한 것이다. 그의 필적으로는 〈從吾所好〉, 『看羊錄』 그리고 유학서 발문 등이 있다. 전하는 글씨가 많지는 않지만, 거기에는 전서를 제외한 사체가 있어 강항 글씨의 특징을 살피기에 부족함이 없다.

일본에서 귀국한 후 17세기 초에 예서로 쓴 〈종오소호〉는 서한 예서의 특징인 파책이 절제된 필법이 사용되었다. 16세기 말 일본에서 조선 임금에게 올린 『간양록』 「적중봉소」의 해서와 行氣가 가미된 『간양록』 「섭란사적」의 해서는 向勢와 圓轉으로 쓰여 유려하면서 풍성하다. 비슷한 시기에 쓴 유학서 발문들은 單體의 차분함과 連綿體의 변화무쌍함이 혼용된 행초서로 쓰였다. 각 서체는 모두 당시 서풍과는 달라 강항 글씨의 독특함을 잘 보여 준다.

강항은 당시 대세였던 석봉풍의 정연한 중기 서예 사조를 따를 법도 했다. 그러나 그는 모든 서체에서 성리학자들이 취한 중기 서풍과는 다른, 미감을 더한 자신만의 독창적 글씨를 구사했으니 이것을 바로 '睡隱風'이다.

강항은 귀국 후 은자의 삶을 살면서 후진 양성에만 힘썼다. '종오소호'의 의미처럼 시류에 편승하지 않고

---

[*] 이 글은 2024년 9월 21일 영광문화예술의전당에서 열린 강항문화제의 '강항 K-학술대회'에서 발표한 글을 수정, 보완한 것이다. 필자는 2020년 9월 25일 영광군청에서 '내산서원 소장 문적 및 목판의 성격과 가치 학술대회-看羊錄 필사본과 綱鑑會要 목판을 중심으로-'라는 주제로 열린 '수은 강항 선생 문적유물 국제학술세미나'에서 강항 글씨에 관한 토론을 맡은 바 있다.

[**] 전 원광대학교 연구교수

오로지 자신의 의지대로 삶을 영위한 것이다. 그의 글씨도 그의 삶처럼 당대의 서예 사조와는 무관하여 당시 성리학자들의 경직된 서풍과는 달리 유창하면서도 강건하다. '석봉풍'의 경직됨과 대비되는 '수은풍'의 유창함 그리고 예술미가 가미된 강항의 글씨는 조선 중기 서예사의 또 다른 축이라 할 수 있다.

▶ 핵심어: 강항, 수은풍, 종오소호, 간양록, 유학서 발문

I. 머리말

이 글은 조선 중기의 문신인 睡隱 姜沆(1567~1618)의 글씨를 살펴보기 위한 것이다. 『東國文獻』「畫家篇」에 의하면 그는 인물과 소나무를 잘 그렸다. 그러나 현전하는 작품이 없어 확인할 길이 없다. 오세창의 『근역서화징』에도 조선 중기의 서화가로 이름이 올라 있으나, 『동국문헌』「화가편」의 기록만 간략하게 실려있을 뿐 그의 글씨에 대한 언급은 전혀 없다. 그리고 현재까지 그의 글씨에 대한 선행연구도 전무하다.

따라서 필자는 최근 일본에서 반환된 강항의 편액 〈從吾所好〉, 일본 포로 시절에 쓴 『看羊錄』과 유학서들의 발문 글씨[1]를 통해 지금까지 주목받지 못한 강항의 서예를 살펴보고자 한다. 전하는 강항의 필적이 많지는 않지만, 거기에는 오체 가운데 전서를 제외한 사체가 있어 강항 글씨의 특징을 살피기에 부족함이 없다. 글씨로 들어가기 전에 강항의 족적과 필적을 먼저 살펴보자.

II. 강항의 족적과 필적

강항은 진주 사람으로 자는 太初다. 좌찬성 姜希孟(1424~1483)의 5대손이며, 姜克儉의 아들이다. 강희맹의 아들 姜鶴孫(1455~1523)이 전라남도 영광으로 귀양을 갔기 때문에 그 자손들이 그곳에서 일가를 이루고 살게 되었다.

강항은 1567년(명종 22) 전라남도 영광군 남쪽 불갑산 유봉리에서 태어났다. 어려서부터 자질이 특이하고 기억력이 남달리 뛰어나서 스스로 학문을 할 줄 알아 남이 번거롭게 가르칠 필요가 없었다. 그는 李珥(1536~1584)의 문인인 맏형 姜濬(1554~1591)에게 글을 배웠다. 1593년(선조 26) 전주 별시문과에 병과로 급제하고 교서관정자가 되었다. 이듬해 가주서를 거쳐 1595년 교서관박사가 되고, 1596년 공조좌랑과 이어 형조좌랑을 역임했다.

1597년(선조 30) 고향에 내려와 있던 중 정유재란이 일어나자 분호조참판 李光庭(1552~1627)의 종사관

---

1) 『간양록』은 2020년 9월 7일 한국학호남진흥원에서 실시한 자료 조사 때, 〈종오소호〉와 유학서 복제본은 2024년 8월 13일 내산서원 방문 때 실견했다.

으로 군량미 수송의 임무를 맡았다. 아군의 전세가 불리해져 남원이 함락당하자 고향으로 내려와 순찰사 종사관 金尙寯(1561~1635)과 함께 격문을 돌려 의병 수백 명을 모집해 싸웠다. 영광마저 함락되자 가족을 거느리고 해로로 탈출하려다 왜군의 포로가 되었다.

강항 일행은 일본 쓰시마섬[對馬島]에 도착하고 이틀을 머문 후 이키섬[壹岐島, 현재의 나가사키현]과 나가하마[長浜]를 거쳐 이요주[伊豫州, 지금의 에히메현]의 오즈성[大津城]에 도착했다. 강항이 일본에서 장기 체류한 곳은 오즈성과 교토의 후시미성[伏見城]이다. 2년 8개월간의 포로 생활 중 오즈성에서 10개월, 후시미성에서 1년 7개월을 지냈으며, 나머지 3개월은 이리저리 이동한 시간이었다. 오즈성에서 이즈시사[出石寺]의 승려 요시히토[好仁]와 친교를 맺고 그로부터 일본의 역사, 지리, 관제 등을 알아내어 조선으로 보냈는데, 이것이 『看羊錄』에 실린 「賊中封疏」다.

1598년(선조 31) 오사카를 거쳐 교토 후시미성으로 이송되어 승려 후지와라 세이카[藤原醒窩], 그의 친구이자 후원자인 아카마츠 히로미치[赤松廣通] 등과 교유하면서 그들에게 성리학을 가르치는 등 학문적 영향을 주었다. 아카마츠 히로미치는 강항에게 16종의 유학서 필사를 부탁했고 강항은 그 부탁을 들어주었다. 그 대가로 강항은 경제적으로 많은 도움을 받았다. 체류하는 동안 생계비 지원은 물론 귀국할 때 필요한 자금까지 지원받았다.[2]

1600년(선조 33) 일본에서 풀려나 가족과 함께 귀국한 후 고향 영광으로 내려가 독서와 후학 양성에만 전념했다. 1602년 대구향교의 교수인 大邱敎授에 임명되었으나 스스로 죄인이라 여겨 사직했으며, 1608년 순천향교의 교수인 順天敎授에 임명되었으나 역시 부임하지 않았다.

강항 생전에 그의 雲堤書堂을 거쳐 간 학동은 6백여 명이었는데 그들 중 이름을 남긴 문인만도 50여 명이다.[3] 가장 대표적인 이가 1656년에 『간양록』을 편찬한 尹舜擧(1596~1668)다. 강항은 1882년(고종 19) 吏曹判書兩館大提學에 추증되어 영광 龍溪祠(지금의 내산서원)에 제향되었다.

강항은 일본 억류 중 사서오경의 和訓本 간행에 참여해 몸소 발문을 쓰고, 「文章達德錄」과 동양문고 소장본 『歷代名醫傳略』의 서문도 썼다. 『曲禮全經』, 『小學』, 『近思錄』, 『近思續錄』, 『近思別錄』, 『通書』, 『正蒙』 등 16종을 수록한 『姜沆彙抄』도 남겼다. 저서로는 『雲堤錄』, 『綱鑑會要』, 『左氏精華』, 『看羊錄』, 『文選纂註』, 『睡隱集』 등이, 필적으로는 예서로 쓴 편액 〈從吾所好〉, 해서로 쓴 『看羊錄』, 행초서로 쓴 유학서 발문 등이 있다.

III. 강항의 서예

강항은 1600년 5월 9일 조선 선비 38명을 데리고 경상남도 장승포구로 입국했다. 아카마츠 히로미치의

---

2) 강대석, 2018, 『수은 강항 평전』, 사람들, p.186.

3) 위의 책, pp.246-276.

지원과 왜인들에게 글씨를 써 주고 번 은화로 45여 일의 숙식을 해결할 선박과 음식을 차곡차곡 준비해 무사히 귀국할 수 있었다. 2년 8개월 간의 포로 생활 중에 많은 필적을 남겼을 텐데 전해지는 것은 『간양록』과 유학서 발문 정도다.

『간양록』은 일본 포로 시절 유폐된 오즈성에서 이즈시사의 승려 요시히토와 친교를 맺고 그로부터 일본의 역사, 지리, 관제 등을 알아내어 조선으로 보낸 글이니 16세기 말에 쓴 것이다. 유학서 발문도 같은 시기에 썼다. 귀국 후 영광 시절에 쓴 〈종오소호〉는 17세기 초반에 쓴 것이다. 이것들은 각각 해서, 행초서, 예서로 써 서체가 다르다.

이 필적들을 통해 강항 글씨의 서체별 특징을 살펴볼 수 있으니 비록 양은 적지만 그 가치는 크다. 이제 16세기 말부터 17세기 초에 쓴 그 글씨들을 예서, 해서, 행초서 순으로 살펴 보자.

1. 예서

강항의 예서로는 일본에서 풀려난 후인 17세기 초에 쓴 편액 〈종오소호〉(그림 1)가 있다. 지금으로부터 400여 년 전에 쓴 이 편액은 일본의 강항 연구자 무라카미 쓰네오[村上恒夫]가 1995년부터 보관하다가 2024년에 반환해 현재 영광군 내산서원에 소장되어 있다. 강항이 일본 억류를 마치고 1600년 귀국해 1618년까지 영광에 살 때 강씨 문중 누군가에게 써 주었다. 편액을 받은 이가 문중 사당 정면에 걸어 대대로 보관해 왔는데, 1950년쯤 사당이 낡아 무너지자 편액도 파손됐다. 이후 수집상에 의해 일본으로 유출된 것으로 추정되나, 그 과정은 정확하게 전하지 않는다.

편액에 쓰인 '從吾所好'는 『論語』 제7편 「述而」에 나오는 글귀로 '내가 좋아하는 바를 따른다'는 뜻이다. 일본에서 귀환한 후 모든 관직을 사양하고 은자의 삶을 산 그 생애 궤적을 그대로 표현한 구절이다.

그림 1. 강항, 종오소호, 17세기 초, 55×150cm, 영광 내산서원, 정현숙(사진)

〈종오소호〉는 파책이 화려한 동한 예서가 아니다. 오히려 파책이 거의 없는 서한 예서에 가깝다. 글자는 장방형이고, 起筆과 收筆 그리고 轉折이 圓筆이다. 장방형인 글자, 원필과 절제된 파책은 동한 예서 이전의 예서인 서한 예서의 특징이므로 서한예가 동한예로 변천되는 과정을 보여 준다. 글씨는 전체적으로 유미하면서 단아하고 예스러우면서 고아하다. 원필로 써 부드러워 보이지만 거기에는 강건함이 있다.

각 글자의 조형미가 각기 다른 색깔로 표현된 점이 특히 눈에 띤다. 네 글자는 획의 굵기에 강약의 변화가 많다. '從'과 '好'의 절제된 파책은 글자를 더욱 길게 만든다. '吾'와 '所'는 파책을 써야 할 곳에서 藏鋒으로 回鋒했다. 이것이 주로 길고 분명한 파책을 사용해 편방형인 동한 예서와 다른 점이다. 상하가 정연하게 놓인 '吾'를 제외한 나머지 세 글자는 상부는 빽빽하고 하부는 성글어 疏密의 구분이 분명하다. 이런 공간 분포는 시각적으로 글씨를 시원스럽게 보이게 한다.

초서로 쓴 관지 '睡隱'도 소밀의 필법을 사용해 같은 분위기를 연출한다. 두 글자 모두 좌변과 우변 사이의 여백이 시원스럽다. '睡'에서는 좌변을 길게, 우변은 그것보다 짧게 쓰고, '隱'에서는 반대로 좌변을 짧게, 우변을 그것보다 훨씬 길게 써 두 글자가 균형을 이룬다. 비록 두 글자지만 소밀의 대비가 극명한 조형미는 강항의 서예술적 미감을 잘 보여 준다.

본문 '종오소호'와 관지 '수은'은 예서와 초서로 서체가 다름에도 불구하고 소밀을 적절히 사용한 결구와 노련한 운필 그리고 유창한 서풍은 절묘한 조화를 이룬다. 그는 이 편액의 예서와 초서에서 '필획이 성긴 곳은 말이 달릴 수 있게 하고 빽빽한 곳은 바람도 통하지 못하게'[4] 했다. 이것이 서법에서 말하는 '疏疏密密'이다.

강항은 '종오소호' 네 글자에 서한예와 동한예의 서법을 적절히 조화시켜 조선 중기 예서의 새로운 모습을 담았다. 동시대의 예서 시류를 따르지 않고 고유한 창작으로 독특한 예서를 썼다. 이것이 法古創新의 예술정신이며, 〈종오소호〉의 서예적 가치를 더 높여 준다.

그렇다면 강항의 예서는 어디에서 비롯된 것일까. 그 예서의 근원을 알기 위해 15, 16세기 조선의 예서를 살펴볼 필요가 있다. 조선 초기인 15세기에 비문을 예서로 쓴 금석문은 3점이다. 이 시기의 신도비가 대부분 비액은 전서로, 비문은 해서로 쓰인 점을 감안하면 묘표 전면에 쓰인 비제, 묘갈의 제액 또는 추기에 예서가 사용된 3점은 이례적이다. 이것들을 연도순으로 살펴 15세기 예서의 특징을 알아보자.

첫째는 세종의 장인(소현황후의 부친) 沈溫(1375~1418)을 기리기 위해 1451년에 세워진 〈심온묘표〉(그림 2)다. 안평대군이 전면에 비제를 2행의 대자 예서로 썼다.[5] 글자는 정방형이고 획의 굵기에는 변화가 적으며, 파책은 절제되어 있지만 동한 예서에 속한다. 동한예 가운데 〈張遷碑〉(186)와 분위기가 유사하다.

둘째는 전기의 문신 姜碩德(1395~1459)을 기리기 위해 1461년에 세워진 〈강석덕묘표〉(그림 3)다. 당대의 대문장가인 姜希孟(1424~1483)이 전면에 비제를 2행의 대자 예서로 썼다. 강희맹은 강항의 5대조이므로 그의 예서를 주목할 필요가 있다. 강희맹의 예서는 10년 전 안평대군이 쓴 〈심온묘표〉의 예서보다 파책이 더 화려하고 율동적이며[6] 장식성이 강해 분위기는 조금 다르지만 역시 동한 예서에 속한다.

셋째는 정경부인 안씨를 기리기 위해 1492년에 세워진 〈정경부인안씨묘갈〉(그림 4)이다. 15세기 후반에 글씨로 이름을 떨친 任士洪(1455~1506)이 38세에 쓴 비제는 가로 1행 8자의 대자 예서다. 〈강석덕묘표〉보다 31년 후에 쓰인 이 묘갈은 그것보다 획이 더 굵고 점을 원으로 써 더 웅건무밀하다. 정방형 글자, 절제된 파책 등의 특징은 동한 예서 중 〈장천비〉에 가깝다. 〈강석덕묘표〉의 세로로 쓴 비제, 〈정경부인안씨

---

4) 청나라 비학자 포세신의 「예주쌍집」에 실린 등석여의 말이다. 又受法於懷寧鄧石如, 頑伯曰, "字劃疏處可以走馬, 密處不使透風, 常計白以當黑, 奇趣乃出." 包世臣, 1985, 『藝舟雙楫』, 華正書局, p.5.

5) 17세기 중반 김수증(1624~1701) 때 해서의 필법이 가미된 예서가 출현했으며, 예서가 본격적으로 비문에 등장한 것은 18세기 중반에 이르러서다. 조선 중기의 문신 宋奎濂(1630~1709)을 기리기 위해 金鎭商(1684~1755)이 쓴 〈송규렴신도비〉(1764)는 파책이 화려한 전형적인 동한 예서로 쓰였다. 예술의전당, 2000, 『한국서예이천년』, 한국서예사특별전 19, pp.169, 188.

6) 정현숙, 2019, 「조선이 사랑한 글씨」, 『서화, 그 문자향 서권기』, 다운샘, pp.31-33.

그림 2. 안평대군, 심온묘
표, 1451, 100.3×30.8cm,
한신대학교박물관(탁본)

그림 3. 강희맹, 강석덕묘
표,1461, 127×57.5cm, 한신
대학교박물관(탁본)

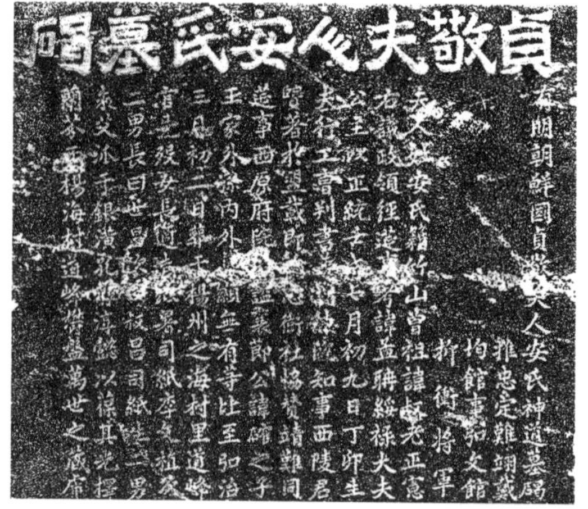

그림 4. 임사홍, 정경부인안씨묘갈, 1492, 한신대학교박물관
(탁본)

묘갈〉의 가로로 쓴 비액이라는 차이로 인해 결구가 조금 다른 듯하나 〈심온묘표〉와 더불어 3점의 예서는
같은 종이다.

16세기에 예서로 쓴 금석문은 4점이다.[7] 임사홍이 〈裵元範墓碣〉(1524)의 제액을 대자 예서로, 허성이
〈許曄墓表〉(1582)의 후면 추기를 소자 예서로, 허성이 〈韓頤墓碣〉(1586)의 비문을 소자 예서로, 허성이 〈盧
守愼墓表〉(1590년경) 전면을 대자 예서로 썼다.

그중 金孝元(1532~1590)과 함께 東人의 領袖로 활약한 허엽(1517~1580)을 기리기 위해 장남 許筬
(1548~1612)이 1582년 부친의 묘표인 〈허엽묘표〉의 후면 추기(그림 5 하단 좌측)에 쓴 소자 예서를 살펴
보자. 추기에 의하면 전면 비제는 楊士彦(1517~1584)이 대자 해서로, 후면 상단의 음기는 韓濩(1543~
1605)가 해서로 썼다.[8]

추기에 쓰인 허성의 소자 예서는 직선적이면서 정연하고 파책이 절제되어 전체적으로 경직되어 있다.

---

7) 한신대학교박물관, 2008, 『조선 명필의 예서』, 신구문화사, p.94.

8) 한신대학교박물관, 2013, 『조선이 사랑한 글씨』, 신구문화사, pp.44-45.

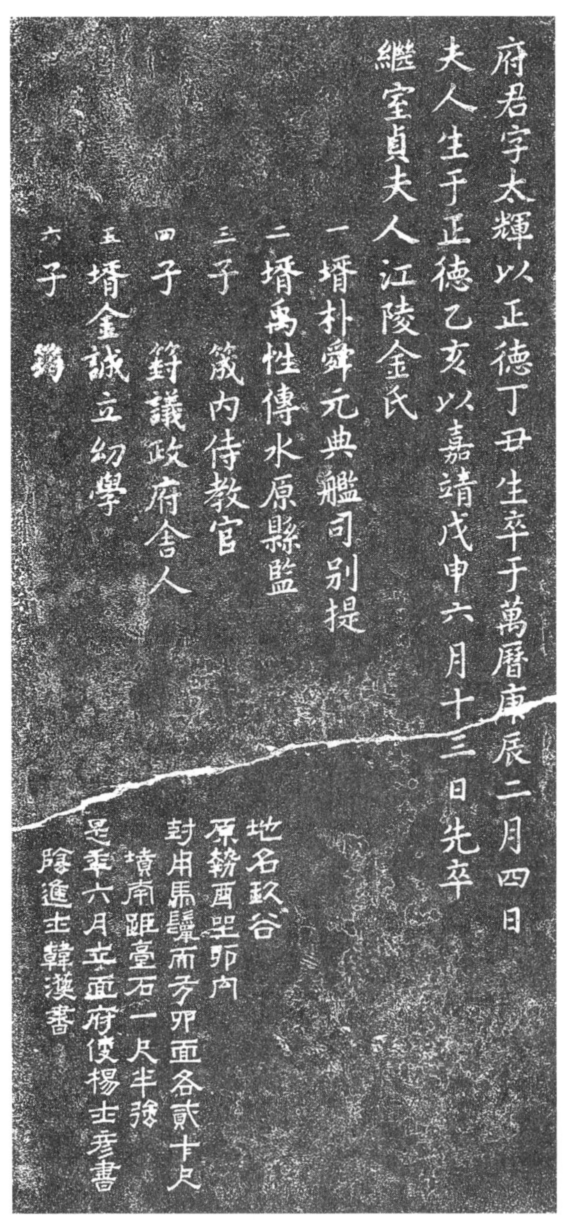

그림 5. 한호(상: 음기)·허성(하: 추기), 허엽묘표 후면, 1582, 한신대학교박물관(탁본)

이것은 15세기 예서와 닮았고, 그것처럼 동한의 〈장천비〉에 가깝다. 이는 16세기 허성의 예서가 15세기 예서를 이었음을 보여 준다. 15, 16세기 예서는 당대의 전서, 해서, 행서, 초서에 비하면 완숙미가 부족해 오체 중 하나로 쓰인 정도였다.[9] 동한 예서처럼 화려하지도 유려하지도 않아 15, 16세기에는 다른 서체에 비해 예서는 크게 발달하지 못했던 것으로 보인다.

이처럼 15, 16세기 조선의 예서는 강항의 예서와는 판이하다. 더하여 5대조인 강희맹의 예서와 강항의 예서는 그 결이 다르다. 조선의 명가에서는 전통적으로 가학이 성행하여 명서가인 선조의 글씨를 배우는 것이 일반적이었다. 예를 들면 조선 전기의 문신 신공제는 유년기에 가학으로 글씨를 배웠는데 여말선초의 명서화가인 5대조 신덕린의 글씨인 '덕린체'를 배운 증조부 신장의 글씨를 익혀 덕린체를 공부했던 것으로 알려져 있다.[10]

중기의 문신 강항의 유년기 글씨 공부에 관해서는 알려진 바가 없다. 그러나 적어도 말년의 예서는 집안 윗대의 글씨도 아니요 당대의 사조를 따른 것도 아니다. 그는 고법에 충실했던 것으로 보인다. 그리고 '종오소호'라는 구절처럼 시류에 쓸리지 않고 소신 껏 생을 살아온 그의 삶을 서예술을 통해 표현했다. 다음으로 강항의 해서를 살펴보자.

---

9) 한신대학교박물관, 2011, 『조선전기 명필의 서예』, 신구문화사 참조.
10) 정현숙, 2024, 「신공제의 서예 연구」, 『목간과 문자』 33, 한국목간학회.

2. 해서

강항의 해서로는 1599년경에 쓴 『간양록』이 있다. 강항의 제자 윤순거가 1654년 원명 『巾車錄』[11]을 개명하여 1656년 간행한 『간양록』은 강항이 1597년 9월 24일 왜군에 포로로 잡혀 1600년 5월 19일 귀국할 때까지의 만 2년 8개월간의 일본 포로 생활 동안 보고 들은 것을 기록한 글이다.[12] 『간양록』의 글씨를 살펴보면 서자는 강항을 포함하여 적어도 3명은 되는 것으로 추정된다. 강항, A, B 세 서자 글씨의 차이점으로 강항 해서의 특징을 살펴보자.

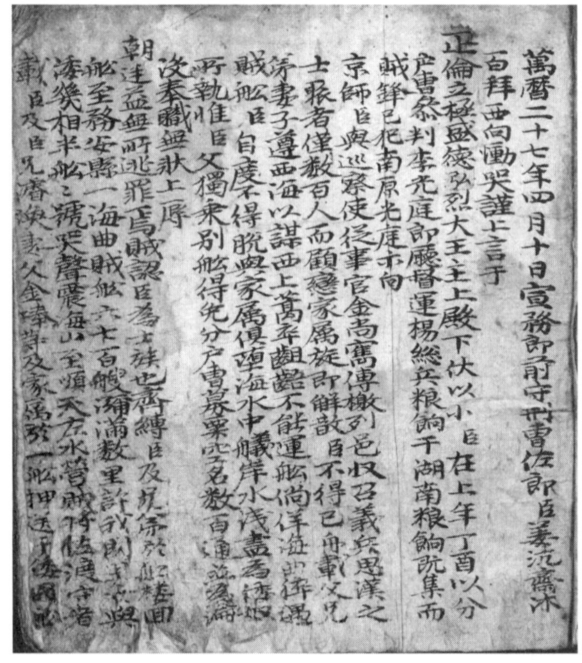

그림 6. 강항, 『간양록』 「적중봉소」, 1599, 23.1×21.7cm, 한국학호남진흥원

그림 7. 강항, 『신안세보』, 개인 소장

먼저 강항의 필적으로는 「賊中封疏」와 「涉亂事跡」이 있다. "萬曆二十七年四月十日"로 시작하는 「적중봉소」(그림 6)는 1599년(만력 27)에 쓴 것으로 적지에서 일본의 실정을 본국의 임금께 올린 글이다. 1행의 '臣姜沆'이 서자가 강항이라는 것을 말해 준다. 다른 글자들보다 작게 쓴 '臣'에서 자신을 낮춘 강항의 충성심을 엿볼 수 있다. 3행, 9행, 10행 그리고 마지막 행에도 작게 쓴 '臣'이 있다. 해서로 쓴 「적중봉소」는 강항의 친필로 알려진 『新安世譜』(그림 7)의 글씨와 같다. 상주문이라는 성격에 맞게 경건한 마음으로 또박또박 쓴

---

11) '건거록'은 '포로가 된 죄인이 쓴 기록'이라는 뜻이다.

12) 변동명, 1996, 「강항의 필사본 『간양록』 고찰_영광 내선서원 소장본을 중심으로」, 『아시아문화』 12, 한림대학교 아시아문화연구소.

「적중봉소」의 글씨는 유창하다. 글자는 대부분 편방형이고 가로획은 주로 平勢다. 기필은 가볍게 시작하고 수필은 무겁게 눌러 써 한 획에서도 굵기에 변화를 주었다. 전절은 원전이고 파책은 길게 늘어트려 유려한 맛이 있다. 이런 필법과 서풍은 당시 유행한 석봉풍의 딱딱한 해서와 대비된다.

「섭란사적」(그림 8)은 『간양록』의 후반부에 있다. 피로 과정에서의 가족 상황, 일본에서의 행적과 체험, 교유관계를 일기 형식으로 기록한 글이다. 호전적이고 야만적인 일본의 만행에 대한 분노와 적개심을 절절하게 묘사한 내용에 걸맞게 「적중봉소」보다 행기가 강해 속도감이 있고 자유분방하다. 그러나 결구와 필법 그리고 서풍은 「적중봉소」, 『세안신보』와 같다.

다음으로 강항의 글씨가 A의 글씨와 혼용되어 있다. 일본 전국의 지리와 물산을 기록한 「倭國八道六十六州」(그림 9)에는 서풍이 매우 다른 두 종의 글씨가 섞여 있다. 그림 6, 7, 8의 글씨와 비교해 보면 ‘故’로 시작하는 그림 9의 좌측 그림 3행부터 강항이 썼음을 알 수 있다. 3행 여섯 번째 글자인 ‘臣’은 「적중봉소」(그림 6)의 1, 3행에 쓰인 ‘臣’과 같음이 이를 말한다.

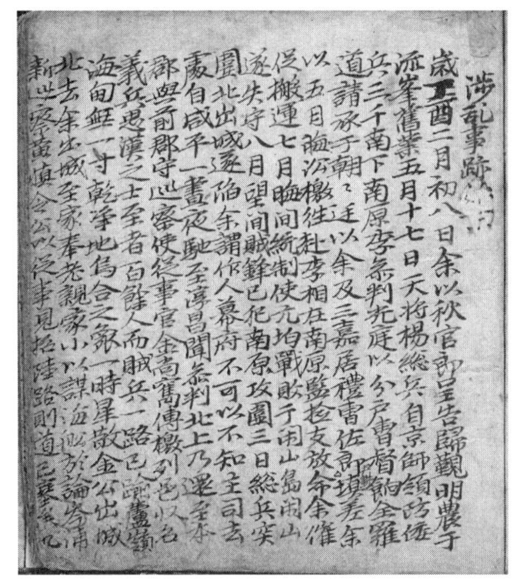

그림 8. 강항, 『간양록』, 「섭란사적」, 1599년경, 23.1×21.7㎝, 한국학호남진흥원

마지막으로 B가 쓴 부분도 있다. 귀국한 날 올린 글인 「賊中聞見錄」 아래 일본 천왕 이하 관직의 명칭을 쓴 「倭國百官圖」와 왜승과 교류한 사실 및 일본의 풍속을 적은 「承政院啓辭」(그림 10)는 B가 쓴 것으로 보인다.

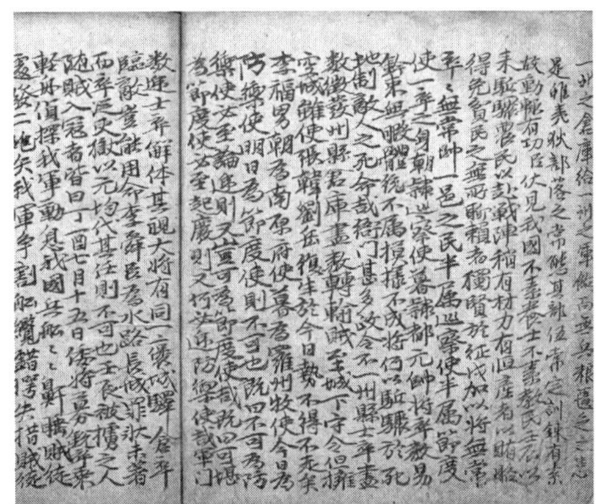

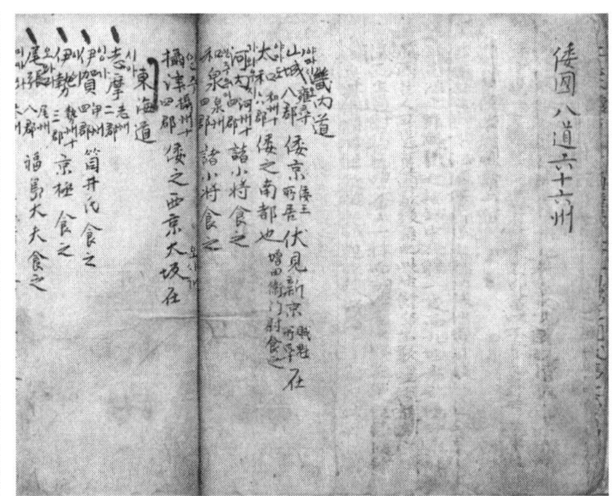

그림 9. A(우)·강항(좌), 『간양록』, 「왜국팔도육십육주」, 1599년경, 23.1×21.7㎝, 한국학호남진흥원

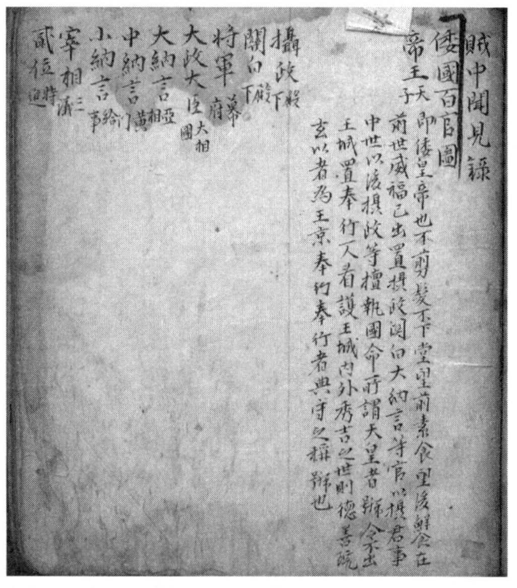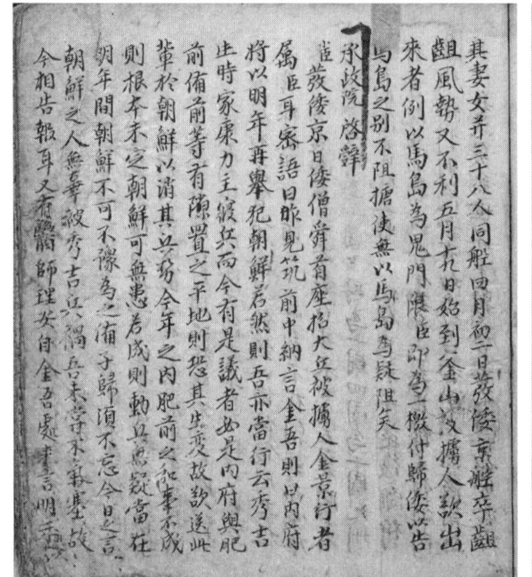

그림 10. B, 『간양록』「왜국백관도」(우)·「승정원계사」(좌), 1599년경, 23.1×21.7㎝, 한국학호남진흥원

이처럼 『간양록』은 여러 명이 썼다. 상술한 강항, A, B의 동일자 비교를 통해 그 다름을 확인해 보자. 표 1은 세 서자 글자의 다름을, 표 2는 강항 글자의 특징을 보여 준다. 강항 글씨의 가장 큰 특징은 글자가 편

표 1. 강항·A·B의 동일자 비교

서자	有	倭	傳	子	者	食之
강항	有	倭	傳	子	者	食之
A	有	倭	傳	子	者	食之
B	有	倭	傳	子	者	食之

假	伏	伊	佐	偸	便	倘伴	倭僧

방형이고 결구가 정연하며 기필은 원필이고 전절은 원전이라는 점이다. 반면 A와 B의 글자는 장방형인 점은 같지만 결구는 다르다. A의 결구는 엉성하고 B의 결구는 기필이 방필이며 전절은 방절이다. 이런 점들이 강항의 글자와 대비된다.

강항은 『간양록』 가운데 자신을 '臣'이라 칭하면서 선조에게 올린 글인 「적중봉소」, 역시 '臣'이라 적은 「왜국팔도육십육주」 후반부, 그리고 울분에 찬 자신의 심경을 토해낸 글인 「섭란사적」을 썼다. 상주문인 「적중봉소」는 그 성격에 맞게 비교적 정연한 해서로 시작하고, 「왜국팔도육십육주」을 시작한 A의 글을 이은 곳에서의 강항 글씨는 行氣가 강하다. 그림 9의 좌측 그림 3행에 쓴 '臣'은 그림 6의 1, 3행에 쓴 '臣'보다 행기가 많아 더욱 노련하다. 일기 형식의 글에서는 자신의 심경을 그대로 표현하고, 상주문에서는 예를 갖추듯 차분하게 쓴 것은 글의 성격에 따라 서풍이 달라진다는 보편적 서법을 잘 표현한 것이다.

문인적 분위기를 물씬 풍기는 『간양록』의 강항 글씨는 편방형인 글자에 주로 원전과 향세로 쓰여 풍성하면서 유연하다. 그 노련한 필치와 운필, 변화무쌍한 결구 그리고 힘찬 기운은 강항 해서의 출중함을 잘 보여 준다.

강항의 해서(그림 11)를 동시대 문인 李滉(1501~1570), 韓濩(1543~1605), 李山海(1539~1609)[13]의 해서와 비교해 보면 그 다름을 확실하게 알 수 있다. 조선 중기의 대표 성리학자인 이황이 쓴 〈敬簡堂詩帖序〉(그림 12)와 조선 중기의 대표 서예가인 한호가 쓴 〈石峯淸妙草廬詩序〉(그림 13)의 해서는 단정하다. 또박또박 쓴 글자는 장방형이라 행간보다 자간이 빽빽하다. 획의 굵기에 변화는 있으나 예술미가 두드러지지 않은 문인의 글씨라는 점에서 이황과 한호의 글씨는 상통한다. 이것이 성리학이 번성해 서예에서 미를 배제한 조선 중기 해서의 풍격이다.

이황과 한호의 해서는 강항의 「적중봉소」 해서와는 사뭇 다르다. 이황은 東晉의 王羲之를 종주로 삼아 正法을 따르되 그대로 본받지 않고, 안진경 필법을 가미하면서 절제미를 보여 유학자로서 자신의 삶을 그대로 담아낸 정연하면서 굳센 서예 세계를 펼쳤다. 그의 학문이 그의 글씨에 그대로 반영되어 있어 학예 일치의 경지를 보여 준다.

한호는 초년에는 당시 유행하던 송설체를 익혔으나 이후 왕희지의 小楷帖인 〈樂毅論〉(348), 〈黃庭

---

13) 중기 명필인 이산해의 해서도 조선 중기의 서예 사조에서 크게 벗어나지 않았다. 정현숙, 2019, 「이산해 쓴 〈광산이씨승지공이달선비〉의 서예사적 가치」, 『문화와예술연구』 14, 동방문화대학원대학교 문화예술콘텐츠연구소 참조.

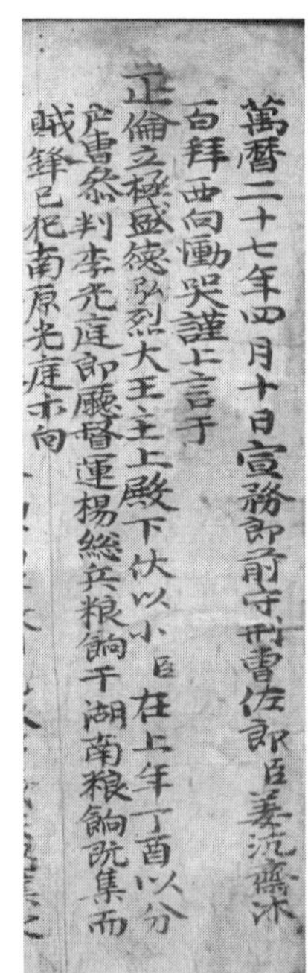

그림 11. 강항, 적중봉소, 1599, 한국학호남진흥원

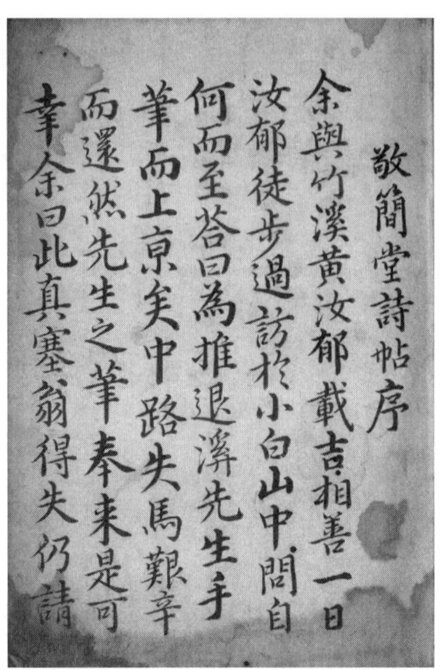

그림 12. 이황, 경간당시첩서, 16세기, 31×22.5cm, 국립중앙박물관

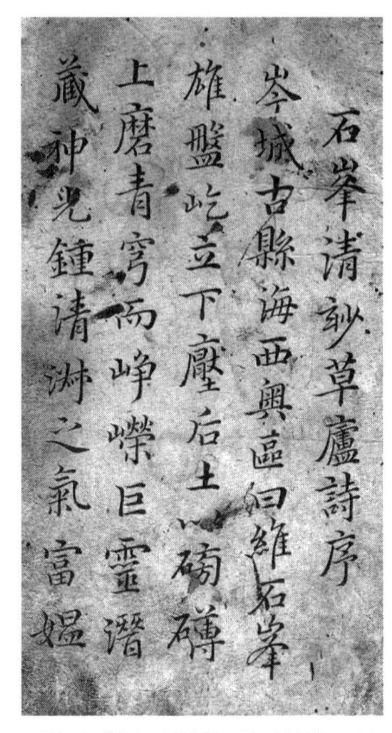

그림 13. 한호, 석봉청묘초려시서, 1598, 27.6×15.2cm, 개인소장

經〉(356), 〈東方朔畫贊〉(356)[14]의 단정한 서풍을 익혀 송설체의 기미를 떨쳐버리고 강건한 획법과 장법으로 석봉체를 형성했다.[15] 그는 석봉풍으로 조선 중기 서단을 이끌었고 그것이 곧 중기의 서풍이 되었다. 강항이 귀향한 1602년에 한호가 해

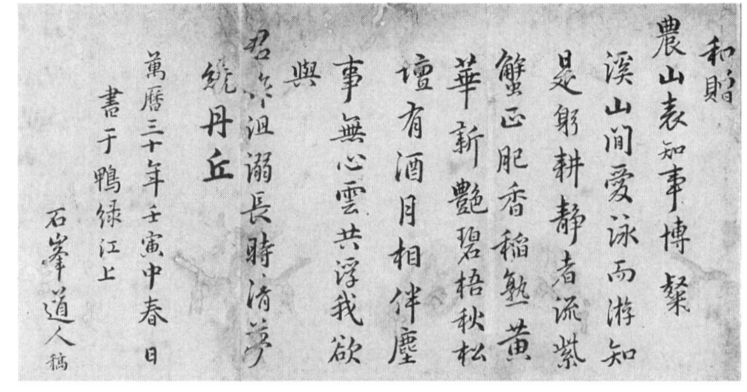

그림 14. 한호, 서간, 1602, 53×81cm, 국립중앙박물관

서와 행서를 혼용해 쓴 〈서간〉(그림 14)도 〈석봉청묘초려시서〉(그림 13)와 일맥상통한다.

한편 강항의 해서에는 이황과 한호의 해서와는 다른 활달함과 능통함이 있다. 자형이 주로 편방형인 것도 다르다. 이는 강항이 당대의 서예 사조를 따르지 않고 자신의 서풍을 구사했음을 말해 준다. 그러면 당

---

14) 이 글씨들에 관해서는 로타 레더로제, 정현숙 옮김, 2013, 『미불과 중국 서예의 고전』, 미술문화, pp.156-162 참조.

15) 김응학, 2017, 「조선 중기의 서예」, 『한국서예사』, 미진사, p.219.

대의 사조와 다른 강항의 해서는 무엇을 근거로 했을까? 결론부터 말하면 강항의 해서는 小楷로 이름을 날려 '해서의 아버지'라 불리는 위나라 鍾繇(151~230)에서 나왔다.

한호는 송설체를 지양하고 왕희지의 글씨를 배웠으니 그의 해서는 왕희지에 근거한 것이다. 그러나 송설체의 근원도 왕희지였으니 한호의 해서는 송설체를 크게 벗어났다고 볼 수 없다. 왕희지의 대표 소해 중하나인 〈황정경〉(그림 15)에 보이는 장방형에 정연한 서풍은 한호의 해서와 크게 다르지 않다. 석봉풍의 근원인 왕희지는 종요를 배웠으니 종요의 해서와 유사한 부분도 있지만, 다른 점이 더 많다. 종요의 해서가 편방형에 향세로 쓰였다면 왕희지의 해서는 장방형에 세로획이 직선으로 쓰여 확연히 구별된다. 왕희지도 종요의 해서를 배웠지만 궁극적으로 종요와는 다른, 자신만의 서풍을 구사한 것이다.

여기에서 해서의 변천 과정을 살펴보면 강항 해서의 근원을 이해하는 데 도움이 될 것이다. 위나라의 종요로부터 시작된 해서는 동진의 王羲之(307~365)·王獻之(344~388) 부자, 즉 二王에 이르러 변화가 거의다 했다. 이후 지금에 이르기까지 그것이 큰 법식이 되었고 조금도 바뀜이 없었다.[16] 종요가 이름을 얻은

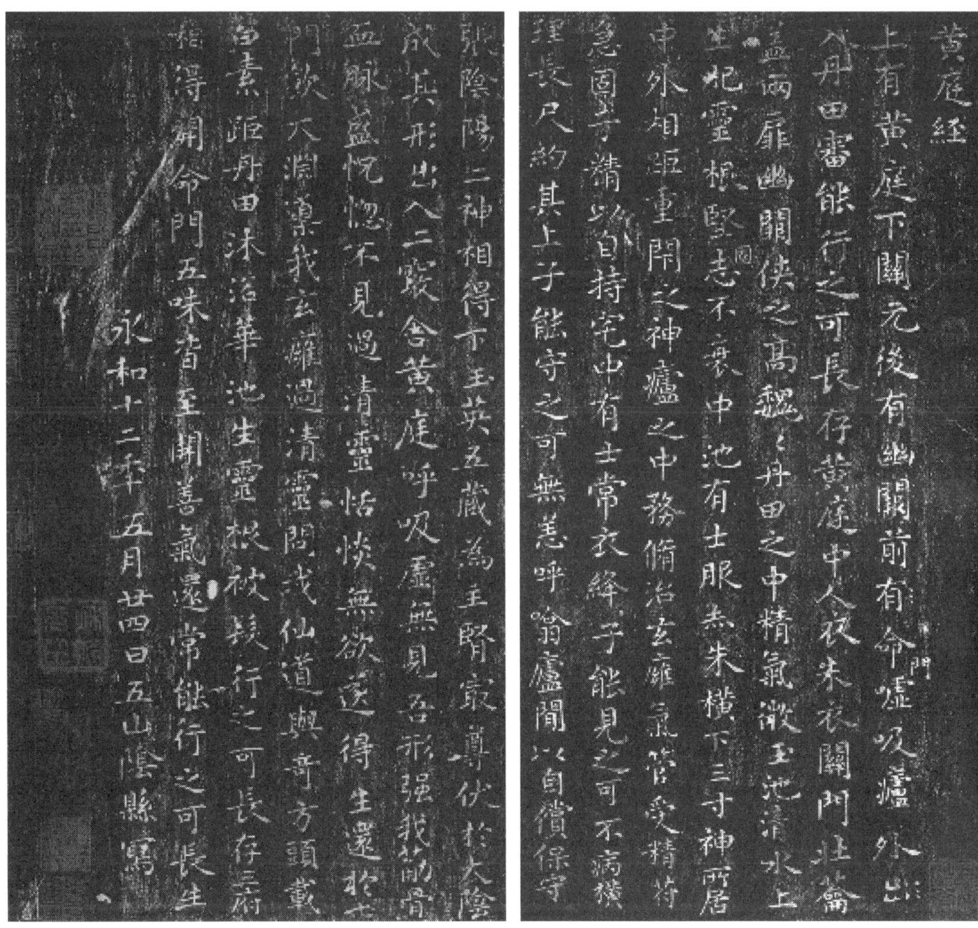

그림 15. 왕희지, 황정경, 356, 동진

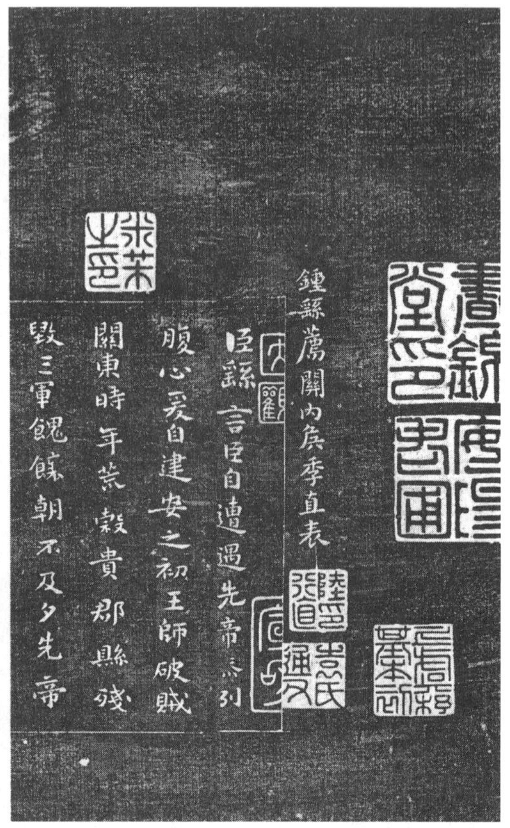

그림 16. 종요, 천계직표, 221, 조위, 26×14㎝(한 면)

것은 이왕이 그의 글씨를 스승으로 삼았기 때문이다.[17] 남조 유송의 〈爨龍顔碑〉(458), 북조 북위의 〈中嶽嵩高靈廟碑陰〉(456)은 정련되지 않은 금이나 다듬지 않은 옥과 같은데 모두 종요를 스승으로 삼은 것이다.[18]

　종요 해서의 특징을 잘 보여 주는 것은 221년에 쓴 〈薦季直表〉(그림 16)다.[19] 편방형에 향세와 원필을 사용하여 넉넉한 서풍은 『간양록』, 『신안세보』에 쓰인 강항의 해서와 닮았다. 〈천계직표〉는 '계직을 천거하는 표'이므로 상주문인 「적중봉소」와 글의 성격이 같다. 따라서 종요와 강항 둘 다 임금을 대하듯 경건하고 차분한 마음으로 글씨를 썼을 것이다. 그럼에도 불구하고 강항의 해서에는 종요의 해서와는 다른 능통함과 강건한 근골이 있다. 강항이 종요를 배웠으나 그대로 따르지 않고 자신만의 풍격으로 변화시킨 것이다. 종요는 '힘이 충만하고 근육이 풍부한 것이 훌륭한 글씨[聖]'라고 했는데[20] 강항의 해서가 그렇다고 할 수 있

---

16) 강유위, 정세근·정현숙 옮김, 2014, 『광예주쌍집』 상, 다운샘, p.202.

17) 위의 책, p.233.

18) 위의 책, p.286.

19) 종요의 해서 작품인 〈역명표〉(219), 〈하첩표〉(용로표, 219), 〈선시표〉(221), 〈천계직표〉(221)는 강유위, 정세근·정현숙 옮김, 2014, 『광예주쌍집』 하, 다운샘, pp.108-116 참조.

다. 마지막으로 강항의 행초서를 살펴보자.

3. 행초서

강항의 행초서로는 16세기 말 일본에서 쓴 유학서들의 발문이 있다. 강항과 그 제자 윤순거를 배향하는 내산서원의 유물전시관에 『강감회요』 목판과 문집 그리고 관련 자료들이 전시되어 있다. 거기에 강항의 일본 제자 후지와라 세이카의 친구 아카마츠 히로미치에게 써 준 유학서들의 1998년 복사본이 있다. 원본은 아카마츠 가문이 멸망한 후 江戶幕府의 紅葉山文庫에 보관되었고 明治 이후 내각문고(1846호)를 거쳐 현재 는 國立公文書館에 수장되어 있다.

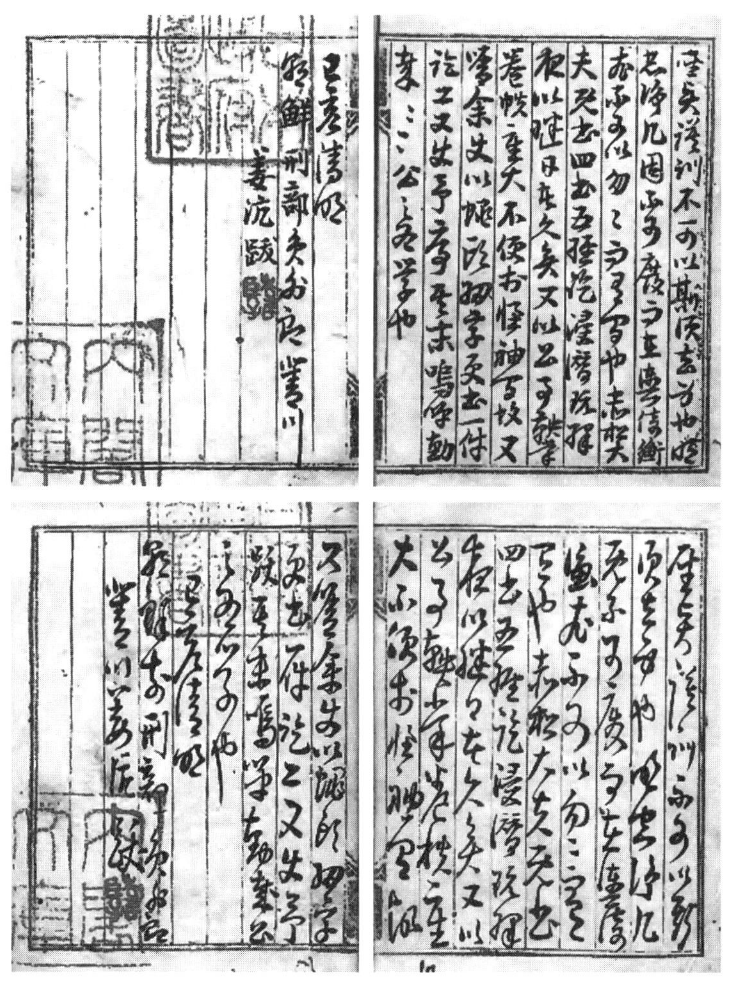

그림 17. 강항, 『맹자』 발문(상), 『중용』 발문(하), 1599, 일본 국립공문서관

---

20) 강유위, 정세근·정현숙 옮김, 2014, 『광예주쌍집』 상, 다운샘, p.422.

필사본은 사서오경, 『소학』, 『근사록』 등 16종 22책이다.[21] 매 책의 끝에는 주로 행초서로 쓴 강항의 발문이 있고,[22] (그림 17) 발문 끝에는 서자 강항의 관지가 있다. 『맹자』에는 '朝鮮刑部員外郞菁川'姜沆跋',(그림 17 상좌) 『중용』에는 '朝鮮前刑部員外郞'菁川姜沆跋'(그림 17 하좌)이라 적혀 있다. 그리고 그 아래에 이씨 왕조의 신하임을 밝히는 인 '李氏臣子'가 있다. 『맹자』 발문 끝에는 소장기관인 내각문고 인이 찍혀 있다.

강항은 『맹자』 발문(그림 17 상)을 세로 계선을 범하지 않을 정도로 정연하게 썼다. 글자는 대부분 單體며, 초서의 중요한 특징 중 하나인 連綿體는 드물게 보인다. 따라서 초서의 필의를 지닌 행서 즉 초행서처럼 보이기도 한다. 3행과 끝 행의 '也'에는 回鋒의 절제미가 있다.

발문 끝에 쓴 관직과 서자명 '鮮刑部'와 '姜沆跋'은 정갈한 해서로 썼는데 이것은 『간양록』의 「적중봉소」 해서와 상통한다. 나머지 글자들은 초서로 썼다. 이처럼 관지에서 초서와 해서를 혼용한 것도 강항의 창의적 표현이라 할 수 있다.

반면 『중용』의 발문(그림 17 하)은 세로 계선을 범하기도 하고 매 행 서너 글자를 이은 연면서가 있다. 획의 굵기와 길이에 변화가 많고 삐침이 특히 강하고 발문의 5행과 끝 행의 '也'처럼 마지막 세로획을 길게 내리는 등 전형적인 초서의 특징을 보인다. 『중용』 발문과 『맹자』 발문의 '也'를 비교해 보면 그 차이점이 더욱 명확하다.

관지의 글자들은 더욱 신묘하다. 『중용』의 관지(그림 18 우)는 본문과 같은 서체인 초서로, 같은 힘찬 서풍으로 써 일관성을 보여 준다. 반면 『맹자』의 관지(그림 18 좌)는 해서와 행초서를 어울리게 혼용해 다양성을 드러낸다. 이처럼 강항은 발문의 본문은 본문대로 서풍을 다르게, 관지는 관지대로 서체와 서풍을 다르게 써 양식이 다채롭고 그 글씨는 변화무쌍하다.

유학서 발문에서 초서의 단체와 연면체를 자유자재로 사용하고 관지에서 해서와 초서를 어우러지게 혼용한 것은 강항이 해서와 행초서에 능통함을, 그리고 서체의 응용 능력이 감각적으로 뛰어남을 말한다. 강항이 구사한 자유자재한 운필과 필법은 동시대 문인들의 글씨에서는 보기 힘든 요소다. 이를 증명하기 위해 조선 중기 문인들의 행초서를 살펴보자.

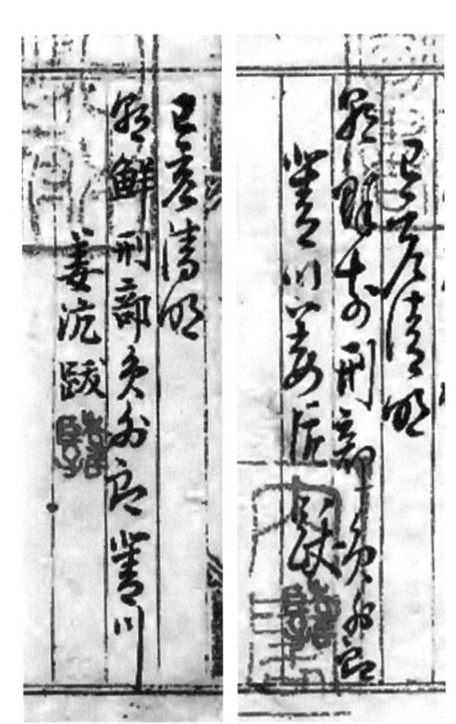

그림 18. 강항, 중용(우)·맹자(좌) 발문 관지

---

21) 강대석, 2018, 앞의 책. pp.185-189.

22) 각 책의 발문 시작과 끝 글씨는 한종만, 1983, 「수은 강항의 사서오경친필발문에 대하여」, 『한국종교』 8, 원광대학교 종교문제연구소, pp.354-361 참조.

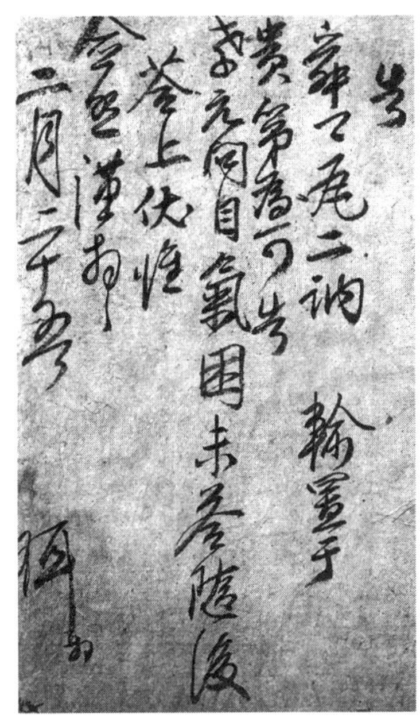

그림 19. 이이, 서간, 16세기, 27×42.8cm,
국립중앙박물관

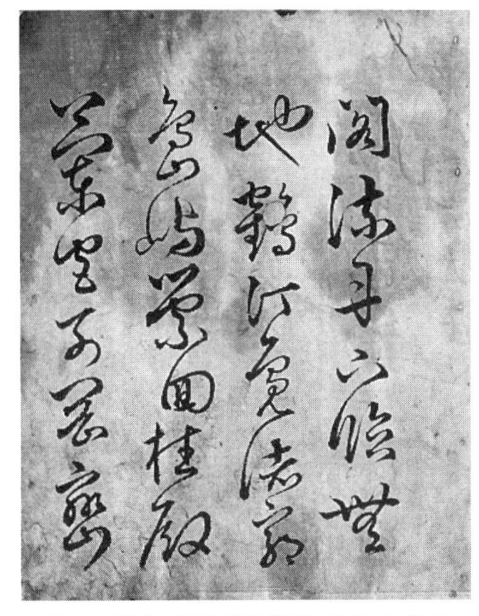

그림 20. 한호, 증류여장서첩, 16세기, 35.5×
24.2cm, 보물, 국립중앙박물관

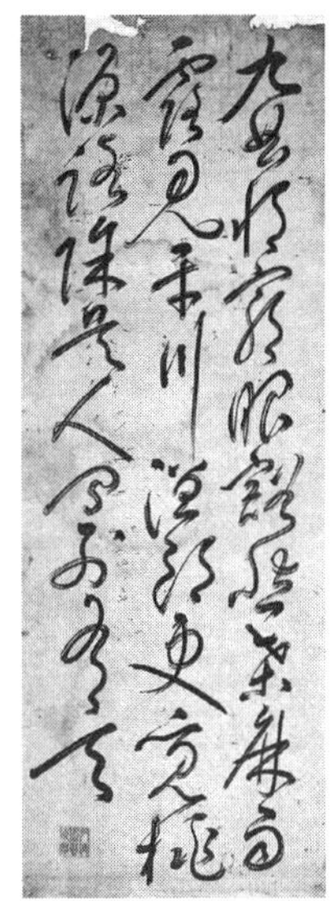

그림 21. 윤순거, 무이
도가, 17세기, 126.3×
52cm, 개인 소장

그림 22. 왕희지, 행양첩, 4세기,
프린스턴대학교미술관

그림 23. 왕헌지, 중추첩, 4세기, 북경고
궁박물원

조선 중기의 초서는 李珥(1536~1584)의 〈書簡〉(그림 19)과 한호의 〈贈柳汝章書帖〉(그림 20)처럼 두 글자 연면이 몇 개 있지만 주로 단체로 쓰였다. 이이와 한호의 획은 굵기에 변화가 적으며 해서 쓰듯이 초서를 써, 강항 초서의 특징인 유창함이 부족하다. 미감을 중시하지 않은 조선 중기 예서와 해서의 분위기가 행초서에도 적용된 것이다. 심지어 강항의 제자 윤순거의 십곡 병풍 〈武夷悼歌〉(그림 21)도 스승 강항의 글씨와는 분위기가 사뭇 다르다.

조선 중기의 초서가 주로 단체인 것은 왕희지의 영향이라 할 수 있다. 이이, 이황, 한호 등 중기의 문인들은 해서는 물론 행초서도 왕희지를 배웠다. 윤순거는 강항에게 詩를, 金長生(1548~1631)에게 禮를, 成守琛(1493~1564)에게 筆法을 배웠다. 초서로 이름을 떨친 윤순거는 書聖인 동진 왕희지와 狂草의 대가인 당나라 懷素(725~785)의 필법을 배웠는데 소자는 왕희지를, 대자는 회소와 明代의 草風을 따랐다. 이처럼 조선 중기의 서단은 서체를 불문하고 왕희지의 영향이 절대적이었다.

다시 강항의 초서를 보자. 차분한 『맹자』 발문은 주로 단체로 쓴 왕희지의 〈行穰帖〉(그림 22)을, 상대적으로 역동적인 『중용』 발문은 주로 연면체로 쓴 왕헌지의 〈中秋帖〉(그림 23)을 연상시킨다. 아버지 왕희지의 초서는 단체, 아들 왕헌지의 초서는 연면체라는 것이 부자 초서의 가장 큰 차이점인데 강항의 글씨에는 둘 다 있으니 이것이 강항 초서의 특징이다.

강항은 초서에서 왕희지의 단체와 왕헌지의 연면체를 오가면서 이왕의 운필과 결구를 자유자재로 구사했다. 그의 초서는 유창하면서 飛動하기까지 하니 동시대의 어떤 초서 명필에도 뒤지지 않는다. 지금까지 알려진 중기 서예의 停滯性을 생각한다면 강항의 글씨는 예술적으로 더 높이 평가되어야 한다. 강항을 조선의 서예사 속으로 끌어들이면 조선 중기의 서예는 더 풍성해질 것이다.

IV. 강항 글씨의 서예사적 의의

지금까지 강항의 글씨를 서체별로 살펴보았다. 귀국 후 17세기 초에 쓴 예서 〈종오소호〉는 서한 예서의 특징인 파책이 절제된 필법으로 쓰여 조선의 예서에서는 일찍이 없었던 독특함을 보여 준다. 16세기 말 일본에서 조선 임금에게 올린 『간양록』 「적중봉소」의 해서와 「섭란사적」의 行氣가 가미된 해서는 주로 향세와 원전으로 쓰여 유려하면서 풍성하다. 일본에서 쓴 유학서들의 발문은 단체가 주는 차분함과 연면체가 만든 변화무쌍함을 오가는 행초서다. 『맹자』 발문에서 본문은 차분한 행초서로 썼고 관지에서 관직은 해서와 초서로, 자신의 이름은 단아한 해서로 써 서체에도 변화를 주었다.

조선 중기의 서예는 성리학을 중심으로 형성되었다. 16, 17세기 조선의 사대부들은 서예문화를 등한시하지는 않았지만 그것을 절대적으로 여기지도 않았다. 근엄한 예를 중시하고 조금이라도 유학의 행동 기준에서 벗어나는 작풍은 허락되지 않았다. 이렇게 경색된 사회풍토에서 자유로운 예술 발전은 이루어질 수 없었고, 글씨도 이런 고루한 영역에서 벗어나지 못하고 정체될 수밖에 없었다. 중기의 서예는 修己의 도구이자 실천의 기준으로서 도덕과 의리 그리고 명분이 중시되는 가운데 사대부들은 그들의 정신세계를 글씨

에 표현하고자 했다. 따라서 형태보다 도덕적 내용에 더 서예의 가치를 두는 경향이 강했다.[23]

중기의 이런 서풍을 거부한 강항은 이황, 이이와 동시대 유학자로서 일본 포로 시절 일본에 성리학을 널리 퍼트려 일본 성리학의 발달에 크게 기여한 인물이다. 그는 한호보다 20여 년 후에 태어났으니 당시 대세였던 석봉풍의 정연한 중기 서예 사조를 따를 법도 했다. 그러나 그는 모든 서체에서 중기의 서풍과는 다른, 미감을 더한 자신만은 독창적 글씨를 구사했으니 이것이 바로 '睡隱風'이다.

강항은 일본에서 귀국한 후 스스로 죄인임을 자처하면서 관직에서 물러나 은자의 삶을 살았고 후학 양성에만 힘을 쓰면서 52세에 생을 마쳤다. 그는 '종오소호'의 의미처럼 시류에 편승하지 않고 구애됨이 없이 오로지 자신의 의지대로 삶을 영위한 진정한 조선의 선비였다. 그의 삶처럼 그의 글씨도 당대의 서예 사조와는 무관하다. 그의 글씨에는 당대 성리학자들의 단정한 서풍과는 다른 유창함과 강건함이 있다. 이렇게 글씨에 그의 인생관이 고스란히 드러나 있으니 '書如其人'이 강항에게도 부합한다.

강항은 석봉풍이 성행하던 시기에 미감이 돋보이는 자신만의 '수은풍'을 구사했다. 따라서 그의 독보적인 글씨는 조선 서예사에서 새롭게 조명되어야 하며, 글씨의 우월함을 보여 주는 필적들은 사료적 가치는 물론 서예사적 의의도 크다는 것을 인지해야 한다.

투고일: 2025.11.09.　　　심사개시일: 2025.12.07.　　　심사완료일: 2025.12.25.

---

23) 김응학, 2017, 앞의 글, pp.217, 219.

참고문헌

1. 단행본

강대석, 2018, 『수은 강항 평전』, 사람들.

강유위, 정세근·정현숙 옮김, 2014, 『광예주쌍집』 상·하, 다운샘.

예술의전당, 1993, 『조선중기서예』.

예술의전당, 1996, 『고려말 조선초의 서예』, 한국서예사특별전 16.

예술의전당, 2000, 『한국서예이천년』, 한국서예사특별전 19.

로타 레더로제, 정현숙 옮김, 2013, 『미불과 중국 서예의 고전』, 미술문화.

정현숙, 2019, 『서화, 그 문자향 서권기』, 다운샘.

정현숙 외, 2017, 『한국서예사』, 미진사.

정현숙 외, 2025, 『이계 신공제 연구 논문집』, 인쇄향 출판부.

한국학중앙연구원, 『민족문화대백과사전』.

한신대학교박물관, 2008, 『조선 명필의 예서』, 신구문화사.

한신대학교박물관, 2011, 『조선전기 명필의 서예』, 신구문화사.

한신대학교박물관, 2013, 『조선이 사랑한 글씨』, 신구문화사.

包世臣, 1985, 『藝舟雙楫』, 華正書局.

2. 논문

김응학, 2017, 「조선 중기의 서예」, 『한국서예사』, 미진사.

변동명, 1996, 「강항의 필사본 『간양록』 고찰_영광 내선서원 소장본을 중심으로」, 『아시아문화』 12, 한림대학교 아시아문화연구소.

정현숙, 2019, 「이산해 쓴 〈광산이씨승지공이달선비〉의 서예사적 가치」, 『문화와예술연구』 14, 동방문화대학원대학교 문화예술콘텐츠연구소.

정현숙, 2019, 「조선이 사랑한 글씨」, 『서화, 그 문자향 서권기』, 다운샘.

정현숙, 2024, 「신공제의 서예 연구」, 『목간과 문자』 33, 한국목간학회; 정현숙 외, 2025, 『이계 신공제 연구 논문집』에 재수록.

한종만, 1983, 「수은 강항의 사서오경친필발문에 대하여」, 『한국종교』 8, 원광대학교 종교문제연구소.

⟨Abstract⟩

A Study on the Calligraphy of Sueun Gang Hang

Jung, Hyun-sook

This study examines the calligraphy of Sueun Gang Hang(1567~1618), a Confucian scholar-official of mid-Joseon Korea. His extant works include *Jongosoho*(從吾所好), *Ganyangrok*(看羊錄), the colophons of Confucian texts, and so on. The writings are not many but enough to find out the characteristics of his writings because there are four of five scripts.

The *Jongosoho* inscribed plaque, which was written in clerical script in the early seventeenth century after his return from Japan, reveals a brush technique that reflects the restrained wavy strokes typical of Western Han clerical script. The regular script of the "Jeokjungbongso" in *Ganyangrok* and the more flowing regular script of the "Seopransajeok" in *Ganyangrok* are smooth and abundant because of their facing shapes and rounded turn strokes. The colophons of Confucian texts written around the same period display the running and grass scripts combining the composure of individual characters and ever-changing rhythm of connected characters. Each script of Gang Hang's writings differs from the mainstream calligraphic trends of his time, so his writings demonstrate a distinct aesthetic of his own.

While many literati of the mid-Joseon period followed the dominant 'Seokbong style' combining orderliness with rigidity, Gang Hang developed a highly individual manner of writing with his own personality. Gang's calligraphy with elegance and vigor can be termed the 'Sueun style'.

After returning from Japan, Gang Hang led a reclusive life devoted to teaching. As the phrase *jongosoho*("Follow what I love") suggests, he resisted the prevailing social and artistic currents, living and writing according to his own principles. His calligraphy, independent from contemporary orthodoxies, stands out for its fluid yet robust quality, contrasting the stiffness of the 'Seokbong style'. The 'Sueun style', marked by its grace and artistic sensibility, thus represents a significant alternative current in the history of mid-Joseon calligraphy.

▶ Key words: Gang Hang, Sueun style, *Jongosoho*, *Ganyangrok*, colophons of Confucian texts

秦 帝國 시기 강제 이주 처벌의 층위와 그 성격[*]

– 秦 律令의 '輸', '處', '徙'를 중심으로 –

이주현[**]

I. 머리말
II. '輸', '處', '徙'의 含義
III. '輸', '徙'의 목적과 기능 – '遷'과의 관계 속에서
IV. 맺음말

〈국문초록〉

본 연구는 秦 律令에 보이는 '輸'·'處'·'徙'의 의미를 재검토하여, 진 제국 시기 강제 이주 관련 용어의 범주와 기능을 정리하고 상호 관계를 구분하였다. 특히 '輸'와 '徙'가 법정형 '遷(遷刑)'과 어떻게 맞물리는지를 통해, 처벌과 행정적 조치가 결합되는 방식을 살폈다. '輸'는 사람을 '이송'한다는 기본 뜻을 지니지만, 용례 분석 결과 단순한 관청 간 노동력 이동을 넘어 재판 절차를 거친 처벌로 작동했음을 확인하였다. 그 성격은 종인 관련 사건에서 가장 뚜렷하게 나타나며, 종인의 가족·사인이 죄의 경중에 따라 完爲城旦舂 등으로 처벌된 뒤 도망치기 어려운 지역이나 사람이 희소한 곳에 '輸'된 사례가 이를 뒷받침한다. 다만 종인의 가족·사인의 경우에는 사오·서인 지위를 유지한 경우에도 '輸'한 경우가 확인되나, 대체로 完爲城旦舂 이상 중형 이상에 부가되는 경향이 강했다. '處'는 독립된 강제 이주형이라기보다 '輸'·'遷'·'徙' 이후 이주자의 구체적 거주지를 확정하는 강제적 배치 절차로 이해할 수 있다. 한편 '徙'는 이주성을 가지지만 특정 죄목에 근거한 법정형이라기보다 정치적 필요나 예외적 상황에서 강제 이주한 조치로 나타나며, 때로는 장소·호적의 단순 이동을 가리키는 등 강제 이주로 단정하기 어려운 용례도 존재한다. '遷'은 원래 추방·격리를 지향한 형벌이었으나, 통일 전후 변경 개발과 인구 확충이 중시되면서 그 격리성이 약화되는 흐름을 보였다. 이러한 상황에서 반국가적 세력과 엄금 범죄를 일반과 분리할 필요가 커지자, 진은 격리 목적의 별도 처벌로서 '輸'

---

* 이 논문은 2023년 대한민국 교육부와 한국연구재단의 인문사회분야 신진연구자지원사업의 지원을 받아 수행된 연구임(NRF-2023S1A5A8074482).

** 동아대학교 사학전공 조교수

를 마련하고 이를 중범죄자에게 부가했던 것으로 보인다. 아울러 '輸'는 奧地의 노동력 공급과 범죄 억제의 상징적 효과를 동시에 노렸을 것으로 추정된다.

▶ 핵심어: 輸, 處, 徙, 遷, 이주, 율령, 처벌

I. 머리말

최근의 秦漢史 연구는 출토 사료에 의지하고 있다고 말해도 과언이 아닐 정도로 많은 출토 사료가 그야 말로 '쏟아지고' 있다. 출토 사료의 등장으로 인해 그간 미궁에 빠져 있던 문제들이 적잖이 해결되었음은 굳 이 덧붙일 필요도 없을 것이다. 특히 湖北省 雲夢縣 睡虎地에서 秦의 법률 문서[1]가 출토된 이래, 秦-漢初의 法律 형식이나 형벌체계에 관한 연구는 무에서 유를 이루었다고 해도 좋을 정도로 눈부신 진전을 이루었 다. 그러나 형벌 관련 연구가 활황을 보이는 가운데에도 秦의 강제 이주 형벌에 관한 연구는 상대적으로 소 홀하였다. 이유는 간단했다. 수호지 출토 진 법률 문서 중에는 강제 이주 형벌인 '遷'에 관한 조항, 예시가 존 재하였으나 그 내용이 적고 어떤 경우에 강제 이주를 당하였는지 직접적으로 보여주는 사례도 부족하였기 때문이다. 이후 二年律令이 발표되었으나 그중에는 遷 관련 조항이 없었기 때문에 이 문제에 크게 주목한 학자들은 많지 않았다.[2]

그러던 와중에 湖南大學 嶽麓書院 소장 秦 律令[3]과 張家山 336호 漢墓 출토 漢律[4]은 강제 이주 형벌 연구 에 새로운 전기를 마련하였다. 악록서원 진 율령 중에는 遷에 처하는 구체적인 죄목들이 수록되어 있었고, 張家山 336호 출토 漢律에는 '遷律'이 존재하였기 때문이다. 이로써 遷의 성격을 조명하는 연구가 이어졌는 데, 공통적 결론은 遷이 전국시대 말 이래 秦의 법정형으로 기능하였고 그 주요 목적은 변경이나 新地의 인 구 충원이었다는 것이었다.[5] 게다가 遷律에는 遷을 집행할 때의 각종 세부 규정이 보여, 遷을 둘러싼 문제

---

1) 睡虎地秦墓竹簡整理小組 編, 1990, 『睡虎地秦墓竹簡』, 文物出版社.

2) 그러나 당시의 매우 한정된 史料를 바탕으로 遷에 천착한 선행연구도 존재하였다. 李成珪, 2003, 「秦·漢의 형벌체계의 再檢討 —雲夢秦簡과 〈張家山漢簡〉의 司寇를 중심으로—」, 『東洋史研究』 85, 東洋史學會; 邢義田, 2011, 「從安土重遷論秦漢時代的徙民與 遷徙刑」, 『治國安邦:法制行政與軍事』, 中華書局; 富谷至, 1998, 「秦の遷刑—族刑との關聯において」, 『秦漢刑罰制度の研究』, 同 朋舍; 辻正博, 2002, 「遷刑·徙遷刑·流刑—「唐代流刑考」補論—」, 『江陵張家山二四七號墓出土漢律令の研究』, 富谷至 編, 朋友書 店; 工藤元男, 2005, 「秦の遷刑覺書」, 『日本秦漢史學會會報』 6.

3) 『嶽麓書院藏秦簡』 4권에서 7권까지 수록된 진 율령을 이른다. (이하 '嶽麓秦簡'으로 간칭) 권별 서지 사항은 다음과 같으며 본 주석 이후로는 별기하지 않을 것이다. 朱漢民·陳松長 主編, 2015, 『嶽麓書院藏秦簡(肆)』, 上海辭書出版社; 陳松長 主編, 2017, 『嶽 麓書院藏秦簡(伍)』, 上海辭書出版社; 陳松長 主編, 2019, 『嶽麓書院藏秦簡(陸)』, 上海辭書出版社; 陳松長 主編, 2021, 『嶽麓書院藏 秦簡(柒)』, 上海辭書出版社.

4) 荊州博物館 編·彭浩 主編, 2022, 『張家山漢墓竹簡(三三六號墓)』, 文物出版社.

5) 李成珪, 2022, 「秦帝國의 '新地' 統治策-置吏難의 타개책을 중심으로-」, 『大韓民國學術院論文集』 제61집 1호, 大韓民國學術院; 吳 峻錫, 2023, 「遷刑에서 流刑으로 -중국 고대 유배형의 변천과 특징-」, 『中國史研究』 143, 中國史學會; 이주현, 2024, 「추방·격리

는 상당 부분 해소되었다.

遷에 관한 여러 사료가 확보되며 秦의 강제 이주 형벌 문제는 어느 정도 결론이 난 듯 보이지만, 사실 악록진간 진 율령에 수록된 강제 이주 관련 기록은 오히려 몇 가지 문제를 남겼다.

첫째, 遷 이외에도 강제 이주와 관련된 여러 표현이 동시다발적으로 나타나 각 표현의 含義와 그 성격을 정리할 필요가 있다. 악록진간 진 율령에는 '輸', '處', 그리고 '徙'라는 표현이 출현하는데, 세 표현 모두 인간의 강제 이주와 밀접히 관계되어 있다. 그런데 '輸', '處', '徙'는 복수의 字義를 지니기 때문에 맥락에 따라 다르게 읽을 가능성이 있는 데다 때로는 상호 관련되기 때문에, 정확한 함의를 이해하기 어렵다. 위의 표현들은 때로는 단순한 '행위'로 읽히기도 하지만, 때로는 처벌처럼 읽히기도 한다. 혹은 기존 상식과 다른 방식으로 그 함의를 이해해야 할 경우도 있다.

둘째, '輸', '處', '徙'는 遷과도 함께 등장하므로 그 상호 관계에 관해 고찰해야 할 것이다. 秦이 치밀한 律令을 만들고자 그토록 애썼다면 성격이 겹치는 복수의 처벌을 만들었을 것이라 간주하기 어렵다. 예컨대 몇몇 연구자들은 遷(遷刑)과 전래 문헌에 기록된 遷徙 사이의 유사성을 지적하였는데, 만일 그렇다면 출토된 진 율령 속의 '徙'는 '遷'과 정말 유사하였을까? 또한, 언뜻 비슷해 보이는 '輸', '處', '徙'의 표현들은 서로 어떠한 관계에 있었고 이러한 처벌을 당한 이들은 어떠한 사람들이었을까? 나아가 강제 이주와 관련된 위의 조치들은 어떠한 목적 때문에 운용되었던 것일까?

본고는 위의 두 가지 문제의식을 바탕으로 진 율령의 '輸', '處', '徙'를 분석해 보고자 한다. 먼저 秦 律令 속 '輸', '處', '徙'의 용례를 각각 분석하여 그 함의와 성격을 살펴볼 것이다. 다음으로 '輸', '處', '徙'가 악록진간 진 율령에서 빈출하는 점에 착안하여 진의 중국 통일 이후의 시대적 과제를 짚어보며 遷과의 관계 속에서 '輸', '處'의 기능에 대해 논할 것이다.

II. '輸', '處', '徙'의 含義

1. '輸'

'輸'란 어떤 장소로 무언가를 보내거나 나르는 행위를 가리킨다. 출토 문헌, 전래 문헌을 막론하고 동전, 곡식, 무기 등 다양한 물건의 이송 행위는 '輸'로 표시되곤 하였다. 『說文解字』에 따르면 '輸'란 '委輸'[6], 즉 위탁하여 보내는 것이며, 秦 律令 중에도 물자의 이송을 傳送 혹은 委輸[7] 두 가지로 표현한 용례가 확인된다.

의 도구에서 변방 인구 확보의 도구로— 秦·漢의 遷刑 운용 —」, 『東洋史學硏究』 169, 東洋史學會; 溫俊萍, 2017, 「秦遷刑考略」, 『出土文獻與法律史硏究』 6; 黃海, 2019, 「由"遷"至"遷刑"—秦"遷"入刑考」, 『交大法學』 2019(4); 齊衛玲, 2020, 「簡牘所見秦及漢初 遷刑考論」, 『出土文獻與法律史硏究』 8.

6) [漢] 許愼 撰, [淸] 段玉裁 注, 1981, 『說文解字注』, 上海古籍出版社, p.727, "輸, 委輸也."

7) 『嶽麓秦簡(肆)』 簡248-250, "•縤(徭)律曰: 委輸傳送, 重車負日行六十里, 空車八十里, 徒行百里. 其有□□□□而□傅于計, 令徒善攻開車. 食牛, 牛牚, 將牛者不得券徭. 盡興隷臣妾, 司寇、居貲贖責(償), 縣官□之□傳輸之, 其急事, 不可留也, 乃爲興徭."; 『里耶秦簡牘

秦 律令은 물건뿐 아니라 인간을 이송할 때도 '輸'라 표현하였다. 관리나 수졸의 이송을 주로 '送' 혹은 '遣'으로 표현한 점을 상기하면 '輸'는 마치 물건을 보내는 것처럼 인간을 이송한 인상을 준다. 실제로 '輸'의 목적어가 인간인 경우, 그 대상은 罪囚 혹은 이들에 연좌된 收人, 그리고 徒隸로 한정된다. 즉 본인이나 가족의 죄로 인해 인신의 자유를 박탈당하여 國家(官)의 의지에 따라 움직이던 이들을 이송할 때 주로 '輸'로 표현한 것이다. 반면 죄와 무관한 黔首 일반의 이동을 '輸'로 표현한 사례는 현재로서는 발견되지 않는다.

그런데 '輸'가 서술어로 쓰일 때 그 用例와 字義에 주목할 필요가 있다. 그 목적어가 죄수, 수인, 도예일 경우 때로는 輸의 字義가 이송 그 자체에 머물지 않고 확장되기 때문이다. 이러한 현상은 秦 律令에서 등장하며 후대의 전래 문헌[8]에서도 나타나는데, 진 율령 속에서 '輸'가 인간을 목적어로 할 때 그 함의는 크게 두 가지로 정리할 수 있다.

첫째, 죄수, 도예를 관청 간에 이송하는 행위. 둘째, 일정 등급 이상의 죄를 지은 자를 재판 후 특정 지역 내 관서에 이송한 후 평생 이탈하지 못하게 하는 처벌. 두 번째 함의는 '輸'가 본연의 字義를 넘어서 범죄에 대한 처벌로서의 성격도 가졌음을 암시한다. 이하 진 율령의 용례를 비교, 분석함으로써 '輸'의 속성을 확인해 보겠다.

먼저, 輸를 본연의 字義대로 읽어야 하는 용례들을 살펴보도록 하자. 진 율령이나 행정문서 중 인간을 이송한 기록은 대개 이에 해당한다.

(1) 道官끼리 서로 隸臣妾·收人을 이송할[輸] 때는 그들에게 식량을 지급한 年·月·日, 의복 수령 여부, 妻의 유무를 반드시 문서에 기재한다. 식량과 의복을 수령한 자는 律에 의해 계속 주도록 한다. 屬邦[9]

(2) 司寇·隱官이 도망한 것에 걸려 죄가 隸臣 이상인 경우, 노역하는 곳[作所]의 관청으로 이송한다[輸].[10]

校釋(第二卷)』(陳偉 主編, 武漢: 武漢大學出版社, 2018) 9-2283, "廿七年二月丙子朔庚寅, 洞庭守禮謂縣嗇夫、卒史嘉、假卒史穀、屬尉: 令曰: "傳送委輸, 必先【行】城旦舂、隸臣妾、居貲贖責(債). 急事不可留, 乃興徭.""

8) 後漢의 '輸'가 단순한 이송이 아니라 범죄자를 관청에 보내 강제 노역하는 처벌이었던 것이 그 대표적인 예이다. 『後漢書』 卷26 「伏侯宋蔡馮趙牟韋列傳」 p.921, "政任威刑, 爲受罰者所奏, 坐論輸左校."; 『後漢書』 卷78 「宦者列傳」 p.2525, "節等怨猛不已, 使頴以它事奏猛, 抵罪輸左校. 朝臣多以爲言, 乃免刑, 復公車徵之." (이하 『史記』, 『漢書』, 『後漢書』는 모두 中華書局 標點本을 참고함)

9) 『睡虎地秦墓竹簡』 「秦律十八種」 簡201, "道官相輸隸臣妾、收人, 必署其已稟年日月, 受衣未受, 有妻毋(無)有. 受者以律續食衣之. 屬邦"

10) 『張家山漢墓竹簡』 「二年律令」 簡158, "司寇、隱官坐亡罪隸臣以上, 輸作所官."(이하 『張家山漢墓竹簡』 「二年律令」과 「奏讞書」는 모두 적외선 도판이 실린 『二年律令與奏讞書』 판본을 참고하였음. 彭浩·陳偉·工藤元男 主編, 2007, 『二年律令與奏讞書』上海古籍出版社) 『張家山漢墓竹簡(三三六號墓)』과 『益陽兔子山西漢簡牘』에도 동일 조문이 수록되어 있다. 『張家山漢墓竹簡(三三六號墓)』 簡240, "司寇、隱官坐亡罪隸臣以上, 輸作所官"; 『益陽兔子山七號井西漢簡牘』 7-354, "☒寇隱官坐亡律隸臣以【上】輸作☒"

(1)의 秦 屬邦律의 일부로, 道官이 隸臣妾·收人을 상호 이송할 때 지켜야 할 사항을 규정하였다. 도예를 받은 관청이 식량, 의복을 중복하여 지급하는 일이 있어서는 안 되므로, 그 지급 기록과 의복을 제작할 수 있는 妻의 유무를 빠짐없이 기록해야 했다. '相輸'라는 표현에서 볼 수 있듯이 당시 관청에서 관청으로 徒隸를 이송하는 일은 종종 존재하였는데, 가령 秦 遷陵縣 소속 隸臣이 鐵官에 일정 기간 보내진 사례를 볼 수 있다.[11] 관청이 도예를 이송한 이유는 관청 사이의 노동력 수요-공급을 맞추기 위해서이기도 하였지만, (2)의 사례처럼 타지로 도망쳤다 잡힌 이들을 특정한 노역 장소나 관청에 배속시키기 위해서이기도 하였다.

(2)의 '作所'는 문자 그대로 노역하는 장소, '作所官'은 그 노역하는 장소가 속한 관청을 이른다. 비록 司寇·隱官은 관청의 노동에 동원되었지만[12] 그 강도가 강하지 않았을뿐더러 戶마다 50畝의 경작지를 받았고 자식은 士伍 신분이 될 수 있었다.[13] 그러나 1년 이상 도망친 경우, 최소 隸臣 신분으로 전락하였고 소속 역시 縣-鄕-里가 아닌[14] 노역하는 곳의 관청으로 변화하였다. 따라서 재판이 끝난 후 노역할 곳의 관청으로 신병을 인도하는 조치가 뒤따랐는데, (2)는 이를 '輸'로 표현한 것이다. 즉, (2)의 '輸'는 국가에 예속된 인간을 특정 지역, 관청에 물리적으로 이송함을 의미하지만, 동시에 그들이 거기에 배속되는 것을 가리킨다.

이 점은 아래 (3)의 인용문에서도 잘 나타난다. 아울러 (3)은 輸의 구체적인 방식을 보여준다.

> (3) 泰山守 言: "新黔首인 不更 昌 등 夫妻가 도둑질하여 耐한 후 鬼薪白粲으로 삼았습니다.
> 그 아들은 마땅히 (연좌하여) 沒收하여야 하나, 嬰兒로 아직 使役할 수 없어 식량을 자급
> 할 수 없으니, 만일 따로 傳함으로써 輸하면[傳輸] 가는 길에 죽을까 두렵습니다."
> 議: "그 부모 및 친척이 있는 곳에서 맡겨 키우도록 하고 따로 輸해서는 안 됩니다."
> 丞相 議: "나이가 8세 미만인 경우 그 부모·친척이 있는 곳에 맡겨 키우도록 하고, 8세가
> 되면 슈에 따라 곧바로 輸하기를 瑯琊郡(의 전례)에 견주어 처리하도록 하십시오."[15]

泰山郡의 태수가 청원한 내용은 다음과 같다. 昌 부부는 절도죄를 지어 耐爲鬼薪白粲으로 처벌되었고 嬰兒인 아들도 부모의 죄에 연좌되어 鬼薪이 되었다. 鬼薪白粲은 가족을 유지할 수 없는 徒隸였고[16] 昌 부부

---

11) 『里耶秦簡(參)』(湖南省文物考古研究院 編, 2024, 文物出版社, p.165) 10-1162, "卅四年十二月倉徒薄寂 / 大隸臣積九百九十人 / 小隸臣積五百一十人 / 大隸妾積二千八百七十六 / ·凡積四千三百七十六 (중략) 男卅人輸鐵官未報"

12) 司寇가 城旦春의 감시역에 동원된 것은 秦·漢 律令의 여러 조문에서 확인할 수 있다. 한편 隱官은 잘못된 재판으로 인해 肉刑의 손상이 남은 '피해자'였지만 역시 사역에 동원되기도 하였다. 관 물자를 운송할 때 노동력 동원의 우선순위를 지정하며 '司寇、隱官踐更縣者'를 거론한 里耶秦簡 9-2283의 기록을 참고할 것.

13) 『張家山漢墓竹簡』「二年律令」簡365, "公卒及士五、司寇、隱官子, 皆爲士五."

14) 秦 遷陵縣이 관할 구역의 戶 정보를 적으며 司寇의 戶도 함께 적은 점은, 司寇가 隸臣妾·鬼薪白粲·城旦春과 달리 縣-鄕-里의 행정 체계에 속하였음을 잘 보여준다. (『里耶秦簡牘校釋(一)』8-19, "☑□二戶 / 大夫一戶 / 大夫寡三戶 / 不更一戶 / 小上造三戶 / 小公士一戶 / 士伍七戶. ☑ / 司寇一戶. ☑ / 小男子□□ / 大女子□☑ / ·凡卄五☑") 아울러 "某里戶人司寇×"라는 貫籍 기록도 사구가 '戶人'으로 인정받았음을 보여준다. (『里耶秦簡牘校釋(一)』8-1027, "成里戶人司寇宜"; 8-1946, "陽里戶人司寇寄")

15) 『嶽麓秦簡(伍)』簡73-75, "●泰山守言: 新黔首不更昌等夫妻盜, 耐爲鬼薪白粲, 子當爲收, 彼有嬰兒未可事, 不能自食, 別傳輸之, 恐行死. 議: 令寄長其父母及親所, 勿庸別輸. 丞相議: 年未盈八歲者令寄長其父母、親所, 盈八歲輒輸之如令. 琅琊郡比. ·十三 ☑"

의 아들도 小鬼薪 신분이었으므로 원칙상 부모와 떨어져 타 관청에 이송, 노역하여야 했다. 이 일련의 행위는 '輸'로 표현되어, (3)의 '輸' 역시 도예의 이송과 배속을 모두 일렀음을 알 수 있다.

죄인이나 도예의 '輸'는 어떤 방식으로 진행되었을까? 태산군의 태수는 昌 등의 아들을 '傳함으로써 輸한다'고 하였다. '傳'은 여러 사람이 릴레이하듯이[17] 구간별로 이송하는 방식[18]을 뜻한다. 里耶秦簡에도 白粲이 傳輸하는 와중에 사망하였다는 기록[19]이 보이며, 遷刑 수형자와 그 가족들이 傳의 방식으로 파촉에 보내진[20] 점으로 볼 때, 도예, 죄인 이송의 기본형은 구간 이송이었다고 추론할 수 있다. 또한 獄校律에는 특정 죄로 인해 斬城旦이 된 이들을 이송할 때 목적지의 郡縣에 도착하기 이전까지는 傳하지 말고 목적지에 일단 들어선 이후 비로소 傳하라는 규정[21]이 보인다. 특정 도예들을 傳, 즉 구간 이송해서는 안 된다는 말은 그를 제외한 대부분의 도예나 죄인은 구간 이송의 방식으로 이송되었음을 방증한다. 이상 '輸'가 인간을 목적어로 할 때 그 字義는 이송 및 배속에 해당하였고, 구체적인 방식은 구간 이송임을 논하였다. 지면의 한계로 더 많은 용례를 소개하지는 못하였으나 진 율령에 보이는 '輸'는 함의는 대체로 위와 같다.

그러나 秦 법률 문서 속의 '輸'는 특정한 범죄를 저지른 이들에게 내려진 처벌로도 이해할 여지가 있다. 이것이 전술한 '輸'의 두 번째 含義이다. 특히 '諸臯當輸', '諸有罪輸'로 표현된 경우의 '輸'는 위와 같이 읽을 수 있다. 아래의 조문들에 주목해 보자.

> (4) 遷刑에 처해진 자와 대동하는[包] 자 및 무릇 죄를 범하여 輸에 해당하는 경우[諸臯當輸] 및 재판에 출두하여 다른 현에서 조사받아 마땅히 (그 신병을) 傳해야 하는 경우, 縣官은 모두 재판이 완료되었거나 (그 본인이) 출발한 年月日 및 재판에 출두하여 조사받은 자가 출발한 年月日을, 遷 혹은 輸된 자, …재판에 출두하여 조사받은 자가 연행되는 縣이 속한 執灋에게 말하며, 신속하게 보내 質日을 작성하여 출발일을 적는다."[22]

---

16) 이 사료 이외에 鬼薪白粲의 가족 유지 여부를 보여주는 별도의 사료는 없다. 그러나 성단용의 경우에는 가족이 해체되었고 성단용과 귀신백찬 사이의 유사성이 엿보이는 만큼 귀신백찬의 가족도 해체되었을 가능성이 크다. 귀신백찬은 城旦春의 罪를 지은 有爵者가 爵位를 반납하는 대신 탄생한 신분으로서 통상 성단용보다 한 등급 가벼운 신분형으로 이해되었으나, 족쇄와 赤衣 착용을 제외하면 성단용, 귀신백찬 사이의 실질적인 차이는 없던 듯하다. 강제 노역의 경우에도 성단용, 귀신백찬은 동일 등급의 노역에 동원되는 경향이 나타난다. 관련 연구는 李成珪, 2024, 「秦漢 帝國의 功(善)과 罪(惡)의 등급과 그 計數」, 『學術院論文集(人文·社會科學篇)』 제63집 1호, 大韓民國學術院, p.273을 참고.

17) 『說文解字注』, "傳, 遽也."

18) 『睡虎地秦墓竹簡』 「封診式」의 '遷子條'는 士伍 甲이 불효한 아들 丙을 遷刑에 처하도록 요청한 사건에 관한 것이다. 관청은 甲의 요청을 수리하여 "以縣次傳詣成都", 즉 유배지인 蜀 成都에 향하는 도중의 縣들이 순서대로 丙을 '傳'하여 유배지까지 이르도록 하였다. (수호지진묘죽간정리소조 편, 윤재석 역주, 2010, 『수호지진묘죽간 역주』, 소명출판, p.473.) 이를 통해 '傳'이 구간별로 중계하는 방식의 이송에 해당하였음을 알 수 있다.

19) 『里耶秦簡牘校釋(二)』 9-1322, "▨□乘白粲沾傳輸遷陵, 行死不到. ▨"

20) 『睡虎地秦墓竹簡』 「封診式」 簡47-49, "士伍咸陽在某里曰丙, 坐父甲謁鋈其足, 遷蜀邊縣, 令終身毋得去遷所論之, 遷丙如甲告, 以律包. 今鋈丙足, 令吏徒將傳及恒書一封詣令史, 可受代吏徒, 以縣次傳詣成都, 成都上恒書太守處, 以律食."; 『嶽麓秦簡(肆)』 簡317, "諸書當傳者勿漕ㄴ, 斷臯輸遷蜀巴者ㄴ, 令獨水道漕傳."

21) 『嶽麓秦簡(肆)』 簡232, "[•]獄校律曰: 略妻及奴騷悍, 斬爲城旦, 當輸者, 謹將之, 勿用傳□, 到輸所, 乃傳之."

(5) 무릇 죄를 지어 巴蜀 및 恒遷所에 遷, 輸함에 해당하는데[諸有辠當遷輸] 죄가 이미 확정되어 마땅히 傳해야 하는데 (그 죄인이) 고발하려 하거나 고발을 실행에 옮기려 하면, 縣官은 모두 들어주지 말고 빨리 傳하여 遷所·輸所에 이르게 하여 지체하지 말라.[23]

(6) 秦始皇 33년 庚子日이 朔日인 6월 丁未, 巴縣의 屬 辯, 叚卒史 成이 遷陵縣에 (문서를?) 보내…… (소속) 縣, 里와 나이, 여타 賊에 좌죄됨(이 없는지?)…… 죄를 지어 輸, 遷에 처해졌거나 遷者에 包된 사람이 있지 않은지 다시 심문하고 이름과 집안……[24]

밑줄 친 부분에서 볼 수 있듯이 세 인용문 속의 '輸'는 '有罪'의 결과이다. 즉, 특정한 죄를 지어 그에 대한 처벌로 '輸'한 것인데, 이러한 점에서 볼 때 위 조문의 '輸'는 단순 노동력 調均 혹은 도망친 도예를 복귀시키는 차원에서 논하기 어렵다. 조문 속 輸-遷 사이의 관계도 '輸'가 죄인에 대한 처벌이었음을 뒷받침한다. '遷'은 죄인을 타지에 강제 이주하는 법정형이었으므로 이와 병렬된 輸 역시 처벌일 가능성이 농후하다. 비록 그 경중은 동등하지 않아도 遷과 輸는 현 거주지를 떠나 다른 곳에 이동, 배속되는 공통성을 가졌다. 따라서 죄인의 이동에 관한 조항인 (4),(5)는 遷, 輸를 묶어 절차 및 금지 사항을 규정하였을 것이다. 더욱이 (4)의 輸와 遷은 단순히 나열된 것이 아니라 동급의 대상들을 묶는 '及'[25]에 의해 연결되었기 때문에 輸는 遷의 후속 조치나 구체적인 방식이 아닌, 遷과 구분되는 별개의 처벌 조치로 해석해야 한다. 앞서 살펴본 바와 같이 천형의 수형자들은 傳의 방식으로 遷所에 보내졌을 뿐 아니라 遷과 輸 모두 동사로 쓰였기 때문에 (4)-(6)의 輸는 遷의 후속 조치나 포함된 개념으로 이해하기 어렵다. 게다가 (6)의 '輸'는 遷보다 앞에 등장하므로 輸가 遷者(천형 수형자)의 이송과 무관하며 遷과 별개의 범주에 속하였음을 다시금 확인할 수 있다. 기타 '諸有罪輸蜀'으로 시작되는 秦令[26]도 輸가 처벌로 기능하였음을 보여준다.

이상 秦의 출토 문서를 바탕으로 '輸'이 처벌의 수단이었음을 살펴보았다. 그렇다면 '輸'는 어떠한 죄에 대한 처벌이었을까? 이를 보여주는 기록은 매우 적지만 아래의 從人 관련 사례를 참고할 만하다.

(7) 假正인 夫 言: 從人인 옛 趙의 將軍 樂突의 弟, 그리고 舍人 詔 등 24인을 잡았습니다. 모두 完城旦으로 삼아 巴郡 내의 縣 鹽官에 輸함에 마땅합니다.

---

22) 『嶽麓秦簡(肆)』 簡232-234, "遷者、遷者包及諸辠當輸□及會獄治它縣官而當傳者, 縣官皆言獄斷及行年日月及會獄治者行年日月, 其遷、輸所會獄治詣所縣官屬所執灋, 卽亟遣, 爲質日"

23) 『嶽麓秦簡(伍)』 簡33-34, "諸有辠當遷輸巴蜀及恒遷所者, 辠已決, 當傳而欲有告及行有告, 縣官皆勿聽而亟傳詣遷輸所, 勿留. •十九"

24) 『里耶秦簡(參)』 11-10, "卅三年六月庚子朔丁未巴屬辯叚卒史成移遷□▨ / 縣里年它坐賊, 覆問毋有有罪輸、罳, 罳者包, 名家▨" (표점과 끊어읽기는 필자가 표시한 것)

25) 秦·漢 律令 속의 연결사 '及'의 성격과 기능에 관해서는 김병준, 2019, 「표지로서의 虛辭 ― 秦漢시기 법률 속 '及'의 어법적 기능 ―」, 『中國古中世史硏究』 48, 中國古中世史學會를 참고할 것.

26) 『嶽麓秦簡(柒)』 簡166-167 "•自今以來, 諸有罪輸蜀及前令有罪輸蜀者, 令居縣毋得爲算, 徙蜀處不可亡所."

請: 䋁 등 24인, 옛 代·齊 從人의 妻子·동복형제·舍人 및 그 자식 중 이미 성인이 되었거나[傳籍] 시집간 이들을 ⓐ논죄하여 輸함에[論輸] 옛 魏·荊 從人(의 사례)에 견주어 처리하고자 합니다.

御史 言: 巴郡 내의 縣 鹽官에는 사람이 많으니 夫에 명령하여 䋁 등 24인, 옛 代·齊 從人의 妻·子·동복형제·舍人 및 그 자식 중 이미 傳籍하였거나 시집가서 (신병을) 沒收하기 마땅하지 않은 자들을 輸함에 옛 魏·荊 從人의 처·자·동복형제·사인 및 그 자식 중 이미 성인이 되었거나 시집간 이들(의 사례)에 견주어, ⓑ논죄한 후[已論], 完城旦舂이 된 이들은 洞庭郡으로 輸하고 동정군의 태수는 그들을 도망치기 어려운 곳에 배치하며[處] 힘든 노역을 시키고 엄격히 감시하여 평생 사면받지 못하도록 하되, 모두 盜械를 발에 채우고 단단히 붙여 傳送합니다. ⓒ그중 士伍·庶人인 이들은 蒼梧郡에 배치하고[處] 창오군의 태수는 (이들을) 사람이 적은 곳에 고르게 배치하며[處] 도망칠까 의심스러운 경우는 械를 발에 채우고 단단히 붙여 傳送합니다. 그 남편, 처, 자식이 함께 가고자 한다면 모두 허락합니다. 이후 유사한 사례가 있으면 이처럼 처리합니다.[27]

인용문 (7)에는 '輸'가 두 차례 등장한다. 눈여겨볼 부분은 ⓐ'輸'의 전면에 '論'이 등장하는 점이다. '論'이란 定罪, 量刑을 포함한 판결이므로[28] '論輸'란 논죄한 결과 輸하도록 판결한 것이며, '輸'는 죄인에 대한 처벌로서 단순한 이송과는 구분된다.

진은 反秦 세력을 소탕하기 위하여 통치에 반항적인 舊六國의 지배층 출신 '從人'과 각종 사적 집단을 대대적으로 처벌하였다.[29] 從人 본인뿐 아니라 그의 동거 가족과 舍人 모두 처벌되었으며, (7)에서 볼 수 있듯이 이미 성인이 되었거나 시집간 자녀들도 모두 신병을 몰수당하였다. 이런 경우 부모의 죄에 연좌되지 않는 것이 원칙이었으나 중대 사안인 만큼 從人의 가족은 특별히 취급하였던 듯하다. 또한 魏·荊 從人 일당의 처벌 사례를 참고하여 代·齊 從人 일당을 마찬가지로 처벌하라고 한 점을 통해 從人에 대한 정책이 한동안 일관되었음을 알 수 있다.

---

27) 『嶽麓秦簡(伍)』 簡13-18, “●叚(假)正夫言: 得從人故趙將軍樂突弟﹂、舍人䋁等廿四人, 皆當完爲城旦, 輸巴縣鹽. 請: 論輸䋁等【廿四人, 故】代、齊從人之妻子、同産、舍人及其子已傅嫁者, 比故魏、荊從人. ●御史言: 巴縣鹽多人, 請令夫輸䋁【等廿四人, 故】代【代】、齊從人之妻子、同産、舍人及其子已傅嫁不當收者, 比故魏、荊從人之【妻】子、同産、舍人及子已傅嫁者﹂, 已論, 輸其完城旦舂洞庭, 洞庭守處難亡所苦作, 謹將司, 令終身毋得免赦, 皆盜戒(械)膠致桎傳之. 其爲士伍、庶人者, 處蒼梧, 蒼梧守均處少人所, 疑亡者, 戒(械)膠致桎傳之, 其夫妻子欲與, 皆許之﹂. 有等比.　●十五”

28) 방윤미, 2020, 「秦漢시대 治獄 절차와 시점—論·決·斷을 중심으로—」, 『中國古中世史研究』 57, 中國古中世史學會, p.79.

29) 嶽麓秦簡의 출간 이후 여러 학자들은 '從人'이라는 말의 의미, 對 從人 처벌 및 정책에 논하였는데, 그에 대한 상세한 내용은 다음의 논고를 참고할 수 있다. 李洪財, 2016, 「秦簡牘“從人”考」, 『文物』 2016-12; 楊振紅, 2020, 「“從人”簡與戰國秦漢時期的“合從”」, 『文史哲』 2020-3; 孟峰, 2021, 「秦簡牘“從人”論考」, 『史學月刊』 2021-4. 또한 악록진간을 통해 '妖言'이나 反秦 사조직의 일종인 '私邑', '私家'에 관한 처벌도 확인되었다. 이에 관해서는 齊繼偉·溫俊萍, 2020, 「秦漢“妖言”再認識—基於嶽麓簡“以不爲反”令的考察」, 『簡帛研究2020(春夏編)』, 鄔文玲·戴衛紅 編, 廣西師範大學出版社를 참고할 것.

從人 및 그 가족과 사인을 처벌하는 주요 방식은 이들을 完城旦春으로 삼는 '신분형'이었다. 그러나 처벌은 신분형에 그치지 않았고 從人의 가족·사인을 '輸'하라는 명령이 떨어졌다. 재판의 결과 범죄자의 신분이 도예로 하락하는 경우 통상 그 신병은 대개 재판이 진행된 지역의 관청에 소속되었음을 상기한다면, 이 '輸'의 행위는 추가적 처벌의 차원에서 이해될 수 있다.[30]

假正 夫에 의하면 보통 종인의 무리는 巴郡 소속 현의 鹽官에 '輸'되었던 듯하다. 비록 (7)의 御史는 巴郡 鹽官이 인력 과밀 상태임을 들어 이들을 洞庭郡과 蒼梧郡에 분산 배치할 것을 제안하였으나[31], 인력 현황으로 인해 장소가 바뀌었을 뿐 이들을 어떤 지역에 '輸'하는 방침에는 변화가 없었음을 알 수 있다. 이를 통해 종인 및 그의 무리가 일반적인 범죄자와 다른 취급을 받았음이 확인된다.

秦의 입장에서 종인과 그의 가족·사인은 反秦 정서를 자극하여 반란을 유발할 수 있는 '불순분자'였고, 이들을 가능한 黔首와 떼어놓아 불온한 분위기를 일소할 필요가 있었다. 이러한 이유로 인해 가급적 멀고 사람을 만나기 어려운 곳에 종인과 그 가족·사인을 보내야 했을 것이다. 심지어 범죄가 일어난 시점에 분가한 상태였던 종인의 자녀까지 일단 '輸'해야 한다고 말한 것은 당시 종인 문제가 상당히 심각한 사안이었음을 보여준다.

다만 종인이 범죄를 일으킨 시점에 그와 동거하지 않은 가족을 무조건 도예로 적몰할 수는 없었을 것이다. 따라서 재판 결과 죄의 경중에 따라 종인의 가족·사인은 두 부류로 분류한 후 '輸'하였다. 먼저, 종인에 연좌된 정도가 完爲城旦春의 죄에 해당한다고 판정된 자들은 洞庭郡에 보내졌다. 이들은 도망치기 어려운 곳에서 중노동에 종사하며 평생 사면받을 수 없었고, 이송 중에는 발에 盜械가 채워졌다(이상 ⓑ). 다음으로, 죄가 비교적 가벼워 士伍·庶人 신분을 유지한 이들은 蒼梧郡, 그중 사람이 희소한 지역에 배치되었다. 후자의 경우 서인 이상 신분을 유지하였으므로 노동을 강제하지 않았고 이동 과정에서도 도망이 의심되는 자들에게만 械를 채우도록 하는 등, 완성단용이 된 이들과 다르게 대우하였다(이상 ⓒ).

종합하자면, 종인에 연좌된 이들 중 일부를 '完爲城旦春+輸'에 처한 것을 통해 '輸'가 治罪의 결과이자 추가적 처벌이었음을 알 수 있다. 진은 종인과 그 무리를 巴郡의 鹽官이나 洞庭郡에 '輸'하고 도망치기 어려운 곳에서 고된 노역에 종사하게 함으로써 사실상 가중 처벌하였고, 동시에 이들과 검수 사이의 접촉을 차단할 수 있었다.

그런데 죄인의 '輸'는 從人의 처벌에만 국한되지 않았다. 秦令 중에는 妖言을 한 자 및 私邑·私家와 더불어 不善한 행위를 직접 하거나 혹은 타인을 꾀어 불선한 행위를 하게 한 자에 연좌되면 遷罪를 저지른 자와 같은 죄를 지은 것으로 간주하는 한편, 평생 속면할 수 없다는 조항[32]이 존재한다. 이 조항 중에는 '輸'와 관

---

30) 董飛 역시 필자와 같은 시각에서 '輸'를 이해하였다. 즉, '輸'는 主刑이 아니라 범죄자를 완성단용으로 삼은 후 내려진 처벌이었다는 것이다. 董飛, 2020, 「秦"輸作"相關問題研究——以嶽麓書院藏秦簡爲中心」, 『西北大學學報』 2020-9, p.129.

31) 실제로 秦 遷陵縣의 행정 문서인 里耶秦簡 속 從人城旦의 존재를 통해 종인과 그 일당이 完爲城旦春으로 처벌된 후 洞庭郡으로 '輸'되었음을 확인할 수 있다.

32) 『嶽麓秦簡(柒)』 簡190-195, "·自今以來, 諸坐訞言及坐與私邑私家爲不善, 若爲爲不善, 以有罪罷(遷)者, 與同罪, 弗智(知), 貲各二甲. 諸坐妖言及坐與私邑私家爲不善, 若爲不善以有罪, □□妻、子、奴婢, □各令終身毋得免及贖, □□前免贖者皆完爲城旦輸縣鹽」.

련된 내용도 보이는데, 만일 이 조항이 시행되기 이전에 해당 죄를 짓고도 贖免된 자가 있다면 完城旦으로 삼아 縣의 鹽官에 '輸'한다는 명령이 그것이다. 즉, 妖言 혹은 사적 집단을 결성한 不善 행위는 비록 조항 시행 이전이라 할지라도 강력하게 처벌한 것인데, 이 경우에도 죄인을 단지 완성단으로 삼는 데 그치지 않고 鹽官에 '輸'하는 조치가 추가되었다.

또한 위증을 교사한 吏와 臣史에게도 현의 염관에 '輸'하는 처벌이 내려졌다. 臣史는 '史'의 자격을 보유하였으나 범죄로 인해 隸臣이 된 자로, 吏를 보조하여 행정 잡무를 처리할 수 있었다. 만일 吏 및 臣史가 뇌물이나 酒肉을 받고 여자에게 진술을 거짓으로 바꾸게 하여 증거의 효력이 사라지게 되었다면 수뢰한 뇌물이나 酒肉의 값에 따라 처벌하였으며, 수뢰한 액수를 기준으로 完城旦 이상의 죄에 해당한다고[33] 판명된 경우, 해당 죄인은 재판이 끝난 후 곧바로 盜械가 채워진 상태로 巴郡 내 縣의 鹽官에 '輸'되어야 했다.[34] 위의 두 사례는 범죄로 인해 특정 신분('完城旦')이 되는 형벌을 받고, 여기에 더하여 巴郡 내의 염관에 '輸'되는 조치가 추가된 점에서 공통되며 (7) 중 從人 가족·사인에 대한 처벌과도 일치한다.

마지막으로 한 가지 사례를 더 들어 보자. 張家山漢簡 奏讞書 案例 21에 인용된 律에도 처벌로서의 '輸'가 나타난다. 律은 "사납게 굴 경우 完城旦舂으로 삼고 발에 족쇄를 채워 巴縣의 鹽官에 '輸'한다"[35]고 하였다. 律의 주어가 없는 데다 현존 진·한률 중 이와 완전히 일치하는 조항도 없어서 맥락을 이해하기 어려운 편이지만, 주인·남편에 대해 순종하지 않는 노비·아내가 적용 대상이었던 것으로 추측된다.[36] 이 경우의 처벌 역시 '完城旦舂+輸', 즉 '輸'가 부가된 형태였음을 볼 수 있다.

이상 조문의 사례를 바탕으로 '輸'를 처벌로 이해할 수 있음을 확인하였다. 흥미로운 점은 (7)의 사오·서인 신분을 유지한 종인의 가족을 제외하면, '輸'가 일정 등급 이상의 죄인에게 내려진 사실이다. '輸'의 대상이 된 죄인들은 ①從人의 가족·사인 ②妖言을 일삼았거나 私邑·私家와 더불어 불선한 행위를 직접 혹은 타인이 하게끔 하였으나 이전에 그 죄를 속면받은 자 ③뇌물 따위를 받고 증언을 바꾸게 교사한 죄가 完爲城旦 이상인 吏와 臣史 ④주인·남편에게 사납게 굴어 完城旦舂이 된 노비·아내로, ①의 從人 가족·사인 중 사오·서인 신분을 유지한 자들을 제외하면 모두 完爲城旦舂 이상의 형벌을 받았다. 위의 4개 사례만으로 일반화하기 어려운 측면도 있으나 아마도 '輸'는 보통 完爲城旦舂 이상의 죄에 더해졌던 것으로 보인다.[37] 관

諸治行訞及非(誹)謗若爲不善, 若諸☒□魅道誹謗詛詈者, 獄已斷有闓曰: 某坐某物, 其罪云某. 置縣官卽入者云, 令可先智知也. •
廿四"

33) 『張家山漢墓竹簡』 「二年律令」 簡55, "盜臧直過六百六十錢, 黥爲城旦舂; 六百六十到二百卅錢, 完爲城旦舂; 不盈二百卅到百一十錢, 耐爲隸臣妾"

34) 『嶽麓秦簡(伍)』 簡308-309, "●令曰: 吏及臣史有教女子辭上書卽爲書而受錢財酒肉焉, 因反易〈易〉其言, 不用其情實而令其☒ (缺簡) □□盜, 爲詐僞, 皐完爲城旦以上, 已論輒盜械, 令遷徒、毌害吏謹將傳輸巴縣鹽, 唯勿失, 其耐"

35) 『張家山漢簡』 奏讞書 案例 21, "律曰: 諸有縣官事, 而父母若妻死者, 歸寧卅日; 大父母·同產十五日. (敖)悍, 完爲城旦舂, 鐵纍其足, 輸巴縣鹽."

36) 池田雄一, 2016, 『漢代を遡る奏讞—中國古代の裁判記錄—』, 汲古書院, p.118.

37) 『史記』 「黥布列傳」에 따르면 黥布(英布)는 죄를 지어 黥刑을 당하였는데, 재판이 끝난 후 驪山에 '輸'되었다고 한다. (『史記』 卷 91 「黥布列傳」, p.2597, "黥布者, 六人也, 姓英氏. 秦時爲布衣. 少年, 有客相之曰:「當刑而王.」 及壯, 坐法黥. (…) 布已論輸麗山, 麗山之徒數十萬人, 布皆與其徒長豪桀交通, 迺率其曹偶, 亡之江中爲羣盜.") 秦代에 초범으로 黥刑을 당하였다면 즉 黥爲城旦舂(경

청 사이의 인력 조균을 제외하면 隸臣妾이 '輸'된 사례가 발견되지 않는 점 역시 위의 추측을 뒷받침한다.

한정된 사료로 그 원인을 정확히 짚어내기는 어렵다. 다만 '完爲城旦舂'이라는 처벌 자체가 일반 범죄의 초범을 기준으로 할 때 세 번째로 무거운 중형이었던 만큼 이 처벌과 연계된 각종 범죄 역시 상당한 중죄에 해당하였고, 그중 특정 범죄를 확실하게 처벌하기 위하여 '輸'를 부가했을 것으로 추측할 수 있다. 도예로 전락하지 않은 從人의 가족·사인이 '輸'를 당한 점도 같은 맥락에서 이해할 수 있다. 비록 종인과 동거하지 않았기 때문에 재판 결과 신분의 변화는 없었으나, 이들은 從人, 더 나아가 舊六國을 연상시킬 수 있는 존재 이자 반란의 구심점이 될 수 있었다. 따라서 종인의 가족·사인의 경우 완위성단용 이상의 처벌을 받지 않 았어도 예외적으로 '輸'한 것으로 여겨진다. 요컨대 국가가 생각한 '중대 범죄', '중대 사안'에 대해 무겁게 처 벌하고 일반 검수와 떼어놓는 방편으로 '輸'가 이용된 듯한데, 이 문제에 대해서는 마지막 장에서 상세히 서 술하도록 하겠다.

2. '處'

본래 '處'는 어딘가에 머무르는 것[38], 나아가 거주하는 것을 가리킨다. 글자의 본래 의미만 놓고 보면 타동 사로서의 '處'는 어떠한 장소에 거주하게 하는 상태를 광범위하게 이르며 반드시 강제적 이주와 직결되지는 않는다. 그러나 법률 조항이라는 율령의 특성을 염두에 둔다면 율령 속의 타동사 '處'에 강제적인 뉘앙스가 없다고 간주하기도 어렵다. 漢 宣帝 때 사례이기는 하나 漢이 屬國을 설치한 후 투항한 흉노인들을 '處'하였 다[39]는 기록에서도 강제성을 엿볼 수 있다.

다만 '거주시키다'라는 표현 자체가 항상 강제성을 지니는 것은 아닌 데다 진 율령 속 '處'의 용례에는 일 정한 패턴이 존재하기 때문에 그 함의를 보다 한정할 필요가 있다. '處'를 '거주시키다'로 읽어도 전반적인 의미는 전달되지만, 해당 조문의 전체적 의미나 맥락이 잘 살아나지 않기 때문이다. 즉, 진 율령에서는 특 정 조건에서 선택적으로 '處'를 사용하는 경향이 나타나므로 '處'의 함의를 법률적 차원에서 검토할 필요가 있다고 여겨진다.

그렇다면 '處'가 등장할 때 어떤 공통성이 나타나는가? 첫째, '處'는 '輸', '遷' 그리고 '徙'와 병기되며, 단독 으로 출현하는 경우는 드물게 나타난다. 앞서 밝혔듯이 '輸'는 完爲城旦舂 이상의 형벌에 부가된 강제 이주 처벌이었고 '遷'은 범죄자와 그 가족까지 강제 이주하는 법정형이었다. '徙'는 輸, 遷에 비해 강제성이 낮고 징벌성은 약하지만 역시 강제 이주 조치의 성격을 지녔다. (다음 절에서 후술) 둘째, '處'의 뒤에는 대개 특 정한 지명, 장소가 수반된다. 즉, 장소나 지명 표기 없이 '~處之'로 표현된 사례는 확인되지 않고 '處+지명' 으로 표현되거나 전면에 장소가 출현하는 형식이 두드러진다. 이하에서는 '處'의 용례가 다수 확인되는 악

형+성단용)이 되었을 것이므로, 경포의 사례 역시 '輸'가 최소한 完爲城旦舂 이상에 부과되었을 것이라는 추측에 부합한다.

38) 『說文解字』, "処, 止也."

39) 다음에 인용한 『漢書』「宣帝紀」五鳳 3년의 기록에서 '處'는 타동사로서 목적어인 '匈奴降者'를 '거주시키는' 행위를 의미하므로 강제성이 없다고 볼 수는 없다(『漢書』卷8「宣帝紀」p.267, "置西河·北地屬國以處匈奴降者.").

록진간 진 율령을 중심으로 이러한 양상을 분석해 보도록 하겠다. 먼저 處가 遷과 병기된 용례를 살펴보자.

> (8) 제후국의 사람이 죄를 지어 遷에 해당한다면 趙·齊國의 사람은 燕에, 楚國의 사람은 吳國
> 에 遷한다. 淮南·燕·長沙國의 사람은 邊縣 중 要害가 많은 곳에 遷하고 배치한다[處]. (…)
> 葭明縣과 陽陵縣은 遷된 자를 각각 (가명현의) 傁朐鄕과 (양릉현의) 褆陽鄕에 적절히 나
> 누어 배치한다[處]. 다른 군(의 소속으로 遷된) 경우에는 모두 上郡에 遷하고 上郡守는 (이
> 들을) 廣衍縣에 배치한다[處].[40]

인용문 (8)은 漢 초기에 통용된 遷律의 일부로, 유배지[遷所]의 배치를 주요 내용으로 삼고 있다. 여기에서도 '處'가 항상 형벌인 '遷'에 수반되는 행위로서 특정 장소와 결부되어 등장하는 것을 볼 수 있다. 변경에 접한 淮南·燕·長沙國의 사람이 遷될 경우, 해당 제후국에 遷하는 동시에 邊縣에 배치한 것, 蜀郡 속하 葭明縣, 陽陵縣에 죄인을 遷할 경우 각 현이 다시 죄인을 傁朐鄕, 褆陽鄕에 배치한 것, 上郡에 죄인을 遷할 경우 그를 상군 속하의 廣衍縣에 배치한 것 모두 '處'로 표현하였다. 즉, '遷'이라는 형벌이 집행된 후 그 후속 조치로서 구체적인 장소에 '處'(즉 '배치')하는 과정이 진행되었다.

강제 이주 형벌의 특성상 유배지는 중요한 사안이었기 때문에 분명한 기준을 바탕으로 유배지를 결정해야 했을 것이다. 최근 연구에 따르면 유배지인 遷所는 郡(혹은 國) 단위로 정해졌으며 그 기준은 죄인이 본래 거주하던 지역이 속한 권역이었다.[41] 권역을 기준으로 遷所의 郡(혹은 縣)을 확정한 후에는 그중 어떤 縣(혹은 鄕)에 배치할지 결정하였는데, 이것이 곧 '處'에 해당하였다. '處'는 죄인을 특정 장소에 배치하는 행위였으나 (8)의 경우 그 전제는 '遷', 즉 영구적인 강제 이주 형벌이었기 때문에, '處'에도 강제적 뉘앙스가 없다고 보기 어렵다. 앞서 논의한 인용문 (7)에서도 같은 패턴이 보인다. 논의의 편의를 위해 해당 부분을 재인용하겠다.

> "完城旦舂이 된 이들은 洞庭郡으로 輸하고 동정군의 태수는 그들을 도망치기 어려운 곳에
> 배치하며[處] (…) 그중 士伍·庶人인 이들은 蒼梧郡에 배치하고[處] 창오군의 태수는 (이들
> 을) 사람이 적은 곳에 고르게 배치하며[處] 도망칠까 의심스러운 경우는 械를 발에 채우고
> 단단히 붙여 傳送합니다."

진은 종인의 가족·사인들을 '輸'하면서 完城旦舂이 된 이들은 동정군의 도망치기 어려운 곳에 '處'하도록 하였고, 士伍·庶人의 신분을 유지한 이들은 창오군 내 사람이 적은 곳에 고르게 '處'하도록 하였다. 즉 (7)의

---

40) 『張家山漢簡三三六』 簡318-321, "諸侯人有當罪遷者, 趙·齊遷燕, 楚遷吳, 淮南, 燕, 長沙各遷及處邊縣纑(糲)害所. 諸當遷者, 已遷涪陵·成都·新都·雒·涪·梓潼遷陽陵, 郫·臨邛·武陽遷葭明, 葭明·陽陵各調處之其傁朐褆陽鄕. 它郡皆遷上郡, 上郡守處廣衍."
41) 이주현, 2024, 앞의 논문, pp.22-24.

'處'도 '輸'와 함께 등장하는 일종의 후속 조치이며 역시 특정한 지역이나 장소와 관계된 것을 볼 수 있다. 한 편 (7)은 (8)보다 '處'의 강제성이 잘 드러난다. 주지하듯이 '완위성단용+輸'의 처분을 받은 자는 도예로 신분이 하락되므로 이들을 특정 장소에 '處'하는 것은 그들을 '거주시키는' 행위가 아니라 인위적으로 '배치하는' 행위를 가리킨다. 즉 '處'란 인신을 인위적, 강제적으로 배치하는 행위라 할 수 있다.

'輸'와 '遷'은 모두 강제 이주를 전제로 한 형벌이었으므로 출발 시점에 그 배속이 어느 정도는 정해져 있다고도 볼 수 있다. 그러나 두 처벌의 본래 字義가 '보내다', '옮기다'인 데서 알 수 있듯이 구체적인 '배치'는 그 후속 조치인 '處'로서 분명해진 듯하며, 이 점은 (7)이나 (8)에서 확인되는 바이다. 요컨대 '處'란 그 자체로 처벌인 것은 아니지만 '輸', '遷'의 후속 조치로서 죄인을 어떤 장소에 인위적으로 배치한다는 점에서 강제성을 가지고 있었다. 따라서 '處'는 '輸', '遷'와 함께 등장하지만 '輸', '遷'과는 다른 층위의 행위라고 할 수 있는데, 아래 진 율령은 '處'의 이러한 성격을 잘 보여준다.

> (9) 무릇 죄를 지어 蜀巴에 ①遷·輸 혹은 ②處된 자를 취하거나 關을 나가서는 안 되는 자를 취하여 葆庸으로 삼은 경우 및 사사로이 실어서 扞關·漢陽關을 나갔거나 蜀巴의 경계 바깥으로 나가도록 길을 안내한 경우, 그 葆庸 및 사사로이 실어서 내보낸 사람·길을 안내받은 사람이 도망을 쳤다면 혹은 도망을 치지 않았어도 모두 故徼 바깥으로 도망치도록 길을 안내한 죄에 관한 律로써 논한다.[42]

복수의 처벌 대상이 명시된 조항이다 보니 그 구조가 다소 복잡하다. 그 처벌 대상은 첫째, 죄를 지어 蜀巴에 遷·輸되었거나 處된 자를 취한 경우 혹은 關을 나가서는 안 되는 자를 취하여 葆庸으로 삼은 경우, 둘째, 사적으로 누군가를 태워서 扞關·漢陽關을 나가게 한 경우, 셋째, 蜀巴의 경계 바깥으로 나가도록 길을 안내한[43] 경우의 세 부류로 정리된다. 이 중 '處'가 포함된 첫 번째 카테고리에 주목해 보자. 원문인 "諸取有辠遷輸及處蜀巴及取不當出關爲葆庸"에서 볼 수 있듯이 당시 蜀巴에는 죄를 지어 遷·輸되었거나 處된 자, 그리고 기타 여러 이유로 인해 出關이 금지된 사람들이 존재하였으나, 이들을 葆庸, 즉 피고용인으로 삼아 關 바깥으로 나가게 하는 행위는 엄격히 금지되었다. 일단 보용으로 삼아 關을 나가게 하면 도망 여부와 상관없이 故徼 바깥으로 도망치도록 안내한 죄로 간주한 이유는 당시 遷·輸 혹은 處된 자의 타지 이동이 금지되었기 때문이었을 것이다.

---

42) 『嶽麓秦簡(伍)』 簡45-47, "●諸取有辠遷輸及處蜀巴及取不當出關爲葆庸, 及私載出扞關、漢陽關及送道之出蜀巴界者, 其葆庸及所私載、送導者亡及雖不亡, 皆以送道亡故徼外律論之. 同船食、敦長、將吏見其爲之而弗告劾, 論與同皐. 弗見, 貲各二甲而除其故令. •廿四"

43) 嶽麓秦簡의 정리자는 이 부분을 '送道之出蜀巴界者'로 석독한 후 그대로 '送道'로 읽었으나, 陳偉는 간문의 '道'를 '導'로 읽을 것을 제안하였다. 즉 '送道'는 '送導'로 읽을 수 있으며 그 의미는 길 안내 혹은 호송에 해당한다는 것이다. (陳偉, 2018, 「《嶽麓書院藏秦簡(伍)》校釋」, 『出土文獻與法律史研究』 第7輯, p.6) 필자는 陳偉의 의견을 수용하여 위 표현을 '送導', 즉 '길 안내'로 해석하였다.

蜀巴에 遷·輸된 자와 遷·輸 후 處까지 된 자를 굳이 별개의 카테고리로 표현한 이유는 處와 遷·輸의 속성이 각기 달랐기 때문일 것이다. (7), (8)에서 확인하였듯이 '遷'과 '輸'의 후속 조치가 '處'였다면 '遷' 혹은 '輸'의 대상 지역에 도착한 후 '處'까지 시차가 존재하였을 가능성은 충분하다. 엄밀히 말하면 배치[處]가 이루어진 후 비로소 해당 처벌이 완성되었다고 할 수 있지만, 郡縣 내의 배치가 끝나지 않은 상태에서 임시로 수용된 경우도 遷·輸된 상태임은 분명하다. 즉 배치가 끝나지 않은 상태에서 불법으로 보용이 되어 蜀巴 탈출을 시도한 경우까지 처벌하기 위하여 위와 같은 방식으로 조문을 만든 것으로 추측된다.

마지막으로 진 율령은 아니지만 漢初의 판례인 張家山漢簡 奏讞書 안례 3에서도 '處'의 함의가 인위적, 강제적 배치임을 재차 확인할 수 있다. 漢 高祖 10년, 臨淄縣의 獄史였던 闌은 南이라는 여성을 위장시켜 몰래 關所를 통과하려다 京兆府 湖縣에서 잡히고 말았다.[44] 사실 南은 전국시대 齊의 大姓이던 田氏로 고조 9년 昭氏·屈氏·景氏·懷氏·田氏를 關中에 이주한 조치[45]로 인해 관중까지 오게 되었으나 고향에 몰래 돌아가고자 그를 호송하던 옥사 闌의 처가 되어 탈출을 감행한 것이었다.

판례 원문을 살펴보면 闌은 "南, 齊國族田氏, 徙處長安."이라고 자술하여, '處'가 '徙'에 뒤따르며 장안이라는 구체적인 장소와 함께 출현한 것을 볼 수 있다. 즉, 앞서 확인한 '處'와 용법상 일치한다. '徙'의 字義는 輸, 遷처럼 누군가를 이동하거나 옮기는 행위에 해당하므로, '處'는 '徙'에 뒤따르는 구체적인 후속 조치, 즉 배치를 이른다. 요컨대, '徙處長安'은 南이 장안으로 이주된 뒤 그곳에 배치된 일련의 과정을 가리킨다. 田氏 일족의 장안 이송이 '强幹弱枝'를 염두에 둔 조치였다는 점을 고려하면, '徙'에는 강제성이 개입되었고, 이어지는 '處'도 강제적·인위적 배치로 해석해야 할 것이다.

이상의 논의를 종합하면 다음과 같다. 진 율령의 '處'는 그 자체로 강제 이주 처벌로 볼 수는 없지만 '輸', '遷', '徙'와 밀접히 관계되어 그 후속 단계의 강제적·인위적 배치를 가리켰다. 전래 문헌에서는 '處'가 단독으로 '배치하다'의 뜻을 지니는 경우도 존재하지만, 율령에서는 '處'가 단독으로 출현하기보다 이주, 이동을 의미하는 각종 처벌(내지는 조치)과 함께 출현하는 용례가 빈출한다. 그 이유는 죄인을 어디론가 '보내는' 행위만큼 그를 '어떻게 적절히 배치할지'도 중요하였기 때문에, 처벌뿐 아니라 그에 수반된 배치 문제를 더 구체적으로 드러내려 한 결과로 이해된다.

3. '徙'

인간의 이주를 의미하는 표현인 '徙' 역시 진 율령에서 발견된다. '徙'란 '迻'[46], 즉 옮긴다는 의미를 지닌다. 『史記』, 『漢書』는 국가가 특정 백성을 어디론가 이주시키는 행위를 '徙', '遷', '遷徙'라 하였다. 그런데 '遷'은 秦·漢의 강제 이주 형벌로서 정식의 형벌체계 안에 속해 있었음에도 문헌에서는 범죄자에 대한 응분의

---

44) 『張家山漢簡』 「奏讞書」 簡18, "●十年七月辛卯朔癸巳, 胡狀·丞憙, 敢讞之. 劾曰: "臨淄獄史闌, 令女子南冠緱冠, 伴病臥車中, 襲大夫虞傳, 以闌, 出關." (『二年律令與奏讞書』 p.338)

45) 『漢書』 卷1下 「高祖本紀」, p.66, "十一月, 徙齊楚大族昭氏·屈氏·景氏·懷氏·田氏五姓關中, 與利田宅."

46) 『說文解字』 "徙, 迻也."

처벌보다는 정복지의 富豪나 원주민을 타지에 옮기는 수단으로서 묘사되는 경향[47]을 보인다. 문헌 속 '徙'의 용례도 동일 맥락에서 살펴볼 수 있다. 秦이 중국 통일 후 천하의 부호 12만 호를 수도 咸陽에 이주시킨[48] 사건, 漢이 齊·楚의 다섯 大姓과[49] 諸侯의 아들[50]을 관중으로 이주시킨 사건을 살펴보면 그 행위는 모두 '徙'로써 묘사하였다. 이때의 '이주'에 강제성이 있음은 의심의 여지가 없다. 앞서 언급한 주언서 속 田氏 여성 南이 하급 관리인 獄史의 처가 되는 조건으로 고향에 돌아가려 애를 썼던 것도 '徙'가 강제적 이주 행위였음을 시사한다.

다만 위에 열거한 사례로써 '徙=강제 이주'로 결론짓고 이를 바탕으로 율령의 '徙'를 이해하는 것은 섣부르다. 진이 중국을 통일한 시점의 '遷'은 분명 법정형이었으나 문헌에서는 豪強을 본거지에서 떼어놓기 위한 이주 조치로 표현되었던 것처럼 '徙'도 실제 기능과 문헌에서의 기술이 다르게 나타날 가능성도 없지 않기 때문이다. 아래에서는 이 점을 염두에 두고 '徙=강제 이주'라고 단언하기보다 '徙'를 본래 字義인 '옮기다'로 해석하며 각 용례를 검토하도록 하겠다.

먼저 '徙'가 강제 이주와 관계된 용례로 嶽麓秦簡의 '史學童詐不入試令'을 볼 수 있다.

> ⑩ 臣이 청합니다: 泰史로 하여금 (이들을) 潦東縣에 보내 4년간 요동현의 官佐로 삼고, (관좌로 근무하는) 기일을 채우면 면죄하도록 합니다. 기일을 채우지 못하였는데 遷罪를 지었다면 그대로 요동현에 배치하고[處] 耐罪를 지었다면 역시 요동현으로 옮기며[徙], 두 경우 모두 그의 부모·처자, 호적에 함께 오른 동거인도 따라가게 합니다. 이로써 (나라를) 속인 행위를 처벌함이 마땅합니다.[51]

⑩은 고의로 시험에 떨어져 吏가 되기를 회피한 史學童을 처벌하는 令이다.[52] 일부러 시험에 불합격한 것이 적발되면 해당 사학동은 4년간 요동현의 官佐로 근무해야 했고, 근무 기간 내 추가적인 범죄를 저지르면 요동현 안에 평생 거주하게 되었다. 즉 遷罪를 저지르면 요동현을 유배 장소로 삼아 가족과 평생 이곳에서 거주해야 했으며, 耐罪를 저지르면 범죄를 지은 관좌 본인은 물론 그의 동거 가족 모두가 요동현으로 옮겨야만[徙] 했다.

---

47) 다음의 사례들을 볼 수 있다. 『史記』 卷129 「貨殖列傳」, p.3277, "蜀卓氏之先, 趙人也, 用鐵冶富. 秦破趙, 遷卓氏. 卓氏見虜略, 獨夫妻推輦, 行詣遷處. 諸遷虜少有餘財, 爭與吏, 求近處, 處葭萌. 唯卓氏曰: 「此地狹薄. 吾聞汶山之下, 沃野, 下有蹲鴟, 至死不飢. 民工於市, 易賈.」乃求遠遷."; 『漢書』 卷100上 「敍傳」, p.4197, "班氏之先, 與楚同姓, 令尹子文之後也. (…) 秦之滅楚, 遷晉·代之間, 因氏焉."

48) 『史記』 卷6 「秦始皇本紀」, p.239, "徙天下豪富於咸陽十二萬戶."

49) 주 45) 참고.

50) 『漢書』 卷1下 「高祖本紀」, p.58. "後九月, 徙諸侯子關中."

51) 『嶽麓秦簡(陸)』 簡253-254, "•臣請: 令泰史遣以爲潦東縣官佐四歲, 日備免之. 日未備而有遷罪, 因處之潦東, 其有耐皐, 亦徙之潦東而皆令其父母、妻子與同居數者從之, 以罰其爲詐, 便."

52) 史學童이 吏가 되지 않으려 한 배경에 대해서는 이성규의 논문을 참고할 것(이성규, 2022, 앞의 논문, p.193).

밑줄 친 '徙'의 앞에 '역시[亦]'라는 표현을 넣은 점으로 보아, 이때의 '徙'는 사실상 '遷'처럼 가족 모두를 요동현에 이주하는 처벌에 해당하였다. 따라서 ⑩의 '徙'는 강제 이주 처벌로 이해할 수 있다. 다만 주목할 점은 내죄를 저지른 관좌에게 가족을 포함한 '徙'가 내려진 '맥락'이다. 당시 庶人 이상 신분인 자가 내죄를 저지르면 司寇가 되는 것[53]이 원칙이었으며, 사구가 된 이후의 소속은 재판이 진행된 縣이었다. 내죄를 저지른 당사자가 요동현의 관좌였다면 아무래도 요동현 내에서 사건이 발생, 발각되고 재판이 진행되었을 가능성이 크기 때문에 당사자가 요동현 소속 사구가 되는 것은 이상하지 않다. 그러나 그로 인해 부모·처자, 심지어 동거 가족까지 모두 요동현으로 영구히 거주지를 옮기도록 한 것은 진 율령의 어느 조항에서도 발견되지 않는 특수한 처벌이다.[54]

현존 진 율령 중 찾아볼 수 없는 방식의 처벌을 내린 까닭은 무엇일까? 이는 요동현의 인구 확충 내지는 지역 개발과 밀접히 관계되었을 것이다. 내죄, 천죄는 경중이 비슷하지만 별개의 카테고리에 속하는 죄이다. 그런데도 두 죄를 다스린 결과, '범죄자 자신과 가족의 요동현 정착'이라는 동일한 효과가 나타났고 이는 곧 요동현의 인구 충원으로 이어졌을 가능성이 크다. 악록진간의 진 율령은 적어도 진시황 32년 이후에 抄寫되었던 것으로 보이며[55] 실제 중국 통일 직후의 정황을 전하는 조항도 다수 발견된다. 그렇다면 국가를 기만한 사학동을 처벌할 뿐 아니라 통일 직후 '新地' 요동현의 통치를 안정시키려던 것이 ⑩의 처벌이 탄생한 배경이라고 할 수 있다. 요컨대 ⑩의 '徙'는 강제 이주에 의한 처벌임이 분명하지만, ⑩의 대상 및 상황이 특수한 데다 처벌의 내용도 분명한 목적성을 지니기 때문에 여타 관련 사례를 조금 더 살펴볼 필요가 있다.

그런데 진 율령, 혹은 漢初의 율령까지 범위를 넓혀 보아도 '徙'가 강제 이주를 가리킨 용례는 두 가지(장가산한간 주언서의 안례 3과 ⑩의 史學童詐不入試令)로 한정되어 예상외로 매우 적다. 게다가 이 시기 출토 사료에 등장하는 모든 '徙'가 강제적인 이주 조치에 해당한 것은 아니었다. 특히 거주 이전을 徙居 혹은 移徙라 표현한 점은 '徙'가 강제성을 띠지 않는 이동, 이주까지 폭넓게 일렀을 가능성을 제시한다.

우선 睡虎地秦簡 秦律과 二年律令 속의 '徙'는 강제 이주 조치(내지는 형벌)와 직접적으로 연결되기 어려워 보인다. 수호지진간 진률 중의 '徙'는 거주지를 옮기는 것, 혹은 그에 연속된 행위인 '호적을 새로운 소속 관청으로 이송하는 것'[56]을 의미하거나, 官吏의 전근[57]을 가리키기 때문이다. 이러한 현상은 漢初에도 크게 다르지 않은데, 二年律令의 '徙'는 이사[58] 혹은 관리의 전근[59]을 지칭할 뿐이다.

한편 악록진간에 보이는 '徙'의 함의 및 용례는 수호지진간 진률, 이년율령의 그것보다 더 다층적이다. 일

---

53) 『張家山漢簡』「二年律令」簡90, "有罪當耐, 其法不名耐者, 庶人以上耐爲司寇, 司寇耐爲隸臣妾."

54) 遷에는 범죄자 본인뿐 아니라 가족까지 遷所에 가도록 하는 '包'가 포함되었으므로 요동현의 관좌가 遷罪를 저질러 요동현에 배치되었을 때 가족들까지 요동현에 배치된 것은 당연한 결과였다. 그러나 耐罪에는 가족의 연좌가 강제되지 않았기 때문에, 내죄를 지은 경우에도 가족들을 요동현에 '徙'한 ⑩의 슈은 여러모로 특수하다고 할 수 있다.

55) 宮宅潔, 2023, 「序論―嶽麓書院所藏簡《秦律令(壹)》解題―」, 『嶽麓書院所藏簡《秦律令(壹)》譯註』, 宮宅潔 編, 汲古書院, p.24.

56) 『睡虎地秦墓竹簡』「法律答問」簡147, "甲徙居, 徙數謁吏, 吏環, 弗爲更籍, 今甲有耐、贖罪, 問吏可(何)論? 耐以上, 當貲二甲."

57) 『睡虎地秦墓竹簡』「效律」簡162, "實官佐、史柀免、徙, 官嗇夫必與去者效代者. 即官嗇夫免而效, 不備, 代者【與】居吏坐之."

58) 『張家山漢簡』「二年律令」簡328, "恒以八月令鄉部嗇夫、吏, 令史相襍案戶籍, 副臧其廷. 有移徙者, 輒移戶及年籍爵細徙所, 并封."

59) 『張家山漢簡』「二年律令」簡213-214, "郡守二千石官、縣道官言邊變事急者, 及吏遷徙、新爲官屬尉、佐以上毋乘馬者, 皆得爲駕傳."

부 조문에서 '徙'는 여전히 吏民의 移徙를 지칭하기도 하지만[60] 때로는 遷, 輸, 處와 함께 등장하기 때문이다. 앞서 살펴보았듯이 輸, 遷은 강제 이주를 속성으로 한 처벌 및 형벌이었고, 處는 강제 이주의 후속 조치인 인위적 배치에 해당하였으므로 이들과 '徙' 사이의 관계는 '徙'의 성격을 추측하는 관건이 된다. 이 점에 주목하여 嶽麓秦簡에 수록된 아래의 令을 살펴보자.

⑾ 後令曰, 徙輸坐從人爲口, 坐私家私邑者於縣鹽, 及徙處其遷者嚴道.
　輸坐從人爲口□, 坐私家私邑者於縣鹽, 及處其遷者嚴道∟, 以爲恒[61]
　(이후 令에서 다음과 같이 규정하였다: "從人에 연좌된 이들은 爲口에, 私家·私邑에 연좌된 이들은 縣鹽에 옮기어 輸한다. 또한 遷된 이들은 옮기어 嚴道에 배치한다. 종인에 연좌된 이들은 爲口에, 私家·私邑에 연좌된 이들은 縣鹽에 輸하고, 또한 遷된 이들을 嚴道에 배치한다. 이를 원칙으로 삼는다.")

　문장 구조를 한눈에 확인할 수 있도록 원문을 먼저 제시하였다. 從人 및 私家·私邑의 범죄에 연좌된 사람을 처벌하는 조항인 것은 분명하지만 그 해석이 다소 까다롭다. 언뜻 같은 문장이 반복된 듯 보이지만 첫 번째, 두 번째 문장 사이에는 두 가지 차이가 있다. 두 번째 문장과 달리 첫 번째 문장에는 輸, 處의 앞에 '徙'가 등장하는 점, 그리고 두 번째 문장에는 첫 번째 문장에 없던 "以爲恒"이라는 표현이 보이는 점이다.

　먼저 첫 번째 문장 중 '徙'와 輸, 處 사이의 관계를 살펴보겠다. "輸坐從人爲口" 자체는 "從人에 연좌된 이들을 爲口라는 지역에 輸한다"로 해석할 수 있으나, 이 구절의 전면에는 '徙'가 존재한다. 앞서 살펴본 바와 같이 '輸' 자체가 강제적 이송 내지는 강제 이주 처벌을 뜻하므로 전면의 '徙'마저 강제 이주로 이해한다면 조문의 의미를 해석하기 어렵다. '輸'와 '徙'의 차이가 무엇인지도 알기 어려울뿐더러 한 사람에게 복수의 유사한 처벌이 내리는 상황도 어색하기 때문이다. 이 점은 뒤의 "徙處其遷者嚴道"도 마찬가지인데, "處其遷者嚴道" 자체가 遷에 처한 자를 嚴道에 배치하라는[處] 명령에 해당하므로 전면의 '徙'를 강제적 이주로 간주할 수 없다.

　따라서 필자는 ⑾의 '徙'에는 강제적 뉘앙스가 없으며 이를 가치중립적으로 해석해야 한다고 생각한다. 즉, '徙'의 본래 字義대로 '옮기다'로 읽자는 것인데, 그래야 위 조문의 의미를 비로소 파악할 수 있다. 이에 따르면 첫 번째 문장은 "從人에 연좌된 이들은 爲口에, 私家·私邑에 연좌된 이들은 縣鹽에 옮기어 輸한다. 또한 遷된 이들은 옮기어 嚴道에 배치한다"로 읽을 수 있다.

　다만 '옮기다'의 목적어가 무엇인지는 문제가 된다. 먼저 그야말로 사람을 물리적으로 옮기는 동작을 뜻

---

60) 관련 용례로 다음의 조문들을 참고할 수 있다. 『嶽麓秦簡(肆)』 簡140-141, "尉卒律曰: 爲計, 鄕嗇夫及典、老月辟其鄕里之入穀、徙、除及死亡者, 謁于尉, 尉月牒部之, 到十月乃比其牒, 里相就也, 以會計. 黔[首]之闌亡者卒歲而不歸, 結其計, 籍書其初亡之年月于結, 善臧(藏)以戒其得.";『嶽麓秦簡(肆)』 簡247, "其移徙者, 輒移其行徭數徙所, 盡歲而更爲券, 各取其當聶(躡)及有贏者日數, 皆署新券以躡."
61) 『嶽麓秦簡(柒)』 簡198-200.

할 수도 있다. 혹은 종래 범죄자가 輸, 遷되던 지역을 옮기어 다른 지역으로 바꾸는 것을 가리킬 수도 있다. 즉, 從人 및 私家·私邑에 연좌된 이들을 輸한 장소, 그리고 遷을 당한 이들이 배치되던 지역을 조정하는 과정이 있었고, 그 결과 이들을 각기 爲口와 嚴道에 옮기도록 한 것이다. 한정된 사료 안에서 답을 내리기는 어렵지만, ⑪의 전반적인 맥락이나 서사 방식을 고려하면 후자일 가능성이 크다. 두 번째 문장에는 '徙'가 빠져 있고 문장 말미에 "以爲恒"이 추가되어 있기 때문이다. 이미 輸, 遷한 지역을 옮기어 확정하고, 이상의 변화된 방침을 원칙으로 삼은[以爲恒] 상황이었으므로 輸, 遷한 지역을 '옮긴다[徙]'는 표현을 재차 넣을 필요는 없었을 것이다.

아래 조항의 '徙'도 '옮기다'로 해석할 여지가 있다.

> ⑫ •自今以來, 諸有罪輸蜀及前令有罪輸蜀者, 令居縣毋得爲算, 徙蜀處不可亡所.[62]
> (지금 이후로 죄를 지어 蜀에 輸되는 경우 및 이전의 令에 의하여 죄를 지어 蜀에 輸되는 경우, 현재 거주 중인 縣은 그를 算으로 삼지 말고 蜀에 옮기어 도망칠 수 없는 곳에 배치하라)

죄를 지어 蜀에 '輸'되는 경우, 秦은 범죄자가 거주 중이던 縣에 명령하여 그를 算에서 제외하였으며 蜀에 '徙'한 후에는 도망칠 수 없는 지역에 배치하도록 하였다. 여기에서 볼 수 있듯이 ⑫은 '輸'의 처벌을 당한 죄인을 정확히 지목하고 그에 대한 후속 조치를 명령한 것으로, 그에 대해 "徙蜀處不可亡所"라고 하였다면 여기의 '徙' 역시 이미 '輸'를 당한 이를 물리적으로 옮기는 행위로서 해석해야 한다. '輸'를 선고받은 죄인이 또 다른 강제 이주를 당하였다고 생각하기 어려울 뿐더러 "徙蜀處不可亡所"를 해당 죄인에 대한 구체적인 조치로 읽어야 문맥이 통하기 때문이다.

이상의 예에서는 '徙'의 함의가 강제적 이주 조치보다는 '옮기는' 행위에 가깝지만, 악록진간의 다른 조항 중에는 '徙'를 강제 이주로 해석해야 할 듯한 용례도 존재한다. 그러나 그 맥락을 상세히 살피면 '徙'는 여전히 原義에 가깝게 해석해야 한다는 결론을 얻게 된다.

> ⑬ 지금 이후로 누군가를 교사하여 유언비어를 전함으로써 반란을 일으키지 않을 이들이 반란을 일으키게 한 경우, 곧바로 行訞律로써 논죄한다. 그중 …하지 않은 경우는 洞庭郡으로 옮기고[徙] 洞庭郡은 그를 경작지가 많은 곳에 배치한다.[63]

타인을 교사하여 유언비어를 퍼뜨림으로써 반란을 선동한 자는 行訞律, 즉 訞(妖)를 자행한 죄에 관한 律로써 처벌하였다. 妖言이란 왕조의 운명을 부정적으로 선동하는 언사로서[64] 漢初에 이에 대한 처벌이 사라

---

62) 『嶽麓秦簡(柒)』 簡166-167.

63) 『嶽麓秦簡(伍)』 簡12, "【●】自今以來, 有誨傳言以不反爲反者, 輒以行訞律論之, 其有不□者, 徙洞庭, 洞庭處多田所. •十三"

졌다고 전해지지만[65] 이후 부활하였고, 唐律은 요언을 일삼은 이들을 중범죄자로 간주하여 교수형에 처하였다.[66] 진의 行詐律은 현존하지 않지만 妖言 혹은 私邑·私家와 不善한 행위를 한 죄인의 妻子·奴婢가 도예로 몰수된 점[67]으로 보아 行詐 역시 적어도 完爲城旦舂으로[68] 처벌하였을 것이다. 따라서 ⑫에 규정된 범죄자는 完城旦舂이 되어 강제 노동에 동원되었을 것이며 從人의 가족·사인들처럼 궁벽한 곳에 '輸'하는 조치가 추가되었을 가능성도 있다.

그런데 ⑬은 이들 중 일부를 洞庭郡, 특히 그중에서도 경작지가 많은 곳에 '徙'하도록 하였다. 完爲城旦舂의 죄를 지은 자가 재판 후 '輸'를 당한 예는 있지만 '徙'라는 처분을 당한 예는 없고, 簡文의 결락으로 인해 ⑬ 중 洞庭郡에 보내진 이들이 어떤 이들인지 알기 어렵다. ⑬의 '徙'를 '강제 이주'로 해석하기 어려운 이유가 바로 여기에 있다. 그렇다면 '徙'는 어떻게 해석해야 할까?

⑬의 '徙'도 앞의 인용문처럼 '옮기다'로 읽는다면 조항을 합리적으로 해석할 수 있다. 妖言을 교사하여 반란을 획책한 것은 從人과 마찬가지로 나라의 근간을 흔드는 행위였으므로 그 범죄자는 최소 完城旦舂이 되었을 뿐 아니라 검수 일반과 접촉하기 어려운 특정 지역에 보내졌을 가능성이 크다. 아마도 行詐律에는 이러한 내용이 규정되었을 텐데, 그중에서도 어떠한 조건에 해당하는 이들[69]은 行詐律에 규정된 지역이 아닌, 洞庭郡으로 소속을 '옮기게끔' 추가적인 조항을 붙인 것이라면 妖言을 저지른 죄인과 徙 사이의 관계를 충분히 이해할 수 있다.

게다가 현존 진 율령 중에는 '徙'가 신분 하락과 관계된 조항이 없으며, 장가산한간 주언서 안례 3의 長安에 이주된[徙] 여성 南도 民의 신분을 그대로 유지한 상태였다. 그러나 ⑬이 '徙'된 이들을 경작지가 많은 곳에 배치한다고 한 점으로 볼 때, ⑬의 '徙'된 이들은 이미 도예로 전락하였음이 분명하다. 이 점을 통해서도 ⑬의 '徙'가 강제 이주보다는 배속의 이동과 관계되었을 가능성을 타진할 수 있다.

이상 살펴보았듯이 진 율령 속의 '徙'는 강제 이주를 의미하기도 하지만, 때로는 강제 이주 처벌을 집행하는 과정에서 그 대상을 물리적으로 옮기는 행위 자체를 가리키기도 하였다. 혹은 강제성이 나타나지 않

---

64) 李成珪, 2022, 앞의 논문, p.161.

65) 『漢書』卷4「文帝紀」, p.118, "五月, 詔曰:「古之治天下, 朝有進善之旌, 誹謗之木, 所以通治道而來諫者也. 今法有誹謗訞言之罪, 是使衆臣不敢盡情, 而上無由聞過失也. 將何以來遠方之賢良? 其除之. 民或祝詛上, 以相約而後相謾, 吏以爲大逆, 其有他言, 吏又以爲誹謗. 此細民之愚, 無知抵死, 朕甚不取. 自今以來, 有犯此者勿聽治.」"

66) 『唐律疏議』第268條 賊盜 21, 造祆書祆言, "諸造祆書及祆言者, 絞. 造, 謂自造休咎及鬼神之言, 妄說吉凶, 涉於不順者"("무릇 요서 및 요언 지어낸 자는 교형에 처하고, 지어냈다는 것은 스스로 휴·구 및 귀신의 말을 지어내서 망령되이 길흉을 설파하는데, 불순에 관련되는 것을 말한다.") (김택민 주편, 2021, 『당률소의 역주Ⅲ: 천흥률·적도율·투송율』, 경인문화사, p.136.)

67) 『嶽麓秦簡(伍)』簡9-10, "[言及]坐與私邑私家爲不善, 若爲爲不善以有皋者, 盡輸其收妻子, 奴婢材官, 左材官作, 終身作遠窮山, 毋得去."

68) 『張家山漢簡』「二年律令」簡174, "罪人完城旦·鬼薪以上, 及坐奸府者, 皆收其妻·子·財·田宅."

69) 간문이 결락되었으므로("其有不□者") 정확히 어떤 이들을 지칭하는지 알 수 없다. 何有祖는 '冥'으로, 陳偉는 '索'으로 考釋하였으나, 齊繼偉·溫俊萍은 字痕을 근거로 결락된 글자를 '宬'로 읽었고 그 의미를 '察'로 파악하였다. (齊繼偉·溫俊萍, 2020, 앞의 논문) 즉, 교사하여 유언비어를 퍼뜨리고 반란을 획책하였으나 '사람들을 모으지는 않아' 국가에 끼친 피해가 적은 경우는 다소 가볍게 처벌하였다고 이해한 것이다.

는 이사 혹은 관리의 轉任을 '徙'라 부르는 등, 그 지칭 대상도 꽤 광범위하다. 따라서 진 율령의 '徙'를 '강제 이주'로 단언하는 데는 주의가 필요하다고 할 수 있다. 단, 『漢書』에서는 "徙+장소"[70]와 같은 형식으로 강제 이주 처벌을 표기한 예가 다수 존재한다. 이것이 시대에 따른 어휘의 변동인지, 혹은 漢代 형벌체계의 전반적인 변화 및 정리에 의한 결과인지는 향후 더 면밀한 검토가 필요할 것이다.

III. '輸', '徙'의 목적과 기능 – '遷'과의 관계 속에서

이상 秦 律令 중 인간의 이송과 관련된 세 가지 표현(輸, 處, 徙)의 용례를 분석함으로써 각각의 정확한 함의를 이해하고자 하였다.

첫째, '輸'은 도예 노동력의 調均 혹은 죄인의 신병 확보를 위하여 이송하는 행위, 혹은 完爲城旦春 이상의 죄인을 특정한 지역에 강제 이주하는 처벌을 일컬었다. '輸'는 주로 完爲城旦春 이상의 처벌을 받은 죄인에게 부가되었던 것으로 여겨진다. 비록 '輸'는 秦의 법정형이 아니었으나 범죄를 처벌하는 수단이었음은 분명하며, 재판에서의 論罪 과정을 거친 후에 내려졌다. '輸'가 광범위하게 나타나기보다 몇몇 범죄와 연결되어 나타나는 점으로 보아 특정 범주의 죄를 범하여 完爲城旦春罪 이상에 해당할 때 '輸'가 부가되었다고 추측된다. 둘째, '處'는 遷이나 輸가 이루어질 때 그에 연속되는 후속 조치로서 강제적이고 인위적인 '배치'에 해당하였다. 죄인을 특정 지역에 배치하는 과정에서 이주시키는 행위가 선행되었기 때문에 '處' 그 자체로 범죄자들을 이주시키는 처벌은 아니었으나, 강제 이주 처벌 혹은 형벌을 구성하는 중요한 부분이었다. 셋째, '徙'는 강제 이주를 의미하는 동시에 배치 장소, 호적 등의 '물리적 이동'을 지칭하기도 하였다. 문헌 사료에서 '遷徙', '徙民' 등이 빈출하는 것과 대조적으로 진 율령 속의 '徙'는 '輸'보다 출현 빈도가 낮은 편이다.

이 장에서는 위의 결론을 바탕으로 머리말에서 던진 문제의식으로 돌아가도록 하겠다. 앞서 "遷(遷刑)이 존재하고 있었음에도 왜 '輸', '徙' 등 강제 이주와 관련된 표현들이 나타나는가?"라는 질문을 제기하였다. 이하에서는 이 물음에 답하기 위해, 진 율령에 나타난 '輸'와 '徙'의 목적 및 기능을 구체적으로 규명하고자 한다.[71]

遷(遷刑)은 진의 법정형으로서 주요 속성 및 기능은 범죄자의 강제 이주였다. 遷은 비교적 가볍고 다양한 죄목과 연계되어 범죄자와 그 동거 가족을 미개발지 혹은 변방에 보내는 역할을 하였다. 범죄자와 그의 동거 가족은 낯선 타지에서 평생 살아야 하였으나, 도예로의 신분 하락은 없었고 유배지에 도착한 후 경작지를 분급 받아 그 지역의 백성으로서 살아갔다.[72] 遷은 秦 昭襄王 때 법정형이 되었다고 추측되므로, 이미 형

---

70) 이 경우, '徙'의 뒤에 지역명이 등장하기도 하지만 '徙邊' 등으로 표현하기도 한다. 『漢書』 卷83 「薛宣傳」 p.3396, "況竟減罪一等, 徙敦煌. 宣坐免爲庶人, 歸故郡, 卒於家."; 『漢書』 卷45 「息夫躬傳」, p.2187, "躬母聖, 坐祠竈祝詛上, 大逆不道. 聖棄市, 妻充漢與家屬徙合浦. 躬同族親屬素所厚者, 皆免廢錮."; 『漢書』 卷70 「陳湯傳」, p.3026, "制曰: 廷尉增壽當是. 湯前有討郅支單于功, 其免湯爲庶人, 徙邊."

71) '處'는 그 자체로 강제 이주 처벌을 가리키지는 않기 때문에 본장의 논의에서 제외하였다.

벌로서 정착된 지 수십 년이 지난 상황이었다. 그런데도 기존 형벌과 유사해 보이는 '輸', '徙'를 따로 두었던 원인은 무엇이었을까?

우선 '徙'와 '遷'이 병립한 까닭은 비교적 분명하다. 장가산한간 주언서 안례 3의 경우에서 볼 수 있듯이 '徙'는 범죄와 무관하게 집행되기도 하였다. 안례 3의 '南'이 범죄에 저촉되었다는 서술은 전혀 보이지 않는 점, 율령 중에도 '諸有罪當徙' 등의 표현이 발견되지 않는 점을 그 근거로 들 수 있다. 게다가 안례 3의 사건이 일어나기 바로 전해에 齊·楚 大姓에 대한 대대적인 '徙'가 이루어졌으므로 '徙'에 의한 강제 이주는 범죄의 유무보다는 정치적 이해에 따라 이루어졌을 가능성이 크다. 따라서 '遷'이 존재하더라도, 정치적 필요에 따라 다수 인원을 특정 지역으로 일시에 보내기 위해 '徙'를 선택적으로 집행했을 가능성이 크다. 앞서 보았듯이 진 율령에서 '徙'의 출현 빈도는 매우 낮다. 이 점 역시 '徙'가 실질적 범죄에 대한 처벌이라기보다 정치적 목적에 따라 운용된 조치였음을 시사한다.

다음으로 '輸'와 '遷'이 병립한 이유는 어떻게 이해해야 할까? 이 문제에 답하기 위해 먼저 주목해야 할 것은 '輸'의 시행 세칙이다. 여러 세칙 중 먼저 눈에 띄는 것은 '장소'이다. '輸'의 명령이 내려지면 이후 '處' 즉 배치의 과정을 통해 최종 목적지가 구체적으로 명시되었다. 가령 '輸'를 당한 죄인들은 주로 파군, 촉군, 동정군, 창오군에 보내졌다. 이 지역들은 秦의 중심지에서 매우 먼 邊郡이자 지형상 고립되어 있다는 공통점을 가졌다. 사천 분지의 파군, 촉군은 진 혜문왕 시기 진의 영토가 된[73] 이래로 유배지로 이용되었는데[74] 이는 외부와 왕래가 어려운 지형적 특성에서 기인하였다. 진의 중국 통일 이후 새로 복속된 영토가 많아지며 유배지도 다각화되는 양상이 나타났으나[75] 漢初에도 파군, 촉군이 유배지로 등장하는 점은 위 지역의 특성을 잘 보여준다. 동정군은 파군, 촉군에 비하면 지형이 험준한 편은 아니지만, 산과 임야가 많아 郡治에서 쉽게 오가기 어려운 縣들도 많았고 곳곳에 이민족이 거주하던 실정이었다.[76] 게다가 동정군, 창오군은 진의 중국 통일 직전에야 설립된[77] '新地'에 해당하였다. 진은 새로운 군현에서도 일원적 통치를 관철하고자 하였고 이를 위하여 상당한 노력을 기울였다.[78] 그러나 동정군 속하 縣에서 反秦 집단이 난을 일으켜[79] 吏

---

72) 이주현, 2024, 앞의 논문, pp.30-32.

73) 『史記』 卷5 「秦本紀」 p.207, "九年, 司馬錯伐蜀, 滅之."; 『後漢書』 卷86 「南蠻西南夷列傳」, p.2841, "及秦惠王并巴中, 以巴氏爲蠻夷君長, 世尙秦女, 其民爵比不更, 有罪得以爵除."

74) 『史記』 卷7 「項羽本紀」 p.316, "項王·范增疑沛公之有天下, 業已講解, 又惡負約, 恐諸侯叛之, 乃陰謀曰:「巴·蜀道險, 秦之遷人皆居蜀.」乃曰:「巴·蜀亦關中地也.」故立沛公爲漢王, 王巴·蜀·漢中, 都南鄭."

75) 이주현, 2024, 앞의 논문, pp.19-21.

76) 李成珪, 2014, 「秦 帝國 縣의 組織과 機能 – 遷陵縣 古城遺址 출토 里耶秦簡의 分析을 중심으로」, 『大韓民國學術院論文集』 제53집 1호, 大韓民國學術院, p.150. 이성규 교수는 秦이 '만이의 세계'에 마치 孤島와 같은 郡縣을 설치하는 '낭비'를 하였지만, 그러한 '낭비'가 지속된 끝에 마침내 '중국의 세계'도 확대되었다고 평가하였다.

77) 동정군과 창오군은 모두 秦王政 재위 25년에 세워졌다. 『里耶秦簡牘校釋(一)』 8-757簡에 따르면 동정군에 속한 遷陵縣은 진왕정 25년에 세워졌으므로("今遷陵卄五年爲縣, 卄九年田卄六年盡卄八年當田, 司空厭等失弗令田.") 동정군도 이때 성립되었을 가능성이 크다. 아울러 『里耶秦簡牘校釋(一)』 8-758簡은 "及蒼梧爲郡九歲乃往歲田"이라 하였는데 위 簡이 포함된 문서는 秦始皇 34년 6월에 작성되었으므로 창오군의 성립 시기는 진왕정 25년이 된다.

78) 이하 열거한 연구는 이 문제에 특히 주목하였다. 李成珪, 2014, 앞의 논문; 金坰吾, 2016, 「秦帝國 縣의 徒隸 운용 – 『里耶秦簡』

가 살해된[80] 데서 볼 수 있듯이 그 과정은 평탄하지 않았던 듯하다.

다음으로 눈에 띄는 것은 구체적인 배치 양상이다. 우선 '輸'에 관한 기록을 살펴보면 '輸'를 당한 이들이 특별히 무거운 노동에 배치된 점이 확인된다. 그 최종 목적지를 살펴보면 郡名뿐 아니라 '縣鹽(혹은 鹽官)', '難亡所'와 같이 추가적 단서가 붙기도 하는 것을 볼 수 있다. 이 중 염관은 '輸'와 여러 번 함께 등장하기 때문에 이들이 염관 소속의 성단용으로서 중노동에 동원되었음을 짐작하게 한다.[81] 본래 파군 내 염관에 '輸' 되어야 했던 종인의 가족·사인은 파군의 인력이 이미 많다는 이유로 동정군에 소속되었으나, 동정군 중 도 망치기 어려운 곳에 보내 힘들게 노동시키라는 단서가 붙었다. 실제로 진시황 28년 동정군 천릉현에는 종 인 출신의 성단들이 존재하였고, 이들은 관청을 수리, 건설하거나 흙을 나르는 일에 동원되었다.[82] 한편 종 인의 가족·사인 중 庶人 이상의 신분을 유지한 이들은 창오군의 '少人所'에 배치되었다. 이들은 도예 신분이 아니었기 때문에 강제 노역에 시달리는 일은 없었겠지만, 사람이 적은 지역에서 타인과의 접촉을 제약당한 채 감시를 받으며 살아갔을 것이다. 여기에서 볼 수 있듯이 '輸'의 목적은 특정한 인간들을 외진 곳에 격리 함으로써 黔首, 더 나아가 진의 통치에 부정적 영향을 끼칠 수 없도록 하는 것이었다.

본래 고대의 강제 이주 형벌은 공동체로부터 범죄자를 추방 혹은 격리하는 데 목적이 있었다고 하지만, 중국 통일 전후 遷의 운용 방식은 그 목적이 邊境 일대, 新地의 인구 충원에 있었음을 보여준다. 특히 漢初 의 遷律에서 그 一端을 확인할 수 있다. 漢은 죄인을 소속 군현이 속한 권역에 배치하도록 하였고 변경 지대 의 백성이 遷罪를 지은 경우 천형에 처하여 타지로 내보내는 대신 贖遷으로 처벌하는 정도에 그쳤다.[83] 즉, 천형을 통해 죄인을 무조건 멀리 추방하기보다, 변경의 인구 확보 및 유지라는 문제를 깊이 의식하고 있던 것이다.[84]

이처럼 강제 이주 형벌 특유의 '격리성'이 상당히 약해진 점은 변경 일대나 신지의 개발이 시대적 과제였 기 때문이었겠지만, 그로 인해 천형만으로는 마땅히 격리해야 하는 이들을 격리할 때 일정한 한계가 나타

作徒簿를 중심으로」, 『中國古中世史硏究』 40, 中國古中世史學會; 李成珪, 2022, 앞의 논문.

79) 『里耶秦簡博物館所藏秦簡』(里耶秦簡博物館 等 編著, 2016, 中西書局) p.67 12-10簡, "廿六年六月癸丑, 遷陵拔訊槫蠻、衿☐ (A) 鞫之: 越人以城邑反, 蠻、衿、害弗知☐ (B)" 『里耶秦簡牘校釋(二)』 9-32, "·問之: 反寇攻, 離鄕亭部吏、卒各自備守, 反時☐☐ / 者盡 死亡, 各不能相知. 卒史☐☐卒史襄☐☐"

80) 『里耶秦簡牘校釋(二)』 9-2287, "廿六年五月辛巳朔壬辰, 酉陽齮敢告遷陵主: 或詣男子它, 辤曰: 士五居新武陵軒上, 往歲八月擊反 寇, 遷陵屬邦候顯、候丞【不】智名與反寇戰, 丞死."

81) 鹽官의 노동은 당시에도 힘든 노동으로 인식되었다. 亡律의 일부로 추정되는 조항 중에는 특정 도예들을 郡의 採金, 採鐵에 동 원하거나 鹽官에서 일하게 하는 명령이 포함되어 있다. 또한 만일 이러한 관청이 없는 경우에는 縣에 보내 매우 힘든 일을 시 키도록 하였는데, 이로써 염관의 노동이 상당히 무거웠음을 확인할 수 있다. 陳松長 主編, 『嶽麓書院藏秦簡(壹-柒)釋文修訂本』, 上海: 上海辭書出版社, 2025, p.147, "郡徒隸少員者, 各作之其郡采金、采鐵、鹽官. 其毋此官者, 各作之其郡勮(劇)作縣."

82) 『里耶秦簡牘校釋(二)』 9-22, "廿八年正月辛丑朔丁未, 貳春鄕敬敢言之: 從人城旦皆非智(知)盭田毆, 當可作治縣官府. 謁盡令從人作 官府及負土、佐甄, 而盡遣故佐負土男子田. 及乘城卒、諸黔首抵辠(罪)者皆智(知)盭田. 謁上財(裁)自敦遣田者, 毋令官獨遣田者. 謁報. 敢言之. 今敬正月壬子受徒, 弗報. 壬子夕, 佐黑以來. /除半.　　☐手."

83) 『張家山漢簡三三六』 簡318-319, "淮南·燕·長沙各遷及處邊縣稠害所. 其與蠻夷·邊縣民, 令贖遷.";『張家山漢簡三三六』 簡322, "廣衍·雲中郡·涪陵·下雟·成紀·冀·襄武·狄道·羌道·臨洮·氏道·武都道·葭明·陽陵及蜀六道·涪之氏部民也, 令贖遷"

84) 이주현, 2024, 앞의 논문, pp.30-31.

났을 것이다. 그러나 신지나 변경 일대의 개발 수요도 여전히 존재하는 상황에서 천형의 성격을 재조정할 수도, 從人이나 私家·私邑에 연루된 이들을 방치할 수도 없었다면, 격리 목적의 처벌을 별도로 고안하였을 개연성이 크다.

앞서 천형 수형자와 그 가족은 서인 신분이었을 것이라고 서술하였는데, 창오군에 보내진 종인의 가족·사인 역시 최소 서인, 혹은 그보다 한 등급 높은 사오에 해당하였다. 종인의 가족·사인을 종인의 본거지에서 떨어뜨리는 것만이 목적이었다면 천형에 처하는 정도로 처벌이 마무리될 수도 있었으나 진은 이들을 천형에 처하는 대신 '輸'한 후 궁벽한 곳에 배치하였다. 遷罪를 짓지 않았기 때문에 천형에 처할 수 없던 것도 그 이유였겠지만 더 중요한 것은 접촉 가능성이었을 것이다. 秦-漢初의 律令 그 어디에도 천형을 당한 이들을 일반 백성과 분리하라는 조항은 발견되지 않기 때문이다. 물론 천형 수형자들도 범죄자였지만, 일반적인 경범죄를 저지른 것과 국가를 전복할 수 있는 분위기를 조성할 수 있는 것은 분명히 다르게 취급되어야 했다. 御史가 종인의 가족·사인을 창오군에 보내며, 그들을 '少人所'에 배치하라는 명령을 잊지 않은 것은 바로 이 때문이었다.

'輸'의 장소로 파군, 촉군이 선정되고 그중에서도 도망치기 어려운 곳을 지목한 이유도 특정한 죄인들을 벗어나기 힘든 곳에서 평생 수용하고, 이를 통해 검수와의 접촉을 최소화하기 위해서였다. 秦은 성단용에게 눈에 띄는 옷과 모자를 씌우고 시장 가운데를 가로지르지 못하게 함으로써[85] 중범죄자인 성단용이 검수와 접촉할 기회를 줄이려 하였지만, 縣內의 다양한 노역에 성단용을 동원하는 이상 그들을 검수와 완벽히 격리하는 데는 한계가 따랐다. 반면 關中에서 멀고 인구가 적은 지역에 '輸', '處'한다면 중대 범죄자들의 영향력을 줄이고 불온 세력을 진압하는 것도 더욱 수월하였을 것이다.

본고는 '輸', '處'의 방식 및 목적이 가장 극명히 드러나는 從人, 妖言罪를 중심으로 논의를 진행하였으나, '輸'를 당한 성단용 중에는 재판에서 위증을 교사하거나 주인에게 사나운 행동을 한 노비도 존재하였다. 비록 종인이나 사가·사읍에 연루된 이들처럼 반란을 도모한 혐의가 있지는 않았지만, 통치 질서의 근간에 위해를 끼칠 수 있다는 점에서 이들 역시 주의해야 할 대상이었다.[86] 따라서 해당 범죄를 저지른 이들도 '輸'하여 본보기를 보임으로써 이러한 행동을 좌시하지 않겠다는 의지를 천명하였던 듯하다.

한편 '輸'에는 고강도의 노동에 이용할 수 있는 도예 노동력을 확보하려던 목적도 존재하였다고 할 수 있다. 용서받을 수 없는 죄인들을 가두는 것만이 목적이었다면 巴郡에는 인력이 많으니 동정군으로 '輸'하라는 의견을 굳이 제시할 필요도 없었을 것이기 때문이다. 특히 동정군과 같이 인구가 적고 이민족의 비중이 높은 新地는 도예의 수급이 쉽지 않았을 것이지만, 縣마다 필수적 노동이 존재하고 도예의 정원도 정해져 있었기 때문에[87] 그만큼의 도예를 확보해야 했다. 진의 도예는 범죄에 의해 신분이 격하되며 탄생하였고

---

85) 『睡虎地秦墓竹簡』「秦律十八種」簡147-148, "城旦春衣赤衣, 冒赤氈, 拘櫝欙杕之. 仗城旦勿將司; 其名將司者, 將司之. 春城旦出繇者, 毋敢之市及留舍闌外; 當行市中者, 回, 勿行."

86) 董飛, 2020, 앞의 논문, p.129.

87) 『嶽麓秦簡(肆)』簡361, "•爲徒隸員, 黔首居貲贖債者, 勿以爲員."

도예 대부분은 재판이 진행된 縣에 소속되었으므로 인구가 희소한 新地의 경우에는 소속 도예의 수도 충분하지 않았을 가능성이 크다. 물론 필요한 경우 관청이 타인의 노비를 매입하여 隸臣妾, 城旦春으로 부릴 수도 있었지만[88] '輸'를 처벌로 이용한다면 중대한 범죄자를 이용하는 동시에 이들을 진의 '故地'에서 분리하는 일석이조의 효과를 볼 수 있었을 것이다.

IV. 맺음말

본고는 秦 律令에 나타난 '輸', '處', '徙'의 含義를 분석함으로써 진 제국 시기 강제 이주 관련 표현을 정리하고 각각의 기능을 구분하려 하였다. 다음으로 강제 이주 처벌인 '輸'와 강제 이주 조치인 '徙'가 법정형인 '遷'과 어떠한 관계에 있었는지 확인하였다.

'輸'가 사람을 목적어로 하는 타동사로 쓰일 때, 가장 기본적인 의미는 사람을 '물건처럼' 보내는 것, 즉 국가에 장악된 죄수나 도예의 이송이었다. 그러나 진 율령의 용례를 검토하면 '輸'의 의미가 강제 이주에 해당하는 것을 확인할 수 있다. '諸有臯輸' 등의 표현에서 알 수 있듯이 이때의 '輸'는 죄에 대한 처벌로, 재판에서의 논죄를 거쳐 결정되었다.

'輸'의 논죄, 선고, 강제 이주 및 배치까지의 과정은 從人의 가족·사인에 대한 처벌에서 가장 분명히 드러난다. 從人의 가족·사인 중 죄상이 무거운 이들은 完城旦春이 되었고, 비교적 죄상이 가벼운 이들은 사오·서인의 지위를 유지하였으나 이들은 모두 고립된 변군에 '輸'되었다. 사오·서인 신분을 유지한 종인의 가족·사인이 '輸'된 예외가 있기는 하지만 대부분의 '輸'는 최소한 完爲城旦春 이상의 형벌을 받은 죄인에 부가되었다. 요언을 한 자, 위증을 교사한 자, 주인에 사납게 행동한 노비는 완성단용이 된 후 파촉이나 현의 염관에 '輸'되었다.

'處'는 그 자체로는 강제 이주 처벌은 아니지만 '輸', '遷', '徙'의 후속 조치로서 강제적이고 인위적인 배치에 해당하였다. '輸', '遷', '徙'가 사람을 어딘가에 이송하는 처벌이나 조치 그 자체를 의미한다면, '處'는 이렇게 해서 이주된 사람을 어디에 배치할지 결정하는 구체적인 과정이었다.

'徙'는 사람을 이주시키는 속성을 지니고 있었으나 그 이주는 '輸', '遷'처럼 특정한 죄목과 관련 조항에 기초한 것이라기보다 정치적인 의도나 특수한 상황에서 이루어진 조치였다. '徙'는 율령에서의 출현 빈도가 낮은 편이며 그중에는 배속이나 호적을 물리적으로 옮기는 행위 자체를 가리키는 경우도 존재하므로 율령 속의 '徙'를 반드시 강제 이주로 해석할 수는 없다.

秦의 법정형 '遷(遷刑)'은 죄인을 강제로 이주하는 형벌이었다. 본래 강제 이주 형벌이란 죄인을 공동체에서 추방하는 것을 목적으로 하였기에, 그 유배지는 매우 멀거나 사람과 접촉하기 어려운 곳으로 정해지는

---

88) 다음의 사례처럼 불손한 노비를 처벌하고 관청에 판매하는 일도 있었다. 『睡虎地秦墓竹簡』 「封診式」 簡37-39, "告臣 爰書 : 某 里士五(伍)甲縛詣男子丙, 告曰 : 「丙, 甲臣, 橋(驕)悍, 不田作, 不聽甲令. 謁買(賣)公, 斬以爲城旦, 受買(價)錢.」

것이 일반적이었다. 그러나 진의 중국 통일을 전후로 변경의 인구 확충 및 개발이 중요 목적으로 부상하며 '遷'의 격리성은 약해지는 양상이 나타났다. 이런 와중에 진의 중국 통일 이후 나타난 여러 反 국가 세력(從人, 妖言, 私邑·私家), 국가가 엄금한 각종 범죄를 저지른 자들을 검수 일반과 격리함으로써 불온한 분위기를 차단할 것이 요구되었다. 그 결과 秦은 격리를 위한 별개의 강제 이주 처벌 '輸'가 고안하였고, 이를 完爲城旦舂 이상의 형벌을 받은 중범죄자들에게 부가한 것으로 보인다. 또한 '輸'를 통해 변군의 노동력을 공급하는 한편 중범죄에 대한 본보기를 보이는 효과도 얻을 수 있었을 것이다.

본고는 현존 사료를 바탕으로 최대한 '輸', '處', '徙'를 분석하고자 하였으나, 해당 표현이 기록된 사료가 적어 한정적인 범위 내에서 논의가 이루어진 것은 아쉬운 점이다. 특히 前漢의 사료에는 유사 용례가 거의 보이지 않는 것과 달리 『後漢書』에는 '輸', '輸作'의 표현이 다수 보이고 그것이 처벌의 성격을 지닌 점이 흥미로운데, 後漢의 '輸' 용례가 秦의 '輸'와 연결될 가능성도 있다고 여겨진다. 비록 본고는 後漢의 '輸'까지는 논하지 못하였으나 추후 이 문제에 대해 窮究할 것을 기약하며 논의를 여기에서 마무리하고자 한다.

투고일: 2025.11.15.   심사개시일: 2025.12.07.   심사완료일: 2025.12.25.

참고문헌

『史記』(中華書局 點校本)

『漢書』(中華書局 點校本)

『後漢書』(中華書局 點校本)

『說文解字注』([漢] 許愼 撰, [淸]段玉裁 注, 1981, 上海古籍出版社)

『嶽麓書院藏秦簡(肆)』(朱漢民·陳松長 主編, 2015, 上海辭書出版社)

『嶽麓書院藏秦簡(伍)』(陳松長 主編, 2017, 上海辭書出版社)

『嶽麓書院藏秦簡(陸)』(陳松長 主編, 2019, 上海辭書出版社)

『嶽麓書院藏秦簡(柒)』(陳松長 主編, 2021, 上海辭書出版社)

『二年律令與奏讞書』(彭浩·陳偉·工藤元男 主編, 2007, 上海古籍出版社)

『里耶秦簡牘校釋(第一卷)』(陳偉 主編, 2012, 武漢大學出版社)

『里耶秦簡牘校釋(第二卷)』(陳偉 主編, 2018, 武漢大學出版社)

『里耶秦簡(參)』(湖南省文物考古硏究院 編, 2024, 文物出版社)

『里耶秦簡博物館所藏秦簡』(里耶秦簡博物館 等 編著, 2016, 中西書局)

『益陽兔子山七號井西漢簡牘』(湖南省文物考古硏究院 編, 2023, 上海古籍出版社)

『張家山漢墓竹簡(三三六號墓)』(荊州博物館 編·彭浩 主編, 2022, 文物出版社)

김택민 주편, 2021, 『당률소의 역주Ⅲ: 천흥률·적도율·투송율』, 경인문화사.

수호지진묘죽간정리소조 편, 윤재석 역주, 2010, 『수호지진묘죽간 역주』, 소명출판.

陳松長 主編, 2025, 『嶽麓書院藏秦簡(壹-柒)釋文修訂本』, 上海: 上海辭書出版社.

池田雄一, 2016, 『漢代を遡る奏讞―中國古代の裁判記錄―』, 汲古書院.

金烔吾, 2016, 「秦帝國 縣의 徒隸 운용 -『里耶秦簡』作徒簿를 중심으로」, 『中國古中世史硏究』 40, 中國古中世史學會.

김병준, 2019, 「표지로서의 虛辭 ― 秦漢시기 법률 속 '及'의 어법적 기능 ―」, 『中國古中世史硏究』 48, 中國古中世史學會.

방윤미, 2020, 「秦漢시대 治獄 절차와 시점―論·決·斷을 중심으로―」, 『中國古中世史硏究』 57, 中國古中世史學會.

吳峻錫, 2023, 「遷刑에서 流刑으로 -중국 고대 유배형의 변천과 특징-」, 『中國史硏究』 143.

李成珪, 2003, 「秦·漢의 형벌체계의 再檢討―雲夢秦簡과 〈張家山漢簡〉의 司寇를 중심으로」, 『東洋史學硏究』 85, 東洋史學會.

李成珪, 2014, 「秦 帝國 縣의 組織과 機能 - 遷陵縣 古城遺址 출토 里耶秦簡의 分析을 중심으로」, 『大韓民國學

術院論文集』제53집 1호, 大韓民國學術院.

李成珪, 2022, 「秦帝國의 '新地' 統治策-置吏難의 타개책을 중심으로-」, 『大韓民國學術院論文集』 제61집 1호, 大韓民國學術院.

李成珪, 2024, 「秦漢 帝國의 功(善)과 罪(惡)의 등급과 그 計數」, 『학술원논문집(인문·사회과학편)』 제63집 1호, 大韓民國學術院.

이주현, 2024, 「추방·격리의 도구에서 변방 인구 확보의 도구로— 秦·漢의 遷刑 운용 —」, 『東洋史學研究』 169, 東洋史學會.

董飛, 2020, 「秦"輸作"相關問題研究——以嶽麓書院藏秦簡爲中心」, 『西北大學學報』 2020-9.

李洪財, 2016, 「秦簡牘"從人"考」, 『文物』 2016-12.

楊振紅, 2020, 「"從人"簡與戰國秦漢時期的"合從"」, 『文史哲』 2020-3.

孟峰, 2021, 「秦簡牘"從人"論考」, 『史學月刊』 2021-4.

溫俊萍, 2017, 「秦遷刑考略」, 『出土文獻與法律史研究』 6.

齊繼偉·溫俊萍, 2020, 「秦漢"妖言"再認識—基於嶽麓簡"以不反爲反"令的考察」, 『簡帛研究2020(春夏編)』, 鄔文玲·戴衛紅 編, 廣西師範大學出版社.

齊衛玲, 2020, 「簡牘所見秦及漢初遷刑考論」, 『出土文獻與法律史研究』 8.

陳偉, 2018, 「《嶽麓書院藏秦簡(伍)》校釋」, 『出土文獻與法律史研究』 第7輯.

邢義田, 2011, 「從安土重遷論秦漢時代的徙民與遷徙刑」, 『治國安邦:法制行政與軍事』, 中華書局.

黃海, 2019, 「由"遷"至"遷刑"—秦"遷"入刑考」, 『交大法學』 2019(4).

工藤元男, 2005, 「秦の遷刑覺書」, 『日本秦漢史學會會報』 6.

宮宅潔, 2023, 「序論—嶽麓書院所藏簡《秦律令(壹)》解題—」, 『嶽麓書院所藏簡《秦律令(壹)》譯註』, 宮宅潔 編, 汲古書院.

富谷至, 1998, 「秦の遷刑—族刑との關聯において」, 『秦漢刑罰制度の研究』, 京都: 同朋舍.

辻正博, 2002, 「遷刑·'徙遷刑'·流刑—「唐代流刑考」補論—」, 『江陵張家山二四七號墓出土漢律令の研究』, 朋友書店.

〈Abstract〉

The Levels and Characteristics of Forced Relocation Punishments in the Qin Empire[*]
- Focusing on shu (輸), chu (處), and si (徙) in the Qin Statutes and Ordinances -

Lee, Joo-Hyun

This study reexamines the meanings of shu (輸), chu (處), and si (徙) as attested in the Qin statutes and ordinances, with the aim of clarifying the semantic scope, functions, and internal differentiation of terms associated with forced relocation under the Qin empire. Particular attention is paid to how shu and si interacted with the legally prescribed penalty of qian (遷, qian xing), thereby illuminating the ways in which penal sanctions and administrative measures were combined in practice.

Although shu in its basic sense denotes the "transfer" of persons, a close examination of Qin usage indicates that it functioned not merely as an inter-office dispatch of labor but as a punishment determined through judicial proceedings. This punitive character is most clearly observable in cases concerning congren (從人), where relatives and privately affiliated persons of the congren were, depending on the gravity of their offenses, sentenced to penalties such as wan wei chengdan chong (完爲城旦舂) and subsequently shu-transferred to areas from which escape was difficult or where population was sparse. While shu transfers are attested even among those who retained the status of sao or shuren, they were generally imposed as an additional measure upon offenders who had received at least the penalty level of wan wei chengdan chong.

By contrast, chu was not in itself a penalty of forced relocation; rather, it operated as a compulsory placement procedure that followed shu, qian, or si, specifying the concrete locality in which relocated persons were to reside. Si likewise entailed relocation, yet it appears less as a statutory penalty grounded in a specific charge than as a measure implemented under political imperatives or exceptional circumstances. Moreover, some instances of si refer simply to the physical transfer of places or household registration, suggesting that the term cannot always be read as forced relocation.

The Qin penalty of qian originally aimed at expulsion and social isolation, but around the period of unification its isolating character was partially attenuated as frontier development and demographic ex-

---

[*] This work was supported by the Ministry of Education of the Republic of Korea and the National Research Foundation of Korea(NRF-2023S1A5A8074482).

pansion gained prominence. Under such conditions, the need to separate anti-state elements and perpetrators of prohibited offenses from the general population became more pressing. This study argues that the Qin likely devised shu as a distinct punitive mechanism oriented toward isolation and appended it to serious offenders, while simultaneously using it to channel labor to remote areas and to generate a deterrent, exemplary effect.

▶ Key words: Shu (輸), Chu (處), Si (徙), Qian (遷), relocation, the Qin statutes and ordinances (Qin lüling), penal punishment

휘보

학술대회, '진한간독(秦漢簡牘)을 알면 한국 고대가 보인다', 자료교환

학술대회, '진한간독(秦漢簡牘)을 알면 한국 고대가 보인다', 자료교환

1. 학술대회

1) 한국목간학회 제52회 정기발표회

- 주최 : 한국목간학회
- 일시 : 2025년 7월 18일(금) 13:00~17:30
- 장소 : 동국대학교 혜화관 미래융합세미나실(320호)
- 세부일정

  13:30~13:40 : 인사말 - 한국목간학회장

  13:40~14:50 : 동아시아 네트워크와 지식의 선택 : 백제의 식점 지식 수용과 역사적 의미 - 쉬리(부산외국어대학교)

  14:50~15:10 : 휴식

  15:10~16:20 : 부여 능산리 출토 支藥兒食米記 3면에 보이는 病症과 彈耶方 - 이승현(중원대학교)

  16:20~17:30 : 부여 쌍북리 590번지 일원유적 출토 문자자료 보고 - 윤선태(동국대학교)

2) 한국목간학회 제53회 정기발표회

- 주최 : 한국목간학회
- 일시 : 2025년 10월 17일(금) 13:00~17:30
- 장소 : 성균관대학교 경영관 5층 527호
- 세부일정

  13:30~13:40 : 인사말 - 한국목간학회장

  13:40~14:50 : 고구려 후기 역역동원 방식에 관한 소고 - 나유정(한국외국어대학교)

  14:50~15:10 : 휴식

  15:10~16:20 : 〈買新羅物解〉의 복원과 기초적 검토 - 이보라(동국대학교)

  16:20~17:30 : 태봉국의 이두를 찾아서 -양주 대모산성 목간1을 중심으로- - 권인한(성균관대학교)

3) 한국목간학회 특별 초청 강연

- 주최 : 한국목간학회
- 후원 : 서울대학교 동아문화연구소, Pony Chung Foundation
- 일시 : 2025년 12월 17일(수) 16:00~18:00
- 장소 : 중앙대학교 310관 826호
- 강연자 : 카네가에 히로유키(鐘江宏之, 日本 学習院大学文学部)
- 통역 : 한상현(日本 早稲田大学)
- 주제 : 문자 기와로부터 본 일본 고대의 지방사회(文字瓦からみた日本古代の地方社会)

4) 한국목간학회 좌담회 “묻고 묻는다”

- 주최 : 한국목간학회
- 일시 : 2025년 12월 19일(금) 13:30~18:00
- 장소 : 성균관대학교 경영관 5층 527호(33527)
- 세부일정

사회 - 이재환(중앙대학교)

13:30~13:40 한국목간학회장 인사말

13:40~14:20 [기조 강연] 주보돈(경북대학교 명예교수)

14:20~14:30 휴식 및 장내정리

진행 사회 - 윤선태(동국대학교)

14:30~17:00 [종합 토론회] 지정토론 - 이영호(경북대학교 명예교수), 하일식(연세대학교),
　　　　　윤선태(동국대학교)

2. ‘진한간독(秦漢簡牘)을 알면 한국 고대가 보인다’

- 제3강: 사법·재판
  - 주 최 : 한국목간학회
  - 일 시 : 2025년 7월 19일(토) 14:00~17:00
  - 장 소 : 중앙대학교 303관 108호
  - 강 사 : 김병준(서울대학교)
  - 발 제 : 이재환(중앙대학교)

■ 제4강: 특수직역
 - 주 최 : 한국목간학회
 - 일 시 : 2025년 8월 9일(토) 14:00~17:00
 - 장 소 : 중앙대학교 303관 108호
 - 강 사 : 김병준(서울대학교)
 - 발 제 : 안정준(서울시립대)

■ 제5강: 형태와 서식
 - 주 최 : 한국목간학회
 - 일 시 : 2025년 9월 13일(토) 14:00~17:00
 - 장 소 : 중앙대학교 303관 108호
 - 강 사 : 김병준(서울대학교)
 - 발 제 : 이재환(중앙대학교)

■ 제6강: 요역
 - 주 최 : 한국목간학회
 - 일 시 : 2025년 10월 11일(토) 14:00~17:00
 - 장 소 : 중앙대학교 303관 108호
 - 강 사 : 김병준(서울대학교)
 - 발 제 : 강나리(충북대학교)
 - 특별발제 : 안도연(서울대학교)

■ 제7강: 術數, 曆
 - 주 최 : 한국목간학회
 - 일 시 : 2025년 11월 1일(토) 14:00~17:00
 - 장 소 : 중앙대학교 303관 108호
 - 강 사 : 김병준(서울대학교)
 - 발 제 : 이재환(중앙대학교)

■ 제8강: 서체
 - 주 최 : 한국목간학회
 - 일 시 : 2025년 12월 6일(토) 14:00~17:00
 - 장 소 : 중앙대학교 303관 108호

- 강 사 : 김병준(서울대학교)
- 발 제 : 고광의(동북아역사재단)

3. 자료교환

日本木簡學會와의 資料交換

* 韓國木簡學會 『木簡과 文字』 34호 일본 발송

부록

학회 회칙, 간행예규, 연구윤리규정

학회 회칙

제 1 장 총칙

제 1 조 (명칭)　본회는 한국목간학회(韓國木簡學會, The Korean Society for the Study of Wooden Documents)라 한다.

제 2 조 (목적)　본회는 목간을 비롯한 금석문, 고문서 등 문자자료와 기타 문자유물을 중심으로 한 연구 및 학술조사를 통하여 한국의 목간학 발전에 이바지함을 목적으로 한다.

제 3 조 (사업)　본회는 목적에 부합하는 다음의 사업을 한다.
　1. 연구발표회
　2. 학보 및 기타 간행물 발간
　3. 유적·유물의 답사 및 조사 연구
　4. 국내외 여러 학회들과의 공동 학술연구 및 교류
　5. 기타 위의 각 사항의 사업을 수행하기 위해 필요한 사업

제 4 조 (회원의 구분과 자격)
　① 본회의 회원은 본회의 목적에 동의하여 회비를 납부하는 개인 또는 기관으로서 연구회원, 일반회원 및 학생회원으로 구분하며, 따로 명예회원, 특별회원을 둘 수 있다.
　② 연구회원은 평의원 2인 이상의 추천을 받아 평의원회에서 심의, 인준한다.
　③ 일반회원은 연구회원과 학생회원이 아닌 사람과 기관 및 단체로 한다.
　④ 학생회원은 대학생과 대학원생으로 한다.
　⑤ 명예회원은 본회의 발전에 크게 기여한 회원 또는 개인 중에서 운영위원회에서 추천하여 평의원회에서 인준을 받은 사람으로 한다.
　⑥ 특별회원은 본회의 활동과 운영에 크게 기여한 개인 또는 기관 중에서 운영위원회에서 추천하여 평의원회에서 인준을 받은 사람으로 한다.

제 5 조 (회원징계) 회원으로서 본회의 명예를 손상시키거나 회칙을 준수하지 않았을 경우 평의원회의 심의와 총회의 의결에 따라 자격정지, 제명 등의 징계를 할 수 있다.

제 2 장 조직 및 기능

제 6 조 (조직) 본회는 총회·평의원회·운영위원회·편집위원회를 두며, 필요한 경우 별도의 위원회를 구성할 수 있다.

제 7 조 (총회)
① 총회는 정기총회와 임시총회로 나누며, 정기총회는 2년에 1회 정기적으로 개최하고 임시총회는 필요한 때에 소집할 수 있다.
② 총회는 회장이나 평의원회의 의결로 소집한다.
③ 총회는 평의원회에서 심의한 학회의 회칙, 운영예규의 개정 및 사업과 재정 등에 관한 보고를 받고 이를 의결한다.
④ 총회는 평의원회에서 추천한 회장, 평의원, 감사를 인준한다. 단 회장의 인준이 거부되었을 때는 평의원회에서 재추천하도록 결정하거나 총회에서 직접 선출한다.

제 8 조 (평의원회)
① 평의원은 연구회원 중 평의원회의 추천을 받아 총회에서 인준한 자로 한다.
② 평의원회는 회장을 포함한 평의원으로 구성한다.
③ 평의원회는 회장 또는 평의원 4분의 1 이상의 요구로써 소집한다.
④ 평의원회는 아래의 사항을 추천, 심의, 의결한다.
　1. 회장, 평의원, 감사, 편집위원의 추천
　2. 회칙개정안, 운영예규의 심의
　3. 학회의 재정과 사업수행의 심의
　4. 연구회원, 명예회원, 특별회원의 인준
　5. 회원의 자격정지, 제명 등의 징계를 심의

제 9 조 (운영위원회)
① 운영위원회는 회장과 회장이 지명하는 부회장, 총무·연구·편집·섭외이사 등 20명 내외로 구성하고, 실무를 담당할 간사를 둔다.
② 운영위원회는 평의원회에서 심의·의결한 사항을 집행하며, 학회의 제반 운영업무를 담당한다.
③ 부회장은 회장을 도와 학회의 업무를 총괄 지원하며, 회장 유고시에는 회장의 권한을 대행한다.

④ 총무이사는 학회의 통상 업무를 담당, 집행하며 회장을 대신하여 재정·회계사무를 대표하여 처리한다.

⑤ 연구이사는 연구발표회 및 각종 학술대회의 기획을 전담한다.

⑥ 편집이사는 편집위원을 겸하며, 학보 및 기타 간행물의 출간을 전담한다.

⑦ 섭외이사는 학술조사를 위해 자료소장기관과의 섭외업무를 전담한다.

제 10 조 (편집위원회)　편집위원회는 학보 발간 및 기타 간행물의 출간에 관한 제반사항을 담당하며, 그 구성은 따로 본회의 운영예규에 정한다.

제 11 조 (기타 위원회)　기타 위원회의 구성과 활동은 회장이 결정하며, 그 내용을 평의원회에 보고한다.

제 12 조 (임원)

① 회장은 본회를 대표하고 총회와 각급회의를 주재하며, 임기는 2년으로 한다.

② 평의원은 제 8 조의 사항을 담임하며, 임기는 종신으로 한다.

③ 감사는 평의원회에 출석하고, 본회의 업무 및 재정을 감사하여 총회에 보고하며, 그 임기는 2년으로 한다.

④ 임원의 임기는 1월 1일부터 시작한다.

⑤ 임원이 유고로 업무를 수행할 수 없게 된 때에는 평의원회에서 보궐 임원을 선출하고 다음 총회에서 인준을 받으며, 그 임기는 전임자의 잔여임기가 1년 미만인 경우는 잔여임기에 규정임기 2년을 더한 기간으로 하고, 잔여임기가 1년 이상인 경우는 잔여기간으로 한다.

제 13 조 (의결)

① 총회에서의 인준과 의결은 출석 회원의 과반수로 한다.

② 평의원회는 평의원 4분의 1 이상의 출석으로 성립하며, 의결은 출석한 평의원 과반수의 찬성으로 한다.

제 3 장 출판물의 발간

제 14 조 (출판물)

① 본회는 매년 6월 30일과 12월 31일에 학보를 발간하고, 그 명칭은 "목간과 문자"(한문 "木簡과 文字", 영문 "Wooden documents and Inscriptions Studies")로 한다.

② 본회는 학보 이외에 본회의 목적에 부합하는 출판물을 발간할 수 있다.

③ 본회가 발간하는 학보를 포함한 모든 출판물의 저작권은 본 학회에 속한다.

제 15 조 (학보 게재 논문 등의 선정과 심사)

　① 학보에는 회원의 논문 및 본회의 목적에 부합하는 주제의 글을 게재함을 원칙으로 한다.

　② 논문 등 학보 게재물은 편집위원회에서 선정한다.

　③ 논문 등 학보 게재물의 선정 기준과 절차는 따로 본회의 운영예규에 정한다.

제 4 장 재정

제 16 조 (재원)　　본회의 재원은 회비 및 기타 수입으로 한다.

제 17 조 (회계연도)　　본회의 회계연도 기준일은 1월 1일로 한다.

제 5 장 기타

제 18 조 (운영예규)　　본 회칙에 명시하지 않은 운영에 필요한 사항은 따로 운영예규에 정한다.

제 19 조 (기타사항)　　본 회칙에 규정되지 않은 사항은 일반관례에 따른다.

부칙

1. 본 회칙은 2007년 1월 9일부터 시행한다.

2. 본 회칙은 2009년 1월 9일부터 시행한다.

3. 본 회칙은 2012년 1월 18일부터 시행한다.

4. 본 회칙은 2015년 10월 31일부터 시행한다.

5. 본 회칙은 2021년 11월 23일부터 시행한다.

편집위원회에 관한 규정

제 1 장 총칙

제 1 조 (명칭)　본 규정은 '편집위원회에 관한 규정'이라 한다.

제 2 조 (목적)　본 규정은 한국목간학회 편집위원회의 조직 및 편집 활동 전반에 관한 세부 사항을 규정하는 것을 목적으로 한다.

제 2 장 조직 및 권한

제 3 조 (구성)　편집위원회는 회칙에 따라 구성한다.

제 4 조 (편집위원의 임명)　편집위원은 세부 전공 분야 및 연구 업적을 감안하여 평의원회에서 추천하며, 회장이 임명한다.

제 5 조 (편집위원장의 선출)　편집위원장은 편집위원 전원의 무기명 비밀투표 방식으로 편집위원 중에서 선출한다.

제 6 조 (편집위원장의 권한)　편집위원장은 편집회의의 의장이 되며, 학회지의 편집 및 출판 활동 전반에 대하여 권한을 갖는다.

제 7 조 (편집위원의 자격)　편집위원은 다음과 같은 조건을 갖춘자로 한다.
1. 박사학위를 소지한 자.
2. 대학의 전임교수로서 5년 이상의 경력을 갖추었거나, 이와 동등한 연구 경력을 갖춘자.
3. 역사학·고고학·보존과학·국어학 또는 이와 관련된 분야에서 연구 업적이 뛰어나고 학계의 명망과 인격을 두루 갖춘자.

　　4. 다른 학회의 임원이나 편집위원으로 과다하게 중복되지 않은 자.

제 8 조 (편집위원의 임기)　　편집위원의 임기는 2년으로 하되, 연임할 수 있다.

제 9 조 (편집자문위원)　　학회지 및 기타 간행물의 편집 및 출판 활동과 관련하여 필요시 국내외의 편집자문위원을 둘 수 있다.

제 10 조 (편집간사)　　학회지를 비롯한 제반 출판 활동 업무를 원활히 하기 위하여 편집간사 약간 명을 둘 수 있다.

제 3 장　임무와 활동

제 11 조 (편집위원회의 임무와 활동)　　편집위원회의 임무와 활동 내용은 다음과 같다.
　　1. 학회지의 간행과 관련된 제반 업무.
　　2. 학술 단행본의 발행과 관련된 제반 업무.
　　3. 기타 편집 및 발행과 관련된 제반 활동.

제 12 조 (편집간사의 임무)　　편집간사는 편집위원회의 업무와 활동을 보조하며, 편집과 관련된 회계의 실무를 담당한다.

제 13 조 (학회지의 발간일)　　학회지는 1년에 2회 발행하며, 그 발행일자는 6월 30일과 12월 31일로 한다.

제 4 장　편집회의

제 14 조 (편집회의의 소집)　　편집회의는 편집위원장이 수시로 소집하되, 필요한 경우에는 3인 이상의 편집위원이 발의하여 회장의 동의를 얻어 편집회의를 소집할 수 있다. 또한 심사위원의 추천 및 선정 등에 필요한 경우에는 전자우편을 통한 의견 수렴으로 편집회의를 대신할 수 있다.

제 15 조 (편집회의의 성립)　　편집회의는 편집위원장을 포함한 편집위원 과반수의 출석으로 성립된다.

제 16 조 (편집회의의 의결)　　편집회의의 제반 안건은 출석 위원 과반수의 찬성으로 의결하되, 찬반 동수인 경우에는 편집위원장이 결정한다.

제 17 조 (편집회의의 의장)　편집위원장은 편집회의의 의장이 된다. 편집위원장이 참석하지 아니한 경우에는 편집위원 중의 연장자가 의장이 된다.

제 18 조 (편집회의의 활동)　편집회의는 학회지의 발행, 논문의 심사 및 편집, 기타 제반 출판과 관련된 사항에 대하여 논의하고 결정한다.

부칙
제1조 이 규정은 운영위원회의 의결을 거쳐 2007년 11월 24일부터 시행한다.
제2조 이 규정은 운영위원회의 의결을 거쳐 2009년 1월 9일부터 시행한다.
제3조 이 규정은 운영위원회의 의결을 거쳐 2012년 1월 18일부터 시행한다.

학회지 논문의 투고와 심사에 관한 규정

제 1 장 총칙

제 1 조 (명칭)　본 규정은 '학회지 논문의 투고와 심사에 관한 규정'이라 한다.

제 2 조 (목적)　본 규정은 한국목간학회의 학회지인 『목간과 문자』에 수록할 논문의 투고와 심사에 관한 절차를 정하고 관련 업무를 명시함에 목적을 둔다.

제 2 장 원고의 투고

제 3 조 (투고 자격)　논문의 투고 자격은 회칙에 따르되, 당해 연도 회비를 납부한 자에 한한다.

제 4 조 (투고의 조건)　본 학회에서 발표한 논문에 한하여 투고하는 것을 원칙으로 한다.

제 5 조 (원고의 분량)　원고의 분량은 학회지에 인쇄된 것을 기준으로 각종의 자료를 포함하여 20면 내외로 하되, 자료의 영인을 붙이는 경우에는 면수 계산에서 제외한다.

제 6 조 (원고의 작성 방식)　원고의 작성 방식과 요령 등에 관하여는 별도의 내규를 정하여 시행한다.

제 7 조 (원고의 언어)　원고는 한국어로 작성함을 원칙으로 하되, 외국어로 작성된 원고의 게재 여부는 편집회의에서 정한다.

제 8 조 (제목과 필자명)　논문 제목과 필자명은 영문으로 附記하여야 한다.

제 9 조 (국문초록과 핵심어)　논문을 투고할 때에는 국문과 외국어로 된 초록과 핵심어를 덧붙여야 한다. 요약문과 핵심어의 작성 요령은 다음과 같다.

1. 국문초록은 논문의 내용과 논지를 잘 간추려 작성하되, 외국어 요약문은 영어, 중국어, 일어 중의 하나로 작성한다.
2. 국문초록의 분량은 200자 원고지 5매 내외로 한다.
3. 핵심어는 논문의 주제 및 내용을 대표할 만한 단어를 뽑아서 요약문 뒤에 행을 바꾸어 제시한다.

제 10 조 (논문의 주제 및 내용 조건)   논문의 주제 및 내용은 다음에 부합하여야 한다.
1. 국내외의 출토 문자 자료에 대한 연구 논문
2. 국내외의 출토 문자 자료에 대한 소개 또는 보고 논문
3. 국내외의 출토 문자 자료에 대한 역주 또는 서평 논문

제 11 조 (논문의 제출처)   심사용 논문은 온라인투고시스템을 이용한다.

제 3 장 원고의 심사

제 1 절 : 심사자

제 12 조 (심사자의 자격)   심사자는 논문의 주제 및 내용과 관련된 분야에서 박사학위를 소지한 자를 원칙으로 하되, 본 학회의 회원 가입 여부에 구애받지 아니한다.

제 13 조 (심사자의 수)   심사자는 논문 한 편당 2인 이상 5인 이내로 한다.

제 14 조 (심사 의뢰)   편집위원장은 편집회의에서 추천·의결한 바에 따라 심사자를 선정하여 심사를 의뢰하도록 한다. 편집회의에서의 심사자 추천은 2배수로 하고, 편집회의의 의결을 거쳐 선정한다.

제 15 조 (심사자에 대한 이의)   편집위원장은 심사자 위촉 사항에 대하여 대외비로 회장에게 보고하며, 회장은 편집위원장에게 이의를 제기할 수 있다. 심사자 위촉에 대한 이의에 대하여는 편집회의를 거쳐 편집위원장이 심사자를 변경할 수 있다. 다만, 편집회의 결과 원래의 위촉자가 재선정되었을 경우 편집위원장은 회장에게 그 사실을 구두로 통지하며, 통지된 사항에 대하여 회장은 이의를 제기할 수 없다.

제 2 절 : 익명성과 비밀 유지

제 16 조 (익명성과 비밀 유지 조건)   심사용 원고는 반드시 익명으로 하며, 심사에 관한 제반 사항은 편집위원장 책임하에 반드시 대외비로 하여야 한다.

제 17 조 (익명성과 비밀 유지 조건의 위배에 대한 조치)　위 제16조의 조건을 위배함으로 인해 심사자에게 중대한 피해를 입혔을 경우에는 편집위원 3인 이상의 발의로써 편집위원장의 동의 없이도 편집회의를 소집할 수 있으며, 다음 각 호에 따라 위배한 자에 따라 사안별로 조치한다. 또한 해당 심사자에게는 편집위원장 명의로 지체없이 사과문을 심사자에게 등기 우송하여야 한다. 편집위원장 명의를 사용하지 못할 경우에는 편집위원 전원이 연명하여 사과문을 등기 우송하여야 한다. 익명성과 비밀 유지 조건에 대한 위배 사실이 학회의 명예를 손상한 경우에는 편집위원 3인의 발의만으로써도 해당 편집위원장 및 편집위원에 대한 징계를 회장에게 요청할 수 있으며, 이 경우 그 처리 결과를 학회지에 공지하여야 한다.

    1. 편집위원장이 위배한 경우에는 편집위원장을 교체한다.
    2. 편집위원이 위배한 경우에는 편집위원직을 박탈한다.
    3. 임원을 겸한 편집위원의 경우에는 회장에게 교체하도록 요청한다.
    4. 편집간사 또는 편집보조가 위배한 경우에는 편집위원장이 당사자를 해임한다.

제 18 조 (편집위원의 논문에 대한 심사)　편집위원이 투고한 논문을 심사할 때에는 해당 편집위원을 궐석시킨 후에 심사자를 선정하여야 하며, 회장에게도 심사자의 신원을 밝히지 않는 것을 원칙으로 한다.

제 3 절 : 심사 절차

제 19 조 (논문심사서의 구성 요건)　논문심사서에는 '심사 소견', 그리고 '수정 및 지적사항'을 적는 난이 포함되어야 한다.

제 20 조 (심사 소견과 영역별 평가)　심사자는 심사 논문에 대하여 영역별 평가를 감안하여 종합판정을 한다. 심사 소견에는 영역별 평가와 종합판정에 대한 근거 및 의견을 총괄적으로 기술함을 원칙으로 한다.

제 21 조 (수정 및 지적사항)　'수정 및 지적사항'란에는 심사용 논문의 면수 및 수정 내용 등을 구체적으로 지시하여야 한다.

제 22 조 (심사 결과의 전달)　편집간사는 편집위원장의 지시를 받아 투고자에게 심사자의 논문심사서와 심사용 논문을 전자우편 또는 일반우편으로 전달하되, 심사자의 신원이 드러나지 않도록 각별히 유의하여야 한다. 논문 심사서 중 심사자의 인적 사항은 편집회의에서도 공개하지 않는다.

제 23 조 (수정된 원고의 접수)　투고자는 논문심사서를 수령한 후 소정 기일 내에 원고를 수정하여 편집위원장에게 송부하여야 한다. 기한을 넘겨 접수된 수정 원고는 학회지의 다음 호에 접수된 투고 논문과

동일한 심사 절차를 밟되, 논문심사료는 부과하지 않는다.

　　제 4 절 : 심사의 기준과 게재 여부 결정

　　제 24 조 (심사 결과의 종류)　　심사 결과는 '종합판정'과 '영역별 평가'로 나누어 시행한다.

　　제 25 조 (종합판정과 등급)　　종합판정은 게재(A), 수정후 게재(B), 수정후 재심사(C), 게재 불가(D) 중의 하나로 한다.

　　제 26 조 (영역별 평가)　　영역별 평가 기준은 다음과 같다.
　　　1. 학계에의 기여도
　　　2. 연구 내용 및 방법론의 참신성
　　　3. 논지 전개의 타당성
　　　4. 논문 구성의 완결성
　　　5. 문장 표현의 정확성

　　제 27 조 (게재 여부의 결정 기준)　　심사용 논문의 학회지 게재 여부는 심사자의 종합판정에 의거하여 이들을 합산하여 시행한다. 게재 여부의 결정은 최종 수정된 원고를 대상으로 한다.

　　제 28 조 (게재 여부 결정의 조건)　　심사위원의 심사 결과를 종합하여 다음과 같이 판정한다.
　　　1. A·A·B, A·A·B : 게재
　　　2. A·A·C, A·A·D, A·B·B, A·B·C, B·B·B : 수정후 게재
　　　3. A·B·D, B·B·C : 편집위원회에서 판정
　　　4. A·C·C, A·C·D, B·B·D, B·C·C, B·C·D, C·C·C : 수정후 재심사
　　　5. A·D·D, B·D·D, C·C·D, C·D·D, D·D·D : 게재 불가

　　제 29조 〈삭제 2023.11.17.〉

　　제 30 조 (논문 게재 여부의 통보)　　편집위원장은 논문 게재 여부에 대한 최종 확정 결과를 투고자에게 통보하여야 한다.

　　제 5 절 : 이의 신청

제 31 조 (이의 신청)　투고자는 심사와 논문 게재 여부에 대하여 이의를 신청할 수 있다. 이 때에는 200자 원고지 5매 내외의 이의신청서를 작성하여 심사 결과 통보일 15일 이내에 편집위원장에게 송부하여야 하며, 편집위원장은 이의 신청 접수일로부터 15일 이내에 이에 대한 처리 절차를 완료하여야 한다.

제 32 조 (이의 신청의 처리)　이의 신청을 한 투고자의 논문에 대해서는 편집회의에서 토의를 거쳐 이의 신청의 수락 여부를 의결한다. 수락한 이의 신청에 대한 조치 방법은 편집회의에서 결정한다.

제 4 장 게재 논문의 사후 심사 및 조치

제 1 절 : 게재 논문의 사후 심사

제 33 조 (사후 심사)　학회지에 게재된 논문에 대하여는 사후 심사를 할 수 있다.

제 34 조 (사후 심사 요건)　사후 심사는 편집위원회의 자체 판단 또는 접수된 사후심사요청서의 검토 결과, 대상 논문이 그 논문이 수록된 본 학회지 발행일자 이전의 간행물 또는 타인의 저작권에 귀속시킬 만한 연구 내용을 현저한 정도로 표절 또는 중복 게재한 것으로 의심되는 경우에 한한다.

제 35 조 (사후심사요청서의 접수)　게재 논문의 표절 또는 중복 게재와 관련하여 사후 심사를 요청하는 사후심사요청서를 편집위원장 또는 편집위원회에 접수할 수 있다. 이 경우 사후심사요청서는 밀봉하고 겉봉에 '사후심사요청'임을 명기하되, 발신자의 신원을 겉봉에 노출시키지 않음을 원칙으로 한다.

제 36 조 (사후심사요청서의 개봉)　사후심사요청서는 편집위원장 또는 편집위원장이 위촉한 편집위원이 개봉한다.

제 37 조 (사후심사요청서의 요건)　사후심사요청서는 표절 또는 중복 게재로 의심되는 내용을 구체적으로 밝혀야 한다.

제 2 절 : 사후 심사의 절차와 방법

제 38 조 (사후 심사를 위한 편집위원회 소집)　게재 논문의 표절 또는 중복 게재에 관한 사실 여부를 심의하고 사후 심사자의 선정을 비롯한 제반 사항을 의결하기 위해 편집위원장은 편집위원회를 소집할 수 있다.

제 39 조 (질의서의 우송)　　편집위원회의 심의 결과 표절이나 중복 게재의 개연성이 있다고 판단된 논문에 대해서는 그 진위 여부에 대해 편집위원장 명의로 해당 논문의 필자에게 질의서를 우송한다.

제 40 조 (답변서의 제출)　　위 제39조의 질의서에 대해 해당 논문 필자는 질의서 수령 후 30일 이내 편집위원장 또는 편집위원회에 답변서를 제출하여야 한다. 이 기한 내에 답변서가 없을 경우엔 질의서의 내용을 인정한 것으로 판단한다.

제 3 절 : 사후 심사 결과의 조치

제 41 조 (사후 심사 확정을 위한 편집위원회 소집)　　편집위원장은 답변서를 접수한 날 또는 마감 기한으로부터 15일 이내에 사후 심사 결과를 확정하기 위한 편집위원회를 소집한다.

제 42 조 (심사 결과의 통보)　　편집위원장은 편집위원회에서 확정한 사후 심사 결과를 7일 이내에 사후 심사를 요청한 이 및 관련 당사자에게 통보하여야 한다.

제 43 조 (표절 및 중복 게재에 대한 조치)　　편집위원회에서 표절 또는 중복 게재로 확정된 경우에는 회장에게 지체 없이 보고하고, 회장은 운영위원회를 소집하여 다음 각 호와 같은 조치를 집행할 수 있다.

　　1. 차호 학회지에 그 사실 관계 및 조치 사항들을 기록한다.
　　2. 학회지 전자판에서 해당 논문을 삭제하고, 학회논문임을 취소한다.
　　3. 해당 논문 필자에 대하여 제명 조치하고, 향후 5년간 재입회할 수 없도록 한다.
　　4. 관련 사실을 한국연구재단에 보고한다.

제 4 절 : 제보자의 보호

제 44 조 (제보자의 보호)　　표절 및 중복 게재에 관한 이의 및 논의를 제기하거나 사후 심사를 요청한 사람에 대해서는 신원을 절대적으로 밝히지 않고 익명성을 보장하여야 한다.

제 45 조 (제보자 보호 규정의 위배에 대한 조치)　　위 제44조의 규정을 위배한 이에 대한 조치는 위 제17조에 준하여 시행한다.

부칙
제1조(시행일자) 본 규정은 2007년 11월 24일부터 시행한다.
제2조(시행일자) 본 규정은 2009년 1월 9일부터 시행한다.

제3조(시행일자) 본 규정은 2015년 10월 31일부터 시행한다.

제4조(시행일자) 본 규정은 2018년 1월 12일부터 시행한다.

제5조(시행일자) 본 규정은 2023년 11월 17일부터 시행한다.

학회지 논문의 투고와 원고 작성 요령에 관한 내규

제 1 조 (목적)　이 내규는 본 한국목간학회의 회칙 및 관련 규정에 따라 학회지에 게재하는 논문의 투고와 원고 작성 요령에 대하여 명시하는 것을 목적으로 한다.

제 2 조 (논문의 종류)　학회지에 게재되는 논문은 심사 논문과 기획 논문으로 나뉜다. 심사 논문은 본 학회의 학회지 논문의 투고와 심사에 관한 규정에 따른 심사 절차를 거쳐 게재된 논문을 가리키며, 기획 논문은 편집위원회에서 기획하여 특정의 연구자에게 집필을 위촉한 논문을 가리킨다.

제 3 조 (기획 논문의 집필자)　기획 논문의 집필자는 본 학회의 회원 여부에 구애받지 아니한다.

제 4 조 (기획 논문의 심사)　기획 논문에 대하여도 심사 논문과 동일한 절차의 심사를 시행하는 것을 원칙으로 하되, 편집위원회의 의결을 거쳐 심사를 면제할 수 있다.

제 5 조 (투고 기한)　논문의 투고 기한은 매년 4월 말과 10월 말로 한다.

제 6 조 (수록호)　4월 말까지 투고된 논문은 심사 과정을 거쳐 같은 해의 6월 30일에 발행하는 학회지에 수록하며, 10월 말까지 투고된 논문은 같은 해의 12월 31일에 간행하는 학회지에 수록하는 것을 원칙으로 한다.

제 7 조 (수록 예정일자의 변경 통보)　위 제6조의 예정 기일을 넘겨 논문의 심사 및 게재가 이루어질 경우 편집위원장은 투고자에게 그 사실을 통보해 주어야 한다.

제 8 조 (게재료)　논문 게재 확정시에 내국인의 경우 일반 논문 10만원, 연구비 수혜 논문 30만원의 게재료를 납부하여야 한다.

제 9 조 (초과 게재료)　학회지에 게재하는 논문의 분량이 인쇄본을 기준으로 20면을 넘을 경우에는 1

면 당 2만원의 초과 게재료를 부과할 수 있다. 단, 한국목간학회 발표회·학술회의를 거친 논문의 경우 면제할 수 있다.

제 10 조 (원고료)　　학회지에 게재되는 논문에 대하여는 소정의 원고료를 필자에게 지불할 수 있다. 원고료에 관한 사항은 운영위원회에서 결정한다.

제 11 조 (익명성 유지 조건)　　심사용 논문에서는 졸고 및 졸저 등 투고자의 신원을 드러내는 표현을 쓸 수 없다.

제 12 조 (컴퓨터 작성)　　논문의 원고는 컴퓨터로 작성함을 원칙으로 하며, 문장편집기 프로그램은 「훈글」을 사용할 것을 권장한다.

제 13 조 (제출물)　　원고 제출시에는 온라인투고시스템을 이용하며, 연구윤리규정과 저작권 이양동의서에 동의하여야 한다.

제 14 조 (투고자의 성명 삭제)　　편집간사는 심사자에게 심사용 논문을 송부할 때 반드시 투고자의 성명과 기타 투고자의 신원을 알 수 있는 표현 등을 삭제하여야 한다.

제 15 조 (출토 문자 자료의 표기 범례 등 기타)　　출토 문자 자료의 표기 범례를 비롯하여 위에서 정하지 않은 학회지 논문의 투고와 원고 작성 요령 및 용어 사용 등에 관한 사항들은 일반적인 관행에 따르거나 편집위원회에서 결정한다.

부칙
제1조(시행일자) 이 내규는 2007년 11월 24일부터 시행한다.
제2조(시행일자) 이 내규는 2009년 1월 9일부터 시행한다.
제3조(시행일자) 이 내규는 2012년 1월 18일부터 시행한다.
제4조(시행일자) 이 내규는 2015년 10월 31일부터 시행한다.
제5조(시행일자) 이 내규는 2018년 1월 12일부터 시행한다.
제6조(시행일자) 이 내규는 2023년 11월 17일부터 시행한다.

韓國木簡學會 研究倫理 規定

제 1 장 총칙

제 1 조 (명칭)   이 규정은 '한국목간학회 연구윤리 규정'이라 한다.

제 2 조 (목적)   이 규정은 한국목간학회 회칙 및 편집위원회 규정에 따른 연구윤리 등에 관한 세부사항을 규정하는 것을 목적으로 한다.

제 2 장 저자가 지켜야 할 연구윤리

제 3 조 (표절 금지)   저자는 자신이 행하지 않은 연구나 주장의 일부분을 자신의 연구 결과이거나 주장인 것처럼 논문이나 저술에 제시하지 않는다.

제 4 조 (업적 인정)

1. 저자는 자신이 실제로 행하거나 공헌한 연구에 대해서만 저자로서의 책임을 지며, 또한 업적으로 인정받는다.

2. 논문이나 기타 출판 업적의 저자나 역자가 여러 명일 때 그 순서는 상대적 지위에 관계없이 연구에 기여한 정도에 따라 정확하게 반영하여야 한다. 단순히 어떤 직책에 있다고 해서 저자가 되거나 제1저자로서의 업적을 인정받는 것은 정당화될 수 없다. 반면, 연구나 저술(번역)에 기여했음에도 공동저자(역자)나 공동연구자로 기록되지 않는 것 또한 정당화될 수 없다. 연구나 저술(번역)에 대한 작은 기여는 각주, 서문, 사의 등에서 적절하게 고마움을 표시한다.

제 5 조 (중복 게재 금지)   저자는 이전에 출판된 자신의 연구물(게재 예정이거나 심사 중인 연구물 포함)을 새로운 연구물인 것처럼 투고하지 말아야 한다.

제 6 조 (인용 및 참고 표시)

1. 공개된 학술 자료를 인용할 경우에는 정확하게 기술하도록 노력해야 하고, 상식에 속하는 자료가

아닌 한 반드시 그 출처를 명확히 밝혀야 한다. 논문이나 연구계획서의 평가 시 또는 개인적인 접촉을 통해서 얻은 자료의 경우에는 그 정보를 제공한 연구자의 동의를 받은 후에만 인용할 수 있다.

2. 다른 사람의 글을 인용하거나 아이디어를 차용(참고)할 경우에는 반드시 註[각주(후주)]를 통해 인용 여부 및 참고 여부를 밝혀야 하며, 이러한 표기를 통해 어떤 부분이 선행연구의 결과이고 어떤 부분이 본인의 독창적인 생각·주장·해석인지를 독자가 알 수 있도록 해야 한다.

제 7 조 (논문의 수정)　저자는 논문의 평가 과정에서 제시된 편집위원과 심사위원의 의견을 가능한 한 수용하여 논문에 반영되도록 노력하여야 하고, 이들의 의견에 동의하지 않을 경우에는 그 근거와 이유를 상세하게 적어서 편집위원(회)에게 알려야 한다.

제 3 장 편집위원이 지켜야 할 연구윤리

제 8 조 (책임 범위)　편집위원은 투고된 논문의 게재 여부를 결정하는 모든 책임을 진다.

제 9 조 (논문에 대한 태도)　편집위원은 학술지 게재를 위해 투고된 논문을 저자의 성별, 나이, 소속 기관은 물론이고 어떤 선입견이나 사적인 친분과도 무관하게 오로지 논문의 질적 수준과 투고 규정에 근거하여 공평하게 취급하여야 한다.

제 10 조 (심사 의뢰)　편집위원은 투고된 논문의 평가를 해당 분야의 전문적 지식과 공정한 판단 능력을 지닌 심사위원에게 의뢰해야 한다. 심사 의뢰 시에는 저자와 지나치게 친분이 있거나 지나치게 적대적인 심사위원을 피함으로써 가능한 한 객관적인 평가가 이루어질 수 있도록 노력한다. 단, 같은 논문에 대한 평가가 심사위원 간에 현저하게 차이가 날 경우에는 해당 분야 제3의 전문가에게 자문을 받을 수 있다.

제 11 조 (비밀 유지)　편집위원은 투고된 논문의 게재가 결정될 때까지는 심사자 이외의 사람에게 저자에 대한 사항이나 논문의 내용을 공개하면 안 된다.

제 4 장 심사위원이 지켜야 할 연구윤리

제 12 조 (성실 심사)　심사위원은 학술지의 편집위원(회)이 의뢰하는 논문을 심사규정이 정한 기간 내에 성실하게 평가하고 평가 결과를 편집위원(회)에게 통보해 주어야 한다. 만약 자신이 논문의 내용을 평가하기에 적임자가 아니라고 판단될 경우에는 편집위원(회)에게 지체 없이 그 사실을 통보한다.

제 13 조 (공정 심사) 심사위원은 논문을 개인적인 학술적 신념이나 저자와의 사적인 친분 관계를 떠나 객관적 기준에 의해 공정하게 평가하여야 한다. 충분한 근거를 명시하지 않은 채 논문을 탈락시키거나, 심사자 본인의 관점이나 해석과 상충된다는 이유로 논문을 탈락시켜서는 안 되며, 심사 대상 논문을 제대로 읽지 않은 채 평가해서도 안 된다.

제 14 조 (평가근거의 명시) 심사위원은 전문 지식인으로서의 저자의 인격과 독립성을 존중하여야 한다. 평가 의견서에는 논문에 대한 자신의 판단을 밝히되, 보완이 필요하다고 생각되는 부분에 대해서는 그 이유도 함께 상세하게 설명해야 한다.

제 15 조 (비밀 유지) 심사위원은 심사 대상 논문에 대한 비밀을 지켜야 한다. 논문 평가를 위해 특별히 조언을 구하는 경우가 아니라면 논문을 다른 사람에게 보여주거나 논문 내용을 놓고 다른 사람과 논의하는 것도 바람직하지 않다. 또한 논문이 게재된 학술지가 출판되기 전에 저자의 동의 없이 논문의 내용을 인용해서는 안 된다.

제 5 장 윤리규정 시행 지침

제 16 조 (윤리규정 서약) 한국목간학회의 신규 회원은 본 윤리규정을 준수하기로 서약해야 한다. 기존 회원은 윤리규정의 발효 시 윤리규정을 준수하기로 서약한 것으로 간주한다.

제 17 조 (윤리규정 위반 보고) 회원은 다른 회원이 윤리규정을 위반한 것을 인지할 경우 그 회원으로 하여금 윤리규정을 환기시킴으로써 문제를 바로잡도록 노력해야 한다. 그러나 문제가 바로잡히지 않거나 명백한 윤리규정 위반 사례가 드러날 경우에는 학회 윤리위원회에 보고할 수 있다. 윤리위원회는 윤리규정 위반 문제를 학회에 보고한 회원의 신원을 외부에 공개해서는 안 된다.

제 18 조 (윤리위원회 구성) 윤리위원회는 회원 5인 이상으로 구성되며, 위원은 평의원회의 추천을 받아 회장이 임명한다.

제 19 조 (윤리위원회의 권한) 윤리위원회는 윤리규정 위반으로 보고된 사안에 대하여 제보자, 피조사자, 증인, 참고인 및 증거자료 등을 통하여 폭넓게 조사를 실시한 후, 윤리규정 위반이 사실로 판정된 경우에는 회장에게 적절한 제재조치를 건의할 수 있다.

단, 사안이 학회지 게재 논문의 표절 또는 중복 게재와 관련된 경우에는 '학회지 논문의 투고와 심사에 관한 규정'에 따라 편집위원회에 조사를 의뢰하고 사후 조치를 취한다.

제 20 조 (윤리위원회의 조사 및 심의)　윤리규정 위반으로 보고된 회원은 윤리위원회에서 행하는 조사에 협조해야 한다. 이 조사에 협조하지 않는 것은 그 자체로 윤리규정 위반이 된다.

제 21 조 (소명 기회의 보장)　윤리규정 위반으로 보고된 회원에게는 충분한 소명 기회를 주어야 한다.

제 22 조 (조사 대상자에 대한 비밀 보호)　윤리규정 위반에 대해 학회의 최종적인 징계 결정이 내려질 때까지 윤리위원은 해당 회원의 신원을 외부에 공개해서는 안 된다.

제 23 조 (징계의 절차 및 내용)　윤리위원회의 징계 건의가 있을 경우, 회장은 이사회를 소집하여 징계 여부 및 징계 내용을 최종적으로 결정한다. 윤리규정을 위반했다고 판정된 회원에 대해서는 경고, 회원자격정지 내지 박탈 등의 징계를 할 수 있으며, 이 조처를 다른 기관이나 개인에게 알릴 수 있다.

제 6 장 보칙

제 24 조 (규정의 개정)
　1. 편집위원장 또는 편집위원 3인 이상이 규정의 개정을 發議할 수 있다.
　2. 재적 편집위원 3분의 2 이상의 찬성으로 개정하며, 총회의 인준을 얻어야 효력이 발생한다.

제 25 조 (보칙)　이 규정에 정해지지 않은 사항은 학회의 관례에 따른다.

부칙
제1조(시행일자) 이 규정은 2007년 11월 24일부터 시행한다.

Wooden Documents and Inscriptions Studies No. 35.   December. 2025

[Contents]

Articles

Beack, Seoung—Ok — The Meaning and Emergence Background of the Inscription "大王 (Daewang, Great King)", Found on Pottery from the Daegaya(大加耶) Royal Palace Site

Lee, Byongho / Jeon, Sanghak — A Wooden Tablet Unearthed from the Water Collection Facility of Cheokmun—ri Mountain Fortress, Namwon

Lee, Bora — Reconstruction and Basic Examination of *the Bai Shiragi Motsuge*

Kwon, Soonhong — Translation and Annotations of Dunhuang Manuscripts(Pelliot tibétain 1283) on Ancient Korea

Kwon, In—Han — Exploring the Idu Script of Taebong Kingdom(泰封國): *With a focus on text of WD No. 1 of Daemosanseong_Fortress*(大母山城) *at Yangju*(楊州)

Shin, Hyunkyu — Exceptional Cases in the Personal Names Inscribed on the Woodblocks of the Tripitaka Koreana and Their Implications

Jung, Hyun—sook — A Study on the Calligraphy of Sueun Gang Hang

Lee, Joo—Hyun — The Levels and Characteristics of Forced Relocation Punishments in the Qin Empire — Focusing on shu (輸), chu (處), and si (徙) in the Qin Statutes and Ordinances —

Miscellanea

Appendix

The Korean Society for the Study of Wooden Documents

• 대가야 왕궁지 출토 토기 명문 '大王'의 의미와 출현 배경

• 南原 尺門里山城 集水施設 出土 木簡

•「買新羅物解」의 복원과 기초적 검토

• 고대 한국 관련 敦煌文書(Pelliot tibétain 1283) 역주

• 태봉국의 이두를 찾아서

•『고려대장경』목판인명의 특이례와 그 시사점

• 수은 강항의 서예 연구

• 秦 帝國 시기 강제 이주 처벌의 층위와 그 성격

木簡과 文字 연구 34

엮은이 | 한국목간학회
펴낸이 | 최병식
펴낸날 | 2026년 2월 4일
펴낸곳 | 주류성출판사
　　　　서울시 서초구 강남대로 435 15층
　　　　전화 | 02-3481-1024 / 전송 | 02-3482-0656
　　　　www.juluesung.co.kr
　　　　e-mail | juluesung@daum.net

책　값 | 20,000원
ISBN　978-89-6246-569-3　94910
세트　　978-89-6246-006-3　94910

＊ 이 책은『木簡과 文字』35호의 판매용 출판본입니다.